Damavand

Gratzl/Kostka
DAMAVAND

Karl Gratzl / Robert Kostka

DAMAVAND

Der höchste Berg Irans

Weishaupt Verlag

Umschlagfoto: Damavand von Süden. Foto: Team Damavand '99.
Fotos auf der Umschlag-Klappe vorne und hinten: Foto: Kuschel.
Fotos auf der Umschlag-Rückseite (von oben nach unten): Team Damavand '99 (2x), Kuschel, Kostka.
Vorsatz: Satellitenbildaufnahme.
Nachsatz: Damavand-Panorama von Emil Kügler.

ISBN 3-7059-0135-4
1. Auflage 2001
© Copyright by Herbert Weishaupt Verlag, A-8342 Gnas,
Tel: 03151–8487, Fax: 03151–84874.
e-mail: verlag@weishaupt.at
e-bookshop: www.weishaupt.at
Sämtliche Rechte der Verbreitung – in jeglicher Form und Technik –
sind vorbehalten.
Druck und Bindung: Druckerei Theiss GmbH, A-9400 Wolfsberg.
Printed in Austria.

Wir fahren auf den Demawend zu, der jetzt frei daliegt;
wie kaum ein zweiter Berg auf der Welt
ruft er einen gewaltigen Eindruck hervor,
weil ihm nichts auf seinem Weg zum Himmel folgt.

Pierre Loti

Inhalt

Zum Geleit

Damavand – da werden die Erinnerungen wieder wach, auch wenn schon viele Jahre seit dem Abschied von Tehran vergangen sind. Welch ein Anblick ist die gewaltige Kette des Alborz-Gebirges mit dem alles überragenden, majestätischen, immer mit Schnee bedeckten Gipfel des Damavand vor strahlend blauem Himmel!

Viel hat sich verändert seit damals, als ich als Leiter des Österreichischen Kulturinstitutes in Tehran war. Zu meiner Zeit hätten all die in diesem Buch erwähnten einstigen Forscher-Pioniere selbstverständlich ihren Fixpunkt im Kulturinstitut gefunden, aber von 1968 bis 1979 waren es auch noch genug. Geologen, die ihre Gesteinsproben herbeischleppten, Zoologen, denen von ihren Schlangen und sonstigem Getier wenigstens nur ein paar Geckos auskamen, die dann das Institut bevölkerten, Limnologen, die zum Glück nichts hinterließen, Archäologen, die krank wurden und gepflegt werden mussten, Botaniker, Geographen, Ärzte, Musiker, Maler, Dichter – ja, sie alle wurden untergebracht und zogen weiter. Damals haben das Alborz-Gebirge und der Damavand auch wieder die Geologen Ruttner, Haditsch und Mostler, den Geographen Bobek und den Botaniker Rechinger in ihren Bann gezogen und selbst den österreichischen Botschafter Cornaro dazu gebracht, den höchsten Berg des Iran zu bezwingen.

Dann wurde es – durch äußere Umstände bedingt – einige Jahre stiller, aber die österreichisch-iranischen Beziehungen auf wirtschaftlichem und kulturellem Gebiet dauerten unvermindert an. Das Kulturinstitut wurde zu einem Zentrum des Deutsch-Unterrichtes, auf geologischem Gebiet kam es zu Verbindungen zwischen den Universitäten Tehran, Isfahan und Täbris mit den Universitäten Wien und Leoben. In Wien und Graz laufen auf den Iran bezogene botanische Arbeiten, und die Universität Klagenfurt entsandte Experten für den Sprachunterricht. Und in letzter Zeit, nach den verschiedenen Staatsbesuchen, bahnt sich ein reger Austausch auf musikalischem Gebiet an, sogar Orchester konzertieren im jeweiligen Partnerland. Als ein Höhepunkt iranischer Präsentation im Ausland muss aber die Ausstellung „7000 Jahre persische Kunst" im Wiener Kunsthistorischen Museum angesehen werden. Es steht also zu hoffen, dass noch viele solche Ereignisse stattfinden werden und vielleicht sogar die österreichischen Ausgrabungen am Tappeh Kordlar bei Urmia wieder aufgenommen und weitere Forschungsexpeditionen durchgeführt werden können. Die letzten derartigen Ereignisse am Damavand waren die von Kölblinger und Freunden 1977 durchgeführte Schi-Besteigung des Berges und die in diesem Buch beschriebene Damavand-Expedition '99.

So haben also seit rund 150 Jahren Österreicher manches zur Kenntnis über den Iran und speziell über das Alborz-Gebirge beigetragen. Und der Damavand stand unverändert, gehüllt in schneeiges Weiß – und lächelte vielleicht über das seltsame Tun der Menschen, die seinen letzten Geheimnissen auf die Spur kommen wollen. Er soll sie behalten, denn groß ist die Natur und winzig klein der Mensch.

Helmut Slaby, Wien 2001

Einleitung

Wie gerne erinnern wir uns an die aus Persien stammende Märchensammlung „Tausendundeine Nacht", die uns bereits als Kinder begeisterte. Später, in der Schule, im Geschichtsunterricht, hörten wir von den Persern, die bei Marathon und Salamis von den Griechen besiegt wurden, und natürlich auch von Alexander dem Großen, der die persischen Heere in die Flucht schlug und schließlich ihr Riesenreich überrannte und bis an den Indus vordrang.

Dann ließen wir uns von Marco Polo in die Wüsten Asiens bis nach China führen, wo er am Hofe des mongolischen Herrschers Kublai Khan zu Würden und Ehren gelangte und auch zu Reichtum. So phantastisch waren seine Erzählungen, dass man ihm nach seiner Rückkehr nach Venedig kaum glauben wollte. Einige Jahre danach ließen wir uns von den Reiseberichten eines Sven Hedin und Herbert Tichy begeistern. Alle diese Bilder, die unsere Phantasie beflügelten, sich in unserem Gedächtnis festsetzten, ergaben schließlich ein Bild des Orients, das so verlockend war, dass daraus der Wunsch entstand, selbst diese fernen Länder zu bereisen und zu erforschen. Doch die Zeit nach dem Zweiten Weltkrieg bot kaum Möglichkeit, diese Jugendträume wirklich werden zu lassen. Jahrzehnte mussten vergehen, bis wir, nun beruflich gefestigt, daran denken konnten, den lang gehegten Wunsch einer Reise in den Orient in noch unerforschte Berggebiete in die Tat umzusetzen.

Und eines Tages war es dann so weit, dass wir uns in die mit Kisten voll bepackten VW-Busse setzten, unseren Familien Lebewohl sagten und ausgerüstet mit Theodoliten und Bergausrüstung die weite Fahrt bis in den äußersten Nordosten Afghanistans, fast bis zur chinesischen Grenze antraten, um dort die damals noch weißen Flecken auf der Landkarte zu tilgen. Das war im Jahre 1970 und sollte der Beginn einer lebenslangen Freundschaft werden. Vor dreißig Jahren kamen wir also auf unserer Fahrt nach Afghanistan das erste mal nach Persien, damals noch auf abenteuerlichen Straßen, die uns durch den Norden des Landes, durch die Schluchten des Alborz-Gebirges führten. Dabei erblickten wir erstmals den gigantisch hoch aufragenden Damavand, dessen Hänge von Eis und Schnee bedeckt in den blauen Himmel ragten. Auf der Rückfahrt wollten wir ihn besteigen.

Dieser ersten Begegnung mit der Bergwelt Asiens, die uns in das weitgehend unerforschte Afghanistan führte, folgte 1975 eine weitere Expedition in den Großen Pamir. Die Ergebnisse dieser Forschungsunternehmen wurden in den Jahren danach in großformatigen und reich bebilderten Büchern der Öffentlichkeit präsentiert und waren schnell vergriffen.

Eine weitere Gemeinschaftsarbeit, die die „Grazer Gruppe" auf Grund von Feldforschung, diesmal in Sinkiang, vorlegen konnte, war das 1987 in zweiter Auflage erschienene Buch „Kunst und Kultur entlang der Seidenstraße". Schließlich folgte 1990 im Grazer Verlag für Sammler die Anthologie „Die heiligsten Berge der Welt", die die aus kultur- und religionshistorischer Sicht wichtigsten Berge behandelt.

Damit dürfte die Frage beantwortet sein, wie es zur Idee, ein Buch über den höchsten Berg Irans zu machen, gekommen ist. Das Damavand-Buch konnte auf Grund von zwei in den Jahren 1999 und 2000 durchgeführten Expeditionen und während des drei Jahre währenden Studiums der einschlägigen Fachliteratur zusammengestellt werden. Zu den vier an der Feldforschung beteiligten Mitgliedern des Unternehmens: K. Gratzl, P. Klug, R. Kostka und W. Kuschel gesellten sich wissenschaftliche Mitarbeiter aus den Bereichen Geologie (H. Gamerith), Klimatologie (R. Lazar), Religionsgeschichte (K. Prenner) und Botanik (F. Wolkinger). Sie alle haben Beiträge zu dem Buch verfasst. Die Herausgabe des Buches wäre jedoch ohne die Mitarbeit zahlreicher Fachkräfte nicht in der angestrebten Genauigkeit der Aussagen möglich gewesen. Ihnen allen sprechen die Herausgeber am Ende des Buches ihren Dank aus. Dort werden auch alle Institutionen aufgeführt, die zur Finanzierung des Unternehmens und der Publikation beigetragen haben.

Das Buch „Damavand" bietet dem Leser nicht nur eine Zusammenfassung der Ergebnisse früherer wissenschaftlicher Arbeiten, die in Fachpublikationen bisher nur einem jeweils kleinen Kreis zugänglich waren, sondern es enthält auch wertvolle neue Erkenntnisse besonders in naturwissenschaftlicher Hinsicht. Ein Beitrag widmet sich auch touristischen Fragen, die im Zusammenhang mit der Umrundung des 5671 m hohen Berges auftauchen.

Ein besonders wertvolles Ergebnis der Erforschung des Damavand stellt die diesem Buch beigegebene Karte im Maßstab 1:50.000 dar. Sie konnte auf Grund von Fernerkundungsdaten aus dem Weltraum und auf Grund der Geländebegehung durch die Teilnehmer der Expedition erstellt werden. Sie übertrifft bei weitem alle bisher vorgelegten Karten über das Gebiet und ermöglicht es jedem, Trekkingtouren am Damavand zu planen und durchzuführen.

Da sich das Buch an einen größeren Leserkreis wenden möchte, haben sich die Autoren bemüht, die oft komplizierten fachwissenschaftlichen Aussagen auch für den Laien verständlich abzufassen. Zahlreiche Farb- und Schwarzweißbilder erläutern die Texte ebenso wie die thematischen Übersichtskarten. Die Herausgeber hoffen, damit den höchsten Berg Irans und seine nähere Umgebung einem breiten Publikum vorstellen zu können. Das vorliegende Buch möchte dem Europäer Einblick in die faszinierende Hochgebirgslandschaft des Damavand geben und neben den naturräumlich gegebenen Fakten auch die kulturhistorischen Fragen im Zusammenhang mit dem Berg behandeln, um ein umfassendes Gesamtbild dieses gewaltigen Bergriesen zu bieten.

Es ist kein Zufall, dass wir Österreicher uns mit der Erforschung Irans im Allgemeinen und mit seiner Hochgebirgswelt im Besonderen beschäftigen, folgen wir doch damit einer Jahrhunderte währenden Tradition, die mit dem in Graz geborenen Joseph Freiherr v. Hammer-Purgstall (1774–1856) begann. Als 14-Jähriger trat er in die von Maria Theresia gegründete „Orientalische Akademie" ein, erwarb sich hier die Sprachkenntnisse und das grundlegende Interesse für den Orient. Seine Übersetzungen der Schriften des persischen Mystikers und Dichters Hafez (um 1320 bis 1388) weckten das literarische Interesse in Europa und lieferten u. a. die Grundlage für Goethes Westöstlichen Divan. Er gilt als eigentlicher Begründer der Orientalistik und wurde später der erste Präsident der durch kaiserliches Patent vom 14. Mai 1847 gegründeten Österreichischen Akademie der Wissenschaften. Die vielfältigen kulturellen und wissenschaftlichen Kontakte zwischen dem Iran und Österreich setzen sich bis zum heutigen Tag fort. Namen wie Kotschy, Tietze, Bobek,

Joseph Freiherr v. Hammer-Purgstall (1774–1856).

Stratil-Sauer, Rechinger oder Diez seien hier nur beispielhaft erwähnt. Sie alle haben wesentlich dazu beigetragen, den Iran in Europa bekannt zu machen. Der langjährige Leiter des Österreichischen Kulturinstitutes in Tehran, Dr. Helmut Slaby, hat sie in seinem Buch „Bindenschild und Sonnenlöwe, die Geschichte der österreichisch-iranischen Beziehungen bis zur Gegenwart" umfassend gewürdigt.

Zwei weitere Motive für die Herausgabe des Buches sind ebenfalls erwähnenswert: das Verlagsprogramm und die Aktivitäten im Rahmen der Akademischen Druck- und Verlagsanstalt in Graz in den Siebziger- und Achtzigerjahren des 20. Jahrhunderts. Es wurden u. a. einige Standardwerke über den Iran wie der 4-bändige Gazetteer of Iran oder das für jeden Botaniker unerlässliche Werk der Flora Iranica herausgegeben. Die von 1974 bis 1982 erschienene Kulturzeitschrift Afghanistan Journal beschäftigte sich nicht mit Alborz und Damavand selbst, aber mit dem ostiranischen Kulturraum vom Iran bis nach Zentralasien. Viele Anregungen wurden durch dieses Medium vermittelt.

In den Sechziger- und Siebzigerjahren wiederum wurden durch die steirischen Universitäten viele Fachkontakte und Freundschaften in die Wege geleitet. In diesem Zeitraum besuchte eine große Zahl iranischer Studenten unsere hohen Schulen.

Das persönliche Interesse an Gebirgsregionen, sei es aus religions- und kulturgeschichtlicher Sicht, sei es auf Grund naturwissenschaftlich-kartographischer Interessen, trug ebenso zur Idee des Buches bei.

Schließlich führten die Kenntnis der eindrucksvollen Hochgebirgslandschaft im Norden des Iran, langjährige Freundschaften, die auch die großen Veränderungen der letzten Dezennien überdauerten, sowie das wieder erwachende internationale Interesse am uralten Kulturland Persien zum Konzept, zur wissenschaftlichen Bearbeitung und zur Herausgabe der Publikation.

Möge das Buch „Damavand" die guten Beziehungen, die zwischen dem Iran und Österreich bestehen, noch vertiefen.

Die Herausgeber

Zur Schreibung der Orts- und Personennamen

Nach reiflicher Überlegung haben sich Herausgeber und Autoren dieses Buches dazu entschlossen, die Namen der Dörfer, Berge, Flüsse, Täler, Pässe, Landstriche, Nomadenstämme etc. in der englischen Umschrift zu verwenden, wie sie beispielsweise im „Historical Gazetteer of Iran" (Ed. Ludwig W. Adamec, University of Arizona, Tucson), Graz 1976 ff., geboten wird.

Ein international einheitliches Transliterationssystem iranischer Ortsnamen gibt es leider nicht. Dazu kommt noch, dass die Namen nicht nur aus dem Persischen wiedergegeben werden müssen, sondern auch aus dem Arabischen, Türkischen oder Kurdischen. Zusätzlich sind noch die Varianten auf Grund verschiedener Dialekte zu berücksichtigen. Ausschlaggebend für die Wahl des „Gazetteer" als Vorbild war, dass dort keine diakritischen Zeichen benötigt werden, wie solche in den fachwissenschaftlichen Publikationen in zahlreichen Varianten Verwendung finden. Wir haben das System auch gewählt, weil es weltweit am besten verstanden wird und der tatsächlichen Aussprache der Namen im Iran am nächsten kommt.

Wir sind uns der Tatsache bewusst, dass es für den deutschen Leser ungewohnt sein wird, z. B. den Berg „Demawend" in der englischen Schreibweise „Damavand" vorzufinden. Aber gerade dieser Name zeigt am deutlichsten die Problematik auf, denn kein Iraner sagt „Demawend". Das gilt auch für die gesamte Gebirgskette, die man im Deutschen „Elburs" zu nennen pflegt, vom Iraner jedoch „Alborz" mit stimmhaftem „s" ausgesprochen wird. Die englische Schreibweise dieses Namens hat noch den zusätzlichen Vorteil, dass eine Verwechslung mit der im Deutschen üblichen Form „Elbrus", der höchsten Erhebung des Kaukasus, nicht so leicht zustandekommen kann.

Wenn es in diesem Buch Abweichungen zu dem Transliterationssystem des „Gazetteer" gibt, so sind diese ganz bewusst gewählt, um der tatsächlichen Aussprache der Einheimischen Rechnung zu tragen. Darüber hinaus muss hier angemerkt werden, dass die im „Gazetteer" nicht aufgelisteten Örtlichkeiten nach dem vorgegebenen Schema transkribiert wurden.

Dem Leser mag es vielleicht befremdlich erscheinen, den Namen ein und derselben Person in verschiedenen Schreibweisen vorzufinden. Der Grund liegt darin, dass wir ein einheitliches Umschriftsystem für dieses Buch verwendet haben, wir jedoch in Zitaten und in den Bibliographien die originale Schreibweise beibehielten.

Von Wind umtost – von Rauch umwölkt

Die Namen des Berges Damavand

Der Marburger Iranist Wilhelm Eilers hat sich vor rund 50 Jahren der Mühe unterzogen, alles wissenschaftlich greifbare Material zum Thema „Die Namen des Berges Damavand" nicht nur zu sammeln und zu publizieren, sondern auch die oft gegensätzlichen Standpunkte der Orientwissenschafter gegeneinander abzuwägen. Den 40 Seiten umfassenden Haupttext von Eilers begleiten auf 65 (!) Seiten seine Anmerkungen in Kleindruck.

Da es im Rahmen dieses Buches weder möglich noch erforderlich ist, sich mit textkritischen Fragen und spitzfindigen etymologischen Auslegungen auseinander zu setzen, habe ich mich in der ersten Hälfte dieses Beitrages damit begnügt, gleichsam eine Zusammenfassung von Eilers' Arbeit zu bieten, in der die Fragen in Zusammenhang mit den Namen und Schreibvarianten des Berges Damavand behandelt werden.

DUNBAVAND

Der erste Beleg für den Namen Damavand findet sich auf einer Trilingue in Naqsh-e Rostam, in der Nekropole der Achaimeniden in der Nähe von Persepolis, wo sich auch die sassanidischen Könige in Felsreliefs und Inschriften verewigt haben. Auf dem Gebiet vor der steil aufragenden Felswand des Hossein Kuh steht ein steinerner Turm, die Kaaba-ye Zardosht. An dessen Mauern finden sich die Namen Geluman Dunbavantic, ein Würdenträger Ardashirs I. (226–241) und Artavan Dunbavan-tic, ein Würdenträger Shapurs I. (241–272). Die Namen beziehen sich jedoch nicht auf den Berg, sondern auf die Landschaft, aus der die beiden Würdenträger stammen.

Jedem, der sich auf eine Reise zum höchsten Berg Irans vorbereitet und die Karten studiert, wird auffallen, dass es neben dem Berg Damavand auch eine Stadt gleichen Namens gibt. Die Frage stellt sich nun, wer wem den Namen gegeben hat, der Berg der Stadt oder umgekehrt. Für Eilers hat die Stadt ihren Namen vom Berg bekommen, da sie ursprünglich anders geheißen hat. Zieht man das heute hauptsächlich in Europa und Amerika verwendete Ortsnamenverzeichnis Irans zu Rate, das unter dem Titel „Historical Gazetteer" erschienen ist, so findet sich unter dem Stichwort „Damavand" folgende Eintragung:

„A Sharestan, with a population of 57,843 and an area of 5,894 square kilometers and a town with 5,391 inhabitants." (Vol. I: 137)

Daraus erkennt man, dass sich der Name für die Verwaltungseinheit bis heute erhalten hat.

Von Interesse ist zunächst der zweite Teil des Namens, die Endung -and. In diesem Zusammenhang verweist Eilers auf den altindischen Namen für den Himalaya, Himavant, der so viel wie „Schneeberg" bedeutet. Auch bei heutigen iranischen Bergnamen sei die Endung -vand nachweisbar, so z. B. bei dem in der Nähe von Hamadan aufragenden Berg Alvand.

Kaaba-ye Zardosht (Zarathustras Kaaba) in Naqsh-e Rostam. Foto: Kuschel.

Wichtiger als die Endung sei jedoch der Wortstamm dama. Da dam im Persischen „Luftzug", „Windhauch", „Atem" bedeutet, wäre Damavand also der „von Winden umtoste Berg", oder auch der „Berg mit den ausströmenden Winden", was auf seinen vulkanischen Ursprung hindeuten würde. Allerdings erscheint das dem deutschen Iranisten als eine allzu natürliche Erklärung, die den ernsthaften Forscher zweifeln lasse. Man dürfe die älteste Namensform nicht unberücksichtigt lassen, die ja, wie oben erwähnt, Dunbavand lautete. Dass diese Form als gesichert betrachtet werden kann, verdanken wir der griechischen Version der oben erwähnten Trilingue, die im Gegensatz zu beiden anderen Inschriften, die in altpersischen Dialekten geschrieben sind, eine Vokalisierung besitzt.

Wir könnten uns nun der Frage widmen, wie aus Dunbavand schließlich Damavand geworden ist, müssen vorerst aber einmal feststellen, dass es zwei weit voneinander entfernte Berge gleichen Namens gibt. Neben dem Alborz-Damavand findet sich in Persien noch ein zweiter Damavand, wie wir von dem arabischen Kompilator Yakut (gest. 1229) erfahren: *„Dunbavand ist ein Berg in Kirman."*

Dieser Dunbavand erhebt sich in Persisch-Baluchistan in der Nähe von Vasht, dem Hauptort des Distriktes Sarhad, und ist so wie der Alborz-Damavand vulkanischen Ursprungs. Es kann sich nur um den einzigen großen anderen Vulkan Irans vom Solfatarentyp handeln, den man heute Kuh-e Taftan oder Kuh-e Chehil Tan nennt. Der zuerst genannte Name bedeutet „Brennender Berg", der zweite „Berg der vierzig Leute". Einer Sage zufolge sollen einst auf diesem Berg 40 Menschen verschwunden sein. Der „Historical Gazetteer" weiß über den vulkanischen Ursprung folgendes zu berichten:

„The inhabitants of the valley appear to have worshipped the volcano from the earliest times, and at the present day, though Muhammadans in name, are Fireworshippers at heart and still make sacrifices of goats to the spirit of the mountain." (Vol. 4: 97.)

Beide Vulkane trugen jedenfalls, zumindest in früheren Zeiten, den gleichen Namen Dunbavand, also mit „u" und „nb".

Wir können uns nun der Frage widmen, wie sich Dunbavand zu Damavand gewandelt hat. Eilers erklärt das mit einer Zwischenform Dumavand, also mit „u" und „m". Aus „nb" sei in der persischen Sprachgeschichte öfter ein „m" geworden, wobei es allerdings auch den umgekehrten Vorgang, also m > nb gegeben habe.

Nun heißt dunb oder dum „Schwanz", „Zipfel". Demnach wäre der Damavand der „schwanzreiche" oder „schwänzereiche" Berg. In Berg- oder Ortsnamen sei damit der Ausläufer eines Berges gemeint gewesen. In einer in den Wörterbüchern allerdings nicht angeführten Bedeutung könne man unter dunb oder dum auch einen „Hang" oder eine „Halde" verstehen. Der Damavand sei somit der „haldenreiche" Berg, eine Charakterisierung, der man sich bei Betrachtung des Berges von bestimmten Punkten aus durchaus anschließen kann.

Doch es gibt noch eine weitere Erklärungsmöglichkeit, die im europäischen Schrifttum vertreten wird. Demnach hieße die bloße ältere Namensform dhumavant, was den Damavand als den „rauchreichen" Berg charakterisieren würde, da dhuma „Rauch" bedeutet.

Zusammenfassend meint Eilers, dass seine Präferenz für die Erklärung des Namens Damavand dem „schwanzreichen" (reich an Ausläufern) gelte, dass aber auch die anderen Erklärungen durchaus zutreffend sein könnten.

DAMAVAND

Als gesichert gilt jedenfalls spätestens seit Firdowsi (gest. 1020 n. Chr.) die Form Damavand, die der Dichter in seinem Shahname ausschließlich verwendet. Mehr als 30 Jahre hatte der wohl berühmteste persische Dichter an seinem „Buch der Könige" gearbeitet und in 60.000 Versen die Sagen und die historisch bedeutsamen Fakten Persiens von den Anfängen bis zur arabischen Eroberung zusammengefasst. Die große Verbreitung, die das Werk gefunden hat, wird sicherlich zur Popularisierung der Version Damavand beigetragen haben. *„Als dama, ‚Schneesturm' nur noch von Belesenen verstanden wurde, kam von selbst die noch gegenwärtig volkstümliche Erklärung Damavand = ‚reich an Windzug' (dam) auf, sei es, daß dabei an die den Berg umtosenden Stürme gedacht würde (‚Zugspitze') sei es, daß man dam auf das Fauchen vulkanischer Gase bezog."* (EILERS: 308)

Welche Erklärung des Namens Damavand der Betrachter und Besucher des Berges auch immer bevorzugt, wird ganz von seinem Standpunkt (im doppelten Sinn des Wortes) abhängen. Die an manchen Sei-

Schneesturm am Damavand im Mai 1999. Foto: Kuschel.

ten des Berges immer flacher auslaufenden Hänge lassen die Deutung als „hangreichen" ebenso zu, wie jene auf Grund des aus dem Dud Kuh im Gipfelbereich ausströmenden Gases als „rauchreichen". Wer selbst einmal – wie der Verfasser dieses Beitrages – am Damavand einen Sturm in 5000 m Höhe erlebt hat, der mehrere Tage anhielt und keine menschliche Aktivität außerhalb der Schutzhütte erlaubte (Mai 1999), wird der Auslegung als „windreichen" allerdings den Vorzug geben.

MONS JASONIUS – CORONUS MONS

Befragt man die größte jemals in deutscher Sprache gedruckte Enzyklopädie, den „Ersch-Gruber", wie sie die Bibliothekare in Kurzform nennen, so finden sich unter dem Stichwort „Demavend" weitere Varianten in der Schreibung: Demaawend, Damaawend, Dumbaawend. Der Name besitzt demnach eine schier unglaubliche Variationsbreite.

Von gewissem Interesse dürfte hier auch der Hinweis sein, dass die gesamte Bergkette bei den alten europäischen Schriftstellern auch den Namen Demavend getragen hat:

„DEMAVEND ... nennt man im Allgemeinen die ganze Bergkette, die sich durch den Distrikt Taberistan in der westpersischen Provinz Masanderan hinzieht, bei den Alten mons Jasonius (Strabo, Ptolem., Amm. Marc), ein Ast des Parachoatras; im Besonderen wird so der höchste Gipfel der ganzen Kette genannt, von welchem die Orientalen sagen, daß er die Sterne begrüße. Er erhebt sich kegelförmig, kann über 50 Meilen weit gesehen werden und ist stets mit Schnee und Eis bedeckt und ganz schroff." (ERSCH-GRUBER, 23: 437)

Auf einen weiteren Namen aus der Antike verweist Forbiger: „*Unterhalb des Mare Caspium zwischen Hyrcania und Parthia heisst er (der Gebirgszug) Orontes (Ptol. 6,2) und Coronus Mons (Ptol.ibid.) jetzt gewiss der hohe, kegelförmige Demawend, dessen östlicher Rücken noch immer Karen heisst...*" (FORBIGER II: 46 f.)

Der Name Karen taucht wieder in Zusammenhang mit den kriegerischen Auseinandersetzungen zwischen dem Khwarizmshah Alaeddin Muhammed und den Mongolen auf, und zwar für eine Bergfestung, die sich in der Nähe des Damavand befunden haben muss. Der Iranist Bernhard Dorn hat dankenswerterweise den betreffenden Text aus einer Handschrift, die sich im Besitz des British Museum befindet und den Titel Tarich-i Alfy trägt, ins Deutsche übertragen. Daraus geht hervor, dass Alaeddin seine gesamte Familie in der Festung Karen vor den Mongolen in Sicherheit brachte. Dann beriet er sich mit den Emiren der Provinz. Dabei stimmten alle darin überein, dass man sich auf den Berg Damavand zurückziehen müsse, um den Mongolen zu entgehen. Der Herrscher habe daraufhin selbst den Berg mit seinen Zugängen geprüft, sei aber zu der Erkenntnis gekommen, dass er keine sichere Zufluchtsstätte gewähren könne. Als die Mongolen den Sultan auf seiner Flucht nicht finden konnten, begaben sie sich zu der Festung Karen, wo der Sultan seine Familie versteckt hatte. Sie nahmen die Festung ein und verschleppten Frauen und Kinder nach Samarkand. Inzwischen hatte Sultan Alaeddin in einer anderen Bergfestung namens Laridjan Zuflucht gefunden. Als er jedoch von der Gefangennahme seiner Familie erfuhr, sei er aus Gram darüber verstorben. (DORN, Caspia: 258 ff.)

LAVASAN

Der Vulkan trug in islamischer Zeit jedoch neben seinem Namen Damavand einen weiteren, der mit einer Örtlichkeit in den Vorbergen nordöstlich von Tehran identisch ist. Aus dem Reisetagebuch des persischen Dichters Nasir-e Khusrau, das von dem Grazer Iranisten Uto von Melzer übersetzt und 1993 bearbeitet von Nosratollah Rastegar in Deutsch herausgegeben wurde, kann man folgende Bemerkung finden:

„*Zwischen Ray und Amul erhebt sich wie eine Kuppel der Damawand, den man auch Lawasan nennt.*" (Safarname: 9)

Lavasan ist ein Bergdorf, das südlich des Lar-Tales (siehe die Abb. auf S. 140) an der Karawanenroute zwischen Varamin und dem Kaspischen Meer liegt. Nasir-e Khusrau hatte um die Mitte des 11. Jahrhunderts unserer Zeitrechnung Nordpersien bereist und dabei auch den Damavand zu Gesicht bekommen.

Wie wir gesehen haben, hatten die alten Griechen nur eine sehr ungenaue Vorstellung von der tatsächlichen Lage und den Namen der Berge im Zentralen Alborz, da die großen Heerstraßen und Übergänge an dessen Rand verliefen. Man scheute sich mit Recht vor dem Eindringen in Schluchten, die vom Gegner sehr leicht zu überwachen und zu verteidigen waren. Nur in Ausnahmefällen begab man sich in solche Gefahren, wie z. B. von Antiochus III., dem Großen (223–187), berichtet wird, der die Parther auf seinem Weg nach Hyrkanien verfolgte und dabei den Labus oder Labutas (Polyb. X, 29,3) überschritt. Das ist der östlichste Teil des Alborz zwischen Firuzkuh und Barfarush. Die Parther hatten sich am Übergang dem Kampf gestellt, doch mussten sie sich der überlegenen Kriegskunst der Mazedonier beugen, sodass Antiochus mit seinem Heer nach Hyrkanien eindringen konnte. (GUTSCHMID: 37)

Dass es allerdings bei Auseinandersetzungen zwischen lokalen Fürsten selbst in abgelegenen Berggegenden zu Kampfhandlungen kommen konnte, hat uns Sehireddin in seiner „Geschichte von Tabaristan" überliefert. Damals muss es eine ganze Reihe von Bergfestungen im Gebiet des Damavand gegeben haben, so ist z. B. von den Festungen Nur, Lavasan (bei Sehireddin: Luasan), Gulchendan, Kudschur, Espiris usw. die Rede. Sehireddin war eine interessante Persönlichkeit, er war Geschäftsmann, Krieger und auch ein hervorragender Historiker seiner Zeit. Übrigens verdanken wir die ersten Nachrichten über Sehireddin dem großen österreichischen Orientalisten Hammer-Purgstall, der in seinen Fundgruben des Orients über ihn berichtet. (DORN, Sehireddin: 24)

BIKNI

Zum Abschluss wollen wir noch auf einen weiteren Namen des Berges Damavand verweisen. Der assyrische König Tiglatpileser III. (745–727), dem es gelungen war, die Oberhoheit über Armenien, Syrien, Palästina und Arabien zu gewinnen, hatte sich auch, um die Ostgrenze seines Reiches abzusichern, gegen medisches Gebiet gewandt. Seine Soldaten drangen dabei bis zum Damavand vor. Einer seiner Generäle, Assurdainani, marschierte mit einer Eliteeinheit sogar bis zu den Ufern des Kaspischen Meeres. Assurdainani erblickte die Schneepyramide des Damavand nur von weitem und begnügte sich damit, das bewohnte Gebiet des Alborz zu erobern und die Menschen tributpflichtig zu machen. Ob mit dem Namen Bikni der Damavand oder die umliegende Landschaft gemeint war, ist jedoch nicht klar. Eine Reihe von Orientwissenschaftern hat sich mit der Frage, ob der Berg Bikni (oder Bigni) mit dem Damavand gleichzusetzen sei, auseinander gesetzt. Eilers meint dazu: *„Daß der Bigni-Berg dem heutigen Elburz oder dessen höchster Spitze, dem Demawend selbst, entsprochen hätte, ist freilich einstweilen nur eine Mutmaßung, und die bisher vorgebrachten Gründe für eine solche Gleichsetzung entbehren der letzten Durchschlagskraft."* (EILERS: 267)

Skizze des Damavand nach einem Foto von Jacques de Morgan.

In Gaston Masperos monumentalem Werk findet sich eine Zeichnung des Damavand mit folgender Bildunterschrift: „LA CIME PRINCIPALE DU MONT BIKNI, LE DÉMAVEND". Diese Zeichnung ist nach einem Foto von Jacques de Morgan angefertigt worden, der zwischen 1889 und 1891 durch Nord- und Westpersien gewandert war, um archäologische Forschungen zu betreiben. Dabei erreichte er auch beinahe den Gipfel des Damavand, eine beachtliche Leistung, macht man sich das Datum bewusst. Es war der 3. Dezember 1889.

Der Name Bikni taucht auch auf der Kartenskizze auf, in der die Unternehmungen Tiglatpilesers III. veranschaulicht werden sollten. (MASPERO III: 141)

Man könnte natürlich die Auflistung der Namen des großen und bedeutenden Berges noch durch jene Namen ergänzen, die in der Religionsgeschichte Persiens eine Rolle spielen, es sei hier nur der Name Arezura erwähnt, der nach altiranischer Glaubensvorstellung Wohnsitz der bösen Geister und Dämonen ist und mit dem Damavand gleichgesetzt wird. Das lässt sich zumindest aus dem noch im 19. Jahrhundert gefeierten Fest in der Stadt Damavand schließen. (ANDRIAN: 304 f.) In diesem Zusammenhang sei auf den religionsgeschichtlichen Beitrag dieses Buches verwiesen.

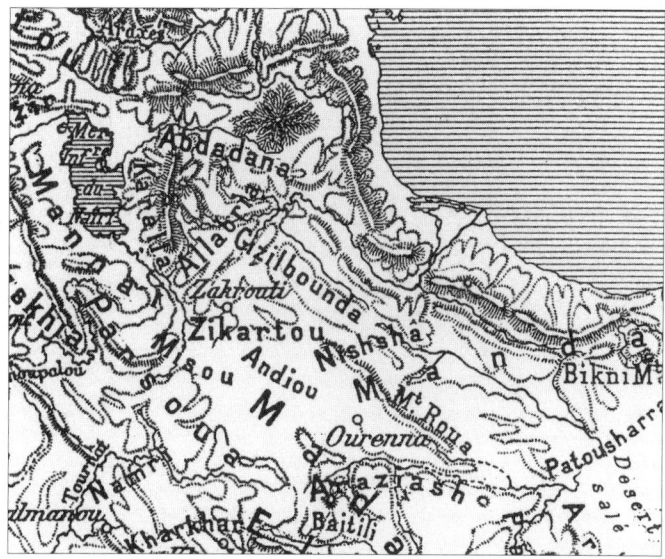

Ausschnitt aus einer Kartenskizze des Jahres 1895 (nach Maspero).

ZUSAMMENFASSUNG

Bikni, Mons Jasonius, Coronus mons, Karen, Lavasan, Dunbavand und schließlich Damavand sind die Namen, die dem höchsten Berg Irans und des Nahen und Mittleren Ostens gegeben wurden. Der haldenreiche, windumtoste, schneebedeckte, rauchende Vulkan hat im Laufe der Jahrtausende nichts von seiner Faszination eingebüßt. Takht-e Faridun, Thron des legendären Helden Faridun, hat man eine seiner Erhebungen im Gipfelbereich genannt, und der mythische Vogel Simurgh gab der Schutzhütte im Westen des Gipfels den Namen. Das Nationalepos der Iraner, das Shahname ist voll von den Abenteuern, die am Damavand von mythischen Helden vollbracht wurden. So hat auch der grausame König Zahhak hier am Berg sein Unwesen getrieben, bis ihn Faridun in einer Höhle in der Nähe des Gipfels anketten ließ, wo der Tyrann der Legende nach heute noch schmachtet. Folio 37 verso des Shahname, das sich im Besitz von Arthur A. Houghton Jr. befindet, zeigt diese Bestrafung des Zahhak. (WELCH: 45)

Bibliographie

ANDRIAN, F. F. v. (1891): Der Höhencultus asiatischer und europäischer Völker.

DORN, B. (1875): Caspia. Über die Einfälle der alten Russen in Tabaristan.

DORN, B. (Hrsg.) (1850): Sehir-eddin's Geschichte von Tabaristan, Rujan und Masanderan.

EILERS, W. (1954): Der Name Demawend, in: Archiv Orientální, XXII, S. 267–374.

ERSCH, J. S. und J. G. GRUBER (1818–1889): Allgemeine Encyklopaedie der Wissenschaften und Künste, 167 Bände.

FORBIGER, A. (1842–1843): Handbuch der alten Geographie.

GUTSCHMID, A. v. (1888): Geschichte Irans und seiner Nachbarländer von Alexander dem Großen bis zum Untergang der Arsaciden.

HAMMER, J. v. (1813): Fundgruben des Orients.

HERODOT: Historien (Hrsg. J. Feix), München.

Historical Gazetteer of Iran (Ed. L. W. Adamec), Vol. 1 (1988): Tehran and Northwestern Iran, Graz 1976; Vol. 4: Zahidan and Southeastern Iran.

MASPERO, G. (1895–1908): Histoire Ancienne des Peuples de l'Orient Classique.

MORGAN, J. de (1894–1905): Mission scientifique en Perse.

Paulys Realencyklopädie der classischen Altertumswissenschaft, Bd. 9 (1916).

Strabonis Geographica (Ausgabe von A. Meineke) (1877).

VULLERS, J. A. (1855 und Suppl. 1867): Lexicon Persico-Latinum Etymologicum.

WELCH, S. C. (1976): Persian Painting.

Zur Geologie des Alborz/Damavand

Einleitung

Ob man in Tehran zwischenlandet, wie es in früheren Jahren bei Flugreisen nach Mittelasien nötig war, oder ob man die iranische Hauptstadt auch nur überfliegt, die markante Gestalt des Damavand kann niemand übersehen, überragt er doch mit seiner Höhe von 5671 m die Gipfelflur der anderen Berge des Alborz um weit mehr als tausend Meter. Auch seine regelmäßige Gestalt, ein fast perfekter Kegel, fällt sofort auf; ja, er ist natürlich ein Vulkan, wenn auch nicht lavaspeiend, so doch mit zahlreichen anderen vulkanischen Erscheinungen aufwartend. Es gibt noch einige weitere Vulkane im Alborz-Gebirge, welches sich im Norden des Iran über gut 700 km erstreckt und damit kaum kürzer ist als der gesamte Alpenbogen von Nizza bis Wien.

Wie nun ist dieses große Gebirge, dieser formschöne Vulkan Damavand entstanden?
Dies hat sich auch der junge Sven Hedin gefragt, der den Damavand am 11. Juli 1890 erstiegen hat, und der den Damavand daraufhin kurz entschlossen zum Thema seiner Promotionsschrift machte. HEDIN (1892): *„Wir wissen zwar, daß der Damavand ein Vulkan ist; ob derselbe aber als thätig oder erloschen betrachtet werden kann, ist schwierig zu bestimmen ...“.*

Heute wissen wir freilich etwas mehr; der Vulkan Damavand gilt als erloschen.

Es darf als bekannt vorausgesetzt werden, dass auch der Alborz einer über Kontinente reichenden Zone von (alpidisch geformten) Gebirgsketten angehört, welche sich von den Alpen über die Dinariden, den Balkan, Griechenland, die Ägäis, die türkischen Gebirge Pontus und Taurus, die iranischen Gebirgsketten – vorwiegend im Süden und Norden –, den afghanischen Hindukusch, den Hohen Hindukusch, den Karakorum und den Himalaya bis nach Burma und China erstrecken. Das Alborz-Gebirge ist also ein Teil dieser Ketten und wir wollen uns nun ein wenig mit seiner Entstehung befassen.

Die vielen Bereiche aller dieser Gebirge waren – nicht immer gleichzeitig, aber doch generell gesehen – über lange geologische Perioden von einem sehr großen Weltmeer, dem Tethys-Ozean eingenommen. In dieser Tethys mit ihren zahllosen einzelnen großen und kleineren, tiefen und seichteren Becken hat sich in ihrer Entwicklung als so genannte Geosynklinale der Beckengrund immer wieder um verschieden große Beträge abgesenkt und dadurch die Akkumulation verschiedenster Sedimente erlaubt, die teilweise viele tausende Meter Mächtigkeit erreichen konnten. Im Falle des Alborz sind es gut 7000 m im zentralen Abschnitt.

Eingerahmt sozusagen war der iranische Bereich der Tethys von alten Kontinentalplatten, und zwar im Norden vom Turan-Kraton, einem Teil der Eurasischen Platte, im Südwesten von der Arabischen Platte, im Süden teilweise von den kleinen Platten der zentraliranischen und afghanischen Landmasse und, was besonders wichtig ist, von der Indischen Platte im Südosten. Diese Indische Platte hat sich im Laufe der geologischen Entwicklung von Süden nach Norden und Nordwest bewegt und war damit in diesem Raum der wesentliche Faktor zur Beendigung der Geosynklinalentwicklung und zum Einsetzen der nachfolgenden Gebirgsbildung (Orogenese). Die sich in einer Relativbewegung aufeinander zu bewegenden Landmassengrenzen nennt man Konvergenzzonen. Siehe dazu auch Abb. 1 und 2, in welcher u. a. die Drift der Indischen Platte und die Nördliche Konvergenzzone (Alborz-Hindukusch-Zone) und die Südliche Konvergenzzone (Zagros-Chitral-Zone) dargestellt sind. Das prominenteste Resultat dieser Kontinentaldrift ist ja der Himalaya, wo nördlich seines westlichen Eckpfeilers, dem Nanga Parbat, die Bewegung der Indischen Platte eine Zone von besonders starker Einengung und die Entstehung von zahlreichen hohen Gebirgsketten auf kleinem Raum sowie den Pamir-Knoten geschaffen hat. Diese Bewegungen dauern noch an, was u. a. auch dazu führt, dass an den Randzonen der bewegten Platten und insbesondere dort, wo sich Platten ineinander verkeilen oder sich eine unter die andere presst (so genannte Subduktionszonen) häufig leider auch schwere Erdbeben auftreten.

Die Gesteine der Alborz-Geosynklinale

Die Geosynklinale

Die Anlage der Geosynklinale beginnt bereits im Präkambrium, also vor gut mehr als 550–600 Mio. Jahren. Sie wird als eine randlich gelegene Teil-Geosynklinale der Tethys angesehen, ALLENBACH (1966), EHLERS (1980), welche nahe der Eurasischen Festlandplatte (Turan-Platte) lag und während ihres Bestandes zumeist schelfartige Sedimentationsbedingungen aufwies. Im Zuge dieser Entwicklung lassen sich im Zentralen Alborz deutlich drei geosynklinale Sedimentationszyklen unterscheiden, ALLENBACH (1966), die jeweils durch Schichtlücken/Transgressionen voneinander abgegrenzt sind. Der dritte geosynklinale Sedimentationszyklus endet in der Oberen Kreide. Die Entwicklung der Geosynklinale erstreckt sich bis zum Einsetzen der alpidischen Gebirgsbildung mit beginnenden Phasen im Oberen Eozän (vor rund 39 Mio. Jahren), welche mit Hebungen begannen, das Tethys-Meer zurückdrängten und die Alborz-Region zu trockenem Festland machten.

Jüngere Sedimente aus der Periode der ausgehenden oder nach der alpidischen Gebirgsbildung umfassen tertiäre Sedimente und Vulkanite sowie quartäre Vulkanite, denen auch die Ergussgesteine des Damavand zuzurechnen sind.

Das Basement

Das präkambrische Basement, welches die Basis des geosynklinalen Sedimentationsbeckens darstellt, besteht aus Gesteinen der alten Landmassen (wahrscheinlich der Zentraliranischen Landmasse), die bereits früher gefaltet und konsolidiert wurden. Laut STÖCKLIN (1968) kann diese Faltung einer präkambrischen Phase zugeordnet werden. Die Gesteinsfolgen bestehen aus Metamorphiten wie Glimmerschiefern, Phylliten, umgewandelten Tuffen und Marmoren und sind durch eine deutliche Diskordanz von den darüber liegenden präkambrisch/paläozoischen Schichten getrennt.

Auch im Gebiet des Alam Kuh (4850 m), welches ca. 110 km westnordwestlich des Damavand liegt, findet man metamorphe Gesteine, die als Resultat einer intensiven präkambrischen Orogenese angesehen werden, GANSSER und HUBER (1962). In diese Metamorphite sind überdies Granite und ähnliche Intrusiva eingedrungen. GANSSER und HUBER (1962) unterscheiden zwischen dem Akopol Batholit und der etwas jüngeren Alam Kuh Intrusion. Das Alter der Intrusiva wird als fraglich post-ordovizisch/paläozoisch angegeben. Weiters sind in den „Gorgan- und Rasht Hights" (Zonen, in denen die Schichten besonders hoch herausgehoben wurden und ältere Bauglieder von der Erosion freigelegt wurden) ebenfalls Kerne des präkambrisch/paläozoischen Basements zu finden, EHLERS (1980).

1. Sedimentationszyklus (Oberes Präkambrium – Oberes Kambrium)

Aus dem Gebiet des Alam Kuh wurden die ältesten fossilbelegten Schichten aus dem Ordovizium der Lashkerak-Formation beschrieben, GANSSER und HUBER (1962). Nach der Gliederung von ALLENBACH (1966) und z. T. nach jener von SÜSSLI (1976), welche auch den Beschreibungen der Kapitel über die Sedimentationszyklen zugrunde liegen, beginnt der 1. Sedimentationszyklus mit einer Formation („Byandor Formation") aus dem Oberen Präkambrium. Diese Schichten, wie auch jene weiteren fünf Formationen dieses Zyklus' bestehen vorwiegend aus klastischen Sedimenten. Einige untergeordnete karbonatische Einschaltungen sind teils dolomitisch, teils kalkig ausgebildet. Die Bezeichnung dieser und der folgenden Formationen/Schichten ist in der zusammenfassenden Darstellung Abb. 6 zu ersehen. Im Text wird auf die Aufzählung der Formationen weitgehend verzichtet.

Dieser 1. Zyklus endet mit einer Hebungsphase (epirogenetische Bewegung) im Oberkambrium und der daraus resultierenden Schichtlücke, die bis zum Oberdevon reicht. Die Gesamtmächtigkeit dieser Schichten beträgt zwischen 1700 m im Bereich des Damavand und ca. 3500 m in anderen Gebieten des Alborz.

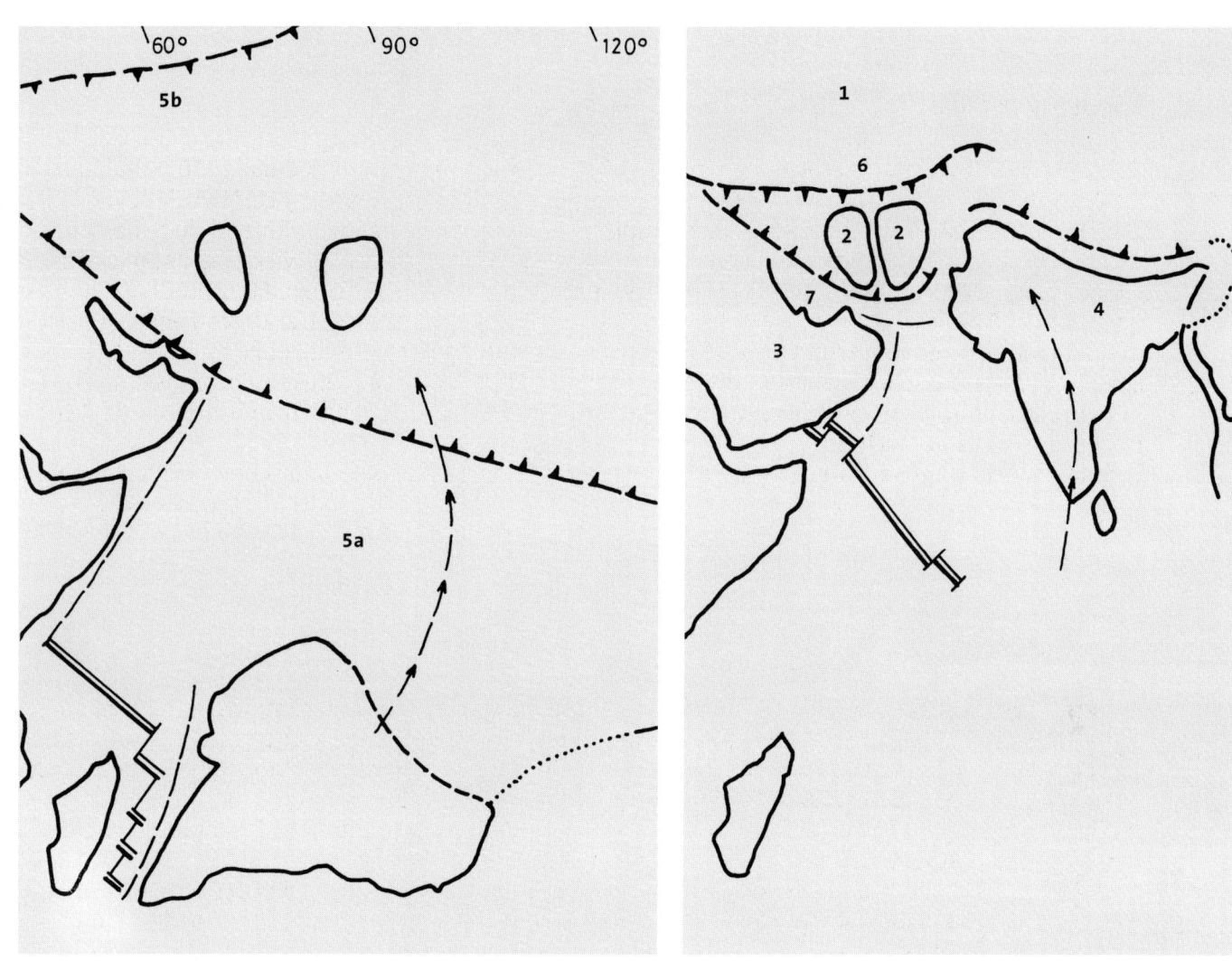

Abb. 1: Lage der kontinentalen Platten vor ca. 70 Mio. Jahren (O. Kreide). Nach POWELL, C. Mc. A. (1979).

Abb. 2: Rezente Lage der kontinentalen Platten.

Legende:

1. Turan Kraton, Südteil der Eurasischen Platte
2. Zentraliranische/afghanische Landmasse
3. Arabische Platte
4. Indische Platte
5 a. Angenommene Lage der Zentral-Tethys
5 b. Shelf-Bereiche, flach-tiefmarine Becken
6. Nördliche Konvergenz-Zone (Alborz-Hindukusch-Z.)
7. Südliche Konvergenz-Zone (Zagros-Chitral-Z.)

Abb. 3: Junge Vulkanite am Damavand, Lage der Ergussgesteine, verändert nach ALLENBACH (1966), nach Süden orientiert (Basis: Russ. Satellitenbild KFA-1000).

2. Sedimentationszyklus (Oberdevon – Trias)

Nach der Schichtlücke kehrt im Oberdevon das Meer zurück. Die Geirud-Formation bildet eine Transgression, wobei die zuerst sandigen Schichten sodann von vorwiegend karbonatischen Gesteinen der folgenden Formationen (s. auch Abb. 6) abgelöst werden. In der mittleren Trias haben epirogenetische Bewegungen (langsame Hebungen) das Gebiet wieder trockengelegt, wobei auch regional Ergüsse von Diabasen aufgetreten sind. Die nun folgende Schichtlücke umfasst Teile der Oberen Trias und beendet den 2. Zyklus. Seine Gesamtmächtigkeit beträgt rund 500 m im Damavand-Bereich, kann andernorts aber bis zu 1600 m erreichen.

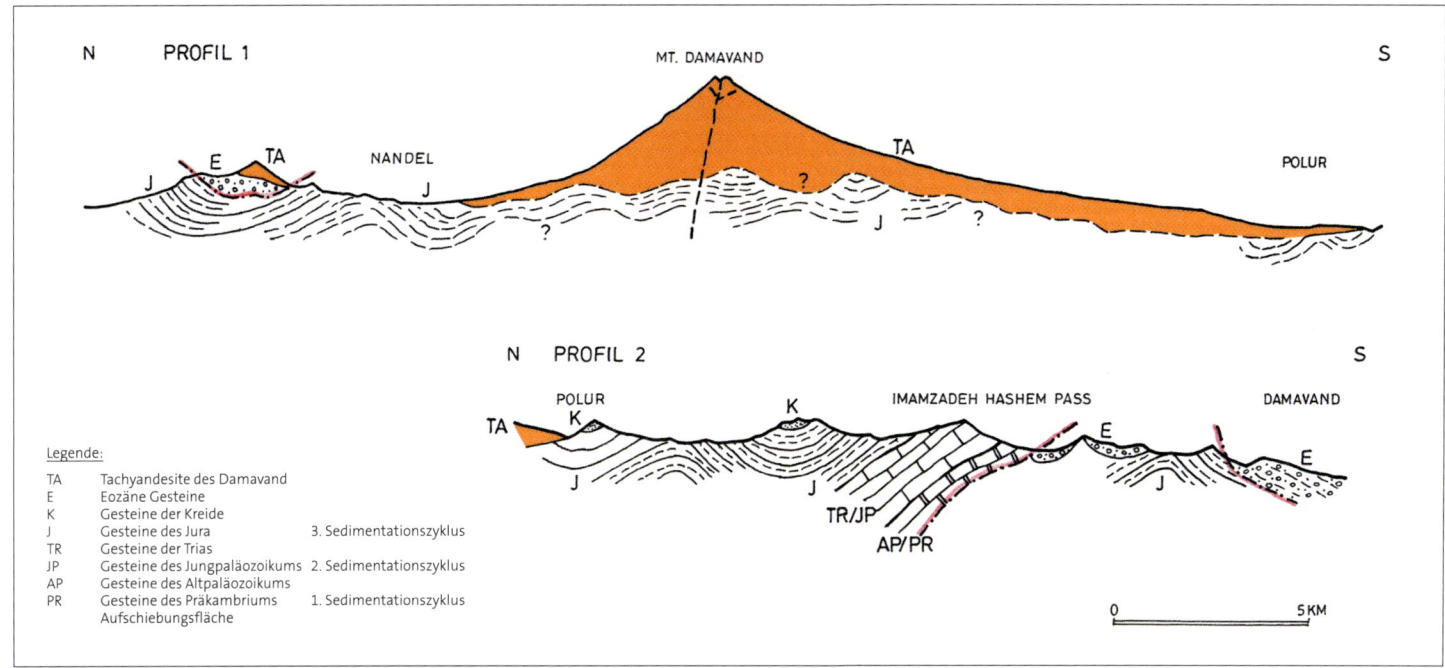

Abb. 4: Geologische Profile des Damavand-Gebietes, vereinfacht nach ALLENBACH (1966).

3. Sedimentationszyklus (Obere Trias – Obere Kreide)

Mit Sedimenten aus der Rhät/Lias-Zeit beginnt der 3. Zyklus, wobei dieser wieder mit sandig-schiefrigen Gesteinen der Shemshak Formation die landnahe Position des Beckens unterstreicht. Erst in jüngeren und folgenden Schichten wird der marine Einfluss zunehmend bemerkbar und vom Oberbajocian (Mittlere Jura) bis zum unteren Tithon (O. Jura) sind karbonatische, mergelig-kalkige oder kalkige Sedimente vorherrschend (siehe auch Abb. 6).

Danach folgte im Damavand-Bereich wieder eine Regression, das Meer zog sich zurück, und es kam vorwiegend im nördlichen Damavand-Bereich zur Ablagerung von Evaporiten (Gips und Salze, durch Austrocknung von Meeresbecken entstanden). Zusammen mit dem etwa gleichzeitig stattfindenden Erguss von Diabasen entstand die Gips/„Melaphyr"-Formation (Unterkreide). Eine neuerliche Transgression bringt das Meer im Aptian (Untere Kreide) zurück und die Orbitulinen-Kalke der Tiz Kuh Formation werden abgelagert.

Die darüber folgenden Schichten der Oberkreide sind in den südöstlichen Bereichen des Zentralen Alborz weniger, in den nördlichen und westlichen jedoch verbreiteter und mächtiger ausgebildet. SÜSSLI (1976) hat die Korrelation der Kreide-Schichten im Zentralen Alborz umfassend dokumentiert. Danach folgen über den Orbitulinenkalken (Orbitulina: Leitfossil für Oberkreide) z. T. Effusiva (Diabas), Dolomite, Kalke, Agglomerate und wieder Diabase aus dem Turonian/Senonian (O. Kreide), die schließlich von Globotruncanen-Kalken und Mergeln des Santonian/Maestrichtian (Oberste Kreide) überlagert werden. Mit diesen jüngsten Schichten der Oberkreide geht auch der 3. Sedimentationszyklus zu Ende, da im beginnenden Tertiär die gesamte Region von der Orogenese erfasst und einer intensiven Gebirgsbildung unterworfen wird.

Die Schichtpakete des 3. Zyklus weisen Gesamtmächtigkeiten zwischen ca. 2800 m und ca. 3300 m auf.

Der Geosynklinale Vulkanismus

Vulkanismus in verschiedener Ausformung begleitet die Entwicklung der Alborz-Geosynklinale. In einer anschaulichen Übersicht hat SÜSSLI (1976) die zeitliche und räumliche Verteilung des Vulkanismus im Zentralen Alborz nach älteren Autoren und eigenen Beobachtungen zusammengefasst dargelegt. Demnach gibt es im Laufe der Geosynklinalentwicklung Zeugen des Vulkanismus aus dem Perm, der Periode zwischen Trias und Lias, sowie mehrere Einschaltungen in der Kreide. Diese Vulkanite treten räumlich ziemlich begrenzt auf, wogegen der später folgende Vulkanismus im Tertiär eine sehr weite Verbreitung im südlichen Alborz aufweist und bereits im Zusammenhang mit der Orogenese (Gebirgsbildung) steht. GANSSER und HUBER (1962) berichten über paläozoische Melaphyre aus dem Lashkerak-Alam Kuh-Bereich. ALLENBACH (1966) erwähnt Ganggesteine, meist Diabase, welche als konkordante Gänge („sills") im Altpaläozoikum (Ainevar/Dilchai) auftreten. Sie erreichen nur geringe Mächtigkeiten.

Der permische und der post-triassische Vulkanismus beschränkte sich laut GANSSER und HUBER (1962) auf Bereiche des oberen Chalus- und Nur-Tales und einen Bereich südöstlich des Damavand.

Der Vulkanismus während der Kreidezeit dagegen ist im mittleren Chalustal und in einem Bereich nördlich und östlich des Damavand dokumentiert. Die Vulkanite treten in mehreren (bis zu drei) stratigraphischen Horizonten auf, SÜSSLI (1976), bestehen vorwiegend aus Melaphyr, Diabas, Agglomeraten und Tuffiten und können Mächtigkeiten von über 100 m erreichen.

Die Orogenese/Auffaltung des Alborz

Wie oben erwähnt, kommt es am Ende der Entwicklung der Geosynklinale zur Gebirgsbildung (Orogenese), hervorgerufen durch die Einengung des Geosynklinalraumes durch die Zueinanderdrift von Kontinentalplatten, welche ihrerseits durch Konvektionsströmungen im flüssigen Erdmagma bewegt werden. Zwischen der Eurasischen Platte und dem südlichen Turan-Kraton einerseits und der Arabischen Platte im Südwesten und der Indischen Platte im Süden und Osten andererseits, wird der Alborz-Trog immer stärker eingeengt, die Schichten gehoben, gefaltet, durch Brüche und Störungen zerteilt. Bezüglich der Drift der Indischen Platte wird wieder auf Abb. 1 und 2 verwiesen, die zeigt, wie die Indische Platte innerhalb von 70 Millionen Jahren, also etwa von der Oberkreide bis heute, u. a. den gesamten iranisch-afghanischen Raum betroffen und eingeengt hat.

THIELE (1968) konstatierte – entgegen der Auffassung anderer Autoren – auch Hinweise auf paläozoische Orogenstrukturen (variszische) im südlichen Zentralraum; im Alborz-Gebirge fehlen diese Hinweise weitgehend, die endgültige Auffaltung der Alborz-Kette fand im Alt-Tertiär statt, nachdem schon zuvor einzelne Hebungen im Mittleren Jura und der Kreide die kommende Orogenese eingeleitet hatten, siehe auch BAILEY et.al. (1947). Die Zentrale Alborz-Kette wird zu einer prominenten Wasserscheide zwischen dem jungtertiären Becken des Zentral-Iran im Süden und der aralo-kaspischen Tieflandregion im Norden, SÜSSLI (1976), EHLERS (1980). An der Südabdachung findet sich noch marines Eozän (Alt-Tertiär), welches im Nordabschnitt aber fehlt. Eine zweite Faltungsphase folgte im Jungtertiär nach dem Sarmat aber vor Beginn des Pliozän, SÜSSLI (1976), gefolgt von tiefgreifender Erosion. Noch jüngere Bewegungen/ Hebungen datieren aus dem Pliozän/Pleistozän und sind für das heutige Erscheinungsbild des Alborz verantwortlich, GANSSER und HUBER (1962).

Sedimentation und Vulkanismus im Tertiär

Auch während und zwischen den Phasen der Gebirgsbildung ist es zur Ablagerung von Sedimenten oder zur Bildung von Vulkaniten gekommen. Die Gebirgsbildung im Alttertiär schuf bereits ein ausgeprägtes Gebirgsrelief, das Anlass zu starker Erosion gab, aus dem Abtrag bildeten sich im Zentralen Alborz die Ziarat-Konglomerate des Untereozän, ALLENBACH (1966). Darüber folgen noch Nummulitenkalke und die pyroklastischen Gesteine der Karaj-Formation aus dem Eozän. Der tertiäre Vulkanismus hat große Massen an vulkanischen Gesteinen geliefert, vor allem in Form von verschiedenen Tuffen, Ganggesteinen, Andesiten und anderen, zum Teil mächtigen Ergussgesteinen in der Karadj-Formation. Wie schon erwähnt, sind diese Vorkommen von tertiären Vulkaniten verbreitet im Süden der Wasserscheide des Alborz zu finden, im Norden fehlen sie weitgehend. Zu einer genaueren zeitlichen Einstufung der tertiären vulkanischen Aktivitäten kommt ALLENBACH (1966) und gibt ein Alter aus dem Unterlutètian (Mitteleozän) an.

Vulkanismus im Quartär/Damavand

Der quartäre Vulkanismus ist die jüngste Phase und ist insbesondere für die Entstehung des Damavand verantwortlich.

ALLENBACH (1966) hat dazu eine sehr ausführliche Beschreibung vorgelegt. Demnach bedecken die Ergussgesteine des Damavand eine Fläche von immerhin rund 400 km² (siehe auch Abb. 3). Auch seine Höhe von 5671 m lässt diesen Vulkankegel fast als geologischen Fremdkörper erscheinen, er ist sozusagen der „Tupfen auf dem I" im Alborz-Gebirge. ALLENBACH (1966) zeigt, dass der Damavand ein lavareicher, gemischter Vulkan (Stratovulkan) ist und dass er auch vom Chemismus her eine Eruptionsabfolge aufweist, die sich von beginnend basischen zu später SiO_2-reicheren Ergussgesteinen entwickelt hat. Dies lässt auf eine normale Differentiation im darunter liegenden Magmaherd schließen. Verschiedene Trachyandesite repräsentieren die älteren, Trachyte hingegen die jüngeren vulkanischen Phasen des Damavand. Pyroklastica treten mengenmäßig deutlich zurück. Für die älteren Eruptionsphasen nimmt ALLENBACH (1966) ein jungpleistozänes Alter (Frühwürm) an; jüngere Phasen reichen sicher noch in das Holozän und sind für die heutige Morphologie verantwortlich.

Die tektonischen Verhältnisse

Die Kräfte der Orogenese haben im Zuge der Gebirgsbildung den Alborz nicht nur zu einem Kettengebirge mit mehreren subparallelen Gebirgsketten gemacht, sondern haben die Gesteine gefaltet, durch Störungen zerhackt, in einzelne Pakete geteilt, diese gekippt, gegeneinander gedrückt, aufeinander geschoben. Dadurch präsentiert sich der Alborz heute als ein Gebirge, welches die charakteristischen Merkmale wie Mulden und Sättel (Synklinalen und Antiklinalen) Störungen, Brüche, Aufschuppungen, fallweise auch gekippte Falten, siehe auch STÖCKLIN (1968), und Überschiebungen aufweist. Den komplexeren tektonischen Deckenbau, wie er in den Alpen häufig zu beobachten ist, gibt es im Zentralen Alborz allerdings nicht.

Im Zentralen Alborz, entlang und westlich des „Karaj-Chalus" Profiles, kann das Gebirge in sieben etwa ost-west verlaufende tektonische Einheiten gegliedert werden, GANSSER und HUBER (1962):

- Kaspische Ebene
- Nördliche mesozoische Zone
- Paläozoische Zentralkette
- Tertiäre Zentralzone
- Südliche paläozoisch-mesozoische Zone
- Südliche Tertiärzone
- Südliche Frontaldepression

Später hat BREDDIN (1970) die Verhältnisse im „Karaj-Chalus Profil" als Schuppen-Tektonik bezeichnet. In der Umgebung des weiter östlich gelegenen Damavands sind nur drei dieser Einheiten aufgeschlossen, wobei in diesem Bereich ein relativ einfacher Faltenbau mit einigen Aufschiebungen festzustellen ist (siehe auch Profildarstellungen in Abb. 4).

Geothermie

Der Damavand als Vulkan gilt zwar als erloschen, doch die zahlreichen postvulkanischen Erscheinungen stehen alle mehr oder minder in Beziehung zu einem großen Dargebot an Erdwärme in diesem Bereich. In vielen Regionen der Erde wird Erdwärme durch vielfältige Geothermie-Projekte genutzt, und auch im Iran hat man längst diese Möglichkeiten erkannt und mit einer Studie zur Nutzung der Erdwärme begonnen.

Im Zwischenbericht einer Studie (1978) im Ministry of Energy und Fa. ENEL (Italien) wird für das Damavand-Gebiet eine Bestandsaufnahme vorgelegt, die auf Grund zahlreicher Bohrungen und weiterer Un-

Abb. 5: Überlagerung durch Vulkanite. Foto: Kostka.

tersuchungen Gebiete mit nutzbarer Erdwärme unterschiedlicher Intensität ausweist. Ausgeführt wurden neben umfangreichen flankierenden Untersuchungen auch die Abteufung von 26 Bohrlöchern im Bereich Larijan/Nunal. In diesen Bohrlöchern wurden zahlreiche Messungen zur Erfassung von Geothermik durchgeführt und darauf basierend eine vorläufige Abschätzung des Wärmepotentials abgegeben. Die stärksten positiven Anomalien liegen in Norden und Osten des Damavand.

Eine mögliche Nutzung kann die Errichtung von unterirdischen Wärmespeichern sein, AMIR-TAMDJIDI (2000), wie beispielsweise in der rund 300 m mächtigen Elikah-Formation (siehe Abb. 6), wobei die Umgebungstemperatur von 130° C mittels einer Speicherflüssigkeit aufgenommen, abgeführt und in einem Dampfkraftwerk verwertet wird. Als Speicherfläche nimmt man ein Areal von ca. 200 Quadratkilometern an und rechnet mit einer Nutzungsdauer von rund 30 Jahren.

Auf Grund der Ereignisse im und um den Iran in den 70er- und 80er-Jahren ist das Geothermie-Projekt im Damavand-Gebiet in den Hintergrund getreten und heute noch weit von einer Realisierung entfernt.

ALTER Mio. J.	ERDZEITALTER		GESTEINE/FORMATIONEN IM ZENTRALEN ALBORZ/ DAMAVAND-GEBIET
0	Quartär		Schuttfächer, Terrassen Tachyandesite und Trachyte des Damavand Diverse Vulkanite
1,8	Jungtertiär		Red-Formation
24	Alttertiär		Karadj-Formation und Vulkanite Ziarat-Formation und Vulkanite Fajan-Formation
65	Kreide	3. Zyklus	Vulkanite Tiz Kuh-Formation Gips/Melaphyr
142	Jura		Lar-Limestone-Formation Dalichai-Formation Shemshak-Formation
206	Trias	2. Zyklus	Melaphyr Elikah-Formation
248	Perm		Ruteh und Dorud-Formation
290	Karbon		Mobarak-Limestone-Formation Geirud-Formation
354	Devon		
417	Silur		
443	Ordovizium		
495	Kambrium	1. Zyklus	Mila-Formation Lalum und Zaigun-Formation Barut-Formation Chapoghlu Shale Member Bayandor-Formation
545	Präkambrium		„Basement"

Abb. 6: Übersicht über die „Formationen" im Zentralen Alborz/Damavand-Gebiet, nach ALLENBACH (1966).

Bibliographie

ALLENBACH, P. (1966): Geologie und Petrographie des Damawand und seiner Umgebung (Zentral-Elburs), Iran. Mitt. Geol. Institut Hochschule und Universität Zürich, N. F. 63, 144 S.

AMIR-TAMDJIDI (2000): Entdeckung der Erdwärme im Gebiet vom Damawand. Studie des Forschungszentrums des Energieministeriums, Teheran, Iran.

BAILEY, E. B., R. C. B. JONES and S. ASFIA (1948): Notes on the Geology of the Elburs Mountains, North-east of Teheran, Iran. Quart. Journ. Geol. Soc. London, 104/1.

BREDDIN, H. (1970): Der Elburs im Iran, ein Schuppengebirge. Geol. Mitt. 10, S. 61–100.

GANSSER, H. und H. HUBER (1962): Geological Observations in the Central Elburz, Iran. Schweiz. Min. Petr. Mitt., 42/2, S. 583–630.

HEDIN, S. (1892): Der Demavend nach eigener Beobachtung. Verh. Ges. Erdkunde, Bd. XIX, 304–333.

POWELL, C. Mc. A. (1979): A Speculative Tectonic History of Pakistan and Surroundings: Some Constraints from the Indian Ocean. Geodynamics of Pakistan (ABUL FARAH & KEES A. DeJONG, Eds.): Geological Survey of Pakistan, S. 5–24.

SÜSSLI, P. E. (1976): Geology of the Lower Haraz Valley Area, Central Alborz, Iran. Geol. Surv. Iran, Report No. 38, 116 S.

STÖCKLIN, J. (1968): Structural History and Tectonics of Iran, a Review. Bull. Ass. Am. Petrol. Geol., 52, S. 1229–1258.

THIELE, O. (1968): Bemerkungen zur tektonischen Karte des Iran. Verh. Geol. BA, Jg. 1967, H. 1–3 und 3, S. 128–135.

Über Vulkanismus, Seespiegelschwankungen und Erdbeben

Plattentektonik als Ursache für Gebirgsbildung und Vulkanismus

Aus der Kontinentalverschiebungstheorie Alfred Wegeners (1880–1930) hat sich das Faktum der Plattentektonik entwickelt und in den letzten Dezennien in den Geowissenschaften auch allgemein durchgesetzt. Dieses Modell zum Verständnis der Vorgänge auf der Oberfläche unserer Erde (Tektonik) sieht die Bewegung von Schollen, deren Veränderung, die Dehnungszonen, die Kompression und die Gleit- und Bruchzonen der großräumigen Strukturen in engem Zusammenhang mit der Gebirgsbildung, Vulkanismus und Erdbebentätigkeit. Durch die Bewegungen der einzelnen Krustenteile ist die Erdoberfläche ständigen Veränderungen unterworfen und verursacht durch Vulkanismus und Erdbeben unliebsame Überraschungen.

Der Iran liegt im Bereich des alten Ozeans (Thetys) zwischen den Kontinentalmassen Eurasiens und Afrika-Indiens mit der dazwischenliegenden Arabischen Platte. Die letztgenannten Schollen tauchen unter die eurasische Landmasse ab (Subduktion). Am dominierendsten erscheint die Subduktionszone entlang des Zagros Gebirges im Südwesten des Iran. Durch diese tektonischen Prozesse hat sich u. a. der West-Ost ziehende Gebirgsstrang vom Pontischen Gebirge über Kaukasus, das Alborz-Gebirge und Kopet Dagh bis zum Hindukusch herausgehoben. Die 5000 Metermarke wird vom Elbrus (5633 m) und Kasbek (5047 m) im Kaukasus, durch den Doppelgipfel des Ararat (5165 m) und schließlich durch den markanten Vulkankegel des Damavand (5671 m) überschritten. Der Damavand ist der höchste Gipfel im Vorderen und Mittleren Orient überhaupt, denn erst weit im Osten, im Zentralen Hindukusch, wird die 6000 Metermarke erreicht.

Es ist leicht einzusehen, dass bei den gewaltigen Kräften und Massen das Untertauchen der Platten ein sehr komplexer tektonischer Vorgang ist. Es kommt zur Verschiebung kleinerer Platten wie der Anatolischen oder der Zentraliranischen Platte, es bilden sich sekundäre Subduktionszonen und eine ganze Reihe von Bruchzonen und Störungen. Angaben hierüber können der Literatur wie z. B. der Erdbeben- und Störungskarte des Iran im Maßstab 1:2,500.000 entnommen werden, die im Jahre 1982 von der Atomenergie-Organisation des Iran herausgegeben wurde. Es wird auch im Bereich des Alborz-Gebirges eine Subduktionszone angenommen, deren Ausbiss aber durch die junge Kaspische Depression verdeckt ist. Es genügt an dieser Stelle die Feststellung, dass durch die Auswertung von Erdbebendaten und Beobachtungen aus dem erdnahen Weltraum ausgesagt werden kann, dass an den Plattengrenzen auch heute noch Bewegungen stattfinden und die Unterschiebung Arabiens unter den Zentraliran noch nicht zum Stillstand gekommen ist. Die Größenordnung der Horizontalverschiebungen wird mit 1,3 cm bis 3,2 cm pro Jahr angegeben. Dass es sich hier um eine seismisch äußerst aktive Zone handelt wird auch durch die großen Erdbeben der letzten Jahre bestätigt, die sich von Anatolien bis hin zum „Knoten Asiens" im Pamir ereignet haben: 7. Dezember 1988 Spitak/Armenien, M = 7,0 mit etwa 25.000 Toten; 20. Juni 1990 Manjil/Nordiran M = 7,3–7,7 mit etwa 35.000 Toten; Ismit-Bursa/Westanatolien, M = 7,8 mit 10.000 Toten am 17. August 1999 und 6. Dezember 2000 Nebit-Dagh/Turkmenistan, M = 7,5–7,8 mit einer unbekannten Zahl von Opfern.

Wenden wir uns nun dem Norden des Iran, also der Südküste des Kaspi (See oder Meer?) und den Ketten des Alborz zu. Forschungsreisen in der Antike haben bereits damals zur Erkenntnis geführt, dass es sich beim Kaspi um einen eigenständigen Wasserkörper und nicht um einen Teil des allumfassenden Ozeans handelt. Weiterführende Studien brachten genauere Kenntnisse und die Diskussion in Gang, ob es sich um ein Meer oder einen See handle. Der Literatur können die Bezeichnungen Kaspisches Meer, Binnenmeer aber auch Kaspisee oder bei Ehlers (1980: 84): „Der Kaspi, der größte Endsee der Erde", entnommen werden. Im Kapitel Große Seen des Weltatlas „Resources and Environment" (Ed. HÖLZEL 1998) wird auf Tafel 79 „Caspian Sea", also übersetzt Kaspisches Meer behandelt. Parviz Tarikhi (1999) bekennt sich eindeutig zum größten See der Erde und gibt darüber hinaus noch erklärende Daten zur Wasserqualität – im Norden nahezu süß bis brakisch im Süden – an. Kaspi, Kaspisches Meer und Kaspischer See, alle diese Termini finden auch im vorliegenden Buch, je nach Auffassung der einzelnen Autoren, ihre Anwendung. In anderen Regionen unserer Erde ist die Begriffsdefinition oft auch nicht eindeutig. So zweifelt niemand, dass es sich bei der Nordsee um einen Teil des Atlantischen Ozeans und beim Steinhuder Meer bei Hannover um einen See handelt. Die tektonischen Beziehungen zwischen Kaspi und Alborz stehen im Vordergrund. Bei der Frage, wie sich in einer Subduktionszone ein derart markanter Vulkankegel bilden konnte, ist das naturwissenschaftliche Interesse maßgebend. Beim Phänomen der Spiegelschwankungen des Kaspischen Sees und der überaus großen Zahl von Erdbeben sind die Nutzungsinteressen und deren Einschränkungen ein vorrangiges Anliegen.

Im Gegensatz zu auseinander driftenden Schollen, die flüssiges vulkanisches Gestein in Gräben hochkommen lassen, aus denen sich dann Platten oder Rücken bilden können, gibt man für Vulkanismus in Subduktionszonen folgende Erklärung an. Beim Unterfahren einer Platte unter die darüber liegende (Abb. 1) kommt es in einer Tiefe von etwa 100–150 km zum Schmelzen der festen Erdkruste und wird diese Bestandteil der Asthenosphäre, der verflüssigten heißen Unterlage der obersten, starren Gesteinsschicht. Sind aber zufolge der Span-

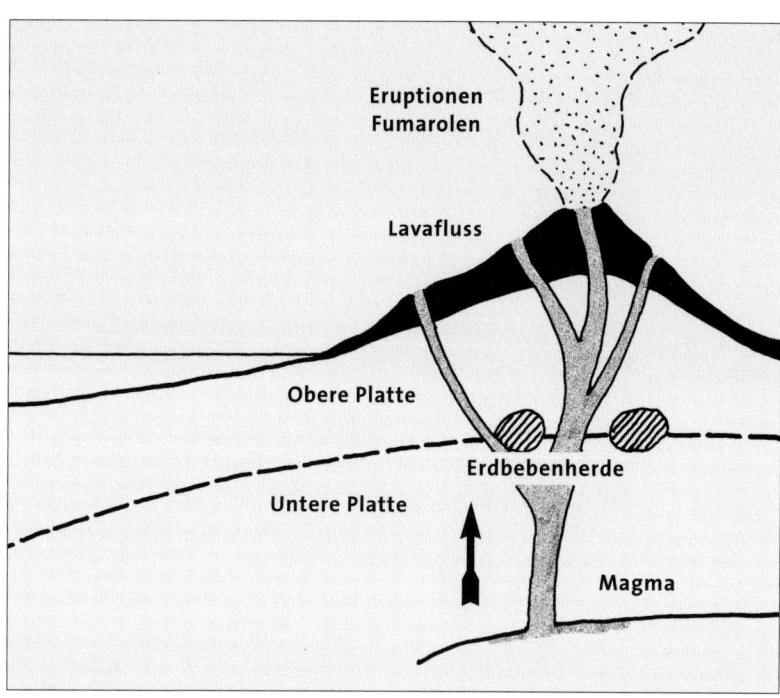

Abb. 1: Erklärung des Vulkanismus in Subduktionszonen (Prinzipskizze).

nungen der auf die darüber liegende Platte wirkenden Kräfte Risse und Klüfte vorhanden, so zwängt sich zufolge des überaus großen Drucks die flüssige Lava in Verbindung mit dampfenden Gasen nach oben. Eruptionen mit Lavafluss, meist aus mehreren Kratern, sind das Ergebnis. Der Damavand zählt heute als erloschener Vulkan, zahlreiche Fumarolen mit schwefeligen Dämpfen im Bereich seines höchsten Kraters erinnern aber noch an die Zeit früherer Ausbrüche. Bei unserem Aufstieg zum Gipfel oder besser zum Kraterrand im Juni 2000 erwiesen sich diese Rauchschwaden als äußerst unangenehm.

Spiegelschwankungen des Kaspischen Sees

Ein weiteres Phänomen dieser Region, das Wissenschafter, Wirtschaftsfachleute etc. seit Jahrzehnten beschäftigt, sind die Spiegelschwankungen des Kaspischen Sees, die in einer aktuellen Publikation als „The ups and downs of the greatest lake on Earth" bezeichnet werden. Es geht hier nicht um kurzzeitige Schwankungen durch Witterungseinflüsse oder jahreszeitlich bedingte Veränderungen. Es sind die langjährigen Spiegelschwankungen gemeint, die einen typisch zyklischen Charakter aufweisen. Es wird an dieser Stelle nicht näher auf Werte für die Spiegelhöhe von -22 m vor 3800 Jahren oder sogar von -64 m vor 21.000 Jahren eingegangen. Ebenso wird historischen Aufzeichnungen, die bis in das Jahr 200 unserer Zeitrechnung zurückreichen, nicht näher nachgegangen. Annähernde Rekonstruktionen betragen für die letzten 1000 Jahre Schwankungen von ungefähr 5 bis 6 m.

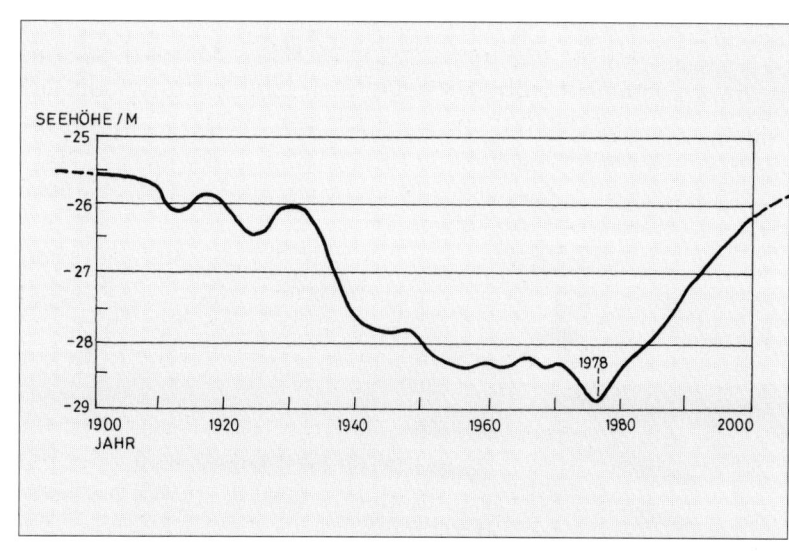

Abb. 2: Spiegelschwankungen des Kaspischen Sees im Zeitraum von 1900 bis zum Jahr 2000.

Instrumentelle Beobachtungen des Seespiegels begannen im Jahr 1830. Für die Spiegelhöhe des Bakuer Pegels in der hundertjährigen Periode von 1830 bis 1929 beträgt der Mittelwert -26 m. Zuverlässige Angaben über die Spiegelhöhe des Kaspischen Sees liegen aber erst seit 1900 vor. Für den Zeitraum von 1900 bis zum Jahr 2000 wurden aus unterschiedlichen Quellen die Spiegelwerte entnommen und in der Graphik der Abb. 2 zusammengestellt.

Von 1900 bis 1930 kam es mit kleinen Unregelmäßigkeiten lediglich zu einer Absenkung von 0,4 m. Von 1930 bis 1945 betrug die Absenkung des Seespiegels 1,8 m gefolgt von einer Periode mit leichten Schwankungen bis zum Jahr 1970 und einer Absenkung um 0,4 m. Von 1970 bis 1978 senkte sich der Spiegel des Kaspischen Sees wiederum um 0,7 m und erreichte mit -28,9 m den tiefsten Wert des Jahrhunderts. Wissenschafter versuchten zu diesem Zeitpunkt durch Wasserhaushaltserklärungen – Verdunstung, Zufluss, Wasserentnahmen, Niederschlagsmangel – dieses Phänomen zu erklären und sprachen die Befürchtung aus, dass in weiterer Zukunft – sollten wirksame Maßnahmen nicht durchgeführt werden – damit zu rechnen sei, dass das Spiegelniveau noch weiter absinken würde. Ab diesem Zeitpunkt stieg der Seespiegel wieder, und zwar sehr kräftig, sodass im Jahr 2000 wieder die Höhe von -26 m erreicht wurde. Prognosen der späten Neunzigerjahre sagen für das Jahr 2010 zwar geringere Zunahmen der Seespiegelwerte voraus, vertreten aber die Meinung, dass die Tendenz weiterhin anhält. In der Zwischenzeit (2001) ist der Seespiegel bereits im Sinken begriffen.

Diese Änderungen des Seehorizontes sind durch Klimaschwankungen nicht erklärbar, es bedeutet auch nicht, dass sich das Wasservolumen in dieser Größenordnung ausgedehnt hat, sondern dass sich die relative Höhe von Land zu Wasser um diese Beträge geändert hat. Die Wahrscheinlichkeit, dass sich die Lithosphäre gehoben und gesenkt hat und so die Spiegelschwankungen verursacht wurden, ist sehr groß und kann durch Analogieschlüsse auch belegt werden.

Amerikanische Wissenschafter haben im Bereich der Cascade Range an der pazifischen Küste Nordkaliforniens, einer ebenfalls tektonisch und seismisch sehr aktiven Zone, Messungen durchgeführt und sind zu folgendem Schluss gelangt. Beim Untertauchen einer Platte unter eine darüber liegende (Abb. 3) gibt es eine Zone, in der die Reibungskräfte vorübergehend größer als die wirksamen Schubkräfte sind. Es entsteht eine Sperrzone ohne horizontale Verschiebung. Dieser Vorgang bewirkt aber eine Hebung, eine Aufwölbung der darüber liegenden Scholle. Erst wenn die Schubkraft größer als der Reibungswiderstand ist, kommt es zu weiterer horizontaler Verschiebung mit einer Absenkung der darüber liegenden Platte. Dieser Vorgang kann sich zyklisch wiederholen, er kann aber auch mit Bruch und Erdbeben verbunden sein. Im Rahmen von Studien über geodynamische Prozesse sind russische Wissenschafter zu ähnlichen Schlussfolgerungen gekommen. Auf Grund der Ergebnisse säkularer Beobachtungen stellten sie fest, dass sich der Spiegel des Kaspischen Sees sinusförmig mit einer Periode von 400 Jahren und einer Amplitude von 5,5 m hebt und senkt. Hinzu kommen kurzperiodische, 5 bis 12 Jahre andauernde Änderungen in der Größenordnung von 0,3 bis 0,6 m. Im Laufe der letzten 200 Jahre sank der Seespiegel allmählich und erreichte 1978 den Wert von -29 m, der mit der vorhin mitgeteilten Höhe von -28,9 m gut korrespondiert. Eine eingehende Analyse führte zu Schlussfolgerungen über den Zyklus langperiodischer Schwankungen, über einen pulsierenden Charakter der Pegelstände und über Ungleichmäßigkeiten im Schwankungsprozess. Auch hier wird wieder auf Ursachen in der Plattentektonik hingewiesen und Veränderungen in der Lithosphäre als Ursache angegeben. Ändert sich im Rahmen dieser Prozesse auch die Höhe des Damavand? Die „ups and downs" des größten Sees unserer Erde werden die Wissenschafter also auch noch in Zukunft beschäftigen.

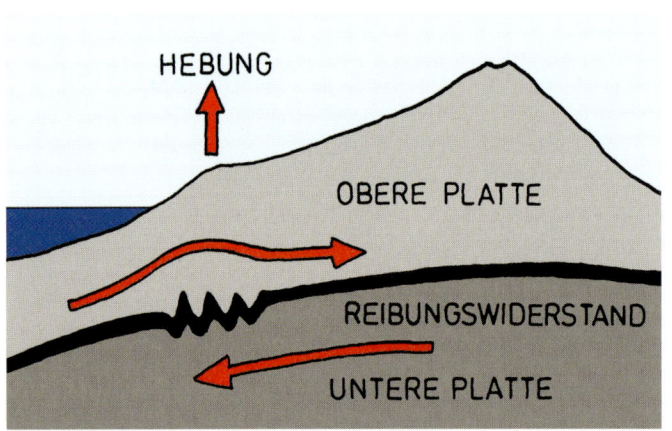

Abb. 3: Hebung und Senkung der festen Erdkruste (Prinzipskizze). Obere Graphik: bei starkem Reibungswiderstand erfolgt in Subduktionszonen keine Horizontalverschiebung, sondern eine Hebung. Untere Graphik: bei überwundenem Reibungswiderstand kommt es erneut zum Gleiten und damit verbunden zur Senkung der Erdoberfläche.

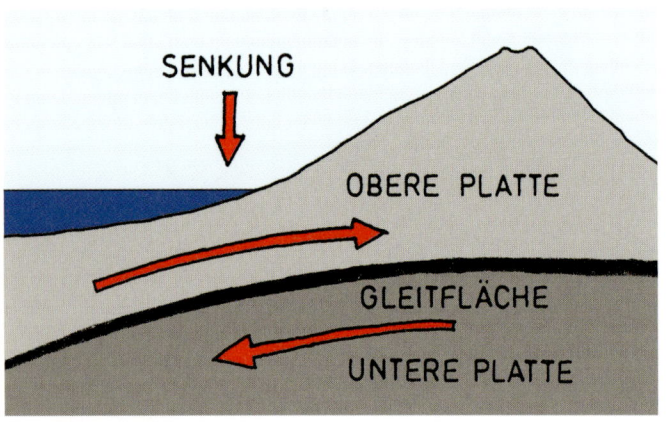

Die tausendjährige Geschichte der Erdbeben in Nordpersien

Im Mai 1999 hatten wir Gelegenheit, die Gastfreundschaft eines Bauern auf einer Alm in der Nähe der Ortschaft Nandel an der Nordabdachung des Damavand zu genießen. Er servierte Fladenbrot, Joghurt und Tee. Das Hauptthema des Gespräches waren bald die Erdbeben der Region. Mit stoischer Gelassenheit erwähnte er, dass es jährlich mehrere auch stärkere Erdbeben gäbe, dass vielfach auch Schäden entstünden, dass man sich in dieser Region aber schon an diesen Zustand gewöhnt hätte. Diese Aussage überrascht nicht, wenn man sich mit der zur Verfügung stehenden Literatur befasst.

Ambraseys studierte historische Erdbeben im Nord-Zentral Iran und publizierte seine Ergebnisse im Bulletin of the Seismological Society of America im April 1968. Er verwendete arabische und persische Quellen der letzten 10 Jahrhunderte. Der Schwerpunkt seiner Studien lag im Zeitraum von 856 A. D. bis zum Jahr 1150, die Reihe der aufgezählten Ereignisse setzt sich aber bis zum Jahr 1898 fort. Diese Angaben werden durch eine Übersichtskarte der Epizentren nordiranischer Erdbeben für die Periode von 1900 bis 1963 ergänzt.

Bereits im Dezember 856 wird von einem Erdbeben berichtet, das bis in das Alborz-Gebirge wahrgenommen wurde. Für 957 wird das Absinken des Spiegels des Kaspischen Sees in Verbindung mit einem Erdbeben erwähnt und werden Zerstörungen an den Küsten des Distrikts Tabaristan, der alten Bezeichnung der Provinz Mazandaran, registriert. Auf den Zusammenhang zwischen Erdbeben und Seespiegelschwankungen wird aber nicht näher eingegangen. Die Provinzen Gilan und Mazandaran im Norden des Iran tauchen in den schriftlichen Unterlagen immer wieder auf. Am 9. Mai 1830 ereignete sich ein schweres Erdbeben im Osten des Damavand. An die 500 Menschen verloren ihr Leben in den Bergdörfern südöstlich des Vulkankegels. Die Reihe der Ereignisse könnte ergänzt und bis ins 20. Jahrhundert fortgesetzt werden. Darin liegt aber nicht die Zielsetzung der vorliegenden Chronologie.

Die Registrierung der Erdbeben im nördlichen Zentraliran reicht also viele Jahrhunderte zurück und vermittelt wertvolle Informationen über seismisch besonders sensible Regionen. Diese Gebiete korrespondieren mit den wesentlichen tektonischen Störungen. Eine Achse seismischer Aktivitäten fällt mit der nördlichen Grenze der iranischen Hochebene zusammen. Sie liegt im südlichen Teil des Alborz, in dem immer wieder Erdbeben zu verzeichnen sind. Gemeinsam für alle diese Informationen ist die Tatsache, dass sie lediglich auf schriftlichen Quellen beruhen, da eine Messung überhaupt nicht in Betracht gezogen werden konnte. Dies änderte sich mit der weltweiten Verbreitung der Seismographen, also der Geräte zur Aufzeichnung von Erdbebenwellen. Aber auch wenn die historischen Angaben nicht auf exakten Messungen beruhen, kann nur immer wieder auf die Bedeutung von Langzeit-Erdbebenaufzeichnungen hingewiesen werden. Zur Zeit sind diese Quellen das wertvollste Mittel für Vorhersagen von Erdbeben, Aufzeichnungen, die mit modernen Messergebnissen verknüpft werden können und so brauchbare Ergebnisse erzielen lassen.

Weitere Studien befassen sich mit aktuellen Erdbeben im Zentralen Alborz und mit Schäden, die diese verursacht haben. Nunmehr ist es möglich, mit den bereits erwähnten Seismographen exakte Messungen durchzuführen und die Ergebnisse miteinander zu vergleichen. Es wird die im Erdbebenherd frei gewordene Energie aufgezeichnet, die die Erdbebenstärke als Magnitude (M) in der von Prof. Charles Richter, USA, entwickelten Richterskala angibt.

Datum	Epizentralgebiet	Magnitude
1. September 1905	37°,0 N 48°,7 E	6,2
5. März 1935	36°,2 N 53°,0 E	5,5–6,0
11. April 1935	36°,3 N 53°,5 E	6,3–6,8
2. Juli 1957	36°,1 N 52°,7 E Sangechal	7,3
23. Juni 1960	37°,0 N 49°,5 E	6,5
9. Jänner 1962	35°,7 N 49°,8 E	7,2
11. April 1978	37°,7 N 49°,0 E	6,1
26. Mai 1978	37°,0 N 50°,0 E	6,3
4. Mai 1978	37°,8 N 49°,1 E	6,4
20. Juni 1990	36°,7 N 49°,0 E Manjil	7,3–7,7

Erdbeben im Alborz-Gebirge mit einer Magnitude >6,0 im Zeitraum von 1900 bis zum Jahr 2000. In der Region des Damavand verursachte das Beben vom 2. Juli 1957 größere Schäden.

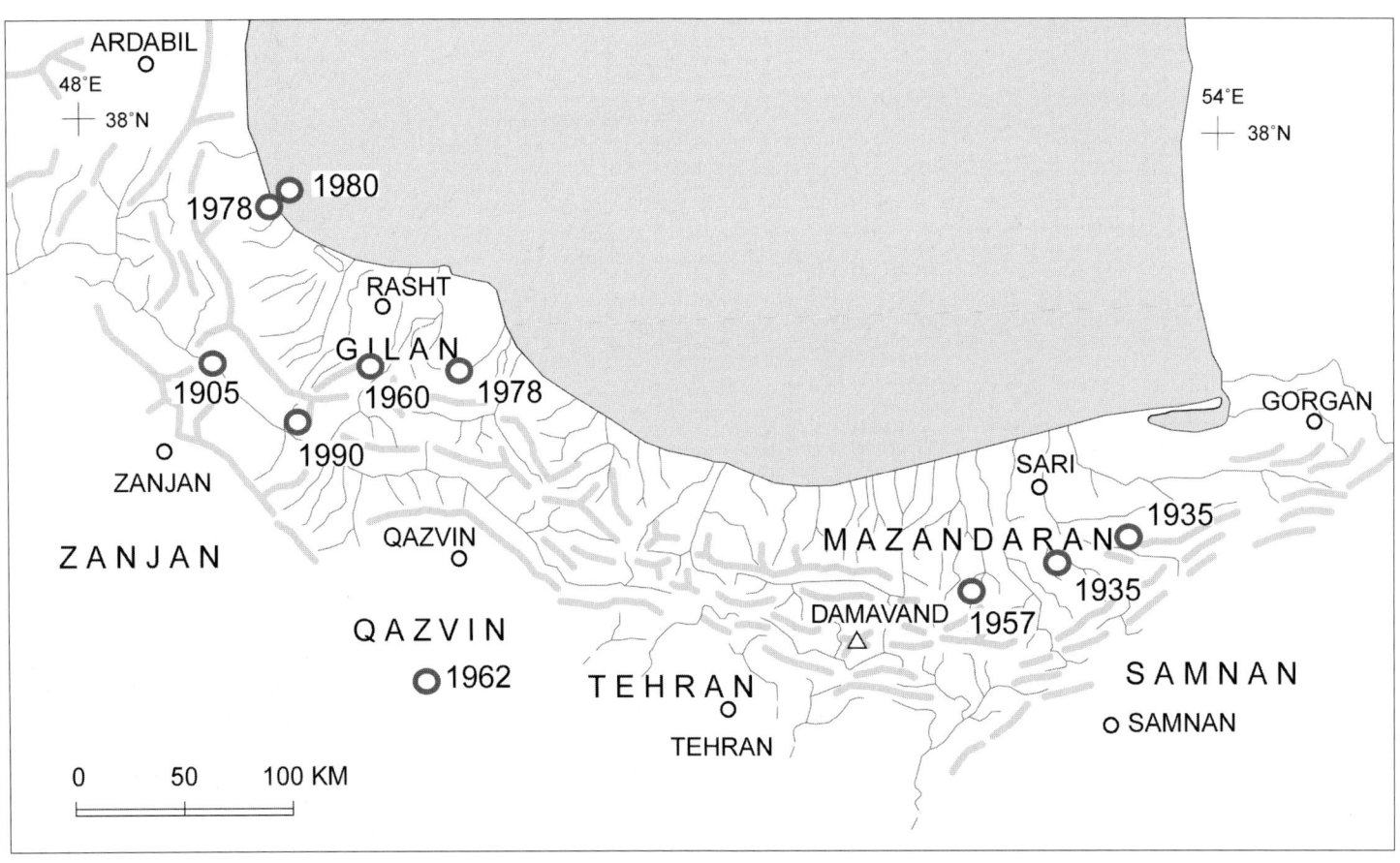

Abb. 4: Erdbeben im Alborz-Gebirge mit einer Magnitude >6,0 im Zeitraum von 1900 bis zum Jahr 2000.

Für das Alborz-Gebirge gibt es für das 20. Jahrhundert zahllose derartige Aufzeichnungen über heftige Beben. Die 10 stärksten sind in der Abb. 4 und korrespondierend dazu in der Tabelle angeführt. Die Epizentren dieser Beben lagen zum Teil im westlichen und östlichen Alborz, die geographischen Längen und Breiten sowie Datum und Magnitude sind in der Tabelle angeführt. Tchalenko (1973) vom Imperial College in London führte zu Beginn der Siebzigerjahre Studien im Zentralen Alborz durch. Für 7 Erdbeben im Zeitraum von 1930 bis 1971 erwähnt er auch Feldaufenthalte und Begehungen. Von den Ereignissen im Umfeld des Damavand verursachten die Beben von 1930, 1955 und 1971 mit Magnituden unter M < 6 in den Orten an den Abhängen des Damavand und im Haraz-Tal (zur Lokalisierung der Orte kann auf das beiliegende Kartenblatt 1:50.000 verwiesen werden) keine nennenswerten Schäden. Bei der Katastrophe im Jahre 1957 war dies leider anders. Ältere Männer unter den Dorfbewohnern, die uns als Informanten bereitwillig Auskunft erteilten, erinnerten sich noch an das Beben und erzählten von Toten und Schäden. Mehrere erwähnten auch ein schweres Erdbeben im Jahre 1982, in der mir zur Verfügung stehenden Literatur konnte ich hierzu aber keine Hinweise finden.

Das Erdbeben vom 2. Juli 1957 setzte um 0h42m23s GTM ein. Epizentrum und Magnitude sind in der Tabelle angegeben. Das Epizentralgebiet 20 km östlich der Ortschaft Sangechal liegt im Hochgebirge nördlich der Wasserscheide des Alborz und ist schon unter normalen Umständen nur schwer erreichbar. Zahlreiche Felsstürze blockierten nach dem Ereignis alle Hauptzugangswege. Die Informationen über das Epizentralgebiet, das kaum besiedelt ist, konnten somit nur unvollständig und zu einem späteren Zeitpunkt eingeholt werden. Die folgenden Angaben beziehen sich auf die im bereits erwähnten Kartenblatt befindlichen Dörfer an den Abhängen des Damavand und im Haraz-Tal, ca. 40–50 km westlich des Epizentrums gelegen. Das Haraz-Tal mit seinen Seitentälern zählte zu jenen Gebieten, in denen die meisten Menschenleben zu beklagen und die größten Schäden zu verzeichnen waren. Neben großen Zerstörungen, Schäden an Gebäuden, Erdrutschen und Felsstürzen, Rissen und Verwerfungen im Boden, getöteten Tieren werden in den Dörfern auch zahlreiche Todesopfer verzeichnet: Ab-e Garm 0, Baijan 10, Gazanak 0, Hajidela 56, Korf 12, Nandel 65, Polur 30?, Shahandasht 13, Shangoldeh 30, Vaneh 0.

In Baijan wird beispielhaft vermerkt, dass alle Gebäude einschließlich der Polizeistation, der Getreidemühle und des öffentlichen Bades zusammenstürzten, obwohl die Objekte relativ solide gebaut waren. Einige Dörfer wurden durch Felsstürze mindestens so heftig in Mitleidenschaft gezogen wie durch die Erdstöße selbst. Ein neu gebautes Hotel in Ab-e Garm stürzte ein, es wurde allerdings nachträglich an der Konstruktion und der Qualität der Bauausführung Kritik geübt.

Tatsache ist, dass in Verbindung mit dem Erdbeben zahlreiche Erdrutsche und Felsstürze zu verzeichnen waren. Dies nicht nur im Haraz-Tal, sondern auch in dessen Nebentälern. Die Fernverbindung von Tehran nach Amol wurde auf diese Art und Weise mehrmals unterbrochen und der Fluss auf einer Länge von etwa 1 km und 100 m Breite aufgestaut.

Historische Quellen, schriftlich niedergelegte Tatsachenberichte, aktuelle Beobachtungen und Messungen sowie Interpretationen aus dem erdnahen Weltraum tragen dazu bei, die erwähnten Phänomene und Ereignisse den Menschen näher zu bringen. Aber selbst dann, wenn die Zusammenhänge vollständig verstanden werden können, sind die Vorgänge nicht zu beeinflussen. Gaia, unsere Mutter Erde, bewahrt ihre Unsicherheiten; die tektonischen Prozesse in den Gebirgsketten des Alborz dauern an und Erdbeben werden auch in Zukunft Menschenleben fordern und Schäden verursachen. Die bemerkenswerte Tatsache, dass die höchste Erhebung des Vorderen und Mittleren Orients, der 5671 m hohe Damavand von der stärksten Depression dieser Region, dem Kaspischen See mit -26 m (im Jahre 2000) nur 70 km entfernt ist, weist schon auf die außergewöhnlichen topographisch-tektonischen Verhältnisse und die damit verbundenen Gebirgsgefahren im Norden des Iran hin.

Bibliographie

ABAKAROW, M. I., T. P. GERAISADE, I. G. MAMEDOW and N. N. MECHTIJEW (1975): Spiegelschwankungen des Kaspischen Meeres, in: Geographische Berichte 75,2, S. 98–104.

AMBRASEYS, N. N. (1968): Early Earthquakes in North-Central Iran, in: Bulletin of Seismological Society of America, Vol. 58, 2, pp. 485–496.

BORUNOV, A. K., A. V. KOSHARIOV and V. V. KANDELAKI (1991): Geoecological consequences of the 1988 Spitak earthquake (Armenia), in: Mountain Research and Development 11, 1, pp. 19–35.

DEUMLICH, F. (2000): Niveauschwankungen des Kaspischen Meeres, in: Sonstiges, Allgemeine Vermessungsnachrichten, Jg. 107–10/2000, Wichmann Verlag, Heidelberg, S. 380–382.

EVERETT, J. R., M. MORISAWA and N. M. SHORT (1986): Tectonic Landforms, in: N. M. Short and R. W. Blair jr., Geomorphology from Space, NASA Scientific and Technical Information Branch, Washington D. C., pp. 27–183.

FÖRSTER, H. (1974): Petrologische und metallogenetische Aspekte der Plattentektonik im Iran, in: Marburger Geographische Schriften, Heft 62, Eckart Ehlers (Hrsg.), Beiträge zur Physischen Geographie Irans, Marburg/Lahn, S. 7–19.

MOINFAR, A. A. and A. NADERZADEH (1990): An immediate and preliminary report on the Manjil, Iran Earthquake of 20 June 1990. I. R. Iran, Ministry of Housing and Urban Development, Building and Housing Research Center Tehran, 37 pp.

NOWROOZI, A. A. and A. MOHAJER-ASHJAI (1985): Fault movements and tectonics of eastern Iran: boundaries of the Lut plate, in: Geophysical Journal 83, pp. 215–237.

RESOURCES AND ENVIRONMENT WORLD ATLAS (1998): Ed. Hölzel, Vienna and IGRAS, Moscow, plate 79 Great Lakes

TARIKHI, P. (1999): The ups and downs of the greatest lake on Earth, in: GeoEurope, Nov. 1999, pp. 30–32.

TARIKHI, P. (2000): Surface Rising Model of Caspian Sea, in: Internat. Archives of Photogrammetry and Remote Sensing, Vol. XXXIII, Part B7, pp. 1505–1511.

TCHALENKO, J. S. (1973): Recent destructive earthquakes in the Central Alborz (Iran), in: Annali di Geofisica, 26, pp. 303–325.

Die Barriere des Alborz

Zur physischen Geographie der Gebirgskette

Wie eine Mondsichel krümmt sich das Alborz-Gebirge um den südlichen Uferbereich des Kaspischen Sees. Seine Lage ist etwa durch die Angabe der geographischen Längen 48° E und 55° E sowie durch die Breitenangaben von 35°30'N und 37°30'N lokalisierbar. Seine Länge kann mit 750 Kilometern abgeschätzt und seine durchschnittliche Breite mit 100 Kilometern angegeben werden, ein Wert, der zwischen 70 und 130 Kilometern variiert (ONC G-5/11, MAP 1997). Die Gipfelflur im zentralen Bereich übersteigt die 4000-Meter-Marke bei weitem und wird vom Vulkankegel des Damavand mit 5671 m noch um 1000 Meter überragt. Nach Norden hin fällt das Gebirge bis unter den Meeresspiegel ab und erreicht im westlichen Teil fast überall die Küstenlinie des Kaspischen Sees. Ausgenommen ist der Schwemmkegel des Sefid Rud und das Tiefland um Rasht mit der Hafenstadt Bandar-e Anzali. Im Osten, etwa ab Amol, ist dem Gebirge ein breiter, fruchtbarer, landwirtschaftlich genutzter Tieflandstreifen vorgelagert, der in die breite Talfurche des Gorgan Rud übergeht. Im Süden sind mit einer mittleren Höhe von 1000 m das westliche und östliche Alborz-Vorland (EHLERS 1980) vorgelagert, die bereits zur ariden Region des zentralen Hochlandes zählen. Im Gebirgsknoten Armeniens wurzelnd und vom östlichen Azerbaijan ausgehend, stellt der Alborz zwar keine Grenze, aber eine hochaufragende Barriere zwischen den fruchtbaren Küstenebenen im Norden und dem iranischen Hochland im Süden dar, die sich durch „Verkehrsfeindlichkeit und Undurchlässigkeit, Kennzeichen des Zentralen Alborz" (EHLERS 1980: 3) den Interessen des Menschen entgegenstellt. Eine Tatsache, die seit Menschengedenken bekannt ist und dazu geführt hat, dass man sich jahrhundertelang nicht für die höchsten Gipfel, sondern für möglichst einfache Gebirgsübergänge interessiert hat. Sieht man von Nomadenrouten ab, die häufig über hochgelegene Bergweiden führen, bieten sich die Verbindungen von Qazvin nach Rasht, von Karaj nach Chalus, von Tehran/Varamin nach Amol und von Garmsar über Firuzkuh nach Sari an. Das Abflussregime der Barriere mit Kettengebirgscharakter weist eine erstaunliche Asymmetrie auf. Die meisten Flüsse mit ganzjähriger Wasserführung münden in den Kaspischen See, nur ein geringer Teil, oft nicht perennierend, entwässert auf das Hochland von Iran. Die meisten Kaspizuflüsse sind durch ihre kurzen, häufig geradlinigen und tief eingeschnittenen Verläufe gekennzeichnet. Eine Ausnahme stellt lediglich der größte Fluss im Nordiran, der Sefid Rud mit den Quellflüssen Qezel Owzan und Sharud dar.

Die administrative Gliederung

Die Islamische Republik des Iran grenzt im Norden an Nachfolgestaaten der ehemaligen Sowjetunion. Im Westen des Kaspischen Sees ist dies Azerbaijan und im Osten Turkmenistan. Die administrative Gliederung des Iran sieht 27 Provinzen (Ostane) vor, die in weitere nachgeordnete Verwaltungseinheiten unterteilt werden (GITASHENASI 1997–1998). Zufolge politischer Veränderungen und des enormen Bevölkerungswachstums verändern sich diese Angaben ständig, betroffen hiervon sind nicht nur die Bevölkerungszahlen, sondern auch die Anzahl der Provinzen. Im Jahre 1937 wurde der Iran durch einen neuen „National Administrative Divisions Act" in 10 Provinzen geteilt und somit die alte administrative Gliederung außer Kraft gesetzt. Im Jahre 1961 waren es 13 Provinzen und im Jahre 1971 wurde die Zahl auf 14 erhöht. EHLERS (1980) berichtet von einer Gliederung des Landes im Jahre 1978 in 20 Provinzen. Das Alborz-Gebirge ist nicht einer einzelnen Provinz zuzuordnen, sondern verteilt sich auf die Ostane Gilan und Mazandaran am Kaspischen See und südlich davon auf Zanjan, Qazvin, Tehran und mit seinen Ausläufern noch auf Samnan (Abb. 1).

Die Stadt Damavand liegt im östlichen Teil der Provinz Tehran, der Berg dieses Namens aber bereits in Mazandaran.

Erläuternd hierzu werden in der folgenden Tabelle einige Angaben mitgeteilt, die den Bezug des Alborz-Gebirges zu den Provinzhauptstädten der betroffenen Ostane präzisieren. Neben den Namen der Provinz-

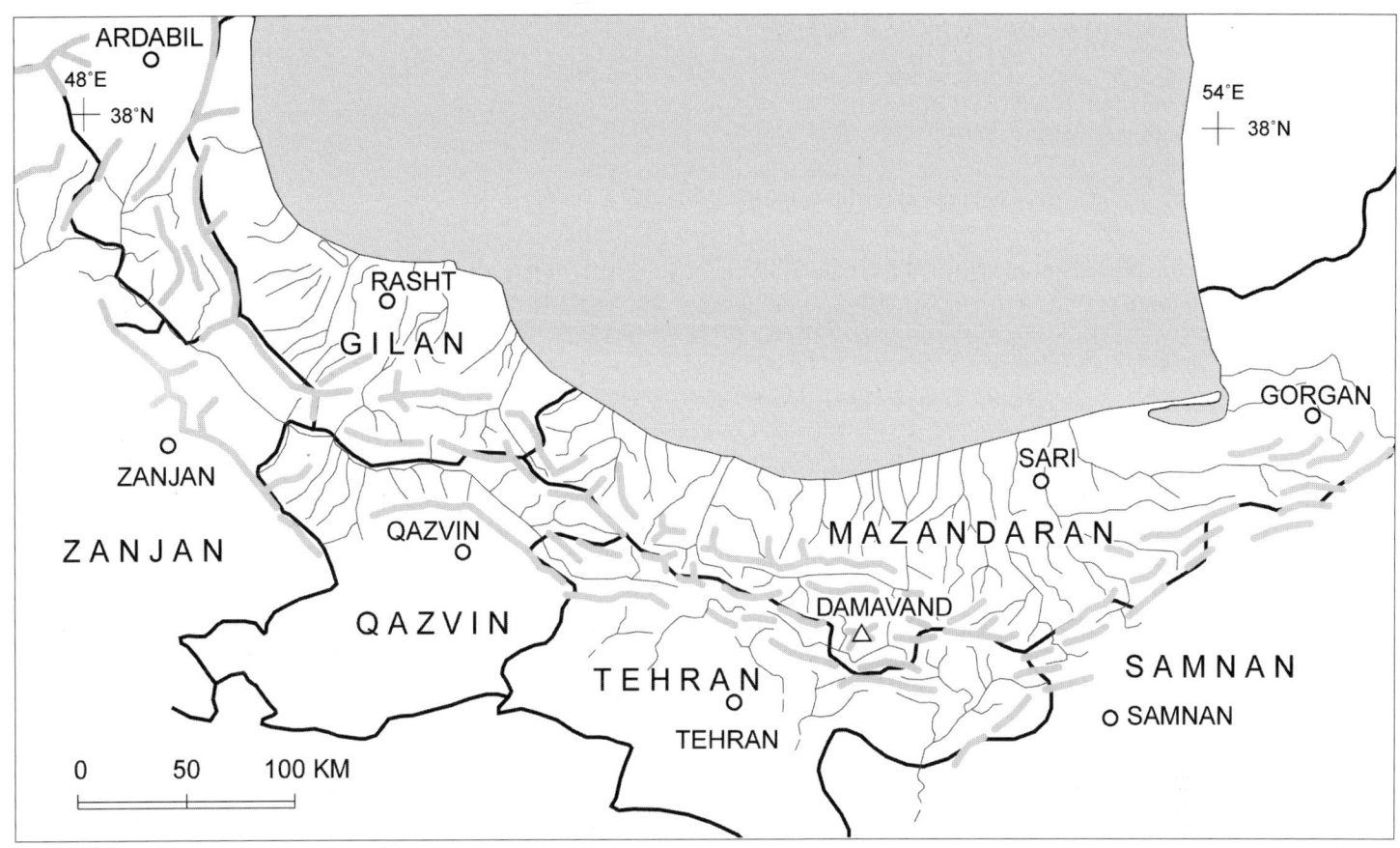

Abb. 1: Administrative Gliederung in Provinzen im Bereich des Alborz-Gebirges.

hauptstädte werden deren geographische Koordinaten, deren Seehöhe und die Einwohnerzahl mitgeteilt. Die Angaben in der Tabelle beziehen sich auf die administrative Einteilung des Landes vom Juni 1997, die Einwohnerzahl allerdings auf eine Volkszählung aus dem Jahre 1992 (GITASHENASI 1997–1998):

Provinz (Ostan)	Hauptstadt	Geogr. Länge östl. Greenwich	Geogr. Breite Nord	Seehöhe (Meter)	Einwohnerzahl (1992)
Gilan	Rasht	49°36'	37°16'	-3/5	675.075
Mazandaran	Sari	53°05'	36°34'	118	394.156
Qazvin	Qazvin	50°00'	36°16'	1290	793.125
Tehran	Tehran	51°24'	35°41'	1110	5,920.212
Samnan	Samnan	53°23'	35°33'	1138	130.000

Angaben zur administrativen Gliederung des Iran im Bereich des Alborz-Gebirges.

Diese Angaben verändern sich zum Teil sehr rasch. Der Grund liegt im bereits erwähnten Bevölkerungswachstum und in der Zuwanderung in den Großraum von Tehran. So wird für diesen Ballungsraum im Jahre 2000 eine Einwohnerzahl von über 12 Millionen angegeben. Im Bevölkerungswachstum liegt auch der Grund, dass die Provinz Mazandaran geteilt wurde und im Jahre 1999 der Ostan Golestan mit der Provinzhauptstadt Gorgan entstanden ist.

Der Zentrale Alborz

Der zentrale Bereich des Gebirges, also etwa durch die Längsausdehnung von 50°50'E bis 52°30'E angebbar, ist durch die Viertausenderregion dieser Gebirgskette gekennzeichnet. Die Abfolge dieser parallelen etwa in West-Ostrichtung verlaufenden Kämme, erreicht im Westen in der Takht-e Sulaimangruppe mit dem Alam Kuh (4850 m) ihre Kulmination, sieht man vom „aufgesetzten" Vulkankegel des Damavand (5671 m) ab. Von der Kaspischen Tiefebene aufsteigend, werden die Drei- und Viertausendermarken in der Abfolge der parallelen Ketten ohne großen Übergang erreicht. Die starke Gliederung lässt die Angabe eines einzigen Gebirgshauptkammes für den Zentralen Alborz nicht zu (Abb. 2). Die Höhenangaben in der Kammverlaufsskizze sind dem Kartenblatt Zentraler Alborz des kartographischen Verlages Gitashenasi in Tehran entnommen.

Für den städtischen Ballungsraum von und um Tehran sind zwei Passübergänge von wirtschaftlich weit größerer Bedeutung als die Gipfelflur der Viertausender. Im Westen ist dies der Kandavan-Pass (3000 m), der von der Küste des Kaspischen Sees bei Chalus nach Karaj führt, und im Osten ist es der Imamzadeh Hashim-Pass (2720 m), der den Raum Tehran durch das Haraz-Tal mit Amol und den Küstengebieten Mazandarans verbindet.

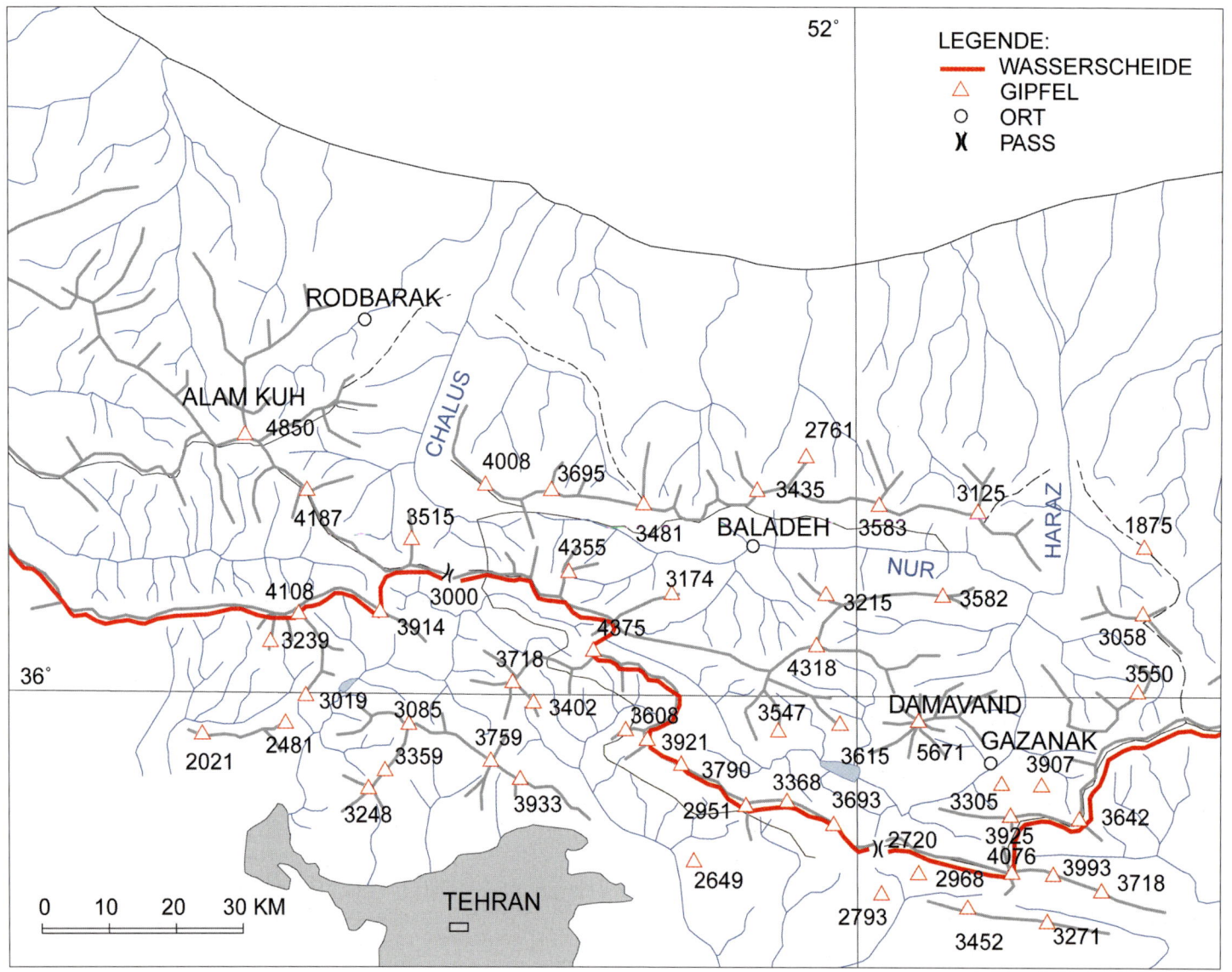

Abb. 2: Der Zentrale Alborz: Kammverläufe, Einzugsgebiete, Wasserscheide.

Die Asymmetrie der orographischen Gliederung (Abb. 2) gilt für den Zentralen Alborz in besonderem Maße. Die Lage der Wasserscheide dieses Gebirgsabschnittes lässt den Unterschied zwischen Nord- und Südabdachung besonders deutlich erkennen und das Abflusssystem der Gewässer klassifizieren. Im Bereich der Hochkämme ist die überwiegende Fließrichtung (Sharud, Karaj, Lar, Nur) West–Ost orientiert. Durchbrochen wird dieses System nur durch wenige, tief eingeschnittene, z. T. tektonischen Störungslinien folgende Quertäler (Chalus, Haraz). Die Wasserführung nach Norden ist ganzjährig, die Wasserscheide zugunsten der Kaspi-Zuflüsse weit nach Süden verlagert. Die Gewässer der Südabdachung sind somit wesentlich kürzer und versickern bei ihrem Austritt aus dem Gebirge. Kaum einer der Flüsse führt ganzjährig Wasser.

Das gebirgsüberquerende Reisen

Das Interesse des Menschen an Gebirgsübergängen über die Alborz-Barriere ist uralt und reicht in prähistorische Zeit zurück. So hat man zum Beispiel Bronzen aus Luristan in der Provinz Gilan gefunden, die im Zagros Gebirge oder in der westlich davon gelegenen Tiefebene hergestellt worden sind. Wahrscheinlich sind sie im Westen beim Sefid Rud über das Alborz-Gebirge gebracht worden, entsprechende Angaben fehlen aber.

Die Verfolgung Darius III. von Persepolis aus führte Alexander den Großen in das Alborz-Gebirge. Die Begebenheit mit dem sterbenden König ist bekannt, die Stelle aber nicht exakt angebbar. Sie lag in der Nähe des Bereiches „Kaspische Tore". Es ist anzunehmen, dass Alexander den Alborz im Osten überquert und den Kaspischen See über Firuzkuh erreicht hat, um seinen Truppen nach dem erschöpfenden Verfolgungsritt Erholung zu gewähren (VON DER OSTEN 1956).

Es bieten sich noch weitere Möglichkeiten zum Überqueren der Gebirgsketten an. Die Möglichkeiten richten sich weitgehend nach Ziel und Zweck der Reise, aber auch nach dem Aufwand, der hierbei getrieben wurde. Engelbert Kaempfer war einer der ersten Deutschen, der sich am Hof in Isfahan, bei Shah Suleiman aufgehalten hat. In seinem Bericht „Am Hofe des persischen Großkönigs 1684–1685" (KAEMPFER 1984) schildert er nicht nur das Leben in Isfahan, sondern publiziert Angaben über Hof und König, Organisation und Verwaltung und eine ganze Reihe weiterer Details. In der heißen Sommerszeit z. B. verließ der Hofstaat Isfahan und pflegte ins Sommerlager nach Mazandaran, also ins und über das Alborz-Gebirge, aufzubrechen. Um eine Vorstellung des Reisens, der Ausritte, des Shahs von Persien zu dieser Zeit zu vermitteln, lassen wir den Deutschen zu Wort kommen (KAEMPFER 1984: S. 242 ff.):

„Ein Ausritt dritter Art vollzieht sich mit größter Feierlichkeit beim Aufbruch ins Jeilaq oder Sommerlager, nach den Gefilden Mazandarans. Ungeheure Lasttierzüge folgen dem groß-königlichen Hoflager, damit alles bereit sei, was zu längerem Aufenthalt nötig ist. Aus einem unter dem jetzigen Schah (der sehr gerne die Kaspiseegegend aufsucht) verfaßten persischen Bericht habe ich die hierbei zu beachtende Dienstanweisung ausgeschrieben, die ich genauestens wiedergeben will.

Zunächst werden einige Leute ausgesandt, die das zu durchquerende Gelände erkunden und die schönsten Gegenden beschreiben sollen, um die Beschaffenheit der Natur, der Quellen, Triften, Wäldchen und Berge, der nächstgelegenen Städte, Dörfer, Straßen, Flüsse usw. deutlich vor Augen zu führen. Nach ihrer Rückkehr prüft der Schah den Bericht und bezeichnet die Stelle, die ihm zusagt. Nun werden Kamele mit Zelten, Teppichen und sonstigem Hausrat, etwa siebentausend an der Zahl, vorausgesandt, zugleich mit den erforderlichen Treibern, Dienern und Lagervermessern.

Einige Tage später folgen die Verkünder des Aufenthaltsverbotes, die sogenannten Qoruqtschys, die durch ständige Büchsenschüsse alle Angehörigen des männlichen Geschlechtes zu schleuniger Flucht veranlassen. Nunmehr erscheint der von Eunuchen begleitete Harem, der jedoch zumeist nur jene Frauen umfaßt, denen der Schah zur Zeit seine besondere Neigung schenkt. Sie reiten verborgen in Sänften, die mit Tuch bespannt sind und beidseitig vom Kamelrücken herabhängen. Die Kameltreiber des Harems werden regelmäßig vor dem Lagern von den Verschnittenen weit weggejagt; sie dürfen sich zur Fütterung und Pflege der Reit- und Lasttiere erst dann wieder einfinden, wenn die Frauen in ihrem Zeltlager verschwunden sind. Dieser Zeitpunkt wird ihnen durch berittene Eunuchen bekanntgegeben, die ständig auf der Straße auf- und abschwärmen.

Ist der Harem abgezogen und das Aufenthaltsverbot aufgehoben, so bricht der Schah mit seinem ganzen Gefolge auf, dessen Gliederung praktisch dieselbe ist, wie ich sie oben beschrieben habe. Dem Zug reitet der Oberzügelhalter mit seinen Untergebenen voraus, die jeweils fünf oder sechs Galapferde mitführen. Über die Sicherheit des Schahs wachen ungefähr sechzig berittene Leibwächter in Doppelreihe mit ihren Anführern, von denen die einen vorne, die anderen an der Seite reiten.

Das eigentliche Gefolge wird vom Bannerträger angeführt, der stets die Anwesenheit des Herrschers kundmacht. Mit einem gewissen Abstand folgen Oberhofkämmerer und Leibkammerherr; letzterem schließt sich unmittelbar der Hofjägermeister an, der von mehreren Falknern zu Fuß, die Falken auf der Faust, begleitet ist. Es folgt der Hofdoggenwart mit etlichen Jagdhunden, die von Hundewärtern zu Fuß an der Leine geführt werden; sie sollen, falls unterwegs ein Raubtier oder -vogel aufgespürt wird, zur Unterhaltung des Herrschers losgelassen werden, denn in die Küche darf nach dem Glaubensgesetz kein Wild gelangen, das zwischen den Zähnen oder Klauen abgerichteter Tiere verendet ist. Den Beschluß der militärischen Bedeckung bilden die Läufer.

Nun erscheint der Schah selbst, von zwölf Lakaien umgeben, die zu zweien teils dem Herrscher voranschreiten, teils ihm zur Seite gehen. Unmittelbar hinter ihm folgen die Großen und Vornehmen des Reichshofrates sowie die Kammerdiener zur persönlichen Bedienung des Großkönigs. Am Ende des Aufzuges erblickt man zahlreiche berittene Sklaven, darunter Wasserpfeifenträger, die die Wasserpfeifen des Schahs mitführen, sowie Truhenwärter, welche truhenförmige Kästen bei sich haben. Diese sind rechteckig, mit Leder überzogen und hängen an breiten Riemen beidseitig auf den Rücken der Maultiere oder Pferde; in ihnen befördert man Eis, Zucker, Backwerk und sonstige Zukost. Sodann kommen Teppichwarte mit Teppichen, Matten und Polstern für das Lagern unterwegs, Zeltwarte mit leichten Zelten und Schattensegeln für kurze Rasten und zuletzt Wasserträger mit Wasserschläuchen auf Kamelen oder Maultieren für den Bedarf von Mensch und Vieh.

Unterwegs pflegt der Schah in den Lustorten zu rasten, die sein Ahnherr (Abbas I.) auf der Straße von Isfahan nach Mazandaran hat anlegen lassen, ungefähr nach jeweils vier oder fünf Parasangen (24–30 km). Diese Rastplätze sind mit Mauern umgeben, von Wassergräben durchzogen (das Wasser ist allerdings gemäß der Natur der Gegend zuweilen brackig) und mit Bädern, Taubenschlägen und Lustschlößchen so reizend ausgestattet, daß der Herrscher bequem mit seinem ganzen Hofstaat darin übernachten kann.

Letztlich muß ich erwähnen, daß dem Hoflager in mehrstündigem Abstand die Gesellschaft der Tänzerinnen folgt, nämlich zwölf Dirnen von auserlesener Schönheit, die bei einer Reise des Schahs unter keinen Umständen fehlen dürfen; denn ihre Aufgabe ist es, ihn beim Mahle durch ihre Dreischritt-Tänze und durch schlüpfrige Körperbewegungen zu ergötzen. Jede einzelne dieser Hofdirnen bezieht ein Gehalt, das groß genug ist, um damit alle Ausgaben für prächtige Gewandung und für die Anstellung zweier Sklaven zu bestreiten. So können die Tänzerinnen ohne jede Unbequemlichkeit mit eigenem Zelt und allem sonstigen Bedarf die Reise mitmachen. Sie erzielen obendrein beträchtliche Einnahmen durch Preisgabe ihres Leibes, dessen buhlerischen Genuß sie sich mit mindestens 2–3 Toman (35–50 Taler) für die Nacht bezahlen lassen."

Welchen Weg man nun genau genommen hat, geht aus diesem Bericht nicht hervor. Es kann aber angenommen werden, dass keine der Schluchtstrecken durch den Zentralen Alborz gewählt wurde.

Noch um die Jahrhundertwende vom 19. zum 20. Jahrhundert erfolgten viele Reisen und der Warentransport auf Nomadenwegen und Karawanenrouten. Nach EHLERS (1980) gab es dabei im Alborz drei bevorzugte Karawanenstraßen, eine davon mit Reitpost und eine sogar mit Wagenpost. Im Vergleich zur letzten Beschreibung der Reise von Shah Suleiman war der Mensch, zumindest der aus Europa anreisende, heroischer geworden und nicht mehr auf diesen Reisekomfort angewiesen. Die Überschreitung des Alborz-Gebirges hört sich nach einem Bericht aus dem Jahre 1916 (BABINGER 1916: 115) folgendermaßen an:

„Beim ersten Morgengrauen ritten wir wieder los, da wir am Abend in Reneh, am Fuße des Demawend, sein wollten. Die Szenerie wurde nun bald interessanter, besonders als wir in der Gegend von Mobarekeh in ein Seitental einbogen, durch das ein Gebirgsbach floß und das dadurch reichlicher mit Laubbäumen und Dörfern, ja sogar teilweise mit grünen Wiesen ausgestattet war. Wohl eine Stunde lang führte nun der Pfad schwindelnd steil in die Höhe, zu einem Joche, von dessen Station die Fahne des persischen Löwen mit der Sonne in das Tal grüßte. Ein herrlicher Blick eröffnete sich von oben auf das vor uns liegende grüne Hochtal von Muscha, das gerade mir, der ich ein ganzes Jahr lang nur mehr die graubraune Steppe der Teheraner Umgebung gesehen hatte, wie ein Paradies erschien, besonders, als sich kurz unterhalb eine frische Bergquelle fand, während man in Teheran das Wasser nur in abgekochtem Zustand trinken kann.

Zahlreiche Pferde tummelten sich auf dem grünen Plan. In dem Dorfe Muscha, das 2300 m hoch gelegen ist, machten wir im Schatten der Bäume Mittagsrast. Ein Punkt fesselte hier besonders das Auge: zur Linken, auf dem Grat von fast 3000 m Höhe, lugte ein festungsartiger Bau mit einem Turm hernieder, über dem die persische Fahne sich im Winde bewegte. Es war das Imamsadeh Haschim, ein Heiligengrab, zu dem die Schiiten von weither zu pilgern pflegen. Ein hochalpiner Steig führte in zahlreichen Windungen zu seiner luftigen Höhe hinan. Gerippe von Tieren auf dem Wege und abseits davon sagten uns, daß auch hier – wie auf so vielen anderen Karawanenstraßen Persiens – Tiertragödien sich abgespielt hatten, wenn Winterstürme, Sonnenglut oder die letzte gewaltige Anstrengung zu übermächtig geworden waren."

Erstmals ist es möglich, den Reiseverlauf exakt nachzuverfolgen. Der Imamzadeh Hashim-Pass ist heute nach verkehrstechnischen Gesichtspunkten der wichtigste Passübergang über den Alborz. An der höchsten Stelle, im Bereich eines riesigen Parkplatzes und den üblichen Verkaufsläden und Restaurants, erstrahlt die Kuppel der Imamzadeh Hashim Moschee in purem Gold.

Bis zum Beginn des modernen Straßenbaues waren Karawanen- und Nomadenrouten die einzigen Reiserouten über den Alborz. Da die wirtschaftliche Nutzung der natürlichen Ressourcen des südkaspischen Tieflandes für die Ökonomie des Iran eine große Rolle spielten, wurde bereits zu Beginn des 20. Jahrhunderts der Neuschaffung leistungsfähiger Verkehrswege, die von Kraftfahrzeugen befahren werden konnten, große Bedeutung beigemessen. Für das Jahr 1934/35 gibt Bobek (1936) an Autostraßen über das Alborz-Gebirge die Verbindungen von Qazvin nach Rasht, der ersten Straße über den Zentralen Alborz, von Karaj nach Chalus mit der Untertunnelung des Kandavan-Passes, und von Firuzkuh nach Sahi und weiter nach Babol und Sari an. Er merkt an (BOBEK 1936: 22): *„... neben der noch nicht ganz vollendeten Längsverbindung sind vor allem die zwei neuen Gebirgsstraßen zu erwähnen (Karaj – Chalus; Firuzkuh – Sahi), die nun auch den östlichen Flügel des Tieflandes erschließen."*

Die zweite Bergstraße über den Zentralen Alborz führt über den bereits erwähnten Imamzadeh Hashim-Pass. Ursprünglich musste man von Süden die Passhöhe über die Ortschaft Damavand erklimmen und nördlich des Passes die Schluchtstrecke des Haraz-Tales von Polur nach Ab-e Ask auf einer Terrasse bis Rhine umgehen. Erst in weiterer Folge führte die Straße zur Talsohle hinunter, wie dies alten Karten und Beschreibungen zu entnehmen ist. In den Jahren 1939/40 wurde die Straße von Tehran nach Amol neu trassiert und der Bau der Verbindung über Ab-e Ali zum Pass, weiter nach Polur und mit Hilfe einer Reihe von Kunstbauten, Brücken und Tunnels, direkt im Engtal des Haraz die Fortsetzung bis Amol in Angriff genommen. Heute erlaubt diese Fernstraße große Reisegeschwindigkeiten, wenn nicht Vermurungen und Hangrutschungen für Unterbrechungen oder erschwerte Passierbarkeit sorgen. Auch Staus verursachen Verzögerungen. Um diesen Hindernissen so schnell wie möglich zu entkommen, kommt es zu einem Kräftemessen der Straßenverkehrsteilnehmer, an dem sich auch die riesigen Schwerfahrzeuge beteiligen, die den Transport vom Kaspischen See nach Tehran durchführen.

Forschungsinteressen

Das internationale Augenmerk wurde zu Beginn des 19. Jahrhunderts in verstärktem Maße der Gebirgsregion des Alborz mit dem Vulkankegel Damavand gewidmet. Die Interessenten kamen aus dem Personenkreis der Diplomaten, der Forscher und der Bergsteiger, wobei sich deren Aktivitäten häufig überlagerten. Sie kamen aus England, Frankreich, Russland, aber auch aus deutschsprachigen Ländern.

P. M. R. Aucher-Eloy war der erste Naturwissenschafter, der das Zentrale Alborz-Gebirge bearbeitete. Im Jahre 1835 hatte er bei seinen botanischen Studien mit lokalen Stellen Probleme und es wurde ihm auch ein Besteigungsversuch des Damavand verwehrt. Erst später konnte er im Zentralen Alborz eine umfangreiche Pflanzensammlung anlegen und so sein Ziel erreichen (KLEIN 1994). Botaniker von Kotschy (1859) bis Klein folgten. Die Geologie wurde untersucht. Der Lebensraum der Nomaden und das Siedlungsgebiet der Bergbewohner wurden studiert. Vermessungsarbeiten und kartographische Aufnahmen standen auf dem Programm internationaler Forschungsreisender. Erst später begannen sich die Iraner selbst mit diesen naturwissenschaftlichen Problemen auseinander zu setzen. Abhandlungen über die einzelnen Themen können den Beiträgen dieses Buches entnommen werden. Sven Hedin (1892) beschäftigte sich mit dem Damavand. Der englische Orientalist Sir Percy Sykes führte zwischen 1893 und 1919 7 Expeditionen im Iran durch, die ihn vom Kaspischen See bis zum Persischen Golf und von der irakischen bis zur afghanischen Grenze führten. Die lange Liste der Österreicher wurde von Slaby (1982) publiziert. Bezogen auf den Zentralen Alborz kann in diesem Zusammenhang festgestellt werden, dass sich Alfons Gabriel intensiv mit historisch-geographischen Fragen des Iran auseinander gesetzt, diese Region aber nie selbst bereist hat. Die Forschungsreisen des berühmten Persienkenners führten ihn lediglich am Südrand dieses Gebirgszuges von Samnan über Tehran nach Qazvin entlang. Von dort überquerte er den westlichen Alborz nach Rasht, um den Hafen Bandar-e Anzali zu erreichen (BOBEK 1964). Der zweite Österreicher, der hier angeführt wird, ist Hans Bobek. Er hat sich bereits bei seinem ersten Iranaufenthalt im Jahre 1934 intensiv mit dem Alborz-Gebirge befasst und drei seiner insgesamt sieben Monate dauernden Forschungsreise dieser Gebirgsregion gewidmet. Zahlreiche weitere Iranreisen folgten und eine Vielzahl seiner Publikationen ist diesem Staate gewidmet (HARTKE 1963). Bei der naturwissenschaftlichen Erforschung des Alborz ging es ihm um geomorphologische Studien, um die Rolle der Eiszeit für Bau und Formentypen dieses Gebirgssystems und eine erstmalige systematische Erforschung der Vergletscherung, die ihn naturgemäß in den Zentralen Alborz führte. Das herausragendste Ergebnis seiner Forschungstätigkeit in dieser Region ist das Kartenblatt der Takht-e Soleiman Gruppe im Maßstab 1:100.000 (siehe auch Beitrag über Vermessung und Karte).

Von besonders aktuellem Interesse im Rahmen von „Global Change Studies" oder „Mountain Hazards Mapping" sind Angaben über morphodynamische Prozesse im Gebirge, so auch im Alborz. Gletscher – Gletscherveränderungen, Permafrosterscheinungen und sämtliche Formen von Abhangsbewegungen wie Felsstürze, Erdrutsche, Sackungen, Muren, diverse Erosionsformen bis zu Ablation und Akkumulation in Tal- und Flussniederungen liefern Aufgabenstellungen für entsprechendes Monitoring. Auf die Gletscherstudien Bobeks im Zentralen Alborz wird in der Literatur immer wieder hingewiesen.

Trotz der großen Höhen, weit über 4000 m, ja sogar über 5500 m, ist die Vergletscherung des Zentralen Alborz gering. Dies liegt an der geographischen Breite von 36° N und an den vergleichbar kleinen Niederschlagsmengen. BOBEK (1937) hat sich als erster mit der eiszeitlichen und gegenwärtigen Vergletscherung dieses Gebirgszuges auseinander gesetzt und festgestellt, dass eine Vergletscherung nur in der Takht-e Soleiman Gruppe und am Damavand vorhanden ist. Diese Feststellung wurde bereits 1936 getroffen. In der Takht-e Soleiman Gruppe existierten zu diesem Zeitpunkt mehrere kleine Kargletscher und der Sarchal Gletscher, der als einziger eine ca. 3 km lange, z. T. schuttbedeckte Gletscherzunge aufwies. Sie alle liegen nordseitig, am Fuße der gewaltigen Nordwände dieses Gebirgsmassivs. In 2 Kammverlaufsskizzen dieses Gebirgsknotens, die zu späteren Zeitpunkten angefertigt wurden, sind diese erwähnten Gletscher ebenfalls eingezeichnet. Es ist dies eine Übersichtsskizze, die im Rahmen einer österr. Expedition (LINZBICHLER 1978) hergestellt worden ist und in der die Gletscherflächen größer als in Bobeks Karte dargestellt sind. Das 2. kartographische Produkt ist eine polnische Kammverlaufsskizze, ŚLIWA (2000 ?), die in der Zeitschrift Góry veröffentlicht worden ist. Auch sie weist gegenüber der Erstaufnahme von Bobek größere Gletscher (Schnee-)flächen auf. Da keinerlei Messergebnisse vorliegen, beschränkt sich die Aussage darauf, dass Gletscher vorhanden, aber keine Aussagen über deren Größe und Veränderungen möglich sind.

Iranische Quellen der Gegenwart geben für den Damavand 5 Gletscher an, die um den Vulkankegel von Nordwest bis Südost angeordnet sind. Es sind dies der Nordwest-Gletscher, der Siyouleh und Dubisel, der Yakhar und der Südost-Gletscher (siehe auch beiliegendes Kartenblatt). In iranischen Blättern der Privatkartographie sind sie unrealistisch groß eingezeichnet. Die ersten Angaben über eine Vergletscherung am Damavand gehen wieder auf Bobek und seinen Begleiter Ruttner zurück. Denn von den beiden frühen naturwissenschaftlich interessierten Besteigern erwähnen weder Theodor Kotschy (1. August 1843), der eine Zeichnung des Gipfelbereiches mit eingetragenen Schneeflächen anfertigte, noch Sven Hedin (11. Juli 1890), der von Schnee und Hagelschauern berichtet, Gletscher an den Abhängen des Vulkankegels.

Die Feldarbeiten, die Bobek und Ruttner 1936 zum Damavand führten, endeten durch eine nächtliche Hochwasserkatastrophe, bei der die beiden Österreicher nur knapp ihr Leben retten konnten und der größte Teil der Ausrüstung und des Materials verloren ging. In seinen Tagebuchaufzeichnungen schildert Ruttner diesen Vorfall folgendermaßen:

„Mittlerweile war ein starkes Gewitter gekommen, es blitzte und donnerte heftig, und es ging ein starker Platzregen nieder, der uns veranlaßte, über unserem Zelt das Oberdach zu spannen, da es etwas hineinregnete. Dann lagen wir wieder drinnen und sahen mit Vergnügen den Blitzen zu. Schließlich, als das Wetter schon vorbei war, beschlossen wir, schlafen zu gehen; wir waren beide sehr müde. Wir krochen nochmals aus dem Zelt und sahen, daß ein kleiner Bewässerungsgraben des Feldes übergegangen war und

der Platz unseres kleinen Zeltes sich zu einem Sumpf zu verwandeln drohte. Wir begannen, Gräben um das Zelt herum zu ziehen, um das Wasser abzuleiten. Wir waren damit noch nicht fertig, als Leute aus dem Dorf – das etwa 100 Schritte oberhalb unseres Platzes lag – kamen und sagten: ‚Ab ziad mijad' (sehr viel Wasser kommt) und wir sollten mit unserem Zelt vom Bach weggehen. Nun hatten wir gar keine Lust, jetzt wieder alles abzubrechen und konnten nicht glauben, daß wir uns in Gefahr befänden; denn der Bach war noch wenig angeschwollen, bis zu uns fehlten noch gut 2 Meter Höhe, und der Bach konnte sich nach der anderen Seite hin noch gute 5 Meter weit bis zu unserem kleinen Wanderl ausdehnen. Allerdings bedachten wir nicht, daß wir uns am Außenrand einer Biegung befanden, die der Bach oberhalb von unserem Platz machte.

Wir wollten gerade wieder zu unserem Graberl gehen (vielleicht zwei Minuten, nachdem die Leute wieder verschwunden waren), als das Rauschen im Bach plötzlich stärker und auch das Rollen von Steinen hörbar wurde. Jetzt war es Zeit, abzufahren! Ich kroch ins Zelt und feuerte sämtliche für die Nacht ausgepackten und hergerichteten Habseligkeiten sowie die Rucksäcke hinaus, dann brachen wir das Zelt so schnell wie wir konnten ab und trugen alles wenige Schritte über eine ca.$^1/_2$ m hohe Böschung auf ein höher gelegenes Feld. Dort wollten wir alles zusammenpacken und dann noch weiter hinauftragen. Ich war dann noch einen Sprung unten beim Zeltplatz, um nach vergessenen Kleinigkeiten zu sehen – das Wasser im Bach war inzwischen um ca. einen Meter gestiegen – als ich plötzlich oberhalb von mir ein wahnsinniges Donnern und Krachen hörte, das sehr rasch näher kam. Dr. Bobek, der bei den Sachen war und den Lärm noch stärker hörte, da er weiter von dem schon ziemlich stark rauschenden Bach entfernt war, rief mir zu: ‚Hören Sie das Donnern, was ist denn da los?', und rannte ein Stück auf das Dorf zu. Ich rannte zu den Sachen, und da sah ich schon zwischen den Bäumen, die etwas oberhalb von uns standen, eine braune Flut daherkommen und im Bachbett wälzte sich eine hoch aufspritzende Woge mit wahnsinnigem Getöse daher. Das alles sah in der Dunkelheit, in der man gar nichts überblicken konnte, ganz scheußlich aus. Ich packte blindlings zwei Rucksäcke, die mir zunächst lagen – es war meiner, ohne Traggestell, das ich abmontiert hatte, um ihn besser aufpacken zu können – und leider der ‚Essrucksack' mit einem Sack Reis und einigen Kleinigkeiten. Den Gucker, der zufällig neben meinem Rucksack lag, konnte ich gerade noch hineinschmeißen. Dr. Bobek faßte seinen Rucksack, in den er vorher zufällig seinen Höhenmesser, Bergkompaß und vor allem seine Aufzeichnungen gepackt hatte, sowie seinen Schlafpelz, und dann rannten wir beide bloßfüßg, wie wir waren, so rasch wie möglich dem Dorfe zu. Wenige Sekunden nacher war das Wasser auch schon bei unseren Sachen. Hinter uns toste das Wasser und wir liefen, so rasch wir bei unserer Bepackung konnten, in das Dorf hinein – ‚hinauf, nur hinauf'. Wir kannten ja die Gegend gar nicht, weil es schon finster war, als wir ankamen. Hinter mir Dr. Bobek, der immer nur vor sich hersagte: ‚Alles ist weg, alles ist weg.' Er war ganz verzweifelt – hatte er doch seinen Blechkoffer mit dem Photogrammeter der Notgemeinschaft und mit allen seinen während der Fahrt gemachten Aufnahmen (einschließlich jener, die er mit der Rolleiflex- und der anderen kleinen Kamera gemacht hatte) unten lassen müssen.

Wir gerieten in der Dunkelheit in einen Hof zwischen Häusern, suchten krampfhaft einen Ausgang nach oben, und endlich kamen Leute, die uns beruhigten und versicherten, dass das Wasser bis hierher nicht kommen würde. Als ich wieder etwas zu mir kam, hielt ich krampfhaft außer den beiden Rucksäcken eine Gabel und das Moskitonetz von Dr. Bobek in der Hand. Ja, ja, die Geschichte von der Mausefalle, die man zuerst aus dem brennenden Haus rettet, ist doch wahr!"

Die Informationen über Angaben zur Vergletscherung des Damavand waren somit sehr dürftig, die Aussagen ohne fotografische Belege. Bobek gibt 2 Gletscher an, die nicht bis zum Gipfel reichen und sich an der Ost- und Nordseite des Berges befinden. Der nach Osten orientierte Gletscher, offensichtlich der Yakhar Gletscher, fließt in das Talu Tal ab, erreichte im Jahre 1936 eine Höhe von 4400 m und wird von Ruttner folgendermaßen beschrieben: „... ein mächtiger Eiskuchen mit schönen Spalten, der oberhalb der Wand abbricht. Durch die Wand ziehen große Eisrinnen, die sich unten zu einem kleinen regenerierten Gletscher vereinigen." Beim zweiten Gletscher, den Bobek an der Nordseite des Damavand erwähnt hat, dürfte es sich um den Dubisel Gletscher handeln.

Uns standen für Aussagen zur Vergletscherung Satellitenbilder aus den Jahren 1970 und 1990 sowie Angaben unserer Informanten, Bergführer, zur Verfügung. Hinzu kamen eigene Beobachtungen während zweier Feldkampagnen im Mai 1999 und im Juni 2000. Die Witterungsverhältnisse, Schnee und Sturm, und die Aufnahmezeitpunkte der Satellitenbilder ließen auch 50 Jahre nach Bobek kein eindeutiges Ergebnis zu. Im Siyouleh Gletscher ist eine Blankeisstelle zu erkennen, die sowohl im Satellitenbild von 1970 als auch bei der Feldbegehung im Jahre 1999 identifiziert werden konnte. Unser Führer Ali berichtete vom

Yakhar Gletscher, dass Bergsteiger häufig Schwierigkeiten bei seiner Überquerung hätten und Seil und Eisschrauben benötigen würden. Auch beim Dubisel Gletscher scheint heute ein Eiskörper vorzuliegen. Ob es sich bei den zwei weiteren, von iranischer Seite angegebenen Gletschern tatsächlich um Eisbilde oder ob es sich nur um mehrjährige Firnfelder in Erosionsrinnen handelt, konnte nicht festgestellt werden. Ähnlich wie in der Takht-e Soleiman Gruppe trifft auch in diesem Fall die Aussage zu, dass kleine Gletscher an den Abhängen des Damavand vorhanden sind, ihre Anzahl oder nähere Angaben aber nicht in Erfahrung gebracht werden konnten.

Zur aktuellen Landnutzung

Traditionelle Nutzungsformen wie die Ausbeutung nicht erneuerbarer Ressourcen werden in den Hintergrund gedrängt und durch zeitgemäße Interessen, die sich aus der Entwicklung einer Region ergeben, abgelöst. Dies besonders, wenn eine Hochgebirgsregion derart nahe an einem städtischen Ballungszentrum wie Tehran mit mehr als 12 Millionen Einwohnern liegt. Es sind dies die Wasserressourcen zur Energiegewinnung und zur Bewässerung, es sind dies Erhaltungsmaßnahmen des Naturraumes und schließlich der Bedarf an Raum für Freizeit- und Bergsportaktivitäten oder zur Erholung.

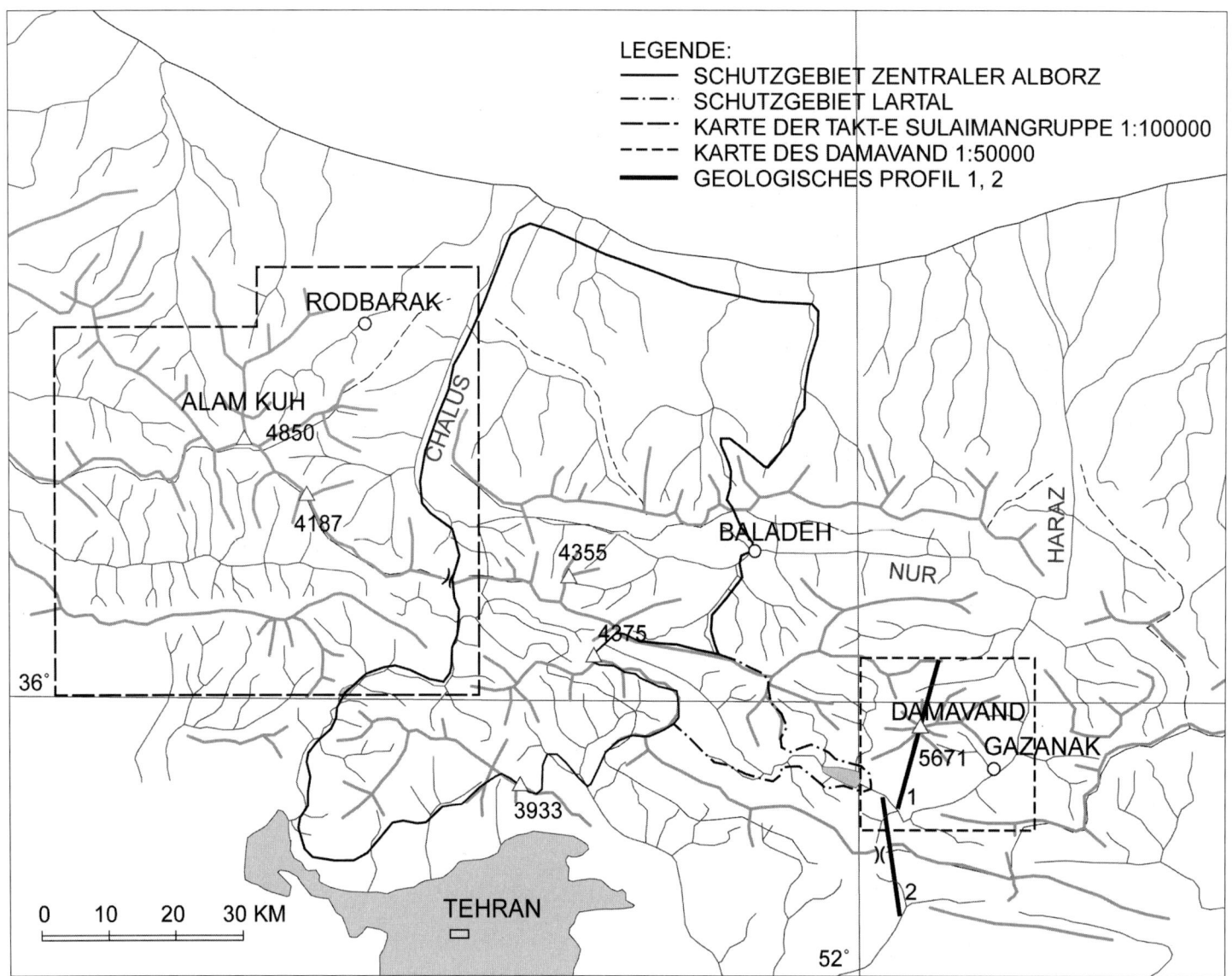

Abb. 3: Der Zentrale Alborz – Interessengebiete für Forschung und Nutzung.

Von den vorhandenen erneuerbaren Ressourcen ist heute wohl das Angebot an nutzbarem Wasser von größter Bedeutung. Der Wasserbedarf der Metropole Tehran ist riesig und weiter im Steigen begriffen. Er wird zum größten Teil durch Wasserreserven aus dem Alborz-Gebirge befriedigt. Dort findet man entsprechende Niederschlagsmengen, meist fällt auch ausreichend Schnee, sodass die angelegten Staubecken durch Schmelzwasser über einen längeren Zeitraum gefüllt werden können. Für die Wasser- und Energieversorgung Tehrans stehen im Zentralen Alborz drei große Stauseen zur Verfügung. Der Karaj Stausee (Amir Kabir Reservoir) mit einer Speicherkapazität von 205 Mio. m³ liefert seit den späten Fünfziger und vermehrt seit den frühen Sechzigerjahren Strom und Wasser (EHLERS 1980). Er wurde vom aufgestauten Jaj Rud bei Latian (Latian Reservoir) im Nordosten von Tehran mit einer Speicherkapazität von 95 Mio. m³ aus der Mitte der Sechzigerjahre gefolgt (EHLERS 1980). Der jüngste ist der Lar-Stausee (Lar Reservoir) südwestlich des Damavand. Mit seinem Bau wurde in den Siebzigerjahren begonnen, bei einem Stauziel von 2531 m soll sein Volumen 960 Mio. m³ betragen (KOUCHEKMANEH 2000). Bis jetzt ist es allerdings noch nicht zu einem Vollstau gekommen, sodass sein Fassungsvermögen noch nicht endgültig abgeschätzt werden kann. Das Wasser gelangt zuerst durch einen Stollen zu einem Kraftwerk, dient der Energiegewinnung und wird daraufhin zum Latian-Stausee weitergeleitet. Von dort aus befriedigt es den Wasserbedarf von Tehran.

Der zentrale Bereich des Alborz-Gebirges wurde zu einem Schutzgebiet von nahezu 4000 km². Dieses erstreckt sich vom Norden Tehrans bis in die Kaspische Tiefebene. Die westliche Begrenzung ist durch die Straßenverbindung von Karaj über den Kandavan-Pass nach Chalus definiert. Im Osten verläuft die Grenze entlang von Tal- und Kammverläufen und kreuzt das Nurtal in der Nähe von Baladeh. Östlich davon liegt ein weiteres geschütztes Gebiet, das Lar-Schutzgebiet mit seinerseits 280 km² Fläche in einer ausgesprochenen Hochgebirgsregion (Abb. 3). Hier findet man eine Reihe von Gipfeln über 4000 m, fischreiche Flüsse und den jungen Lar-Stausee. Es zählt zufolge seiner Biodiversität in Flora und Fauna zu den attraktivsten Landschaftsteilen des Iran. Diese Informationen stammen von dem Tehran Provincial Office, Department of the Environment. Auf die Situation der Nomaden dieser Region wird im Beitrag von K. Gratzl hingewiesen. Der Hochgebirgslandschaft, dem Naturschutz sensibler und erhaltenswerter Ökosysteme wird heute auch im Iran vermehrtes Interesse entgegengebracht.

Ein weiterer wesentlicher Punkt in der neuzeitlichen Landnutzung durch den Stadtmenschen ist den Freizeitaktivitäten zuzuschreiben. Zu den beliebtesten Wochenendaktivitäten des Tehraners zählen Ausflüge ins Gebirge. Für Bergsteiger und Kletterer gibt es eine große Zahl an Unterkünften bis zu den hochgelegenen Biwaks am Damavand. Wandern kann man bereits ab den nördlichen Vororten von Tehran, die Seilbahn auf den Tochal, den Hausberg der Metropole, bringt einen nahezu auf 4000 m. Moderne Sportarten wie Wasserschilauf oder Mountainbiking werden ebenfalls angeboten (diese Informationen sind der Karte „Guide Map of Climbing the Peaks of Central Alborz" von GITASHENASI, 2000, entnommen). Die Thermalbäder am Fuße des Damavand ziehen ebenfalls Tausende von Erholungssuchenden an. Im Winter gibt es im Zentralen Alborz ein großes Angebot an Schiliften z. B. in Ab-e Ali oder, in letzter Zeit bevorzugter, im Bereich von Dizin direkt nördlich von Tehran. Ein spezielles Serviceangebot, Hubschrauberrettungsflüge für Bergsteiger und Kletterer, wird von der Mountaineering and Tourism Co. Ltd. (KASSA) in Tehran offeriert. Es gilt an und für sich für alle Gebirgsregionen im Iran, im Besonderen aber für den Zentralen Alborz mit Damavand und Alam Kuh.

Bibliographie

BOBEK, H. (1936): Die Landschaftsgestaltung des Südkaspischen Küstentieflandes, in: Länderkundliche Forschung, Festschrift Krebs, Stuttgart, S. 1–24.

BOBEK, H. (1937): Die Rolle der Eiszeit im NW-Iran, in: Zeitschrift für Gletscherkunde, S. 130–180.

BOBEK, H. (1964): Alfons Gabriel – ein Forscherleben, in: Mitt. der Österr. Geographischen Gesellschaft, Band 106, Wien, S. 71–78.

EHLERS, E. (1980): IRAN, Grundzüge einer geographischen Landeskunde. Wissenschaftliche Buchgemeinschaft Darmstadt.

GITASHENASI (1997–1998): Map of Islamic Republic of IRAN (Map No. 169) 1:1,600.000, Tehran.

GITASHENASI (2000): Guide Map of Climbing the Peaks of Central Alborz. Map of Gitashenasi Geographical and Cartographic Institute, Tehran.

HARTKE, W. (1963): Der Weg zur Sozialgeographie – der wissenschaftliche Lebensweg von Professor Dr. Hans Bobek, in: Mitt. der Österr. Geographischen Gesellschaft, Band 105, Wien, S. 5–22.

HEDIN, S. (1892): Herr Sven Hedin: Der Demavend nach eigener Beobachtung, in: Verhandlungen der Gesellschaft für Erdkunde zu Berlin, Band XIX, Jannuar bis December 1892, Berlin, S. 304–332.

KAEMPFER, E. (1984): Am Hofe des persischen Großkönigs 1684–1685. Herausgegeben von W. Hinz, Edition Erdmann im K. Thinemanns Verlag, Stuttgart, 283 S.

KLEIN, J. C. (1994): La végétation altidudinale de L'Alborz Central (Iran). Institut Français de recherche en Iran, Paris, 273 p.

KOTSCHY, Th. (1859): Dr. Theodor Kotschys Erforschung und Besteigung des Vulkanes Demavend, in: Petermanns Geographische Mitteilungen 1859, Gotha, S. 49–68, mit Tafel.

KOUCHEKMANEH, Marjaneh (2000): Studienarbeit über das Damavand Gebiet (in Farzi), Institut für Geographie, Assad Universität Tehran.

OPERATIONAL NAVIGATION CHART 1:1,000.000, Armenia, Azerbaijan, Iran, Iraq, Turkmenistan Series ONC, Sheet G-5, Edition 11, Copyright 1997 by the United States Government.

SLABY, H. (1982): Bindenschild und Sonnenlöwe, Die Geschichte der österreichisch-iranischen Beziehungen bis zur Gegenwart. ADEVA Graz.

ŚLIWA, J. (2000?): Góry Iranu ALBORZ (Polnisch), in: GÓRY, Krakau, S. 28–32.

VON DER OSTEN, H. H. (1956): Die Welt der Perser. Europäischer Buchklub Stuttgart, Zürich, Salzburg, 299 S.

Klimatische Verhältnisse im Bereich des Damavand/Alborz

Einleitung und Problemstellung

Gerade bei Landschaftsbeschreibungen spielt das Klima eine wichtige Rolle, um die Zusammenhänge vor allem mit der Verbreitung bestimmter Pflanzengesellschaften besser verstehen zu können. Das Alborz-Gebirge mit dem Damavand verdient schon deshalb ein besonderes Interesse, da es eine Klimascheide zwischen dem feucht – warmen Klima am Kaspischen Meer und dem wüstenhaften persischen Hochland darstellt. Die folgende Klimabeschreibung verfolgt aber auch den Zweck, dem Bergsteiger wichtige Informationen über die zu erwartenden Klima- und Witterungsbedingungen zu vermitteln. Deshalb liegt der Schwerpunkt in einer der Datenlage entsprechenden Detaildarstellung des Klimas für das Gebirgsmassiv des Damavand. Hieraus können dann ferner auch aus der Sicht des Höhenbergsteigens die Risiken aus höhenmedizinischer Sicht abgeleitet werden.

Lage des Untersuchungsgebietes

Der Damavand befindet sich in einer subtropischen Breitenlage (36°N; 52° östl. Länge), wobei die Nähe zum Kaspischen Meer eine wichtige Rolle spielt. Ein besonderes Kennzeichen ist seine herausragende Position: Er überragt die umgebenden Gebirgsrücken um wenigstens 1500 bis 2000 m, was im weltweiten Vergleich einzigartig ist und nur von Inselvulkanen übertroffen wird. Diese freie Stellung wirkt sich nachhaltig auf die Windexponiertheit aus. Der Alborz ist im Bereich des Damavand etwa 100 km breit, wobei die Gipfelhöhen lokal durchaus 4000 m überschreiten können. Zwei wichtige Pässe finden wir in der näheren Umgebung: der Kandavan-Pass im Westen (3000 m) und der Imamzadeh Hashim-Pass mit 2720 m.

Grundlagen

Die wichtigsten Hinweise finden sich bei E. Ehlers in seiner Länderkunde des Iran (1980) und bei W. Frey und W. Probst 1974, speziell jedoch in einer Projektstudie der ENEL (1978, Projektbericht) und in einer Studienarbeit (KOUCHEKMANEH, 2000) mit den Daten eines Sonderstationsnetzes, das offensichtlich ebenfalls als Grundlage für die hydrologische Situation im Nahbereich des Damavand diente. Weitere Daten konnten M. Müller 1996 und W. Weischet bzw. W. Endlicher (2000) entnommen werden. Allgemein muss leider festgestellt werden, dass von mehreren Stationen nur Daten aus relativ kurzen Beobachtungsperioden vorliegen; dies erschwert den Vergleich der Stationsdaten untereinander erheblich, zumal gerade die Niederschlagsvariabilität sehr hoch ist.

Klimafaktoren und allgemeine klimatische Bedingungen

Als Klimafaktoren sind einerseits die geographische Breite in den Subtropen und die Lage zu den Meeren (vor allem zum Kaspischen Meer), aber auch die Orientierung und Höhenverhältnisse der Gebirgsgruppe zu nennen. Die Lage in den Subtropen bewirkt im Zusammenhang mit der noch zu erläuternden Druckverteilung die Sommertrockenheit des gegenständlichen Raumes. Die Nähe zum Kaspischen Meer beeinflusst in hohem Maße die Niederschlagsverteilung an der Nordabdachung des Alborz-Gebirges. Die rand-

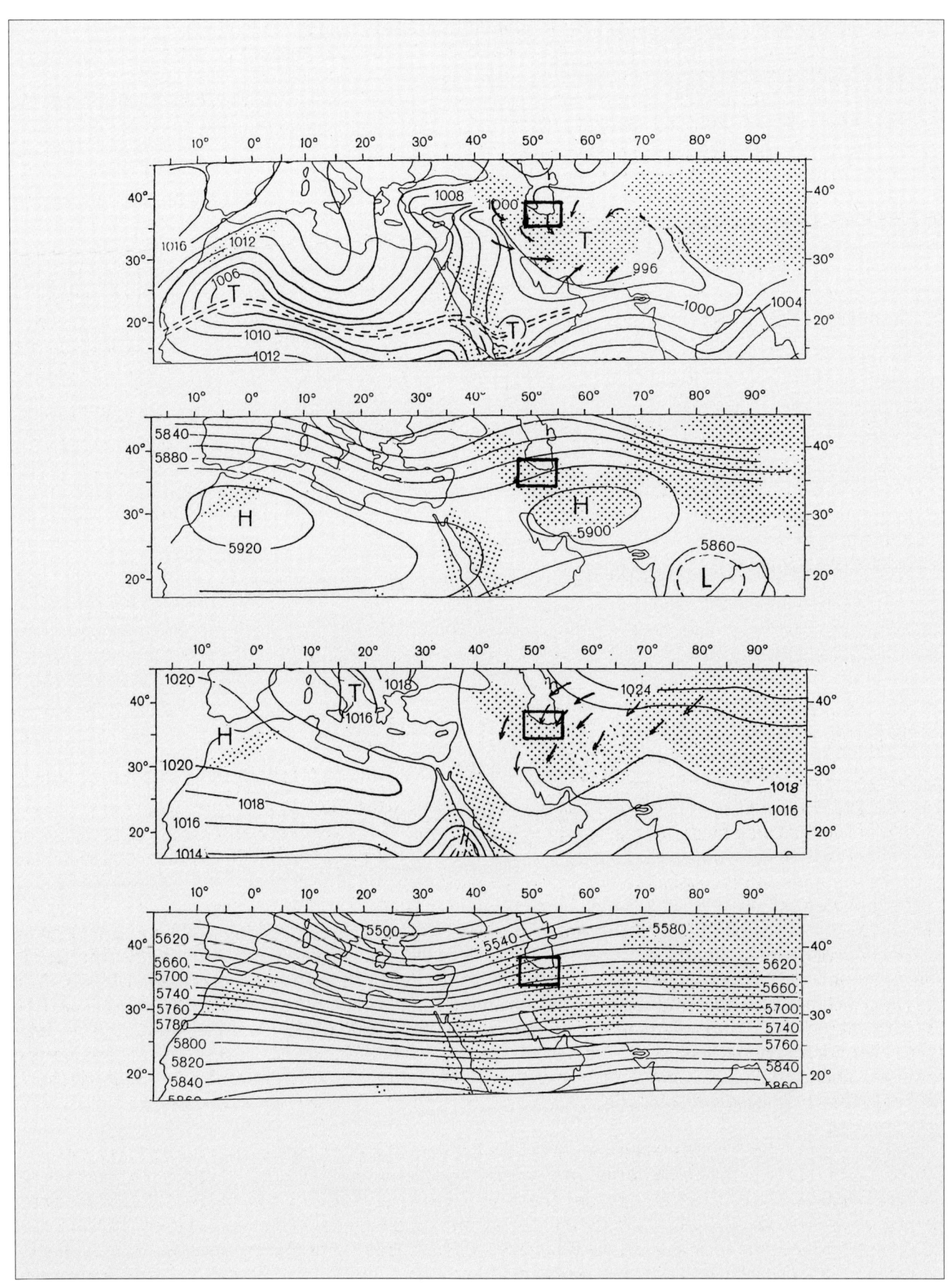

Abb. 1: Druck- und Strömungsverhältnisse im Alborz-Gebirge: a) für die Bedingungen im Sommer (Juli), b) für die Bedingungen im Winter (Jänner), jeweils getrennt für die Verhältnisse in Bodennähe (oberes Diagramm) und die 500hPa-Fläche (entsprechend einer Höhe von ca. 5500 m) nach W. Weischet und W. Endlicher 2000. Punktierte Flächen stellen Gebirgsareale dar.

liche Position zur gewaltigen Festlandsmasse Sibiriens mit seinem Kältehoch schließlich bedingt einen hohen Grad an Kontinentalität vor allem an der Südabdachung des Gebirges und im iranischen Hochland.

Wie aus Abb. 1 ersichtlich ist, treten erhebliche jahreszeitliche Unterschiede in der Druckverteilung auf. Diese betreffen hauptsächlich die Höhenströmungsverhältnisse (500hPa-Niveau, etwa einer Höhe von ca. 5500 m entsprechend). Im Winterhalbjahr (Oktober bis April) liegt der Alborz in der Westwinddrift, in der mitunter mäandrierend Tröge vom Mittelmeerraum nach Osten wandern. Im Sommer hingegen baut sich über dem iranischen Hochland ein Höhenhoch auf, und die N-S gerichteten Luftdruckgegensätze sind bedeutend geringer als im Winter. Dieses Höhenhoch mit einer ausgeprägten Absinkinversion im Bereich von ca. 3000 m Seehöhe ist letztlich für die ausgesprochene Sommertrockenheit in weiten Teilen Irans verantwortlich.

In Bodennähe entwickelt sich im Sommer über dem iranischen Hochland ein markantes Hitzetief, welches nördliche Winde hervorruft. Diese versuchen am Alborz-Gebirge gegen die in der Höhe wehenden Winde aus dem Sektor Süd bis West anzukämpfen. Nach Messungen von Ehlers 1980 kommt es hier mitunter zu raschem Luftmassenwechsel zwischen der schwülen Luft aus dem kaspischen Raum und der wüstenhaft trockenen Luft vom iranischen Hochland. Die Grenze zwischen beiden Luftkörpern finden wir häufig zwischen 2000 und 3000 m an der Nordabdachung des Alborz. Die erwähnten nördlichen bis nordöstlichen Winde weisen passatischen Charakter auf. Im Winter ist das sibirische Kaltlufthoch für ihre Existenz verantwortlich, im Sommer das iranische Hitzetief. Für die Niederschlagsverteilung ist nun entscheidend, wie viel Feuchte die Strömung bei ihrem Weg über dem Kaspischen Meer aufnehmen kann. Infolge von Staueffekten am Alborz-Gebirge konzentrieren sich die höchsten Niederschläge mit Werten von 2000 mm und mehr auf den westlichen Teil (Banda-e Anzali, Abb. 2). Nach Osten erfolgt eine rasche Abnahme auf ca. 700 mm (Gorgan). Die zentrale Kette mit dem Damavand ist eher schon dem östlichen und damit trockeneren Abschnitt des Alborz zuzurechnen.

Klimatischer Überblick

In Abb. 3 wurde eine Gliederung nach W. Köppen (1936) vorgenommen, die uns das Alborz-Gebirge als Klimascheide gut vor Augen führt. An der Küste des Kaspischen Meeres finden wir ein schwül-sommerheißes und wintermildes Klima vor (Csa, Erläuterungen hierzu in der Legende zu Abb. 3), wobei wir zwischen einem niederschlagsreichen westlichen Abschnitt und einem trockeneren Ostteil unterscheiden können. Die Grenze lässt sich gemäß der Datenlage etwa östlich von Rasht ziehen, wo noch nahezu 2000 mm Niederschlag fallen, während in Gorgan nur noch 700 mm registriert werden und die Sommertrockenheit auffälliger wird. Im Jahresgang tritt das Maximum im Spätherbst auf – ganz im Gegensatz zur Südabdachung des Alborz-Gebirges, wo ein Frühjahrsmaximum dominiert.

Im zentralen Teil des Alborz-Gebirges herrscht überwiegend – durch die Höhenlage über 2000 m bedingt – das Ds-Klima (kältester Monat unter -3°C) vor. Wegen der ausreichenden Distanz zum warmen Kaspischen Meer erhält das Klima immer mehr kontinentale Züge und die Winter werden strenger. Gleichzeitig nehmen die Niederschläge sowohl von Norden nach Süden als auch von Westen nach Osten ab. Von der Niederschlagsabnahme sind vor allem die intramontanen Täler betroffen (Ehlers 1980). Hier sinken die Werte lokal unter 600 mm, während in den Kammlagen noch 1000 bis 1500 mm zu erwarten sind, letztere sicher nur im Westabschnitt des Alborz-Gebirges. Bedingt durch die häufige Anströmung aus Norden in bodennahen Luftschichten mit dem Feuchtetransport vom Kaspischen Meer erhält die Nordabdachung mehr Niederschlag, was sich im Übrigen auch im Landschaftsbild mit anderen Waldgesellschaften deckt (Ehlers 1980).

Im Jahresgang des Niederschlages wird das herbstliche Maximum schwächer und erfährt eine Verschiebung in das Frühjahr, je weiter wir uns vom Kaspischen Meer entfernen. Im Bereich der Südabdachung sinken dann die Jahresmengen des Niederschlages unter 500 mm und wir gelangen in das Steppenklima nach W. Köppen (BW-Klimate mit der Ausprägung BSk, da die Jahresmitteltemperatur unter 18°C liegt). In dieser Zone liegt auch die Basisstation Tehran (1220 m Seehöhe), auch die anderen Stationen wie Zanjan , Qazvin und Samnan verzeichnen durchwegs eine Größenordnung von 200–300 mm, wobei das Frühjahrsmaximum als Folge konvektiver Vorgänge deutlicher im Westen ausgebildet ist (Zanjan). Die Zahl der Tage mit Niederschlag hat von ca.100 bis 130 im Nahbereich des Kaspischen Meeres auf ca. 60–70 abgenommen.

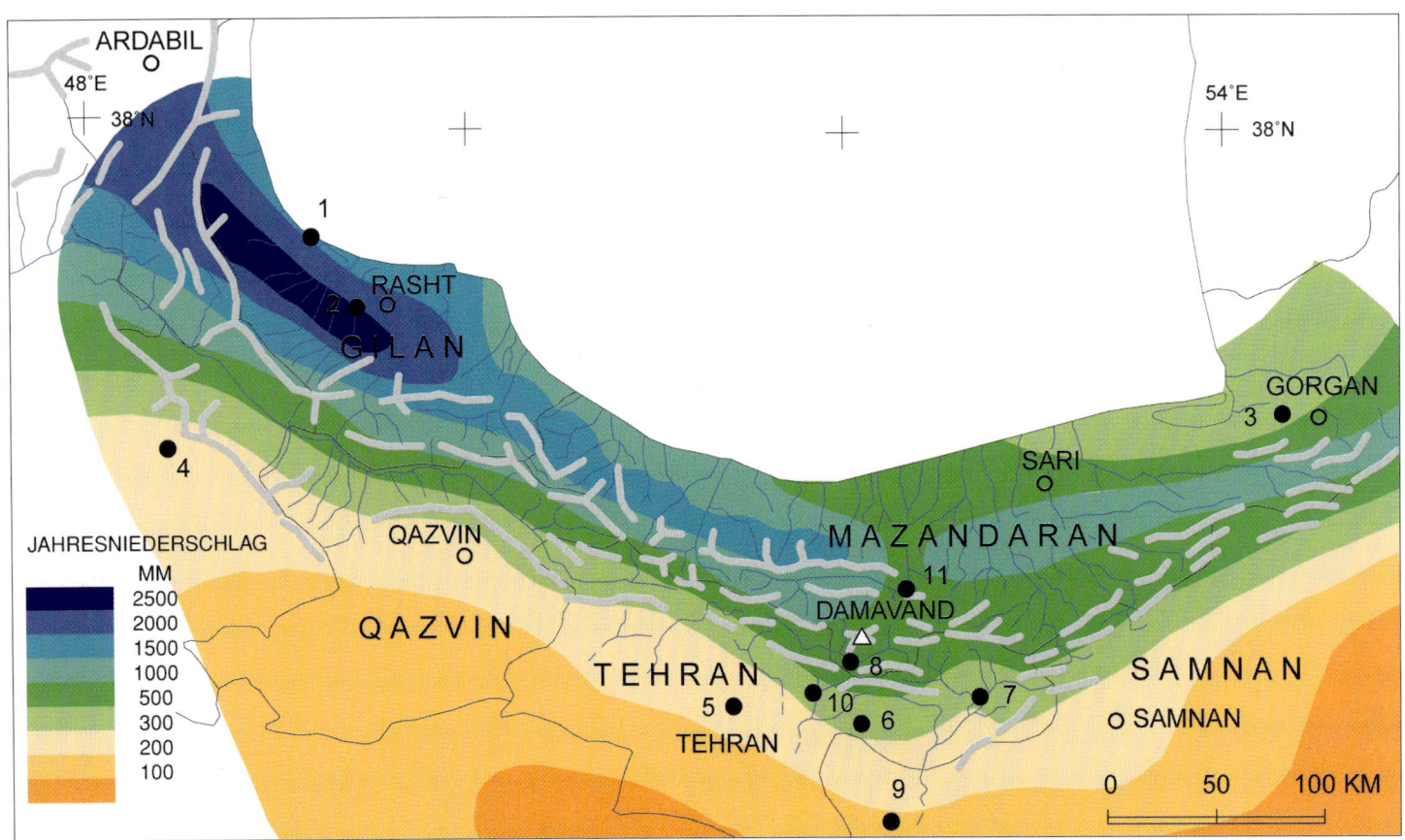

Abb. 2: Niederschlagsverteilung im Alborz-Gebirge mit Lage der verwendeten Stationen.
1) Bandar-e Anzali (10), 2) Rasht, 3) Gorgan, 4) Zanjan, 5) Tehran (1220m), 6) Damavand, 7) Firuzkuh (3000 m), 8) Polur (2200 m), 9) Hamad Abasad (1800 m), 10) Ab-e Ali (2450 m), 11) Sharivar.

Die Kontinentalität hat dafür merklich zugenommen, denn die Jahresschwankung der Temperatur erreicht nun immerhin 25 K und mehr. Die aperiodische Tagesschwankung erzielt in den Trockenmonaten 15 bis 20 K (die höheren Werte nur in Beckenlagen mit ausgeprägter nächtlicher Inversionsbildung). Die absoluten Minima liegen bei -20 bis -25°, lokal in Beckenlagen bis -30°, während die Küstenregion des Kaspischen Meeres frostfrei ist und sich deshalb auch eine angepasste Vegetation ausgebildet hat (hyrkanischer Wald). Im Sommer steigen die Maximalwerte der Temperatur bis gegen 45°C (bezogen auf eine Seehöhe von ca. 1000 m), die beherrschende Luftmasse ist als kontinentale Tropikluft anzusprechen (cT in Abb. 7). In der schwülfeuchten Grundschicht am Kaspischen Meer dürften die absoluten Maxima unter 40°C bleiben.

Im Vergleich mit den Strahlungsbedingungen werden im Steppen- und Wüstenklima südlich des Alborz beachtliche Größenordnungen registriert: So misst man in Tehran 3070 Stunden mit Sonnenschein, während an der Südküste des Kaspischen Meeres infolge häufiger Stau- und Schichtbewölkung 2000 Stunden nicht überboten werden.

In der Abb. 2 mit der Darstellung der Niederschlagsverhältnisse kommt die Klimascheidenwirkung des Alborz am besten zur Geltung. Für die Erstellung dieser Karte wurden neben den wenigen verfügbaren amtlichen Stationen noch Daten von Sonderstationen für ein Staudammprojekt nahe dem Damavand herangezogen. Bedauerlicherweise weisen die wenigsten Stationen im Iran eine längere verlässliche Beobachtungsperiode auf wie etwa Tehran. Neben Inhomogenitäten stellt auch die große Niederschlagsvariabilität ein Problem dar, da die Winter-Frühjahr-Niederschläge in hohem Maße von der Lage des Subtropenjets und der darin eingelagerten mäandrierenden Tiefdruckgebiete abhängen. In Abb. 4 wurde trotzdem versucht, ein N-S-Niederschlagsprofil vom Kaspischen Meer Richtung Tehran zu erstellen. Wichtig erscheint, dass die Nordabdachung mit ca. 1500 mm den meisten Niederschlag erhält (mit Maximum im Spätherbst), und dass die Niederschläge sukzessive nach S abnehmen. Im Zentralen Alborz dürfte die Zone

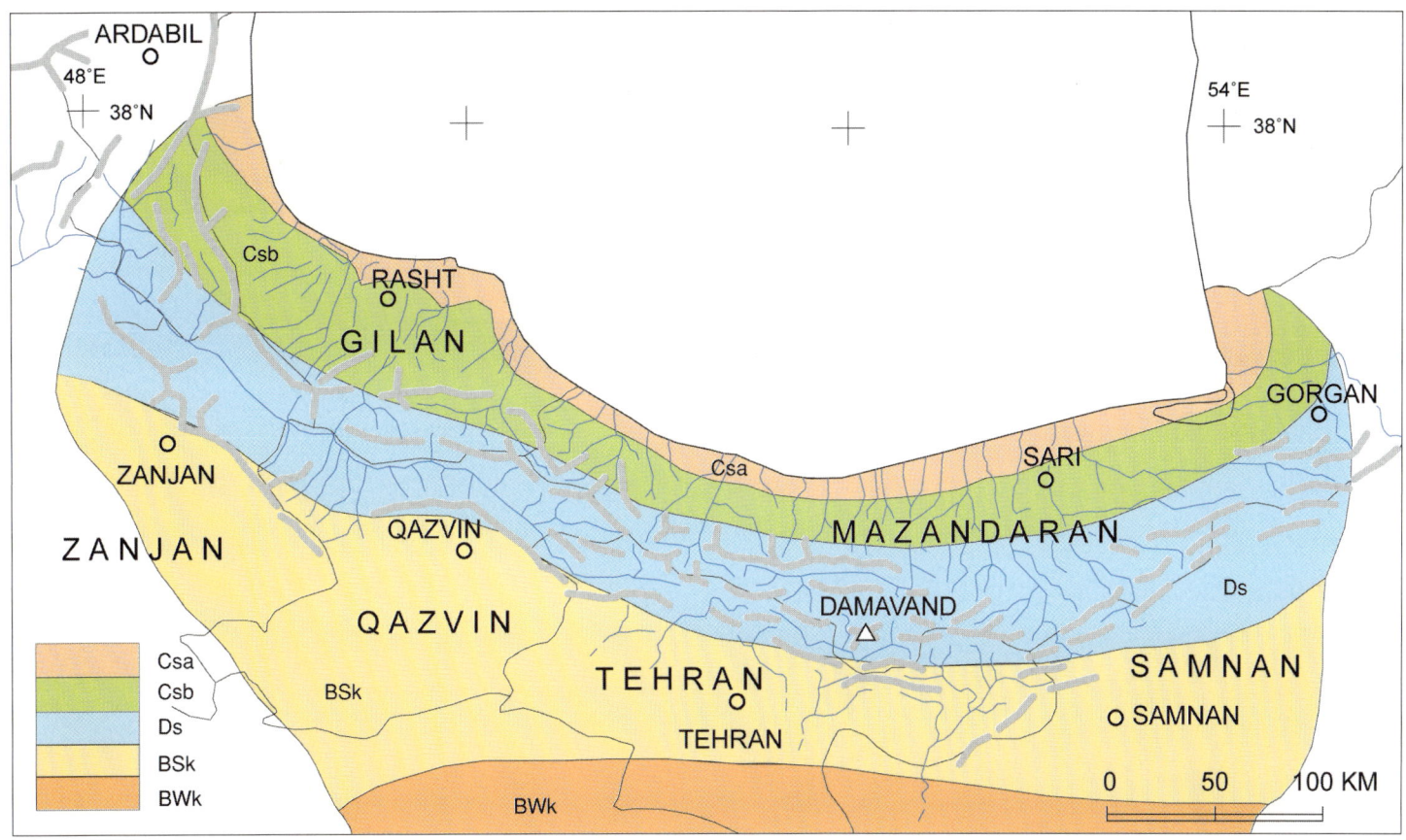

Abb. 3: Gliederung des Alborz-Gebirges und seiner Umrahmung nach der Klimaklassifikation von W. Köppen (1936).

Legende: (Erläuterungen zu den verwendeten Klimaten nach W. Köppen 1936):

C-Klimate : Warmgemäßigte Regenklimate mit einer Mitteltemperatur des kältesten Monats zwischen -3°C und 18°C (wärmster Monat über 10°C).
D-Klimate: Schnee-Wald-Klimate mit einer Mitteltemperatur des kältesten Monats unter -3°C (wärmster über 10°C).
Zusätze:
s – sommertrocken (regenreichster Monat der kalten Jahreszeit hat mindestens dreimal so viel Niederschlag wie der regenärmste der trockenen Jahreszeit);
a – heiße Sommer (Temperatur des wärmsten Monats über 22°C);
BS-Klimate: Trockenklimate, im Falle Kaspisches Meer mit Winterregen definiert durch: Menge des Niederschlages (in cm) weniger als das Doppelte der Jahresmitteltemperatur;
BW-Klimate: Wüstenklima mit einem Jahresniederschlag (in cm) weniger als der Wert der Jahresmitteltemperatur.

mit maximalem Niederschlag bei 3000–3500 m liegen (an der Nordabdachung wegen der tieferen Wolkenuntergrenze noch niedriger), sodass nun der Damavand nur ca. 500 mm erhalten dürfte. Eine Niederschlagsmessung über 3000–3500 m Seehöhe würde wegen des zu starken Windeinflusses keine sinnvollen Werte liefern, sodass wir auf die Stationsdaten von Polur und Ab-e Ali (jeweils in ca. 2200 m Seehöhe) angewiesen sind. Dass der Damavand insgesamt als niederschlagsarm anzusehen ist, zeigt auch die Tatsache, dass größere Gletscher fehlen.

Klimatische Detailbeschreibung für den Damavand

Auf der Basis der Daten von Sonderstationen in der Umgebung des Damavand können wir vor allem die Temperatur- und Niederschlagsverhältnisse detaillierter beschreiben. Die verwendeten Stationen sind in Abb. 2 enthalten. Bedauerlicherweise liegen keine Angaben über mittlere und absolute Extreme vor, hier wurde auf die Datengrundlage von M. Müller (1996) zurückgegriffen (betrifft speziell Tehran).

Typische Staukappe verhüllt den Gipfel des Damavand. Foto: Kostka.

In Abb. 5 sind die Jahresgänge des Niederschlages für ausgewählte Stationen des Sondernetzes darge-stellt. Während etwa die Station Sharivar (700 m Seehöhe), im Durchbruchstal des Haraz an der Nordab-dachung des Alborz gelegen, ein doppelgipfeliges Maximum (Hauptniederschlag im Herbst) aufweist, zei-gen alle anderen Stationen ein Spätwinter-Frühjahr-Maximum. Die Verschiebung des Niederschlagsmaxi-mums in das Frühjahr dürfte wohl mit der zunehmenden Konvektion und der Kontinentalität in der Zen-tralen Alborz-Kette zusammenhängen. Auffällig ist dabei, dass die Sommerniederschläge schon auf rela-tiv kurze Distanz (Sharivar – Damavand 30 km) von 40–50 mm auf wenige mm im Bereich des Damavand zurückgehen. In der Tat dürften sich wohl im Gebiet des Damavand Gewitterherde entwickeln, die jedoch dann mit der dominanten Höhenströmung aus S bis SW nach Norden ziehen und sich an der Nord-abdachung entladen. Die Kaminwirkung des Bergmassivs einerseits und die feuchtwarme Luft aus dem Kaspischen Raum sprechen jedenfalls dafür. Es gibt auch Belege aus einem Messprogramm mit Sonder-stationen im Sommer 1970 (Abb. 6), wo am Nachmittag mitunter die feuchte Luft den Kandavan-Pass im Zentralen Alborz erreicht (FREY, PROBST 1974). Die Daten dieses Sondernetzes zeigen aber auch, dass wie-derholt sehr trockene Südwinde mitunter bis in die höher gelegenen Täler durchgreifen können (konti-nentale Tropikluft, cT, siehe Abb. 7). Dies tritt vermutlich dann vermehrt auf, wenn sich das subtropische Höhenhoch verstärkt. Bei Abschwächung desselben wird die Absinkinversion abgeschwächt und die von Norden kommende Kaspische Luft kann labilisieren (Schema in Abb. 7). Die Anströmung von Norden in den unteren Schichten (bis ca. 2000/3000 m) erfolgt nicht nur im Sinne großräumiger Taleinwinde (etwa in das Haraz-Tal), sondern auch als Folge des Druckgegensatzes zum Hitzetief über der iranischen Hoch-fläche.

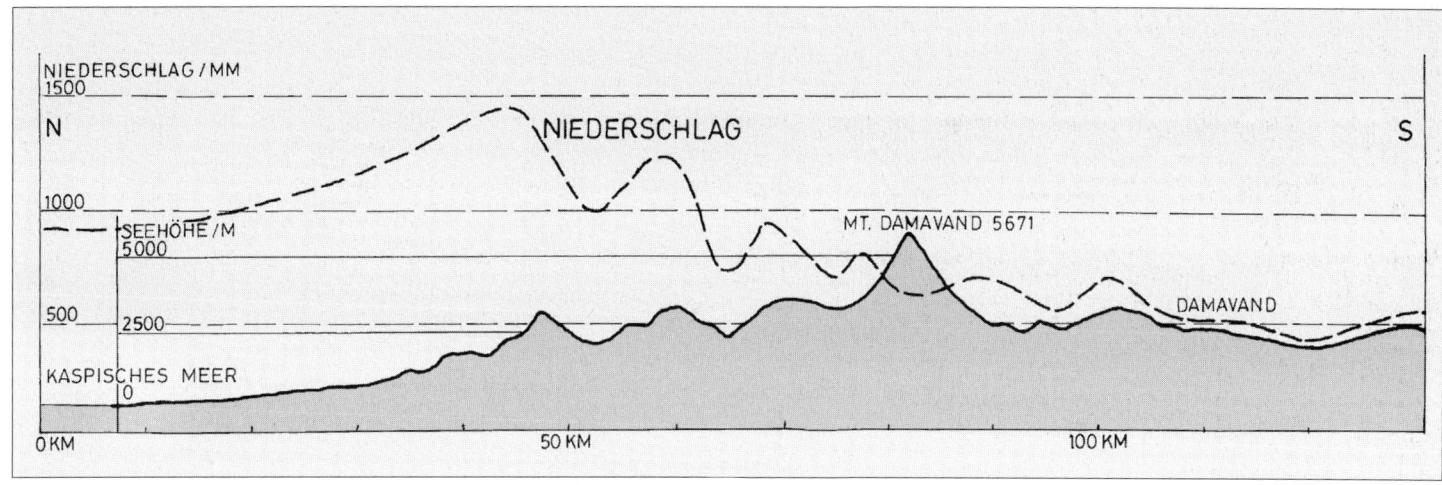

Abb. 4: Nord-Süd-Niederschlagsprofil (Basis: Daten aus ENEL 1984, W. Frey und Probst 1974).

Die Jahresmengen des Niederschlages im Bereich des Damavand sind sehr bescheiden und übersteigen kaum 500 mm (Stationen Polur, Damavand), was gerade zur Ausbildung einer Hochgebirgssteppe mit Juniperusbeständen reicht (EHLERS 1980). Die jahreszeitliche Verteilung mit der ausgesprochenen Sommertrockenheit (von Juni bis September insgesamt nur ca. 50 mm) erzwingt eine starke Anpassung der Pflanzen, wobei das Wasser der seltenen Gewitter nur bedingt pflanzenverfügbar ist (erhöhter oberflächlicher Abfluss). Diese Sommergewitter bewirken ferner wegen des unzureichenden Vegetationsschutzes eine kräftige Rinnenerosion, die in der Detailkarte des Damavand gut zur Geltung kommt.

Im Jahresgang des Niederschlages fällt im Nahbereich des Damavand das Maximum in den Zeitraum von Februar bis April, wobei etwa 70 bis 90 mm je Monat registriert werden. Die Niederschläge fallen infolge der Höhenlage der Stationen (2000–3000 m) überwiegend als Schnee. Insgesamt darf durch Analogieschluss mit ähnlichen Stationen von 70 bis 80 Niederschlagstagen ausgegangen werden. Die Variabilität dieser Niederschläge dürfte ein für mediterrane Räume typisches Ausmaß erreichen (etwa 60–80%). Dies stellt für die Wasserbewirtschaftung und den Anbau von Kulturen ein beträchtliches Problem dar. Nach schneearmen Wintern fehlen im Sommer die dringend zur Bewässerung benötigten Reserven. Bezüglich der zu erwartenden Niederschläge am Damavand ist gemäß Abb. 8 zu vermuten, dass die Maximalzone des Niederschlages wegen der Kegelform des Berges und der Anströmungsbedingungen sowie der Niederschlagsstruktur (konvektiver Typus im Frühjahr) in den Höhenbereich von 3000–4000 m fällt. Die Kegelform erleichtert eine Umströmung, wodurch ein signifikanter Hebungseffekt mit nachhaltiger Auswirkung auf die Niederschläge nicht eintreten dürfte. Außerdem kämen Hebungseffekte wegen der oft sehr hohen Windgeschwindigkeiten in Gebieten weiter im Osten zum Tragen. Wir können auf Grund der Darstellung mit Extrapolation in Abb. 8 vermuten, dass die Jahresmenge des Niederschlages am Damavand etwa 550–650 mm betragen dürfte, die sich auf ca. 90 bis 100 Tage (über 1,0 mm) verteilen.

Bezüglich der Wolkenuntergrenzen sei angeführt, dass diese häufig bei ca. 1500–2500 m anzutreffen sind, was mit

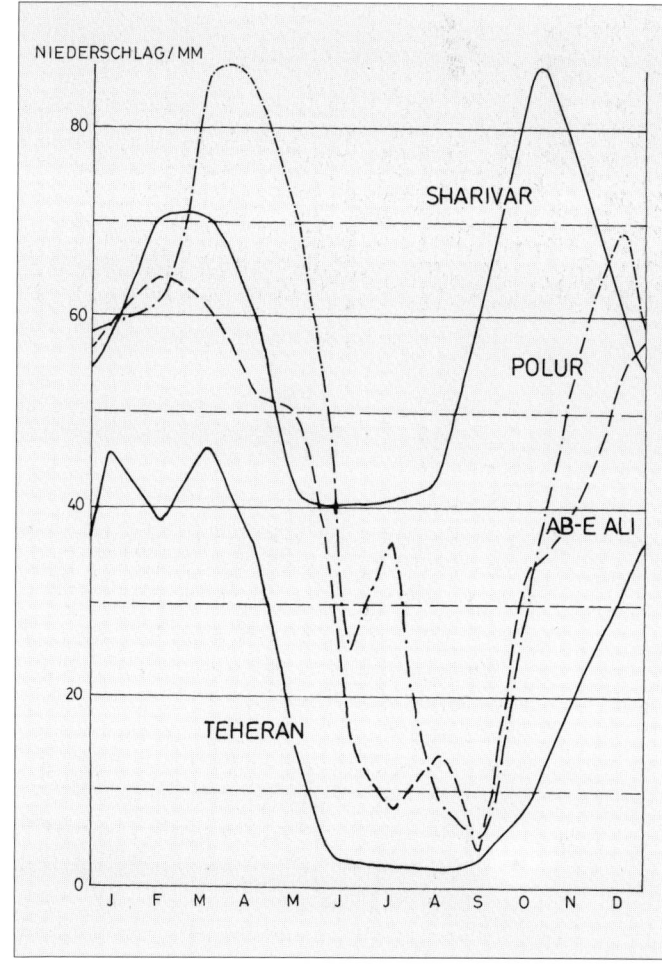

Abb. 5: Jahresgänge des Niederschlages für Stationen in der Umgebung des Damavand (Grundlage: Stationsdaten nach W. Frey und W. Probst 1974, ENEL 1984, und Kouchekmaneh 2000, Basis: Periode 1984 bis 1995).

der Advektion feuchter Luft aus dem Kaspischen Raum zusammenhängt. Die Höhenströmung aus vorherrschend südwestlicher Richtung ist schon deshalb trockener und weist daher höhere Untergrenzen auf, da zumindest ein Teil des Niederschlages bereits über dem Zagrosgebirge ausgefallen ist. Wegen der exponierten Lage sind allerdings so genannte „Staukappen" im Bereich des Gipfels ein eher typisches Phänomen. Es handelt sich hierbei um eine Wolkenbildung im Höhenbereich von 5000 bis 6000 m, die UFO's ähnelt bzw. Lenticularisform aufweist; dies bedeutet, dass sich die Wolke leeseitig durch Absinken sofort wieder auflöst. Diese Wolken gelten als Garant dafür, dass eine Besteigung des Gipfels infolge extremer Windgeschwindigkeiten unmöglich ist bzw. zumindest sehr erschwert wird.

Hinsichtlich der Schneedeckendauer können wir nur vermuten, dass infolge der kräftigen Einstrahlung im späten Frühjahr die Expositionsunterschiede erheblich sein werden. Hinzu kommt durch häufige Stürme in den höheren Abschnitten (ab ca. 4000 m) die Schneeverfrachtung überwiegend auf die ostexponierte Flanke des Vulkankegels. Häufig entwickelt sich dann im Laufe des späten Frühjahrs und Sommers Büßerschnee (auch als „Penitentes" bezeichnet), der sicher zu den Charakteristika der Hochgebirgslandschaft des Damavand gehört, selbst wenn dieser den ganzen Sommer zumeist nicht überdauert. Am ehesten halten sich perennierende Firnfelder in den Rinnen, wo durch Windverfrachtung beachtliche Mengen abgelagert werden (Abb. 11).

Hinsichtlich der Temperaturverhältnisse gibt uns die Abb. 9 Auskunft über den Jahresgang und die vertikale Abhängigkeit. Die Jahresschwankung beträgt etwa 23–27 K (K als Maß für Temperaturunterschiede, °C für Absolutwerte der Temperatur), was den kontinentalen Einfluss untermauert. An den Talstationen am Fuß des Damavand in ca. 2200 m Seehöhe (Polur) können wir ein Jännermittel von ca. -7,5°C erwarten, während in analoger Seehöhe in Rückenlage (Ab-e Ali) infolge weniger kalter Minima das Jännermittel bei -5°C liegt. Bei Hochdrucksituationen sind Inversionslagen speziell in den Talbecken typisch und die absoluten Minima können auf Werte unter -30°C absinken. Die Julimittel im Höhenbereich von 2500 m erreichen etwa 20°C. Die absoluten Maxima dürften dabei – gemäß Überlegungen auf Grund der Absolutwerte der Station Tehran – durchaus 32–34°C erzielen.

Was den Gipfel des Damavand anbelangt, wurde versucht, mittels der Daten für das 500hPa-Niveau (entsprechend einer Seehöhe von ca. 5500 m) aus den Monatsübersichten der Berliner Wetterkarte eine Rekonstruktion zu erzielen. Die frei anströmbare Position des Vulkankegels lässt vermuten, dass die Abweichungen zur freien Atmosphäre sehr gering bleiben werden (im Winter mit 0,5 bis 1K geringer als im Sommer (1–3 K), zumal die Windgeschwindigkeiten im Winterhalbjahr als sehr hoch einzustufen sind. Die Schätzwerte sind in Abb. 10 enthalten und fügen sich recht gut in die vertikalen Verhältnisse mit den anderen Stationen und den daraus resultierenden Gradienten ein. Demnach darf im Gipfelbereich des Damavand ein Maximum im August von -7°C erwartet werden, im Februar ein Minimum von -25°C. Die Verschiebung der Extremwerte um einen Monat im Vergleich mit den Talstationen stimmt mit den etwas maritimeren Klimazügen auf Berggipfeln gut überein.

In Abb. 10 wurde ferner eine Abschätzung für die mittleren Extrema vorgenommen. Somit können wir

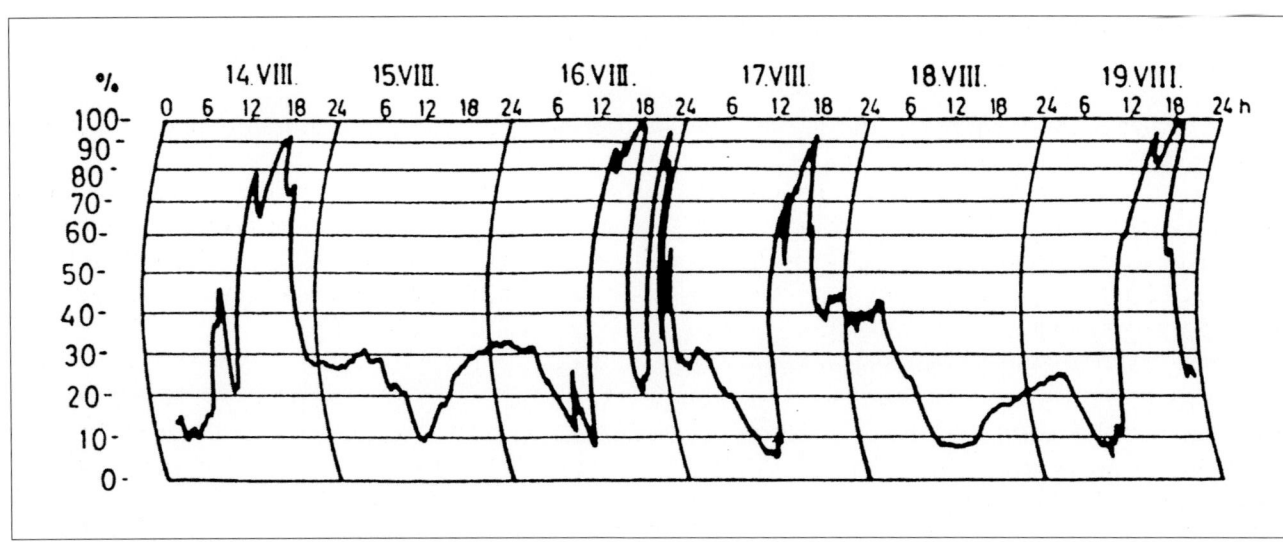

Abb. 6: Registrierung der relativen Feuchte am Kandavan-Pass westl. des Damavand (3000 m Seehöhe) mit Zufuhr feuchter Luft am Nachmittag durch nördliche Winde (N) nach W. Frey u. W. Probst 1974.

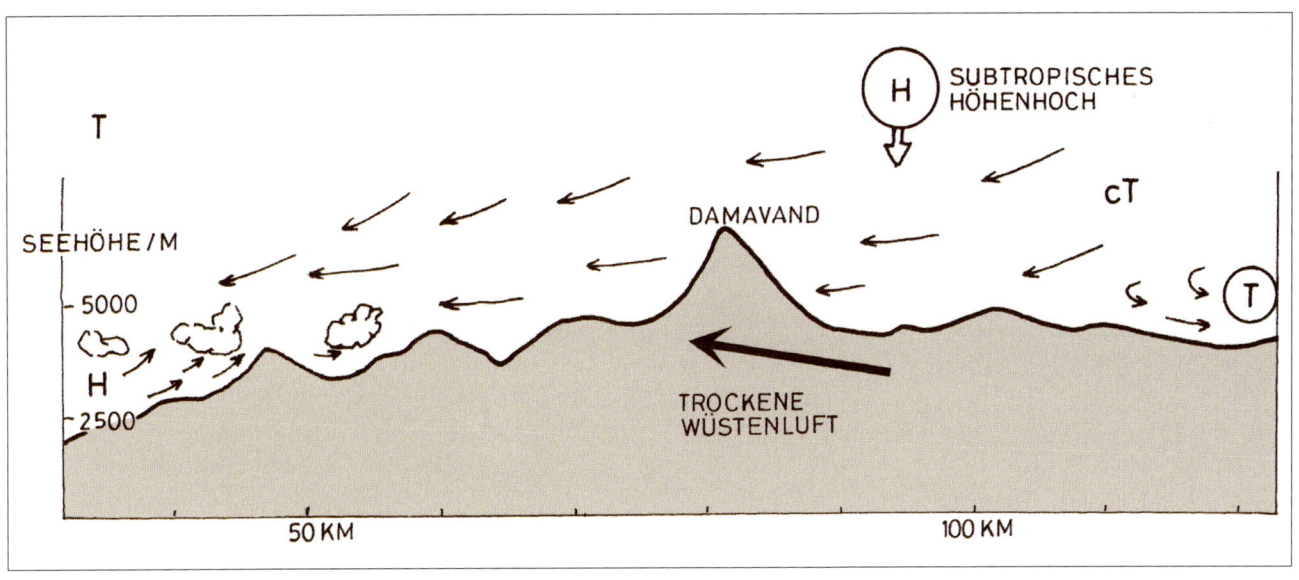

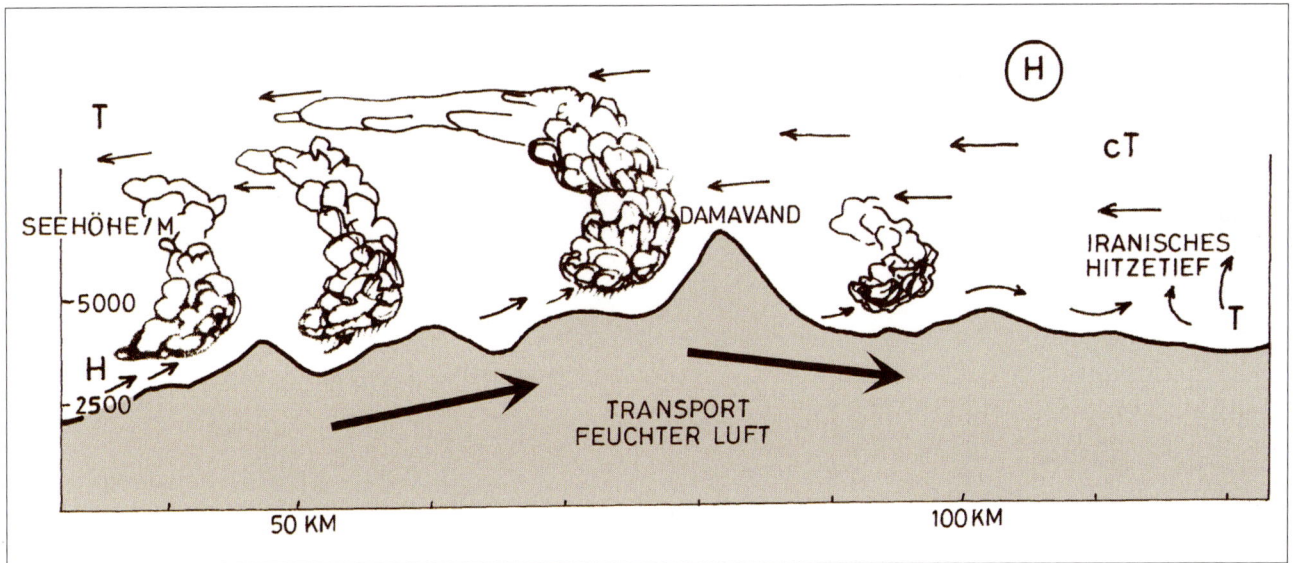

Abb. 7: Schematisches Nord-Süd-Profil durch das Alborz-Gebirge mit dem Damavand bei
a) ausgeprägtem subtropischen Höhenhoch, vertikalem Absinken und Dominanz südlicher, trockener Winde,
b) schwachem Höhenhoch und dadurch begünstigter verstärkter Konvektion, Ausbildung von Gewittern, die mit der südlichen Höhenströmung nach Norden ziehen. Grundlage: W. Weischet u. W. Endlicher 2000.

im Gipfelniveau des Damavand im Juli mittlere tägliche Maxima von ca. -5°C annehmen, während es in Tehran 37 °C und im 2500 m-Niveau 25–26°C sind.

Bezüglich der Windverhältnisse sei angemerkt, dass keine verlässlichen Daten existieren und wir weitgehend auf die Rückschlüsse aus mittleren Druckverteilungen angewiesen sind. Betrachten wir nochmals die Kartenausschnitte für die 500 hPa-Fläche (Abb. 1), die ja die Windverhältnisse für den Gipfelbereich des Damavand am besten wiedergibt, dann lässt sich daraus ein markanter Jahresgang der Windgeschwindigkeit – analog im Übrigen zu den Alpen – ableiten. Das Maximum fällt dabei in den Winter, wobei wir Mittelwerte von wenigstens 10 m/s veranschlagen können (als Beispiel zum Vergleich: Sonnblick 3106 m: 7,7 m/s); im Sommer dürften es etwa 5–6 m/s sein. Die Winde kommen ganzjährig vorherrschend aus dem Sektor Süd bis West, während in den Tälern tagesperiodische Winde mit weitgehender Anpassung an die Talorientierung typisch sind. In den Passlagen überwiegen im Winterhalbjahr nördliche Richtungen, im Sommer häufig südliche Winde; nur am Nachmittag erreichen fallweise die Taleinwinde aus Norden die Passlagen, wobei dann aufliegende Wolken vor allem den nordexponierten Hängen so viel Feuchte zuführen, dass es für die Existenz von Epiphyten genügt.

Hinsichtlich der Nebelverhältnisse können wir davon ausgehen, dass die Tallagen im Nahbereich rela-

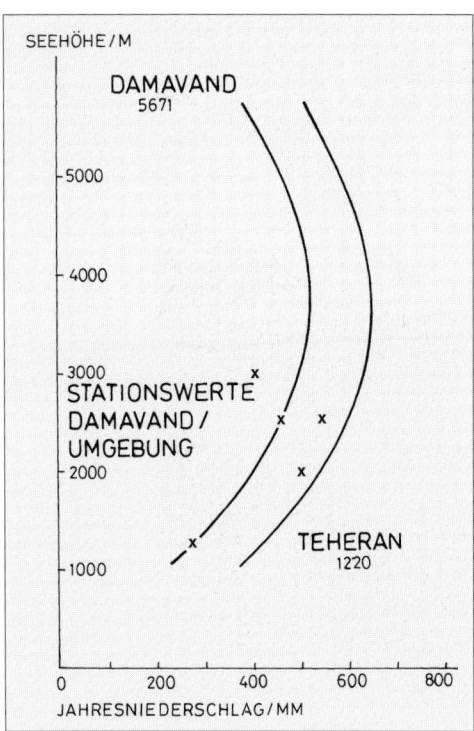

Abb. 8: Vertikale Niederschlagsverhältnisse am Damavand (Grundlage wie in Abb. 5).

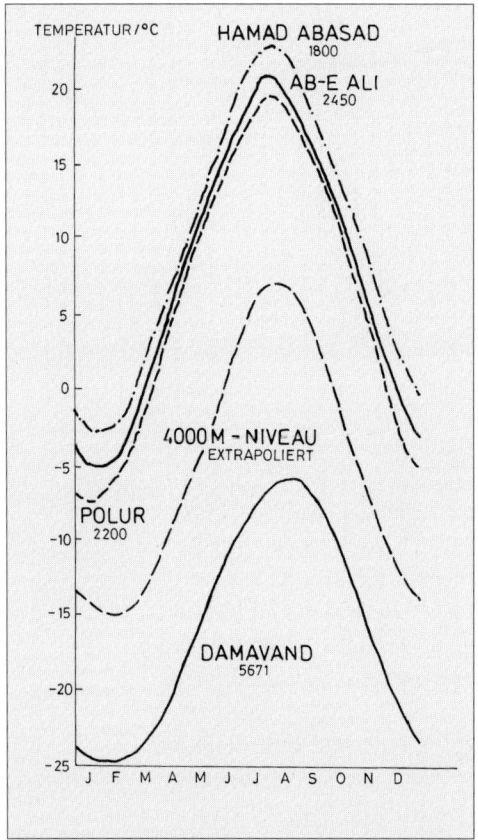

Abb. 9: Jahresgänge der Temperatur für ausgewählte Stationen im Damavandbereich (Werte für das 4000-m-Niveau und den Gipfel aus Daten der Berliner Wetterkarte extrapoliert); Datengrundlage wie in Abb. 5.

tiv nebelarm anzusehen sind (unter 20–30 Tage/Jahr), während in den Hanglagen die Nebelhäufigkeit zunächst durch aufliegende Wolken zunimmt und dann ab einer Seehöhe von 3000 m bis 3500 m wieder abnimmt. Nur der Gipfelbereich dürfte wegen häufiger Staukappenwolken eine markant höhere Nebelhäufigkeit aufweisen. Die relativ nebelarme Zone oberhalb von ca. 3000 m kann auf Wolkenobergrenzen (zumeist von Schichtwolken) zurückgeführt werden, die im Zusammenhang mit der Anströmung von feuchter Luft aus dem Kaspischen Raum steht.

Erläuterungen zur Klimakarte

Gemäß der Datengrundlagen wurde für den Damavand eine geländeklimatische Gliederung vorgenommen, wobei als Kriterien hierfür die thermischen Bedingungen, die Wind- und Besonnungsverhältnisse herangezogen wurden. Die Niederschlagssituation ist auf Grund der Höhenlage der Stationen nur schwach abgesichert und mittels des Extrapolationsdiagrammes (Abb. 8) definiert; es lässt sich aber daraus keine starke Differenzierung ableiten, eine Niederschlagsabnahme zur Gipfelkalotte gilt zumindest als sehr wahrscheinlich – abgesehen von den messmethodischen Problemen, dies nachzuweisen. Hinsichtlich der Windverhältnisse sind wir auf Aussagen in einer Studienarbeit angewiesen, wobei auch hier nur die Rede von Stationen bis zu einer Seehöhe von 2500 m ist. Die Zuordnung der einzelnen Zonen zu den thermischen Parametern und zum Niederschlag ist den beigefügten Diagrammen zu entnehmen (Abb. 8 und 10).

Insgesamt wurden nun 4 Hangzonen und 2 Talzonen ausgeschieden, wobei zwischen der Haupttalzone und der ersten Hangzone noch eine Übergangszone definiert wurde.

In der Gipfelzone (Bereich ab 5000 m) dominiert ein extrem reizstarkes Klima, das speziell im Winter bei Temperaturen (Februarmittel bei -25°) und hohen Windgeschwindigkeiten keine günstigen Voraussetzungen für eine Besteigung des Damavand bietet, zumal die Kälte durch die Stürme noch wesentlich kälter empfunden wird (Werte gemäß Chillfaktor um -50°C). Als weiteres Merkmal dieser Gipfelzone ist die häufige Bildung einer Staukappe (Gipfelwolke) und damit verbundener Nebelbildung zu sehen. Nach übereinstimmenden Beobachtungen tritt dieses Phänomen auch an Tagen auf, wo in der Umgebung des Damavand trügerischerweise „Schönwetter" herrscht. Im Sommer sind die Geschwindigkeiten merklich geringer, jedoch speziell im Juni und Juli können Fälle mit Stürmen, verbunden mit Kaltlufteinbrüchen durchaus eintreten. In der nächsten Zone – obere Gipfelzone zwischen 4000 und 5000m – mildern sich die oben beschriebenen Klimabedingungen zunächst nur geringfügig. Dies ist auf die windexponierte Gipfellage des Damavand zurückzuführen, der die Umgebung um wenigstens 1500 m überragt. Am bedeutendsten sind südwestliche Winde, wodurch sich auf der Leeseite Verwirbelungen bzw. auch windschwächere Abschnitte einstellen. Die Schneeverfrachtungen auf diese Leeseite dürften beachtliche Ausmaße annehmen, reichen jedoch wegen der insgesamt geringen Niederschläge und der Sommertrockenheit mit Verdunstung (Sublimation von der Schneeoberfläche) für eine größere Gletscherbildung im klassischen Sinne nicht aus (im Wesentlichen nur perennierende Firnfelder). In dieser Zone finden wir die für subtropische Bedingungen typischen Büßerschneefelder (Penitentes).

In der mittleren Hangzone (3000–4000 m) wurde die Besonnung als weiteres Differenzierungsmerkmal hinzugenommen. Es darf vermutet werden, dass wegen der Sommertrockenheit und der hohen Einstrahlung die Besonnungsgegensätze weitaus stärker zur Geltung kommen als in den Alpen; leider liegen hierzu keine Daten oder Beobachtungen vor. Außerdem spielt der Windeinfluss bei der Schneeverfrachtung und der daraus resultierenden Beeinflussung der Schneedeckenverteilung eine große Rolle. Die Windgeschwindigkeiten dürften in der mittleren Hangzone schon merklich nachlassen, da Abschirmungseffekte durch im Westen vorgelagerte Teile des Alborz eine reibungsbedingte Reduktion hervorrufen. Nach vorsichtigen Schätzungen ist erst im oberen Bereich dieser Zone mit Geschwindigkeiten wie am Sonnblick zu rechnen. Unter gradientschwachen Bedingungen treten ferner tagsüber Hangauf- und während der Nacht Hangabwinde auf, die als Folge der Kaltluftproduktion anzusehen sind.

In der unteren Hangzone (unterhalb von 3000 m bis etwa 2400 m, Referenzstation Ab-e Ali 2450 m gemäß einer Studienarbeit) finden wir ein Klima vor, das von thermischer Seite durchaus mit dem kontinental getönten Klima der inneralpinen Beckenlagen vergleichbar ist. Die Jahresschwankung mit 25 K ist noch etwas beachtlicher als etwa in Tamsweg (22 K, -7°C im Jänner, 15° im Juli). Lokale Hangwindsysteme,

Büßerschneefeld an der Südabdachung des Damavand im Juni 2000. Foto: Kostka.

wie in der nächsten Zone bereits angedeutet, können sich nun noch mehr behaupten. Hinsichtlich der Nebelverhältnisse befinden wir uns mitunter in der unteren Wolkenschicht, woraus wir eine erhöhte Hangnebelhäufigkeit ableiten können.

Speziell in die untere Hangzone haben sich Kerbtäler eingeschnitten, die gegenüber dem Klima der Hangzone eine noch ausgeprägtere Kanalisierung der Windverhältnisse aufweisen. Thermisch betrachtet sind die aperiodischen Tagesschwankungen größer als die der Hangzone, was auf die nächtlichen Kaltuftabflüsse einerseits und die windschwache Situation mit Überwärmung andererseits zurückzuführen ist.

Die Haupttalzone weist ein kontinentales Talsohlenklima auf (Referenzstation Polur), wo extreme Fröste bei Schneedecke auch unter -30°C möglich sind, vor allem in Talbecken. Die Windverhältnisse werden durch die Kanalisierung der Winde im Sinne der Talorientierung geprägt, wobei speziell in der Trockenzeit von Mai bis September mit hohem Anteil an antizyklonalen Lagen die Lokalwindsysteme typisch zur Geltung kommen. Erwähnenswert ist, dass mit den Taleinwinden tagsüber mitunter im Verlauf des Nachmittages feuchte Luft vom Kaspischen Meer eingebunden wird. Diese kann auch die höheren Tallagen erfassen, was sich in einem markanten Anstieg der relativen Feuchte äußert und bei entsprechender Labilisierung auch zu Bildung lokaler Gewitter führt.

Witterungsverhältnisse am Damavand

Auf Grund seiner subtropischen Lage und seinem daraus resultierenden Klima bietet sich für eine Besteigung des Gipfels der Sommer an. Die Zahl der Tage mit Niederschlag, zumeist in Form von Gewittern, dürfte dabei 10 kaum übersteigen (Juni–September), die Windgeschwindigkeiten (Mittel um 5–7 m/s) sind merklich geringer als im Winter, das Risiko einer aufsitzenden Gipfelwolke ist deutlich reduziert und die thermischen Bedingungen lassen eine Besteigung eher zu. Was das späte Frühjahr (etwa im Rahmen einer Schitour) anbelangt, so muss mit empfindlichen Kaltlufteinbrüchen gerechnet werden, was auf Grund der Lage im Iran ein erhebliches Risiko darstellt, da hinreichende Informationen über die weitere

Abb. 11: Karte der geländeklimatischen Gliederung auf der Grundlage einer russischen KFA-1000 Satellitenbildaufnahme (nach Süden orientiert).

Wetterentwicklung im Iran kaum zu erhalten sein werden. Der Verlust einiger Tage muss daher einkalkuliert werden, abgesehen davon, dass diese erzwungenen Aufenthalte in einer Biwakschachtel auch problematisch sein können, zumal das Temperaturniveau im Mai noch relativ niedrig ist.

Büßerschneefelder im Sommer können den Aufstieg abschnittsweise erschweren, generell kann man ihnen aber ausweichen. Was die Frage der Akklimatisation betrifft, so ist in Anbetracht der beachtlichen Seehöhe neben guten konditionellen Bedingungen eine gewisse Mindestanpassung vor der Besteigung des Gipfels sinnvoll. Die Besteiger sollten jedenfalls schon Höhenerfahrung haben, um allfällige Probleme wie Höhenödeme zu vermeiden. Der Vorteil beim Damavand besteht auf jeden Fall darin, dass man innerhalb kurzer Zeit wieder in Höhen absteigen kann, wo sich der Körper wieder erholt.

Legende zu Abb. 11

Zone

1) Gipfelbereich (über 5000 m), extrem windexponiert und damit verbunden oft außerordentlicher Kältestress; zeitweise aufliegende Wolken (Staukappe), insgesamt jedoch eher niederschlagsarm (ca. 500 mm Jahresniederschlag).

2) Obere Gipfelzone (4000–5000 m) mit noch großer Windexponiertheit und entsprechendem Risiko für Kältestress, Hauptwindrichtung analog wie in Zone aus Südwest; häufige Schneeverfrachtung auf die ostexponierte Flanke.

3) Mittlere Hangzone (3000–4000 m); merkliche Verringerung der Windgeschwindigkeiten infolge von Abschirmungseffekten durch die umliegenden Ketten des Alborz, an windschwachen Tagen auch Ausbildung von Lokalwinden möglich; Besonnungsunterschiede kommen entsprechend stärker zur Geltung als weiter oben (raschere Ausaperung der Südhänge gegenüber den Nordhängen).

4) Untere Hangzone (unter 3000 m bis ca. 2000 m); weitere Verringerung der Windgeschwindigkeiten, zunehmende Rolle der Expositionsunterschiede und der Lokalwinde (Hangaufwinde tagsüber, Hangabwinde nachts), thermische Begünstigung gegenüber den winterkalten Talsohlen und Talbeckenlagen.

5) Haupttalzone mit kontinental geprägtem Talsohlenklima (relativ große Tagesschwankung der Temperatur, speziell in Beckenlagen, dort auch absolute Minima unter -30°C), starke Kanalisierung der Winde mit Talauswinden nachts und Taleinwinden tagsüber; mit den Taleinwinden Transport feuchter Luft aus dem Kaspischen Raum.

6) Seitentalzone (Kerbtäler); Kanalisierung der Winde nicht so ausgeprägt wie in der Zone 5, keine so hohe Frost- und Inversionsgefährdung wie in Zone 5.

Besonnungsdifferenzierung: + vorwiegend SE bis SW exponierte Hänge,
                                          – vorwiegend NW bis NE exponierte Hänge.

Die betroffenen Abschnitte mit Besonnungsgunst sind durch eine verkürzte Schneedeckendauer und phänologischen Vorsprung im Frühjahr gekennzeichnet.

Winddifferenzierung :   Gipfelkalotte mit erhöhtem Starkwindrisiko,
                                          Abschnitte mit reduziertem Risiko für Stürme,
                                          Abschnitte auf der Leeseite (Ostflanke des Damavand mit Verwirbelungen) und
                                          geringerem Windeinfluss.

Anm.: Die Zuordnung der einzelnen Zonen zu den thermischen Eigenschaften und zum Niederschlag sind den Diagrammen Abb. 10 und 8 zu entnehmen.

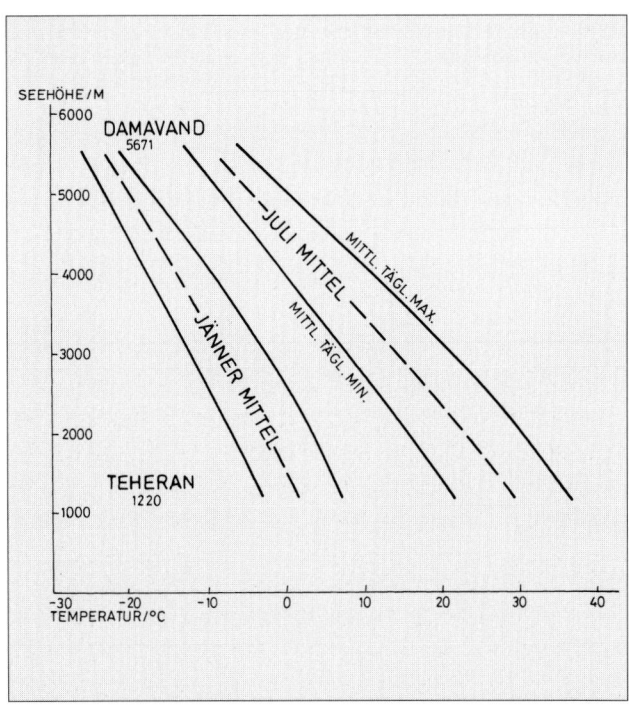

Abb. 10: Vertikale Temperaturverhältnisse mit Angabe der mittleren Extreme (für die Bereiche oberhalb von 4000 m Extrapolation mit Hilfe der Daten aus der Berliner Wetterkarte).

Zusammenfassung

Das Klima am Damavand weist durch seine subtropische Lage sehr gegensätzliche Züge auf: Während der Winter durchaus relativ schneereich und stürmisch verläuft, zeichnet sich der Sommer durch geringere Windgeschwindigkeiten und Trockenheit aus. Die Niederschläge dürften mit der Höhe nicht zunehmen und reichen für die Ausbildung von Gletschern kaum aus. Im Gegensatz zu den Gipfellagen sind die klimatischen Verhältnisse in unteren Flanken des Damavand als kontinental zu bezeichnen. Wegen der Datenlage musste teilweise auf andere Hilfsmittel wie Wetterkarten etc. zurückgegriffen werden, um die Bedingungen im Gipfelbereich zu rekonstruieren. Für die genauere Erfassung des Klimas wären Stationen zumindest bis in die Höhenlage der Biwakschachteln und Berghütten (in ca. 4000 m Seehöhe) notwendig. Insgesamt kann weiters gefolgert werden, dass der Damavand mit seiner Position innerhalb des Alborz eine gut ausgebildete Klimascheidenrolle einnimmt und das feuchtwarme Klima an der Nordabdachung von dem wüstenhaften Klima an der Südabdachung trennt.

Bibliographie

ENEL (1978): Zwischenbericht einer Studie der Fa. ENEL (Italien) und des Ministeriums für Energie in Teheran

FREY, W. und W. PROBST (1974): Vegetation und Klima des Zentralalborz und Südkaspischen Küstenebene. Marburger Geographische Schriften, Heft 62, S. 93–115.

KLEIN, JEAN CLAUDE (1995): La Vegetation altitudinale de L'Aborz Central; Inst. Français de Recherche en Iran, Contexte Climatique, S. 41–49.

KOUCHEKMANEH, Marjaneh (2000): Studienarbeit über das Damavandgebiet (in Farzi), Institut für Geographie, Assad-Universität Teheran.

WEISCHET, W. und W. ENDLICHER (2000): Regionale Klimatologie Teil 2, die Alte Welt, 625 S.

EHLERS, E. (1980): Wissenschaftliche Länderkunden, Bd. 18 IRAN, 596 S.

KÖPPPEN, W. (1936): Das geographische System der Klimate. Handbuch der Klimatologie Bd. 1, Teil C, Berlin, 44 S.

MÜLLER, M. (1996): Handbuch ausgewählter Klimastationen der Erde, Trier, 400 S.

Die Pflanzenwelt am Damavand

Allgemeines

Über dem fruchtbaren, schmalen Küstenstreifen am Südufer des Kaspischen Meeres, im Nordwesten Irans (= Persien), erheben sich in Ost-West-Richtung die mauerartigen Gebirgswälle des Alborz(= Elburs)-Gebirges, das an seiner größten Nord-Süd-Ausdehnung etwa 110 Kilometer breit ist. Das Gebirge verbindet das Armenische Hochland im Westen mit dem Hindukusch und seinen westlichen Ausläufern im Osten.

Im Zentralen Alborz liegt die höchste Erhebung, der radial zerfurchte Damavand (= Demavend), mit einer Höhe von 5671 m. Er ist ein auffallender, markanter erloschener Vulkan, der sich teils über kristallinem (Sandstein, Schiefer) und stellenweise kalkigem Untergrund aus ganz verschiedenen Erdepochen erhebt (siehe auch Beitrag von H. Gamerith). Der Damavand wird daher oft als „geologischer Fremdkörper" (nach SCHWEIZER, 1969) bezeichnet. Vom Gipfel bis in etwa 4000 m herab trägt er viele Monate im Jahr eine Schneedecke, die an wärmeren Stellen unterbrochen ist. BOBEK (1937) hat die Schneegrenze für die Nordexposition mit 4500 m angegeben und SCHWEIZER, der das Gebiet 1968–1969 besuchte, beobachtete an der Südseite von 4000 m aufwärts in den Firnflecken des Damavand auffallenden „Büßerschnee" mit Firnzacken von 0,5–1 m (vgl. SCHWEIZER 1969 und 1970). Die Schotterfüllungen in den Gebirgstälern sowie die Aschen und Tuffe stammen von der letzten Eiszeit. Mit den Auswirkungen der Eiszeit in den vorderasiatischen Gebirgsregionen hat sich BOBEK 1937 auseinander gesetzt.

Nach Süden fällt das Gebirge allmählich zum Hochland von Iran ab, das eine durchschnittliche Höhe von über 1000 m aufweist. Der Tochal (mit 3950 m) liegt im Nordwesten der Hauptstadt Tehran (1190 m). Vom nördlichen Stadtteil von Tehran, von Velenjak, führt auf den Hausberg eine Seilbahn, die mit sieben Stationen zu den längsten der Welt zählt.

Das Alborz-Gebirge ist eine wichtige Klimascheide zwischen der niederschlagsreichen und klimatisch begünstigten Seite über dem Kaspischen Meer und der trockenen Südseite, dem Hochland von Iran. Diese Klimaunterschiede spiegeln sich besonders deutlich in der Pflanzendecke wider. Den üppigen, wenngleich nur mehr in Resten vorhandenen Wäldern der Nordseite stehen auf der Südseite die kahlen Berge mit ausgeprägter spärlicher Steppen- und Wüstenvegetation gegenüber. Die heutige Waldarmut des Iran ist auf die Jahrhunderte während Übernutzung (auf die Holznutzung und die intensive Beweidung) zurückzuführen. Nur in den Siedlungsoasen, die bis 2600 m reichen, wachsen Pappeln, Weiden sowie verschiedene Nutzbäume.

Bevor auf die Flora und Vegetation des Damavand näher eingegangen wird, soll die botanische Erforschung des Damavand behandelt werden.

Botanische Erforschung des Damavand

Für das Alborz-Gebirge und insbesondere für den Damavand haben sich Naturforscher und Botaniker aus Europa und Russland ab der Mitte des 18. Jahrhunderts zu interessieren begonnen und auf Expeditionen Pflanzen und Mineralien gesammelt und beschrieben und gelegentlich Höhen- und Temperatur-Messungen durchgeführt.

Der Gipfel des Damavand wurde sicherlich von den Einheimischen lange vor den Europäern bestiegen. Es gibt Berichte, dass vom Gipfel Schwefel in Ledersäcken getragen oder gezogen und auf Maultieren abtransportiert wurde. Um sich vor den austretenden „Vulkangasen" zu schützen, haben die Schwefelsucher viel Zwiebel und Knoblauch gegessen, wobei der gekaute Knoblauch, den sie unter die „Zunge legten", alle 10 Minuten erneuert werden musste (KOTSCHY 1859).

Als erste Europäer waren der englische Botschafts-Sekretär W. T. T. THOMSON im Jahre 1837 und bald nach ihm der französische Botaniker Pierre Martin AUCHER-ELOY (1792–1838) auf dem Damavandgipfel (siehe auch Beitrag von K. Gratzl) und nach ihm der österreichische Botaniker Theodor KOTSCHY (1813–1866) aus Ostrau bei Tetschen (damals Österreichisch-Schlesien).

KOTSCHY war wiederholt im Gebiet (vgl. KOTSCHY 1861 a, 1861 b), ebenso im westlichen Taurus und in Syrien unterwegs. Er war ein geradezu leidenschaftlicher Pflanzensammler, der von seinen Reisen insgesamt 300.000 Pflanzenbelege (vgl. ZANDER 2000) mitbrachte. Auf seiner 1. Reise auf den Damavand (vom 4. Mai bis 24. Juni 1843) sammelte er „90 Species", die – zu 30 Exemplaren eingesammelt – eine Summe von fast 3000 Exemplaren ausmachten, neben einigen Arten in wenigen Exemplaren. Von „echten Alpenpflanzen" (nach seiner damaligen Kenntnis) waren 13 Arten dabei, wovon 5 Arten neu, also noch nicht beschrieben waren. Diese botanische Ausbeute ist deshalb verwunderlich, weil KOTSCHY mehrfach in seinem Bericht über die Konkurrenz der Schafe, Ziegen und der „langhaarigen und zottigen baktrischen Kamele" klagte, die im Juli, zur Zeit seines Besuches, bereits alle Hänge abgeweidet und kahl gefressen hatten.

KOTSCHY hat die Orte, die er beim Aufstieg passierte, beschrieben und den Wasserreichtum des Gebietes, die Flussläufe, Quellen und Wasserfälle erwähnt. In Bad Germe (= Ab-e Garm, 2150 m) fand er warme Quellen. In den Ortschaften Aftscha, Schurken und Rhaena (Rhine, 2080 m) bewunderte er die uralten Maulbeer- und Walnussbäume, Platanen und Obstbäume (Äpfel, Pfirsiche, Pflaumen) weiters Pappeln, Weiden, Weißbuchen und Celtis (Zürgelbaum), die zur Holznutzung in den Siedlungen angepflanzt wurden. Auf den Feldern wurden Weizen und Gerste angebaut. Im Kontrast zu den sonst waldlosen, kahlen Bergen beobachtete er in einer unzugänglichen Schlucht vermutlich „Acer, Celtis und Pappeln" (Ahorn, Zürgelbaum und Pappeln). Oberhalb von Barf Tschal (= Barf Chal, 2450 m; Schneebrunnen) stand ein „einzeln wachsender Wacholder (Juniperus excelsa)", der nach Beobachtungen der Grazer Expedition auch im Jahre 2000 existierte.

Nach seinen Ausführungen beginnt der Vulkankegel, der zur Zeit seines Besuches „stark rauchte", bei der Bemitschal-Quelle (= Baijan , 1250 m) in 4000 Fuß (= 1220 m), wo zugleich die „obere Grenze der Phanerogamen" (= Blütenpflanzen) ist. Die Kegel- bis Pyramidenform des Damavand, der noch 4000 Fuß (1220 m) seiner Meinung nach aufragt, ist aus stark verwitterter, verschiedenfarbiger Lava aufgebaut. Um den Krater ist reichlich Schwefel vorhanden. In dieser Höhe, die nach ihm „in den Alpen der Region von Pinus Mughus" (= Latschenregion) entspricht, treten halbkugelige Dornpolster von der Dornpolster-Esparsette (Onobrychis cornuta) und einem Tragant (Astragalus denudatus) auf. Die höchststeigenden Blütenpflanzen, die KOTSCHY sammelte, waren die Aucher-Schafgarbe „Achillea aucheriana" und das Vulkan-Greiskraut „Senecio vulcanicus". KOTSCHY bemerkte dazu: „Diese Pflanzen sind die letzten Phanerogamen, kaum zwei Zoll hoch (= 5 cm), beide gelbblühend". Diese beiden Arten wurden vom Genfer Botaniker BOISSIER beschrieben. Sie kommen nur in dieser Höhenlage des Damavand vor. Pflanzen, die wie diese beiden Arten ein sehr eng begrenztes Verbreitungsgebiet (Areal) haben, z. B. nur auf einen Berggipfel, einen Gebirgszug, auf ein kleines Gebiet beschränkt sind, werden als Endemiten bezeichnet. KOTSCHY hat schon sehr genau die Höhenverteilung einiger Pflanzen beschrieben. Ebenso hat er mehrere Ansichten vom Damavand sowie einen Grundriss des Kraters und seiner Umgebung gezeichnet.

Von den Botanikern, die zahlreiche neue Arten beschrieben haben, ist der Schweizer Botaniker Pierre Edmond BOISSIER (1810–1885) zu nennen, der in seiner fünfbändigen „Flora orientalis" (zwischen 1867 und 1884 erschienen) und im Supplement (von 1888), die zu seiner Zeit bekannten Arten Ägyptens, Griechenlands bis Indien mit Bestimmungsschlüsseln in lateinischer Sprache zusammengefasst hat.

Josef Friedrich Nicolaus BORNMÜLLER (1862–1948), ein deutscher Botaniker, unternahm ausgedehnte Sammelreisen auf den Balkan, nach Kleinasien, in den Iran und in viele andere Länder. In mehreren Beiträgen hat BORNMÜLLER die Flora des Alborz-Gebirges behandelt.

Friedrich Aleksandr BUHSE (1821–1891), ein Botaniker und Pflanzensammler aus Riga, hat gemeinsam mit dem deutsch-baltischen Botaniker Constantin Georg Alexander WINKLER (1848–1900), der von 1893–1899 Leiter des Botanischen Gartens in Petersburg war, die erste „Flora des Alborz und der Kaspischen Südküste" verfasst.

GRISEBACH (1881: 451) hat in Anlehnung an BUHSE für den Alborz folgende Vegetationszonen unterschieden:

„*Persischer Elborus (37° N.B., über Asterabad: Bunge)*
Nordabhang über dem kaspischen Meere.   *Waldregion bis 8000' (2400 m).*
Buche und Juglandeen   *bis 3000' (900 m).*
Hainbuche (Carpinus orientalis)   *bis 8000' (2400 m).*
Alpine Region. 8000'   *(bis Schneelinie am*
Demawend 13.200':   *Berghaus) (2400–4000 m).*
Südabhang (mit Ausnahme eines Gürtels von Wachholderbäumen waldlos)
Hochsteppe   *bis 7000' (2100 m)."*

Weitere Arbeiten zur Flora, Vegetation und Pflanzengeographie stammen von RADDE 1896 und MELCHIOR 1937.

Als erster gibt GILLI 1939 wichtige Hinweise auf die ökologischen Verhältnisse des Damavand. Er beschreibt kurz die wichtigsten Standortverhältnisse wie Temperatur, Wasser, Wind und Bodenfaktoren und gibt eine erste Darstellung der Pflanzengesellschaften.

Über die „Deutsche Demavend-Expedition" im Jahre 1936, an der Botaniker, Geologen, Entomologen, Höhlenforscher und Geographen teilgenommen haben, berichtet STEINAUER 1937. Vom Geographen BOBEK, der an dieser Expedition teilnahm, stammen mehrere Arbeiten über den Iran (vgl. BOBEK 1936, 1937). Im Jahre 1951 erschien die Arbeit über „Die natürlichen Wälder und Gehölzfluren Irans", in der sich BOBEK auch mit dem „Problem der natürlichen Waldverbreitung in Nordpersien" auseinander setzte. In einer mehrfarbigen Karte wurde die „geänderte" und „wahrscheinliche Verbreitung" von einzelnen Wald- und Gehölztypen dargestellt.

Am genauesten hat ZOHARY 1963 die Geobotanische Struktur des Iran behandelt. Er unterschied für den gesamten Iran 13 Vegetationstypen, die er ebenfalls in einer mehrfarbigen Karte im Maßstab 1:4,000.000 festgehalten hat. ZOHARY beschäftigt sich weiters mit den Bodenverhältnissen und mit den arealgeographischen Beziehungen der iranischen Flora. Anhand von zwei Transsekten skizziert er die Vegetation.

Die ausführlichste Arbeit über die Pflanzengesellschaften des Zentralen Alborz stammt von KLEIN 1994, in der weitere Angaben über die Geologie, das Klima, die Bodenverhältnisse, über die pflanzengeographische Beziehungen der Flora usw. zu finden sind. KLEIN hat zwischen 1982 und 1994 erstmalig zahlreiche Pflanzengesellschaften aus dem Zentralen Alborz, im Bereich zwischen 2000 und 4000 m (subalpine und alpine Stufe), beschrieben.

Auf Ahmad PARSA, damals Professor in Tehran, geht eine „Flore de l'Iran" in französischer Sprache zurück, die er dem damaligen Shah Mohammed Reza Shah PAHLAVI gewidmet hat. Das überaus umfangreiche Werk in 5 Bänden und mit Ergänzungen enthält im 1. Band einen geschichtlichen Überblick über die botanische Erforschung des Iran. Es ist mit zahlreichen Handzeichnungen von Pflanzen ausgestattet. Sie kann als Vorläufer des Standardwerkes von RECHINGER filius (= Sohn, von 1906–1998) gelten, der die „Flora des Iranischen Hochlandes und der umrahmenden Gebirge" herausgegeben hat, von der seit 1953 insgesamt 174 Lieferungen erschienen sind und an der zahlreiche Botaniker mitgewirkt haben. Die Flora behandelt die Arten von „Persien, Afghanistan, Teile von West-Pakistan, Nord-Iran, Azerbaijan, Turkmenistan".

Die Beschreibungen der Arten, darunter zahlreiche neue Arten, wurden in lateinischer Sprache durchgeführt. Die ergänzenden Hinweise, je nach Verfasser des Beitrages, sind in deutscher oder englischer Sprache. In diesem Werk sind zahlreiche Verbreitungshinweise auf Arten im Alborz-Gebirge und am Damavand, ebenso für den Tochal, den Hausberg von Tehran, zu finden. Weiters werden sehr häufig Angaben vom weiter westlich liegenden Kandavan-Pass (3000 m) gemacht, der über eine Verbindungsstraße, zwischen Tehran, Karaj ins Chalus-Tal am Südufer des Kaspischen Meeres führt, leicht erreichbar ist.

Zu den Pflanzennamen

Da es für die deutschen Pflanzennamen keine verbindlichen Bezeichnungen gibt, haben viele Pflanzen in ein und derselben Region oft mehrere, ganz verschiedene Volksnamen. Zur internationalen Verständigung wurden die lateinischen Namen eingeführt, die seit dem schwedischen Botaniker Carl von LINNÉ seit 1753 aus einem Doppelnamen (Binom) bestehen. Die wissenschaftliche Namensgebung ist im „Internationalen Code der botanischen Nomenklatur" (ICBN) von 1994 genau geregelt. Für Kulturpflanzen und in der Zoologie gilt eine andere Regelung.

Jeder Pflanzenname setzt sich aus zwei Wörtern, die lateinischer oder griechischer Herkunft sein können, zusammen. Das erste Wort bezeichnet die Gattung (das Genus), die immer mit einem großen Anfangsbuchstaben geschrieben wird (z. B. die Gattung Acer – Ahorn, oder Astragalus-Tragant). Der zweite Name ist der Art-Beiname (Art-Epitheton). Die Art-Beinamen sind meist Eigenschaftswörter (Adjektive), die mit dem grammatischen Geschlecht des Gattungsnamens übereinstimmen müssen. Manche Beinamen sind alte Eigennamen, die dann gewöhnlich nicht mit dem Gattungsnamen im Geschlecht übereinstimmen und in älteren botanischen Arbeiten (auch noch bei RECHINGER in der Iran-Flora) mit großem Anfangsbuchstaben geschrieben wurden. In der vorliegenden Arbeit werden alle Art-Beinamen mit kleinen Anfangsbuchstaben geschrieben! Bei Namen, die verdienten Botanikern gewidmet sind, steht der Name der geehrten Person im 2. Fall (z. B. Thesium kotschyi – Kotschy-Bergflachs, Juncus rechingeri – Rechinger-Binse). In wissenschaftlichen Arbeiten und Bestimmungsbüchern ist meist dem lateinischen Artnamen der Name des Verfassers oder Autors abgekürzt angefügt. Sambucus nigra L. bedeutet, dass der lateinische Name für den Schwarzen Holunder auf LINNÉ zurückgeht.

Manche Art-Beinamen wie etwa albus (-a, um) – weiß, purpureus – purpurn weisen auf die Blütenfarbe der betreffenden Art hin, wieder andere auf die Blatt- oder Blütengröße wie z. B. grandifolia (lat.) für großblättrig oder megalanthus (griech.) für großblütig. Oft haben Art-Beinamen einen geographischen Bezug, z. B. anatolica, iranica, persica, afghanica, turkestanica, kurdica, wobei allerdings betont werden muss, dass die genannten Eigenschaften keineswegs immer zuverlässig zutreffen.

Andere Art-Beinamen hingegen sollen bewusst ihre lokale Verbreitung betonen. Das gilt besonders für Endemiten. So deuten Art-Beinamen wie elbursensis auf das Vorkommen im Alborz-Gebirge, kandavensis, kandavanica auf den Kandavan-Pass und demavendica, demavendense auf den Damavand hin.

Viele Arten, die am Damavand vorkommen, tragen den Namen von Botanikern. BOISSIER hat zahlreiche Arten nach AUCHER, dem Erstbesteiger benannt: Vicia aucheri – Aucher-Wicke, Artemisia aucheri – Aucher-Wermut, Verbascum aucheri – Aucher-Königsherze. An den österreichischen Botaniker KOTSCHY erinnern: Thesium kotschyi – Kotschy-Bergflachs, Oxytropis kotschyi – Kotschy-Spitzkiel und an RECHINGER der Rechinger-Ehrenpreis – Veronica rechingeri.

Nach den Nomenklatur-Regeln ist nur jener lateinische Name gültig, der den Regeln des Code entspricht. Eine Art kann mehrere lateinische Bezeichnungen haben, so genannte Synonyme. Nahe verwandte Arten, die verschiedene geographische Gebiete bewohnen, gelten als Unter-Arten (subspecies, abgekürzt subsp.).

Alle lateinischen Artnamen wurden der Iran-Flora von RECHINGER entnommen mit der Einschränkung, dass alle Art-Beinamen kleingeschrieben wurden. Auf die Angabe der Autoren wurde verzichtet.

Wo kein deutscher Name bekannt ist, wurde der Gattungsname als deutsche Bezeichnung übernommen (z. B. für die Gattung Cousinia).

Artenvielfalt, pflanzengeographische Beziehungen und Lebensformen

In Österreich gibt es, ohne Kleinarten, 2950 Gefäßpflanzen und für Europa wird die Zahl 11.500 genannt (vgl. ADLER, OSWALD & FISCHER 1994). Für den Iran hat PARSA 1943 7000 Arten und RECHINGER 1951 sogar 9000–10.000 Arten angegeben. Der Grund liegt darin, dass viele Arten im Iran ihr Ursprungszentrum haben. Einige Gattungen haben auffallend hohe Artenzahlen. An der Spitze steht die Gattung Astragalus (Tragant), die in Österreich mit 17 Arten vorkommt, im Iran und den Nachbargebieten mit ungefähr 1000 Arten. Artenreich ist die Gattung Cousinia aus der Familie der Korbblütler (Compositae) mit 353 Arten. Die Hälfte davon sind Endemiten, 59 Arten wurden in der Iran-Flora neu beschrieben. Mit zahlreichen Arten (Zahlen aus RECHINGER 1963–1999) vertreten sind aus der Familie der Korbblütler die Gattungen: Centaurea (Flockenblume, 98 Arten), Echinops (Kugeldistel, 76 Arten), Helichrysum (Strohblume, 74 Arten), Scorzonera (Schwarzwurzel, 66 Arten), Taraxacum (Kuhblume, 90 Arten). Die bei uns völlig fehlende Gattung Acantholimon aus der Familie der Bleiwurzgewächse (Plumbaginaceae) kommt im Gebiet mit 164 Arten vor, 84,2% davon sind Endemiten. Aus der Familie der Lippenblütler (Labiatae oder Lamiaceae) ist die Gattung Nepetha (Katzenminze) mit 108 Arten, 68 davon (oder 63,5%) sind endemisch, am artenreichsten. Die Gattung Salvia (Salbei) aus der gleichen Familie hat 74 Arten (40% sind endemisch). Von den 139 Arten der Gattung Allium (Lauch) ist ebenfalls über die Hälfte endemisch. Die Gattung Gentiana (Enzian) umfasst in der Region 25 Arten. Geringmächtig vertreten sind die Gräser (Poaceae oder Gramineae).

Da rund 69% aller Arten auf den Iran beschränkt sind, wird der Iran als eigene pflanzengeographische Region, als irano-turanische Region aufgefasst. Nur 0,5% aller Arten stammen aus dem Mittelmeergebiet sowie aus der Sahara-Arabischen Region. Mit 5% ist der Anteil an Sudanesischen Arten etwas höher. Die Beziehungen zur Euro-Sibirischen Floren-Region ist mit 0,5% aller Arten ebenfalls gering (ZOHARY 1963).

Gemeinsame Arten

Obwohl der Alpenraum vom Alborz-Gebirge rund 3000 km Luftlinie entfernt ist, gibt es gemeinsame Arten mit dem Alborz-Gebirge. So bilden die in Österreich weit verbreiteten Arten wie z. B. die Gewöhnliche Schafgarbe (Achillea millefolium), die Weiße Taubnessel (Lamium album) und das Gewöhnliche Leimkraut (Silene vulgaris) im Alborz nahe verwandte Unter-Arten: Lamium album subsp. crinitum, Achillea millefolium subsp. elbursensis, Silene vulgaris subsp. odontopetala.

An weiteren gemeinsamen Arten sind zu nennen: Kümmel (Carum carvi), Ruprechtskraut (Geranium robertianum), Bach-Nelkwurz (Geum ri-vale), Wald-Ruhrkraut (Gnaphalium sylvaticum), Frühlings-Platterbse (Lathyrus vernus), Behaarter Löwenzahn (Leontodon hispidus), Weg-Malve (Malva neglecta), Gewöhnliche Brunelle (Prunella vulgaris). Von Pflanzen, die bei uns trockene Standorte bevorzugen, sind auf den Steppenhängen des Alborz zu finden: Färber-Kamille (Anthemis tinctoria), Wetterdistel (Carlina vulgaris), Bunte Flockenblume (Centaurea triumfettii), Sichel-Dolde (Falcaria vulgaris), Christusaugen-Alant (Inula oculus-christi), Silber-Fingerkraut (Potentilla argentea), Spätblühende Kuhblume (Taraxacum serotinum). Die Quendel-Kleeseide (Cuscuta epithymum) befällt am Damavand in 2600 m Höhe den endemischen Kotschy-Drachenkopf (Dracocephalum kotschyi).

Umgekehrt ist aus dem Alborz-Gebiet seit dem 18. Jahrhundert auf unseren Feldern und in Weingärten als Neuling (Neophyt) der Persische Ehrenpreis (Veronica persica) zu finden.

Zwei Steppenpflanzen sind im Weinviertel auf Lößstandorten als Eiszeit-Relikte erhalten geblieben, deren Heimat die Steppen des Ostens sind, und zwar die Hornmelde (Krascheninnikovia ceratoides oder Eurotia ceratoides) und die Rad-Melde (Kochia prostrata). Nicht sehr groß ist die Zahl an Alpenpflanzen, die am Damavand vorkommt. Hier sind der Zottige Mannschild (Androsace villosa, bis 4000 m), das Schoten-Felsenblümchen (Draba siliquosa, bis 4200 m am Damavand), eine verwandte Art des Einblütigen Berufskrautes (Erigeron uniflorus subsp. elbursensis), der Säuerling (Oxyria digyna, auf 3000–3300 m am Damavand) und der Braunklee (Trifolium badium) zu nennen.

Demavandica pastinacifolia.

63

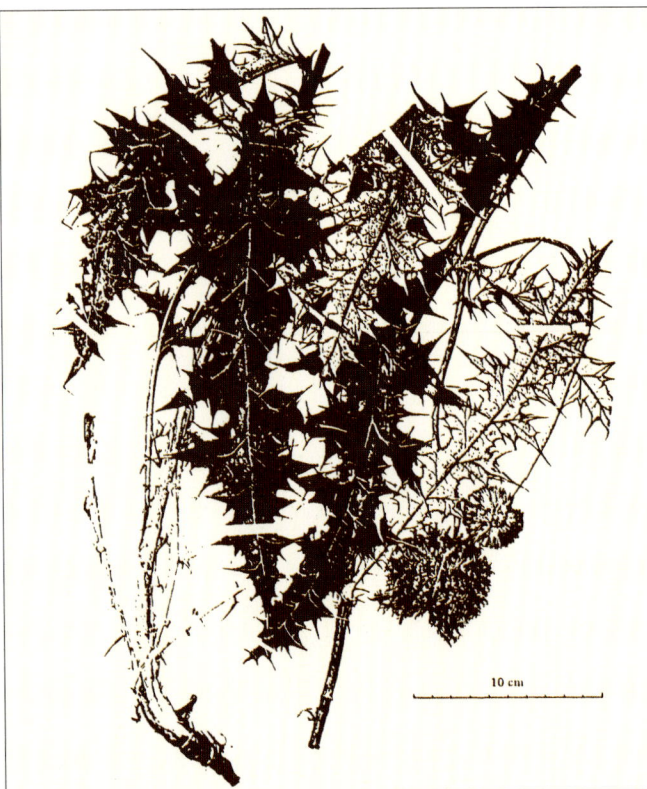

Elburs-Kugeldistel (Echinops elbursensis).

Endemiten

Ein weiteres Merkmal der Iran-Flora ist der große Reichtum an Endemiten. Etwa 20% aller Arten sind Endemiten, also Arten die ein eng begrenztes Verbreitungsgebiet haben.

Beispiele von Endemiten, die im Art-Beinamen auf das Alborz-Gebirge hinweisen, sind:
      Elburs-Pippau (Crepis elbursensis)
      Elburs-Flockenblume (Centaurea elbursensis)
      Elburs-Kugeldistel (Echinops elbursensis)
      Elburs-Süßklee (Hedysarum elbursensis)
      Elburs-Ampfer (Rumex elbursensis)
      Elburs-Braunwurz (Scrophularia elbursenis)
      Elburs-Greiskraut (Iranecio elbursensis)

Den Kandavan-Pass findet man in den Pflanzennamen:
      Kandavan-Flockenblume (Centaurea kandavensis)
      Kandavan-Habichtskraut (Hieracium kandavanicum)
      Kandavan-Lindelofie (Lindelofia kandavensis)
      Kandavan-Ampfer (Rumex kandavanicus)
      Kandavan-Schwarzwurzel (Scorzonera kandavanica)

Auch nach dem Damavand wurden zahlreiche Arten benannt:
      Demavend-Igelpolster (Acantholimon demawendicum)
      Demavend-Diplotenie (Diplotaenia demavandica)
      Demavend-Pippau (Crepis demavendi)
      Demavend-Iris (Iris barnumae subsp. demawendica)
      Demavend-Leinkraut (Linaria demavendica)
      Demavend-Vergissmeinnicht (Myosotis olympica
            subsp. demawendica)
      Demavend-Lotwurz (Onosma demawendicum)

Die Gattung Demavandica pastinacifolia, ebenfalls nach dem höchsten Berg des Alborz benannt, ist nur mit dieser einzigen Art vertreten.

Lebensformen

Wenn man von den Wäldern im und über dem Küstenbereich des Kaspischen Meeres absieht, sind Gehölze, Bäume und Sträucher nur ganz vereinzelt erhalten geblieben. Häufig vertreten und gut an die Trockenheit angepasst sind die Zwergsträucher (Chamaephyten), unter denen die Dornpolster oder Igelpolster besonders auffallend sind. Nach ihrem Vorkommen, ungefähr ab 2000 m, spricht man von einer Dornpolster-Stufe. Diese Dornpolster sind lockere, halbkugelige, stark verdornte niedrige Sträucher, die von Afghanistan, Pamir, Iran bis zum Marokkanischen Atlas, in der Sierra Nevada in Spanien und auf dem Ätna in Sizilien in größeren Höhen wachsen (vgl. dazu GAMS 1956).

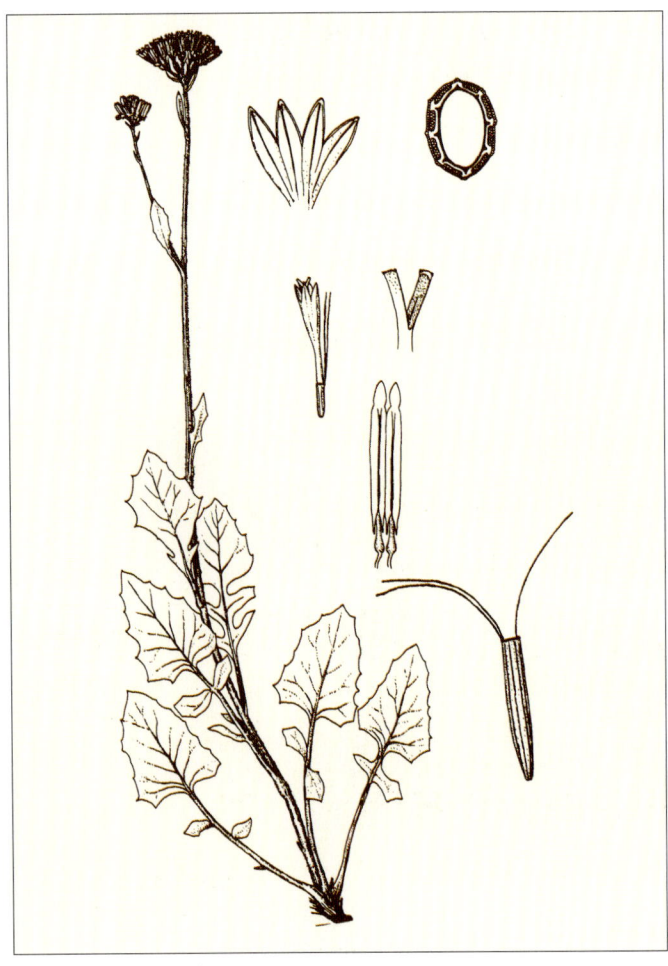

Elburs-Greiskraut (Iranecio elbursensis).

Auf dem Ätna wächst der Sizilianische Tragant (Astragalus siculus), auch „spino santo" genannt, bis 2600 m, in der Sierra Nevada kommen Dornpolster bis 2500 m und im Marokkanischen Atlas bis 3600 m vor.

Die stechenden Teile sind teilweise Sprossdornen und bei den Tragant-Arten verdornen die Blattspindeln.

Theophrast, der zwischen 334 und 330 v. Chr. mit Alexander d. Gr. nach Persien gezogen war, waren diese kugelförmigen Polster bekannt, die er „tragacantha" = Bocksdorn nannte. Die Bezeichnung wurde später von Dioskurides und Plinius übernommen. Im Mittelalter wurden damit Astragalus-(Tragant-)Arten bezeichnet, die den medizinisch verwendeten Gummi lieferten.

Die Dornpolster-Wuchsform tritt bei Arten ganz verschiedener systematischer Stellung auf. Sie ist ein anschauliches Beispiel für eine konvergente Entwicklung. Der xeromorphe (an Trockenheit angepasste) kugelförmige Bau, der ein eigenes Mikroklima im Innern aufweist, soll vor hohen Temperaturschwankungen und der Verdunstung schützen. Dornpolster wachsen in Gebieten mit Winterregen. Auf Standorten im Alborz, wo sie ab 2000 m zu finden sind, wurden Boden-Temperaturen zwischen 35°C und 70°C gemessen.

Dornpolster bilden zahlreiche Vertreter der Gattung Astragalus (Tragant-Arten), Acantholimon-, Cousinia-Arten, weiters die Dorn-Esparsette (Onobrychis cornuta) und das Polster-Schleierkraut (Gypsophila aretoides).

Weiters auffallend sind einige dekorative Hochstauden (vgl. S. 71).

An Zwiebelpflanzen sind die Gattungen Colchicum (Herbstzeitlose), Gagea (Gelbsterne), Fritillaria (Schachblumen) und Tulipa (Tulpen) vertreten. Einjährige Pflanzen und Gräser sind zahlenmäßig eher gering vorhanden.

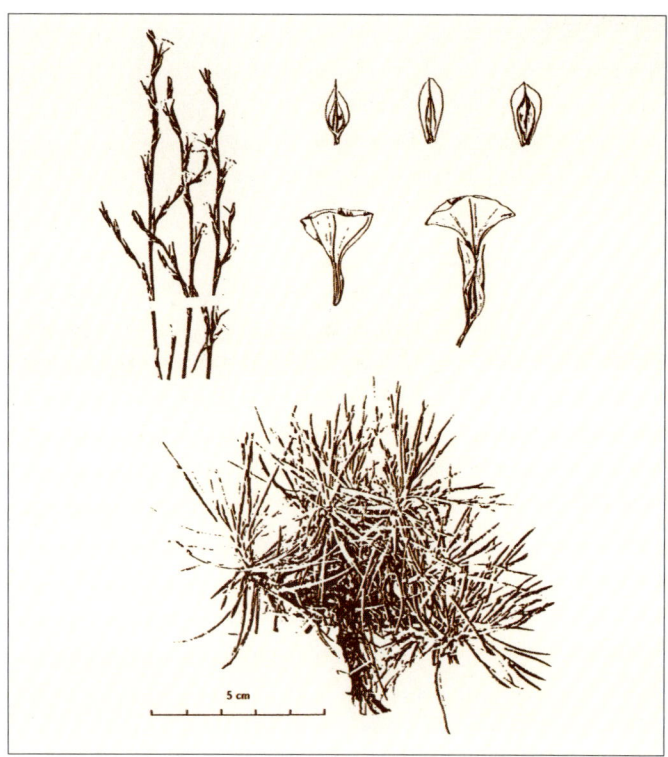

Acantholimon sorchense.

Von der Küste des Kaspischen Meeres zum Damavandgipfel

Temperatur und Niederschläge

Sowohl für die geographische Verbreitung der Pflanzen als auch für die Zusammensetzung der Pflanzengemeinschaften, für die Vegetation, sind die Temperaturverhältnisse, die Niederschläge und die Niederschlagsverteilung wichtige ökologische Voraussetzungen (siehe auch Beitrag von R. Lazar). So können die Niederschläge auf der Nordseite über dem Kaspischen Meer bis 2000 mm erreichen, die außerdem ganzjährig fallen, während auf der Südseite Niederschläge zwischen 200 mm und 50 mm, vor allem auf die Wintermonate verteilt, vorkommen. Auf der Nordseite ist das Klima demnach humid (feucht) und auf der Südseite arid (trocken). In Ramsar (-20 m Seehöhe), an der Südküste des Kaspischen Meeres, bekannt durch das Internationale Feuchtgebietsabkommen (Konvention von Ramsar aus dem Jahre 1970), regnet es jährlich etwa 1200 mm, in Tehran, am Südfuße des Alborz (in 1190 m) hingegen nur mehr 200 mm.

Das Jahresmittel der Temperatur liegt an den Küsten zwischen 14° und 17°C, und das Jänner-Mittel zwischen 4° und 9°C. In Polur, in 2130 m, können die Temperaturen im Jänner bis -24° C sinken. Trockene Sommer und kalte Winter herrschen auf dem Hochland vor. Dieser Klima-Kontrast zwischen Nord- und Südseite spiegelt sich deutlich in der Vegetationsverteilung wider. Im Küstenbereich werden auf einstigen Waldstandorten Oliven, Zitrusfrüchte, Tabak sowie Tee und Reis angebaut. Hier findet man noch üppige Wälder, die allerdings durch Übernutzung (Holznutzung und Überweidung) stark zurückgegangen sind.

Persischer Ehrenpreis (Veronica persica). Foto: Kuschel.

Hornmelde (Krascheninnikovia ceratoides). Foto: Team Damavand '99.

Brachflächen werden vom Adlerfarn (Pteridium aquilinum), vom Stechdorn (Paliurus spina-christi), dichtem Granatapfelgebüsch (Punica granatum) und Brombeeren (Rubus-Arten) besiedelt. Die trockene Südabdachung des Alborz, ebenfalls eine alte Kulturlandschaft, hat eine Steppen- und Wüstenvegetation. Auf den kahlen Höhenzügen gibt es nur mehr spärliche Gehölzreste.

Durch die jahrhundertelange Nutzung durch den Menschen fehlt eine so deutliche Höhenzonierung der Vegetation, wie wir sie aus den Alpen kennen.

Die kaspische oder hyrkanische Vegetation

Zum Unterschied von der Flora, die in den letzten 150 Jahren gut erforscht wurde, sind die Pflanzengesellschaften des Iran nur unzureichend bekannt. BOBEK, der als Geograph im Jahre 1936 an der „Deutschen Demavend-Expedition" teilgenommen hat, hat für das Gebiet Feuchtwälder (Kaspischer Niederungswald, Kaspischer Bergwald), halbfeuchte Wälder (Eichen- Weißbuchen-Ahorn-Mischwald) und Trockenwälder (Wacholderwald) des Alborz und die Hochgebirgsregion unterschieden.

RECHINGER 1939 hat in seinem Beitrag „Vegetationsbilder aus dem nördlichen Iran" kurze Hinweise auf die Vegetation des Gebietes gegeben und in mehreren Bildtafeln festgehalten.

Aus dem Jahre 1974 stammt eine Vegetationsgliederung von FREY & PROBST, die die Südkaspische Küstenebene mit dem Zentralalborz behandelt. Sie unterscheiden nach der winterlichen Minimaltemperatur und der Wasserversorgung folgende Vegetationseinheiten, die kurz charakterisiert werden sollen:

Die Küsten-Vegetation und der Kaspische Tieflandswald

An der Küste des Kaspischen Meeres zieht in etwa 1000 m Breite ein Dünengürtel entlang, in dem neben Arten mit mediterran-asiatischer Verbreitung der Granatapfel (Punica granatum) als einziges Gehölz vertreten ist. An wenigen Stellen ist ein Erlen-Sumpfwald vorhanden (mit Alnus glutinosa und A. subcordata), mehreren Weiden (Salix alba, S. caprea, S. fragilis, S. micans), einigen Pappeln (Populus alba, P. caspica) und der Flügelnuss (Pterocarya fraxinifolia). An trockeneren Standorten gedeihen: Ahorn (Acer insigne), Hainbuche (Carpinus betulus), Kastanienblättrige Eiche (Quercus castaneifolia), Feld-Ulme (Ulmus campestris) und der endemische Persische Eisenholzbaum oder die Parrotie (Parrotia persica). Durch den Reichtum an Lianen wie Wilde Weinrebe (Vitis sylvestris), Kolchischem Efeu (Hedera colchica), Stechwinde

(Smilax aspera), Griechische Baumschlinge (Periploca graeca) und Jasmin (Jasminum officinale) sind diese Sumpf-Wälder undurchdringliche Dickichte.

Im stehenden Wasser findet man den Rohrkolben (Typha angustifolia, T. latifolia), Kalmus (Acorus calamus) und das Spanische Rohr (Arundo donax).

Bis etwa 700 m waren ursprünglich kälteempfindliche, sommergrüne Laubwälder vorhanden, die allerdings weitgehend durch Reis-, Baumwoll- und Tee-Kulturen ersetzt wurden. Dieser Wald besteht aus zahlreichen Endemiten, aus Arten, die im Tertiär, also vor der Eiszeit, in vielen Teilen Europas, Asiens und Nord-Amerikas verbreitet waren. Hier am Kaspischen Meer, sowie am Schwarzen Meer konnten manche Arten die Eiszeiten überdauern, sodass hier ein Wald aus dem Pliozän erhalten geblieben ist.

Es sind dies: der Seidenbaum (Albizzia julibrissin), die Kaspische Lederhülse (Gletidschia caspica), die Parrotie oder der Persische Eisenholzbaum (Parrotia persica) und die Kastanienblättrige Eiche (Quercus castaneifolia). Diesen Wäldern und den kolchischen Wäldern am Schwarzen Meer (und am Kaukasus) gemeinsam sind einige weitere Gehölze, und zwar der Samt-Ahorn (Acer velutinum) und der Kappadozische Ahorn (Acer cappadocicum = Acer laetum), die Lotus-Pflaume (Diospyrus lotus), die Kaukasische Flügelnuss (Pterocarya fraxinifolia) und die Zelkove (Zelkova carpinifolia).

Einige von diesen interessanten Arten werden auch in unseren Parkanlagen (z. B. Stadtpark Graz und in Botanischen Gärten) kultiviert. Die Parrotie oder der Persische Eisenholzbaum (Parrotia persica) aus der Familie der Zaubernussgewächse (Hamamelidaceae) wächst baum- bis strauchförmig. Die kronblattlosen Blüten haben kurze Hüllblätter, aus denen die dunkelroten, zahlreichen Staubgefäße herausragen. Zur Gattung Parrotia gehört nur diese eine Art. Benannt wurde sie nach dem deutschen Botaniker F. W. PARROT (1792–1841). Die Parrotie blüht im März/April. Im Herbst verfärben sich die Blätter leuchtend rot, orange und gelb.

Die Kaukasische Flügelnuss (Pterocarya fraxinifolia), Familie der Nussgewächse (Juglandaceae), mit gefächertem Mark, hat eschenähnliche, gefiederte Blätter. Sie ist meist mehrstämmig, weitausladend. Die Blüten sind einhäusige Kätzchen. Die hängenden weiblichen Kätzchen haben geflügelte Nüsschen. Im Grazer Stadtpark und im Botanischen Garten können alte Bäume der Flügelnuss bewundert werden.

Zur gleichen Familie wie die Akazien und Mimosen (Schmetterlingsblütler) gehört der Seidenbaum oder die Persische Akazie (Albizzia julibrissin), die allerdings nur in wärmeren Gebieten (Gardasee, Istrien) gut gedeiht. Sie hat große, paarig gefiederte Blätter und eine Krone, die sich schirmförmig ausbreitet. Dekorativ sind die kopfigen, quastenförmigen Blütenstände mit rosa gefärbten Staubblättern.

Kultiviert werden in unseren Parkanlagen weiters die Zelkove (Zelkova carpinifolia) und die raschwüchsige Baumhasel (Corylus colurna). Beliebt in unseren Gärten ist weiters der immergrüne Kirsch-Lorbeer (Prunus laurocerasus).

Den dichten Unterwuchs dieser Wälder bilden Weißdorn-

Rad-Melde (Kochia prostrata). Foto: Team Damavand '99.

Persischer Eisenholzbaum (Parrotia persica). Foto: Wolkinger.

Kaukasische Flügelnuss (Pterocarya fraxinifolia) im Grazer Stadtpark. Foto: Wolkinger.

Kaukasische Flügelnuss (Pterocarya fraxinifolia) mit fruchtenden weiblichen Kätzchen. Foto: Wolkinger.

Seidenbaum oder Persische Akazie (Albizzia julibrissin). Foto: Wolkinger.

Kirsch-Lorbeer (Prunus laurocerasus). Foto: Wolkinger.

Blasenstrauch (Colutea buhsei). Foto: Team Damavand '99.

Königskerze (Verbascum sp.). Foto: Kuschel.

Arten (Crataegus monogyna, C. pentagyna), Kirschen (Prunus-Arten), Südlicher Hartriegel (Cornus australis = C. meyeri), die Mispel (Mespilus germanica) und andere.

In der Krautschicht begegnet man bekannten Pflanzen: Hexenkraut (Circaea lutetiana), Waldmeister (Galium odoratum), Großes Springkraut (Impatiens noli-tangere), Aufrechtes Glaskraut (Parietaria erecta) und als Schlingpflanze die Schmerwurz (Tamus communis). An immergrünen Gewächsen sind Buchsbaum (Buxus sempervirens), Kirsch-Lorbeer (Prunus laurocerasus), Thuje (Thuja orientalis) und Eibe (Taxus baccata) vertreten.

Der Kaspische Bergwald und die Baumgrenze

In Höhen zwischen 700 bis 1000 m treten die kälteempfindlichen Gehölze zurück. An ihre Stelle treten die Orientalische Buche (Fagus orientalis) und die Orientalische Hainbuche (Carpinus orientalis). Wo der Bergwald stark degradiert ist, herrschen Orientalische Hainbuchengebüsche vor, die von Sträuchern verschiedener, meist dorniger Arten begleitet werden. Es sind dies: Persischer Blasenstrauch (Colutea persica), Mispel (Mespilus racemiflora, M. germanica), Boissier-Birne (Pyrus boissierana) sowie Vertreter der Gattungen Weißdorn (Crataegus-Arten), Kreuzdorn (Rhamnus-Arten) und Brombeeren (Rubus-Arten).

Die Orientalischen Buchen-Hochwälder reichen gerade bis über 2000 m, einzelne Buchen noch bis 2400 m.

An Endemiten kommen vor: Kaspischer Dost (Origanum hyrcanicum) und Kaspischer Gamander (Teucrium hyrcanicum).

In Höhen zwischen 1800 und 2500 m, höchstens bis 3000 m, dominieren Eichenbestände aus Kaukasischer Eiche (Quercus macranthera), die häufig mit der Orientalischen Hainbuche (Carpinus orientalis) vergesellschaftet sind. Der Eichenwald aus Kaukasischer Eiche (Quercus macranthera) ist ein Trockenwald. Begleitet wird dieser Wald von Kaspischem Ahorn (Acer hyrcanum), Berberitze (Berberis integerrima), Zürgelbaum (Celtis tournefortii), Kirschen-Arten (Cerasus-Arten), Kaukasischer Heckenkirsche (Lonicera caucasica), Kreuzdorn (Rhamnus spathulifolia), Mehlbeere (Sorbus aria), Boissier-Vogelbeere (Sorbus boissieri), Elsbeere (Sorbus torminalis), Berg-Ulme (Ulmus montana) und Gewöhnlichem Wacholder (Juniperus communis) u. a.

An trockenen Standorten findet man bis über 2000 m lockere Zypressenwälder (Cupressus sempervirens var. horizontalis), begleitet vom Christus-Dorn (Paliurus spina-christi), weiters vom Ahorn (Acer ibericum) und der Zelkove (Zelkova carpinifolia). Zahlreiche Begleit-Arten wie z. B. Myrte (Myrtus communis) oder die Salbeiblättrige Zistrose (Cistus salviifolius) sind mediterraner Herkunft.

Wacholder-Steppenreste und die Hochgebirgsregion

Der Wald hat auf der Nordseite des Alborz seine obere Grenze bei 2500 m. An seiner obersten Grenze hat er nur mehr ein gebüschartiges Aussehen. Höher und bevorzugt auf den trockenen Südhängen des Alborz trifft man nur mehr spärliche Reste von Wacholder (Juniperus excelsa = J. macropoda). Auf dem Hochland kommen einige Pistazien-, Mandel- und Kreuzdorn-Arten und andere hinzu.

Am Damavand sind in höheren Lagen noch folgende Gehölze anzutreffen: Blasenstrauch (Colutea buhsei), Kaukasus-Heckenkirsche (Lonicera iberica), Johannisbeere (Ribes melanthemum), einige Wild-Rosen (Rosa canina, R. bergeriana, R. iberica, R. pulverulenta), an Bachläufen Tamarisken (Tamarix-Arten) und am Lar-Fluss die Deutsche Tamariske (Myricaria germanica).

Bis zu Beginn der Schneestufe (Nivalstufe) in 3200–3500 m findet man eine lockere, offene Vegetation. Es sind Gras-Steppen, Wermut-Steppen, Hochstauden und die Dornpolster-Steppen mosaikartig miteinander verzahnt. Die Schneestufe reicht nicht geschlossen bis zum Gipfel des Damavand, sondern sie ist an verschiedenen Stellen ohne Schnee. Zu den höchst steigenden Gräsern (bis 4000 m) zählen der Furchen-Schwingel (Festuca sulcata) und das Ararat-Rispengras (Poa araratica). Weitere Gräser am Damavand sind: Quecken (Agropyron elongatiforme, A. longearistatum, A. pectiniforme), Trespen (Bromus tectorum, B. tomentellus), Riedgräser (Calamagrostis epigeios, C. pseudophragmites), Wild-Gerste (Hordeum violaceum), Perlgras (Melica eligulata subsp. persica), Rispengräser (Poa bulbosa, P. pratensis, Poa sterilis), Wild-Roggen (Secale afghanicum), Goldhafer (Trisetum rigidum) und Psathyrostachys fragile. Die typischen Steppen-Gräser, die Federgräser, sind mit Stipa caucasica, St. barbata, St. hohenackeriana vertreten.

An Wermut-Arten, weitere charakteristische Steppenpflanzen, wachsen am Damavand: Artemisia aucheri, Artemisia fragrans (zwischen 2200–2700 m), Artemisia melanolepis (3900–4000 m) und Artemisia scoparia, die häufigste Art im Iran (bis nahezu 4000 m).

Immer wieder erwähnt in dieser Höhe wurden die prächtigen Bestände von verschiedenen Hochstauden, insbesondere vom leuchtend roten Mohn (Papaver bracteatum), von Kugeldisteln (Echinops cephalotus, E. polagamus, E. ritroides), Königskerzen (Verbascum aucheri, V. cheiranthifolium), einigen Doldenblütlern aus der Gattung Heracleum (Bärenklau-Arten), Prangos sowie Ferula (Prangos ferulacea, P. uloptera, Steckenkraut-Arten). Von den Liliengewächsen fallen Steppenkerzen (Eremurus macrophylla) und an feuchten Stellen die Blütenstände des Persischen Goldkolbens (Ligularia persica) auf.

Bärenklau (Heracleum sp.). Foto: Kuschel.

Steckenkraut (Ferula sp. und Prangos sp.). Foto: Team Damavand '99.

Wermut (Artemisia fragrans).

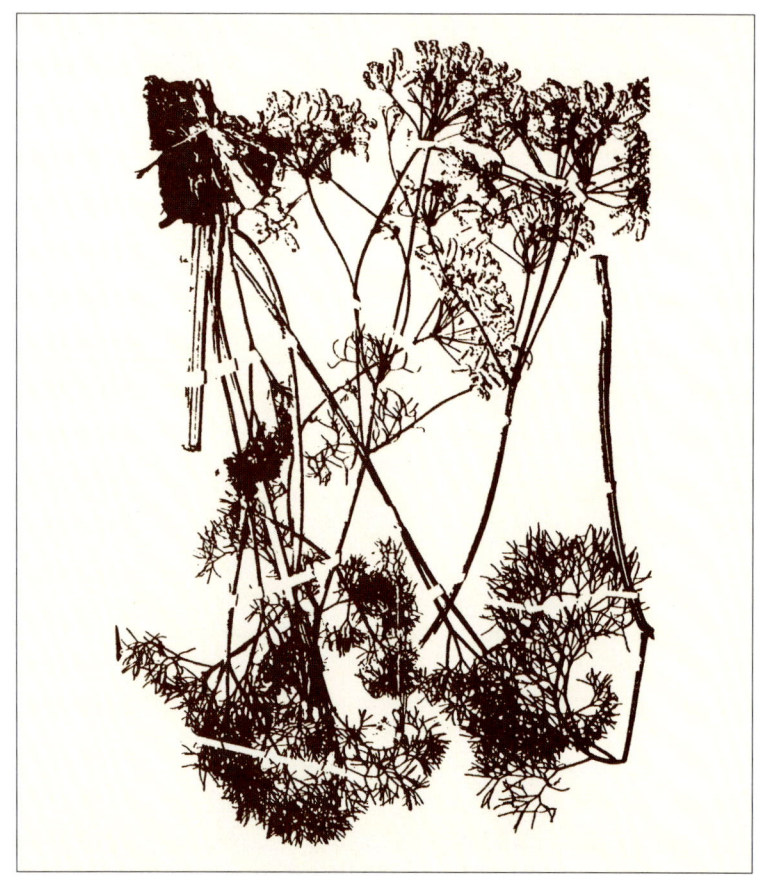

Prangos uloptera.

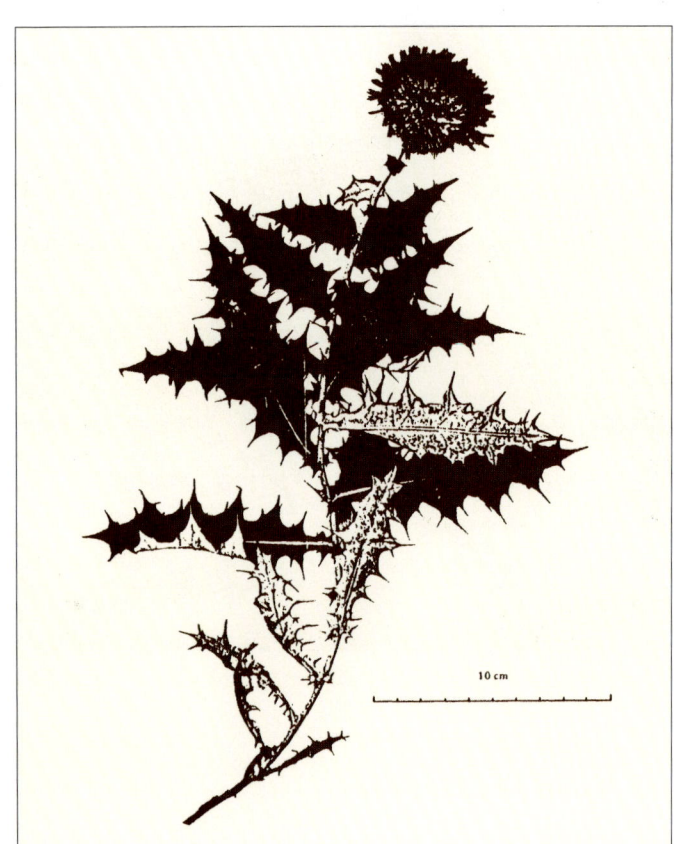

Kugeldistel (Echinops cephalotus).

Dornpolster-Steppe

Auf dem Damavand werden die Dornpolster ab 2000 m, aber hauptsächlich zwischen 3000 und 3600 m, von mehreren Acantholimon-Arten (z. B. Acantholimon demavandicum, A. erinaceum, A. sorchense), Cousinia-Arten und Tragant-(Astragalus-)Arten gebildet. Violett blüht die Dornpolster-Esparsette (Onobrychis cornuta), die große Flächen überzieht. Steinhart sind die Polster des Schleierkrautes (Gypsophila aretoides).

Bis in diese Höhe reicht die Beweidung. Außerdem werden die verholzten Dornpolster als Brennmaterial verwendet.

Die höchststeigenden Blütenpflanzen

Auf die wenigen Pflanzen, die am Damavand und in den Alpen vorkommen, wurde bereits weiter vorne hingewiesen. KOTSCHY hat die beiden endemischen Arten Aucher-Schafgarbe (Achillea aucheri) und das Vulkan-Greiskraut (Senecio vulcanicus) als höchststeigende Blütenpflanzen genannt. Darüber wurden von ihm nur mehr Kryptogamen, vor allem Flechten beobachtet.

72

Akantholimon (Acantholimon sp.). Foto: Team Damavand '99.

Tragant-Polster (Astragalus sp.). Foto: Kuschel.

Polster-Schleierkraut (Gypsophila aretoides). Foto: Kuschel.

Dornpolster-Esparsette (Onobrychis cornuta). Foto: Team Damavand '99.

Mohn (Papaver bracteatum). Foto: Kuschel.

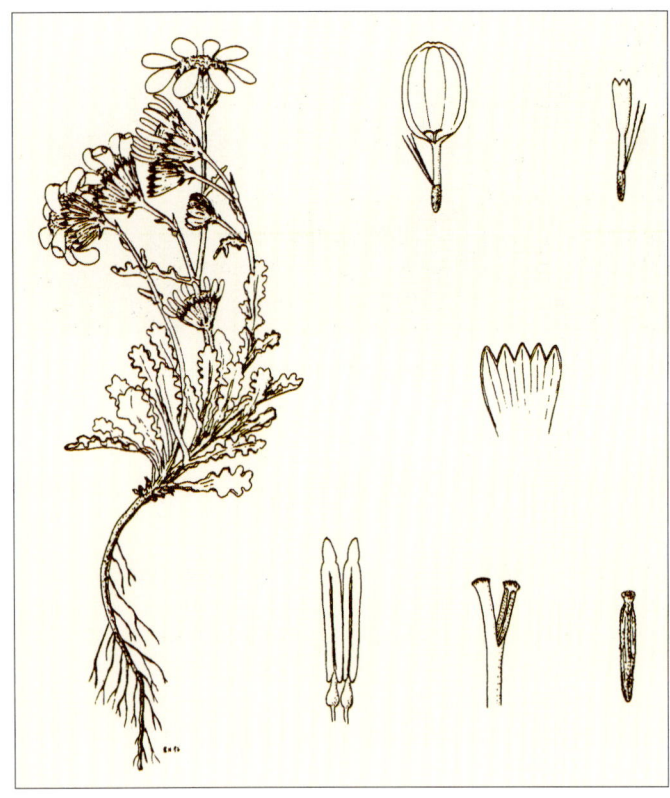

An weiteren Endemiten, die am Damavand in Höhen zwischen 3000 und 4000 m nachgewiesen wurden, sind zu nennen:

Tragant (Astragalus monanthus), Steinkraut (Alyssum polycladum), Kälberkropf (Chaerophyllum macrospermum), Kotschy-Drachenkopf (Dracocephalum kotschyi), Zwerg-Schotendotter (Erysimum nanum), Strohblume (Helichrysum psychrophyllum), mehrere Fingerkräuter (Potentilla argyroloma, P. aucheriana, bis 4200 m, P. mallota, P. nuda), Aufgeblasener Ziest (Stachys inflata), Vielköpfiger Rainfarn (Tanacetum polycephalum), Aucher-Wicke (Vicia aucheri) und andere.

Vulkan-Greiskraut (Senecio vulcanicus).

74

Die Grazer Expeditionsteilnehmer im Abstieg vom Damavand (v. l. n. r.): R. Kostka, K. Gratzl, P. Klug, W. Kuschel.

Die Grazer Expedition 2000

Die vier Teilnehmer an der Damavand-Expedition, Dr. K. Gratzl, Ing. P. Klug, Univ.-Prof. Dr. R. Kostka und Dipl.-Ing. W. Kuschel, haben von ihrer Expedition zwischen 13. und 21. Juni 2000 umfangreiches Fotomaterial mitgebracht sowie wild wachsende Pflanzen gesammelt und gepresst. Von allen 64 Herbarbelegen wurden zur leichteren Bestimmung Fotos von den Pflanzen in der Natur angefertigt.

Gesammelt wurden die Pflanzen rund um den Damavand, und zwar in Höhen zwischen 2200 m und 4140 m. Nicht gesammelt wurden die stechenden Polsterpflanzen sowie die hochwüchsigen Doldenblütler der Gattungen Ferula (Steckenkraut), Heracleum (Bärenklau) und Prangos. Von den auffallendsten Polsterpflanzen der umfangreichen Gattungen Acantholimon, Astragalus (Tragant) und von den eindrucksvollen Polstern der Dorn-Esparsette (Onobrychis cornuta) sind ausgezeichnete Fotos vorhanden, ebenso von den Doldenblütlern, die in das Buch aufgenommen wurden. Die Aufnahme vom Polster-Schleierkraut (Gypsophila aretoides) stammt aus dem Botanischen Garten der Univ. Graz. Eine einmalige Pracht auf dem Damavand sind die leuchtend rot blühenden Mohn-Bestände (Papaver bracteatum). Einige Aufnahmen von charakteristischen Arten aus dem Bereich des Kaspischen Meeres, die in Parkanlagen und Gärten kultiviert werden, stammen vom Verfasser des Beitrages.

Die Schwarzweißabbildungen im Text wurden mit freundlicher Genehmigung von Frau Dr. F. Rechinger der „Flora des Iranischen Hochlands" von Rechinger entnommen.

Eine genauere Zusammenstellung der gesammelten Arten wird zu einem späteren Zeitpunkt erscheinen. Das gesamte Belegmaterial wurde im Herbarium des Inst. f. Botanik der Universität Graz (GZU) hinterlegt.

Für die Benützung der Bibliothek des Inst. f. Botanik an der Universität Graz danke ich Herrn Univ.-Prof. Dr. J. Hafellner und ORat Mag. Dr. A. Drescher.

Bibliographie

ADLER, W., K. OSWALD & R. FISCHER (1994): Exkursionsflora von Österreich. – Stuttgart, Wien.

BOBEK, H. (1936): Die Landschaftsgestaltung des Südkaspischen Küstentieflandes. – Landeskundl. Forsch. Festschrift Norbert KREBS. S. 1–24.

BOBEK, H. (1937): Die Rolle der Eiszeit in Nordwestiran. – Z. Gletscherkd. 25: 130–183.

BOBEK, H. (1951): Die natürlichen Wälder und Gehölzfluren Irans. – Bonner Geograph. Abb. 8.

BOISSIER, E. (1867–1888): Flora orientalis enumeratio plantarum in oriente a Graecia et Aegypto ad Indiae fines hucusque observatarum. 1–5 u. Suppl.

BORNMÜLLER, J. (1904): Beiträge zur Flora der Elbursgebirges Nord-Persiens. – Bull. de l'Herbier Boissier 2. Ser. 4: 1073–1088; 5: 117–132; 6: 605–620; 7: 32–43.

BORNMÜLLER, J. (1941): Beitrag zur Kenntnis der Astragalus-Arten Persiens, einschließlich einiger Arten der Flora Turkestans. – Repert. spec. nov. 50: 151–177.

BUHSE, F. & G. WINKLER (1899): Die Flora des Alburz und der Kaspischen Südküste. – Arb. Naturforsch. Ver. Riga N. F. 8.

BUNGE, A. 1860. Die Russische Expedition nach Chorassan in den Jahren 1858 und 1859. – Petermanns Geograph. Mitt. S. 205–226.

CHANIKOF (1859): Die Besteigung des Vulkans Demavand durch den Österreichischen Berg-Ingenieur Czarnotta, im Jahre 1852. – Petermanns Geograph. Mitt. S. 74–76.

FREY, W. & W. PROBST (1972): Vegetation und Klima des Zentralelburs und der Südkaspischen Küstenebene (Nordiran). – Marburger Geograph. Schr. 62: 93–116.

GAMS, H. (1956): Die Tragacantha-Igelheiden der Gebirge um das Kaspische, Schwarze und Mittelländische Meer. – Veröffentl. Geobot. Inst. Rübel Zürich 31. 1.: 217–243.

GILLI, A. (1938): Eine neue Carex-Art (C. elbursensis) aus dem Elbursgebirge in Iran. – Repert. spec. nov. 48: 296–297.

GILLI, A. (1939 a): Die Pflanzengesellschaften der Hochregion des Elbursgebirges in Nordiran. – Beih. Bot. Cbl. B, 59: 317–344.

GILLI, A. (1939 b): Neue Arten und Varietäten aus dem Elbursgebirge in Nordiran. – Repert. spec. nov. 46: 43–48.

GILLI, A. (1941 a): Ein Beitrag zur Flora des Elbursgebirges in Nordiran. – Repert. spec. nov. 50: 263–283.

GILLI, A. (1941 b): Vegetationsbilder aus der Hochregion des Elbursgebirges in Nordiran. – In: KARSTEN G. & H. SCHENCK hrsg. v. WALTER H., Vegetationsbilder 26.1. – Jena.

GRISEBACH, A. (1884): Die Vegetation der Erde nach der klassischen Anordnung. 1. – Leipzig.

KLEIN, J.-C. (1994): La Vegetation Altitudinale de L'Alborz Central (Iran) entre les régions irano-touranienne et euro-sibérienne. – Bibliotheque Iranienne 40.

KLOTZ, G. (Hrsg.) (1989): Das Hochland von Iran. – In: Hochgebirge der Erde und ihre Pflanzenwelt. S. 184–187.

KOTSCHY, Th. (1859): Dr. Theodor Kotschy's Erforschung und Besteigung des Vulkans Demavend. – Petermanns Geograph. Mitt. S. 49–68.

KOTSCHY, Th. (1861 a): Die Vegetation des westlichen Elburs in Nordpersien. – Bot. Z. 11: 105–117.

KOTSCHY, Th. (1961 b): Der westliche Elburs bei Teheran. – Mitt. Geograph. Ges. 5: 65–110.

MELCHIOR, H. (1937): Zur Pflanzengeographie des Elbursgebirges in Nordiran. – Sitzber. Ges. natforsch. Freunde Berlin 1938, S. 55–71

PARSA, A. (1943–1952): Flora de l'Iran. 1–5 u. Suppl.

PATZELT, A. (1956): In den Bergen Persiens. – Jb. Österreichischen Alpenver. 81: 94–99.

RADDE, G. (1886): Die Fauna und Flora des südwestlichen Caspi Gebietes.

RECHINGER, K. H. (1939): Vegetationsbilder aus dem nördlichen Iran. – In: KARSTEN, G. & H. SCHENCK, hrsg. von WALTER, H., Vegetationsbilder 25.5. – Jena.

RECHINGER, K. H. (1951 a): Grundzüge der Pflanzenverbreitung im Iran. – Phyton 3: 181–188.

RECHINGER, K. H. (1951 b): Die ausdauernden Ziziphora-Arten des Iranischen Hochlandes und seiner Nachbargebiete. – Verh. Zoolog.-Bot. Ges. Wien 92: 161–172. Festschr.

RECHINGER, K. H. (Hrsg.) (1963–1999): Flora des Iranischen Hochlandes und der umrahmenden Gebirge Persiens, Afghanistan, Teile von West-Pakistan, Nordiran, Azerbaidjan, Turkmenistan. – Lief. 1–174. Graz.

SCHWEIZER, G. (1969): Büßerschnee in Vorderasien. – Erdkd. 23: 200–205.

SCHWEIZER, G. (1970): Klimatisch bedingte geomorphologische und glaziologische Züge der Hochregion vorderasiatischer Gebiete (Iran und Ostanatolien). – In: TROLL C., Landschaftsökologie der Hochgebirge Eurasiens, S. 221–236.

STAPF, O. (1888, 1889): Der Landschaftscharakter der persischen Wüsten und Steppen. – Österr. Ungar. Rev. N. F. 4: 227–251; 5: 51–62 u. 155–165.

STEINAUER, L. (1937): Im Hochgebirge von Iran (Elbursgebirge). – Z. Deutschen und Österreichischen Alpenver. 68: 38–45.

ZANDER hrsg. von WALTER, E., E. GÖTZ & al. (2000): Handwörterbuch der Pflanzennamen. 16. Aufl. – Stuttgart.

ZOHARY, M. (1963): Geobotanical Structure of Iran. – Bull. Research Coucil of Israel, Sec. D. Botany, Suppl. To Vol. 11 D: 1–113.

Vermessung und Karte / Angaben zur Kartenbeilage

Der Wandel der Interessen

Die Reichsbildungsprozesse im islamischen Raum weckten ab dem 15. Jahrhundert das Interesse der Europäer. Vier Hauptgründe für die Kontaktaufnahme können genannt werden. Es ist der religiös begründete Missionsgedanke. Es muss der Wunsch angeführt werden, militärische Aktionen von West und Ost gegen die Türken in Kleinasien koordinieren zu können. Das kommerzielle Interesse war maßgeblich. Bereits Mitte des 16. Jahrhunderts suchten englische Kaufleute den Kontakt zum aufstrebenden Persien unter der Safawiden Dynastie. Es intensivierten sich die Beziehungen und bereits in diesem Jahrhundert wurde Persien das Thema einiger Reiseberichte. Und schließlich müssen die Personen genannt werden, die Persien lediglich als Reiseland oder als Durchzugsland nach Indien betrachteten (JACKSON, LOCKHART 1986). Zu diesen zählt Pietro della Valle, ein Italiener aus vornehmer Familie und mit guter Erziehung, der im Jahre 1614 nach Persien aufbrach, nicht aus kommerziellem Interesse oder auf Grund diplomatischer Verpflichtungen, sondern in erster Linie, um sein gebrochenes Herz auszukurieren. Für alle diese Aktivitäten waren Reiseinformationen unumgänglich. Diese lagen als Berichte oder in kartographischer Form vor, vielfach aber mangelhaft oder überhaupt unbrauchbar, da sie häufig auf Angaben von Händlern, Abenteurern oder Mönchen beruhten. Erst im 17. Jahrhundert wurden bedeutende Reiseberichte (della Valle, Olearius, du Mans, Chardin, Kaempfer) publiziert, die tatsächlich verwertbare Informationen enthielten. Von besonderem Interesse in diesem Zusammenhang sind die kartographischen Arbeiten von Adam Olearius (HABERLAND 1986). Bis zu seinen Arbeiten war es sehr schlecht um das verfügbare Kartenmaterial bestellt, das häufig mit größeren Ungenauigkeiten wenig Aufschluss über die Exaktheit der Ortsnamen und die Topographie vermittelte. Diese Situation änderte sich mit der kartographischen Arbeit des Olearius (siehe Beitrag K. Gratzl). Es ist deutlich zu erkennen, in welchem Maße seine Karte alle vorherigen übertrifft. Er kann somit als Pionier auf dem Weg zu einem geographisch richtigen Bild von Persien gelten. Dies allerdings nur in kleinem Maßstab und mit der Zielsetzung einer brauchbaren Reiseinformation.

Erst viel später erwachte das naturwissenschaftliche Interesse und erforderte exaktere, detailreichere Bestandsinformationen. Es genügte nicht mehr, nur Verbindungswege und Passübergänge anzugeben oder das Namensgut zu erfassen. Es wurden Messungen durchgeführt, Berechnungen angestellt, um eine geometrisch möglichst richtige Vorstellung einer Region zu vermitteln. In Gebirgsregionen sind dies in besonderem Maße Höhenangaben, wie dies am Beispiel des Damavand, von den Anfängen der Messungen bis heute, aufgezeigt werden kann.

Kapitän Lemms Expedition nach Nordpersien

Schon seit Beginn des 19. Jahrhunderts hat der Kaiserliche Russische Generalstab besondere Sorgfalt auf die Förderung geographischer Kenntnisse der dem russischen Reich benachbarten orientalischen Länder gelegt. So wurde Kapitän Lemm (STRUVE 1856) im Jahre 1838 in außerordentlicher Mission beauftragt, einen Transport von Geschenken, die für den Shah von Persien und den Gouverneur von Chorassan bestimmt waren, zu überwachen, gleichzeitig aber auch die Lage und nach Möglichkeit die Höhe wichtiger Orte zu bestimmen. Im Norden des Iran konnte er, so auch im Bereich des Alborz-Gebirges, Lage- und Höhenangaben für eine große Zahl interessierender Punkte ermitteln (Abb. 1).

Die geographischen Breiten wurden mit Winkelmessgeräten gemessen, die geographischen Längen mit Hilfe seiner vier Chronometer, also durch Zeitmessung, bezogen auf den Meridian von Paris. Die Höhenmessung erfolgte barometrisch oder trigonometrisch.

Von den 83 in Persien bestimmten Punkten wurden im Bereich des Alborz-Gebirges 6 Orte ausgewählt und in der Tabelle 1 den heutigen Angaben gegenübergestellt, um eine Vorstellung von der Genauigkeit der Lemm'schen Positionsbestimmung zu vermitteln.

Provinz	Ort	Geogr. Länge	Geogr. Breite	Seehöhe
		östl. Paris (Lemm)	Nord (Lemm)	Par. Fuß = Meter (Lemm)
		östl. Greenwich (heute)	Nord (heute)	Meter (heute)
Ghilon	Rescht, Palais des Gouverneurs	47°18'37"	37°17'27"	–
		49°36'	37°17'	– 3/5
Irak	Kazwin, Mitte der Stadt	47°42'18"	36°15'02"	–
		50°01'	36°16'	1290
Irak	Tehran, Hotel der russ. Gesandtschaft	49°07'01"	35°40'44"	3579 = 1162
		51°26'	35°41'	1110
Taberistan	Semman, Nord-West Ende der Stadt	51°05'12"	35°34'02"	3492 = 1134
		53°23'	35°35'	1138
Taberistan	Damghan, West-Ende der Stadt	52°01'46"	36°09'53"	3605 = 1170
		54°20'	36°10'	1180
Mazanderan	Sari, Mitte der Stadt	50°44'33"	36°33'52"	–
		53°02'	36°34'	118

Tabelle 1: Ergebnisse der Positionsbestimmungen Kapitän Lemms 1838/39.

Die geographischen Längen wurden ursprünglich im Zeitmaß angegeben und erst später in das Gradmaß, bezogen auf den Meridian von Paris, umgerechnet. Die Höhenwerte sind in Pariser Fuß angegeben. Die heute üblichen Werte mit der geographischen Länge bezogen auf Greenwich sind graphisch dem Kartenblatt „Map of Islamic Republic of Iran" (GITASHENASI 1997–98) mit einem Gitternetz von einem Grad entnommen. Die Höhenwerte sind in diesem Kartenblatt nummerisch angegeben. Die Genauigkeit dieses

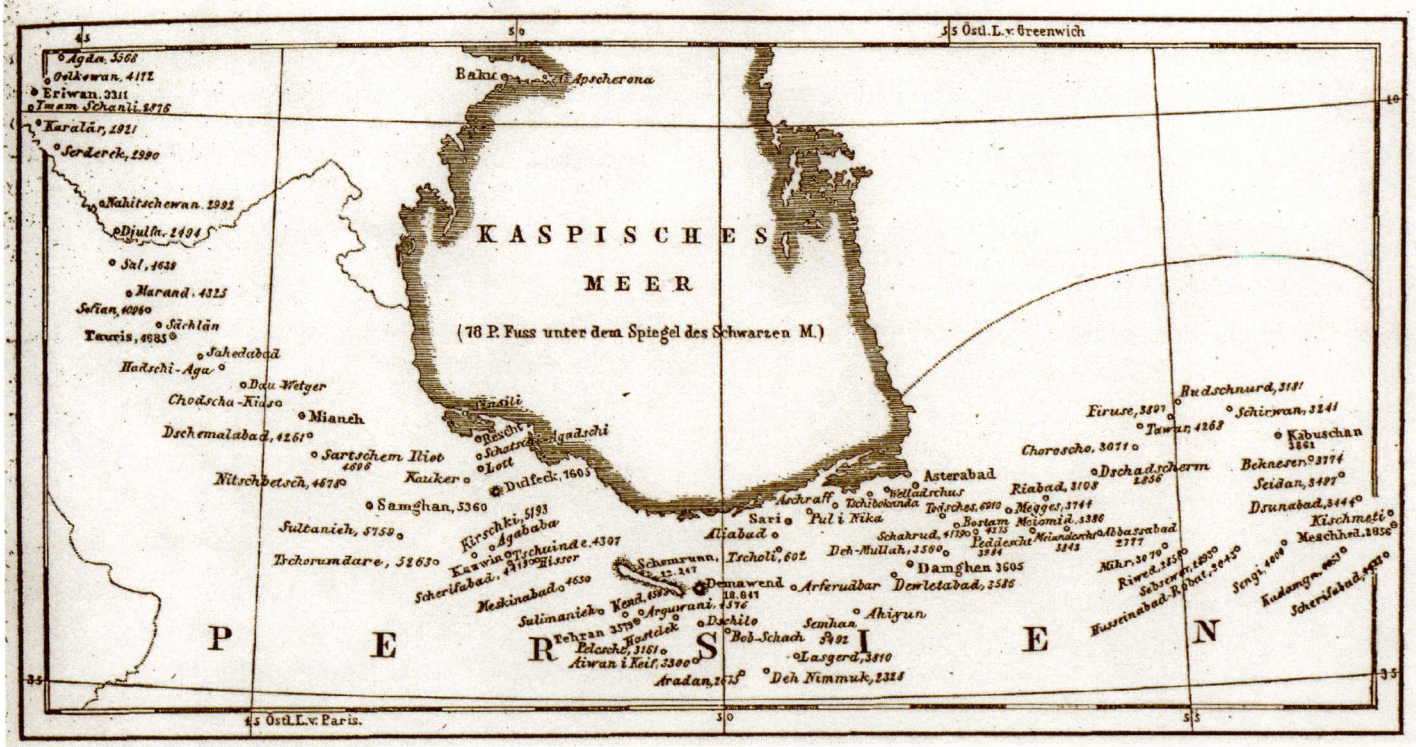

Abb. 1: Übersichtsskizze der von Lemm bestimmten Punkte.

Vergleiches ist begrenzt, es erstaunt aber die gute Übereinstimmung und stellt den Arbeiten Lemms ein ausgezeichnetes Zeugnis aus. Durch diese Positionsbestimmungen war die Grundlage für eine neue, genauere kartographische Darstellung des nördlichen Persien geschaffen.

Zusätzlich zu diesen Arbeiten hat Lemm während seiner Reise auch die Höhen dreier Berge mit Hilfe trigonometrischer Methoden bestimmt. Es waren dies Dulfeck 7605 Par. Fuß = 2470 m von Rasht aus, Schemrunn (Tochal?) 12.247 Par. Fuß = 3977 m von Tehran aus und ebenfalls von dort Demawend (Damavand) 18.847 Par. Fuß = 6122 m. Die zu große Höhenangabe kann mit der fehlerhaften Entfernung von Tehran zum Gipfel des Berges in Zusammenhang stehen; es war dies aber die erste brauchbare Höhenmessung der höchsten Erhebung Vorderasiens.

Die Höhen des Mount Damavand

Zu den größten naturwissenschaftlichen Herausforderungen des 19. Jahrhunderts in dieser Region zählte die Bestimmung der Höhe des Vulkankegels. Eine Aufgabenstellung, die bis heute fortdauert. Einen ersten Überblick gibt bereits Theodor Kotschy (1859), gefolgt von Sven Hedin (1892). Die Vergleiche der Messergebnisse sind nicht ganz trivial, da unterschiedliche methodische Ansätze zum Einsatz kamen und auch kein einheitliches Längenmaß verwendet wurde.

Prinzipiell standen zwei unterschiedliche Verfahren für die Höhenbestimmung zur Verfügung, die barometrische und die trigonometrische Methode. Bei der barometrischen Höhenmessung wird die Änderung des Luftdruckes mit der Höhenänderung in Zusammenhang gebracht, je größer die Höhe, umso geringer der Luftdruck. Instrumentell kann dies mit einem Quecksilberbarometer beobachtet werden, auch Reisebarometer standen zur Bestimmung des Luftdruckes auf diese Art und Weise zur Verfügung, oder mit Hilfe eines Siedethermometers, durch das die mit der Höhe wechselnde Siedetemperatur des Wassers gemessen werden kann. Im Jahre 1847 wurde das erste Federbarometer konstruiert, durch das der Luftdruck mit der Federkraft einer luftleeren Büchse ermittelt wird (Aneroid). Mit zahlreichen Fehlereinflüssen beim Feldeinsatz musste gerechnet werden. Die zweite Methode ist die trigonometrische, bei der Höhenunterschiede durch Dreiecksauflösungen ermittelt werden. Der Höhenwinkel kann mit einem Theodolit direkt gemessen werden, Dreiecksstrecken mussten entweder indirekt ermittelt oder abgeschätzt werden, wiederum eine erhebliche Fehlerquelle. Über große Entfernungen, also etwa von Tehran oder vom Kaspischen See aus, beeinflusste die Lichtstrahlenkrümmung (Refraktion) zusätzlich das Messergebnis. Es war also auch in diesem Fall mit größeren Unsicherheiten zu rechnen. Da diese Studien von unterschiedlichen Personen aus mehreren Staaten und z. T. im Rahmen der Interessen großer Organisationen durchgeführt wurden, spielten auch unterschiedliche Maßeinheiten eine Rolle. Die beim Literaturstudium erhobenen Einheiten wurden in Kilometer oder Meter umgerechnet, um Zahlenangaben miteinander vergleichen zu können und sind in der folgenden Tabelle 2 aufgelistet.

Maßeinheit	Angabe in km/m	Staat/Organisation
1 Engl. Meile	1,60933 km	Großbritannien, Survey of India
1 Russ. Werst	1,06679 km	Topographenkorps, Russland
1 Toise	1,94904 m	Frankreich, Russland
1 Engl. Yard	0,91439 m	Großbritannien, Survey of India
1 Par. Fuß	0,32484 m	Frankreich, Russland
1 Engl. Fuß	0,30480 m	Großbritannien, Survey of India
1 Inch	0,02540 m	Großbritannien, Survey of India

Tabelle 2: Maßeinheiten, die bei Höhenangaben und bei Höhenbestimmungen des Damavand eine Rolle gespielt haben.

Der erste, der sich mit dem Höhenproblem ausführlich auseinander setzte, war Theodor Kotschy (1859). Er vermerkt, dass die von W. Ainsworth angegebene Höhe von 14.700 Engl. Fuß, der die Messung von Taylor Thomson vom September 1837 zugrunde lag, nicht für den Gipfel, sondern für die darunter liegenden Dampflöcher galt. Er bestätigt auch die Aussage, dass die Höhenangabe von Oberstleutnant Lemm mit

18.846 Par. Fuß der erste brauchbare Wert für den Gipfel des Damavand darstellte. Eine im Jahre 1859 erfolgte Höhenmessung erbrachte den Wert von 21.520 Engl. Fuß. Es folgten weitere Höhenbestimmungen, die einerseits Ergebnisse brachten, die für Verwirrung sorgten, andererseits traten immer wieder Probleme auf, die die Schwierigkeiten derartiger Messungen vor Augen führten. So berichtet z. B. CALL-ROSENBURG (1876: 129) über seine Höhenmessungen, auch wenn seine Reise einschließlich der Besteigung des Berges primär andere Ziele verfolgte: *„Ehe wir Abegerm verließen (28. Juli 1875), wurde die Seehöhe des Ortes bestimmt. Sie ergab in ziemlich genauer Übereinstimmung des Aneroidbarometers mit einem Casella'schen Siedepunkthypsometer die Höhe von 2160 m."* Am Abend des ersten Aufstiegstages wurde Nachtquartier auf einer Almweide bezogen. Call-Rosenburg schreibt: *„Die Seehöhe unseres Lagerplatzes betrug nach barometrischen sowohl als auch nach thermometrischen Beobachtungen 3890 m. Am Gipfel: Zunächst wurden die hypsometrischen Beobachtungen vorgenommen, auf dem Aneroidbarometer lasen wir die Höhe von 19.700 Engl. Fuß, gleich ca. 6000 m ab, zu welcher Angabe noch etwas über 200 Fuß hinzuzurechnen sind, da das Instrument nicht auf die Seehöhe reguliert war, im ganzen somit nahe an 20.000 Fuß, ein Resultat, welches so ziemlich mit den neueren Messungen übereinstimmt. Leider mißlang die so viel verläßlichere Höhenbestimmung auf dem Wege der Beobachtung der Temperatur des kochenden Wassers. Es war nicht möglich, die Weingeistlampe zum Brennen zu bringen."*

Probleme mit den Instrumenten in dieser Höhe waren nichts Außergewöhnliches. Welches Interesse man der Höhe des Damavand im 19. Jahrhundert entgegenbrachte, soll die nachfolgende Tabelle 3 veranschaulichen.

Autor	Jahr	Höhe	Höhe in m	Methode/Quelle	Anmerkung
Ainsworth	1838	14.700 engl. Fuß	4480	barometrisch	Unterhalb des Gipfels Messung Thomson
Humboldt	1838	19.609 engl. Fuß	5977	barometrisch	Unterhalb des Gipfels Messung Thomson
Lemm	1839	18.846 Par. Fuß	6122	trigonometrisch	Unsichere Entfernung von Tehran (66 Werst)
Krziz	1853	20.000 engl. Fuß	6096	barometrisch trigonometrisch	—
R. F. Thomson	1858	21.520 engl. Fuß	6559	barometrisch	—
Kotschy	1859	14.000–15.000 Par. Fuß	4548–4873	Schätzung	—
Petermann	1859	19.000 Par. Fuß	6172	Schätzung	Kotschys Messwerte
Lentz	1860	17.964 engl. Fuß	5475	trigonometrisch	—
Nicolas	1860	19.813 Par. Fuß	6436	—	—
Brugsch	—	—	6214	—	keine näheren Angaben
Ivartschintroff	1861	18.549 engl. Fuß	5654	trigonometrisch	keine näheren Angaben
De Fillipi	1862	18.603 engl. Fuß	5670	trigonometrisch	—
Campani	1862	19.260 engl. Fuß	5870	barometrisch	Messungen einer italien. wissenschaftl. Expedition
Stebnitzky	—	18.600 engl. Fuß	5669	trigonometrisch	—
Call-Rosenburg	1876	20.000 engl. Fuß	6096	barometrisch	mit Unsicherheit
Napier	—	19.325 engl. Fuß	5890	—	keine näheren Angaben
Wells	1881	19.400 engl. Fuß	5913	barometrisch	—
Houtum-Schindler	1890	18.750 engl. Fuß	5715	barometrisch	nach Messungen von Sven Hedin
Petermann	1891	—	5900	Karte, Ausgabe 1891	keine näheren Angaben
Sven Hedin	1892	—	5465	barometrisch	mit Erläuterungen
Morgan	1904	—	6080	Karte	keine näheren Angaben

Tabelle 3: Höhenangaben für den Damavand von 1838 bis 1904.

Die Angaben in der Tabelle sind dem umfangreichen Schrifttum (Kotschy 1859, Hedin 1892, Ehlers 1980 e. a.) entnommen. Viele dieser Messungen fanden vor der internationalen Meterkonvention statt. Mess- und Berechnungsergebnisse sowie Hilfsgrößen wurden aus diesem Grunde in unterschiedlichen Maßeinheiten angegeben. Die Umrechnung in Meter zeigt die großen Abweichungen in den Höhenangaben, die erstaunliche Werte erreichen.

Heute wird für den Gipfel am häufigsten der Wert 5671 m angegeben. In aktuellen Atlanten und Kartenblättern findet man aber auch immer noch abweichende Angaben, also etwa die Werte 5654, 5638, 5610 oder 5607 m. Hinzu kommt, dass man nur schwer von einem Gipfel sprechen kann, viel vernünftiger ist die Angabe des Kraterrandes, denn ein solcher ist der höchste Bereich des Vulkankegels.

Großmaßstäbige Kartenblätter aus dem Alborz-Gebirge

Neben nummerischen Angaben für Positionen und Höhen von Einzelpunkten sind großmaßstäbige Karten mit realistischer Geländeinformation für viele Aufgabenstellungen von großer Bedeutung, allerdings wesentlich schwieriger (bezüglich Zeitaufwand und Kosten sowie instrumenteller und methodischer Ansätze) herzustellen. Sie sollen die visuelle Auffassbarkeit des Geländes garantieren und die Grundlage für weiterführende Studien darstellen.

Zwei Kartenblätter aus dem Zentralen Alborz sind erwähnenswert. Das erste großmaßstäbige Kartenblatt mit naturnaher Geländedarstellung des Damavand wurde von J. de Morgan (1894, 1905) um die Jahrhundertwende vom 19. zum 20. Jahrhundert in Mission Scientifique en Perse veröffentlicht. Der Maßstab der Karte in der angeführten Publikation beträgt ca. 1:500.000, der Originalmaßstab ist nicht bekannt.

Karten und Skizzen sind in den Veröffentlichungen vom Autor de Morgan selbst angefertigt worden, wobei er drei große Karten als Ergebnis seiner Reisen anführt. Eine Karte des Südufers des Kaspischen Meeres und der angrenzenden Provinzen im Maßstab 1:250.000, eine Karte von Kurdistan und eine von Elam. Die Grundlagen bildeten eigene Messungen mit Theodolit, Kompass und Schrittzähler, Ergebnisse der Aufnahmearbeiten persischer Offiziere und Unterlagen des bekannten deutschen Kartographen H. Kiepert (HENZE 1988).

Die Geländedarstellung in der Damavandkarte ähnelt einer Schraffen-Höhenlinienmanier (Abb. 2) und vermittelt durch Schattierung einen guten räumlichen Eindruck, der allerdings nicht in allen Einzelheiten der Realität entspricht. Höhenangaben in Metern sind nur für einige ausgewählte Punkte eingezeichnet. So wird die Höhe des Damavand, in dessen Gipfelbereich Schnee, Eis und Gletscher eingetragen sind, mit 6080 m angegeben.

Die erste großmaßstäbige Karte aus dem Zentralen Alborz, die auf photogrammetrischen Aufnahmen beruhte, wurde von Österreichern hergestellt. Mitte der Dreißigerjahre des 20. Jahrhunderts führte Hans Bobek eine terrestrisch-photogrammetrische Aufnahme der Takht-e Soleiman Gruppe durch, mittels eines Verfahrens also, das er bei Gletscherkursen und durch die Mitarbeit an Alpenvereinskarten bei R. Finsterwalder erlernt hatte. Die Triangulierungs- und stereophotogrammetrischen Arbeiten für das Kartenblatt im Maßstab 1:100.000 (Abb. 3) wurden 1934 mit einzelnen Nachträgen 1936 durchgeführt. Die Auswertearbeiten erfolgten im Team. Die photogrammetrische Kartierung am Stereoautographen mit der Möglichkeit der direkten Höhenlinienmessung wurde durch J. Sutor durchgeführt. Die Randgebiete des Kartenblattes wurden durch H. Bobek mit Stereokomparator und Schwenklineal bearbeitet und erbrachten eine Punktwolke, aus der Höhenlinien mit geringerer Genauigkeit abgeleitet werden konnten. Eine Technik, die der damaligen Entwicklung der Auswertung photogrammetrischer Aufnahmen entsprach. Ergänzungen wurden aus der Quarter Inch Karte von Persien im Maßstab 1:253.440 des Survey of India übernommen, auch die Namensgebung folgte der englischen Schreibweise. Die kartographische Bearbeitung lag in den Händen des erfahrenen Gebirgskartographen H. Rohn.

Die Situationsdetails sind in einer Legende angegeben. Fels, Geröll sowie Gletscher und Firn weisen auf den Hochgebirgscharakter des Areals hin. Das Gelände ist durch Höhenlinien mit einer Äquidistanz von 100 m und einer zarten Schräglichtschummerung visuell gut auffassbar wiedergegeben. In seinen letzten Lebensjahren hatte der bekannte Alpenvereinskartograph H. Rohn noch die Gelegenheit, Höhenliniendarstellung und Felszeichnung in einer Expeditionskarte zu kombinieren. Der 81-Jährige weigerte sich aber in seiner überaus verantwortungsbewussten Art, Ergänzungen zur Geländedarstellung auf Grund anderer Unterlagen durchzuführen, wenn die photogrammetrische Auswertung unzureichend war. Die Sorge, dass der Wert seiner Felszeichnung gemindert würde, war zu groß. Die Karte samt zugehörigen Erläuterungen ist in der Festschrift zur 100-Jahr-Feier der Österr. Geographischen Gesellschaft erschienen (BOBEK, SUTOR 1957).

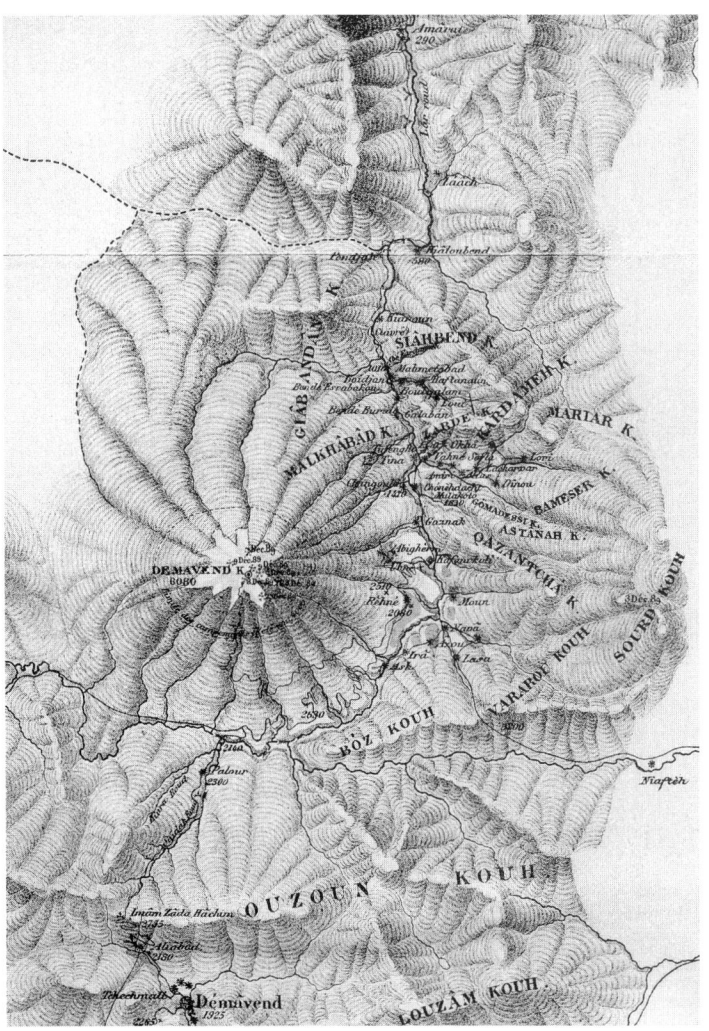

Abb. 2: Ausschnitt der Damavandkarte von J. de Morgan, die um das Jahr 1900 publiziert wurde.

Abb. 3: Schwarzweißausschnitt des mehrfärbigen Kartenblattes der Takht-e Soleiman Gruppe 1:100.000.

Kartenserien

Alle bis jetzt erwähnten vermessungstechnischen und kartographischen Ergebnisse sind durch Einzelpersonen oder kleine Personengruppen erarbeitet worden. Flächendeckend kann aber nur in großen Organisationen gearbeitet werden.

Bis zum 2. Weltkrieg lag die Kartographie des Iran in den Händen des britischen Survey of India. Es wurden die bekannten Kartenserien der Quarter-Inch Karte 1:253.440 und für einige Gebiete Blätter der Half-Inch Karte 1:126.720 hergestellt. Im Jahre 1953 wurde das National Cartographic Centre gegründet und ihm die Aufgabe der topographischen Kartierung des Landes übertragen. Als Folge der Islamischen Revolution im Jahre 1979 wurde das Programm des National Cartographic Centre (NCC) geändert und lag ab diesem Zeitpunkt eher in großen Maßstäben vor. Kartenserien 1:250.000 und 1:50.000 wurden nunmehr vom Army Geographic Department (AGD) hergestellt. Es gibt kaum Informationen über das detaillierte Programm und auch über den Arbeitsfortschritt (PARRY, PERKINS 1987). Die beste publizierte Zusammenfassung über die Geschichte des iranischen Kartenwesens findet sich im bibliographischen Führer vom Iran und vom Mittleren Osten (Cook A. S. 1983, Geography and Maps, Harvester Press, Brighton).

Ehlers stellt bereits 1980: 22 fest: *„So gut das Land kartographisch wie aerophotogrammetrisch erfasst ist, so schwer ist leider immer noch der Erwerb entsprechender Produkte."* An dieser Tatsache hat sich bis heute nichts geändert. Verständlich, dass das Interesse an anderen Kartenserien groß ist und auch zu internationalen Bemühungen geführt hat.

Die Arbeiten, die vom britischen Survey of India bis nach dem 2. Weltkrieg durchgeführt wurden, habe ich bereits erwähnt. Noch während des 2. Weltkrieges wurden auch Blätter der Deutschen Weltkarte

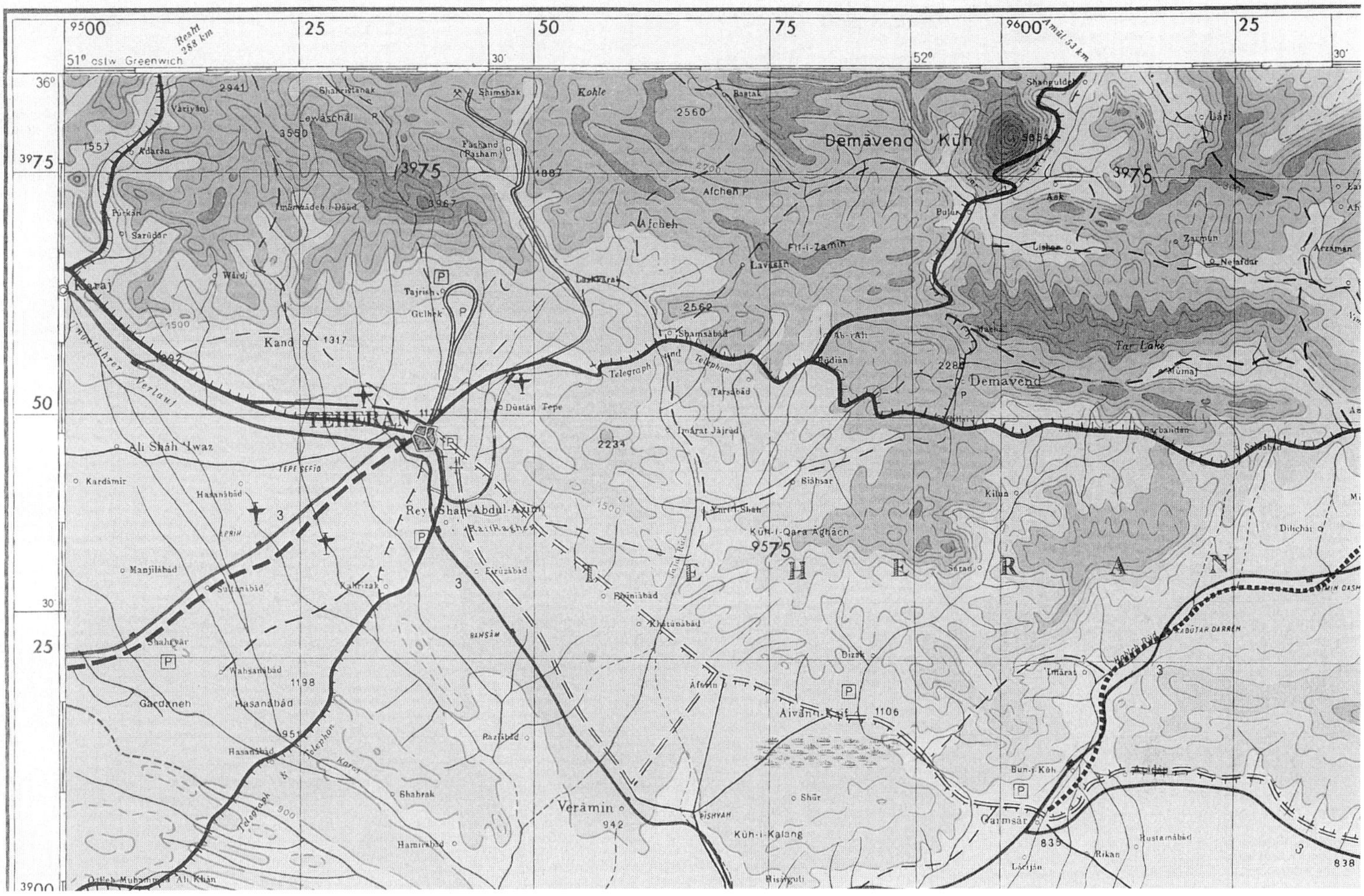

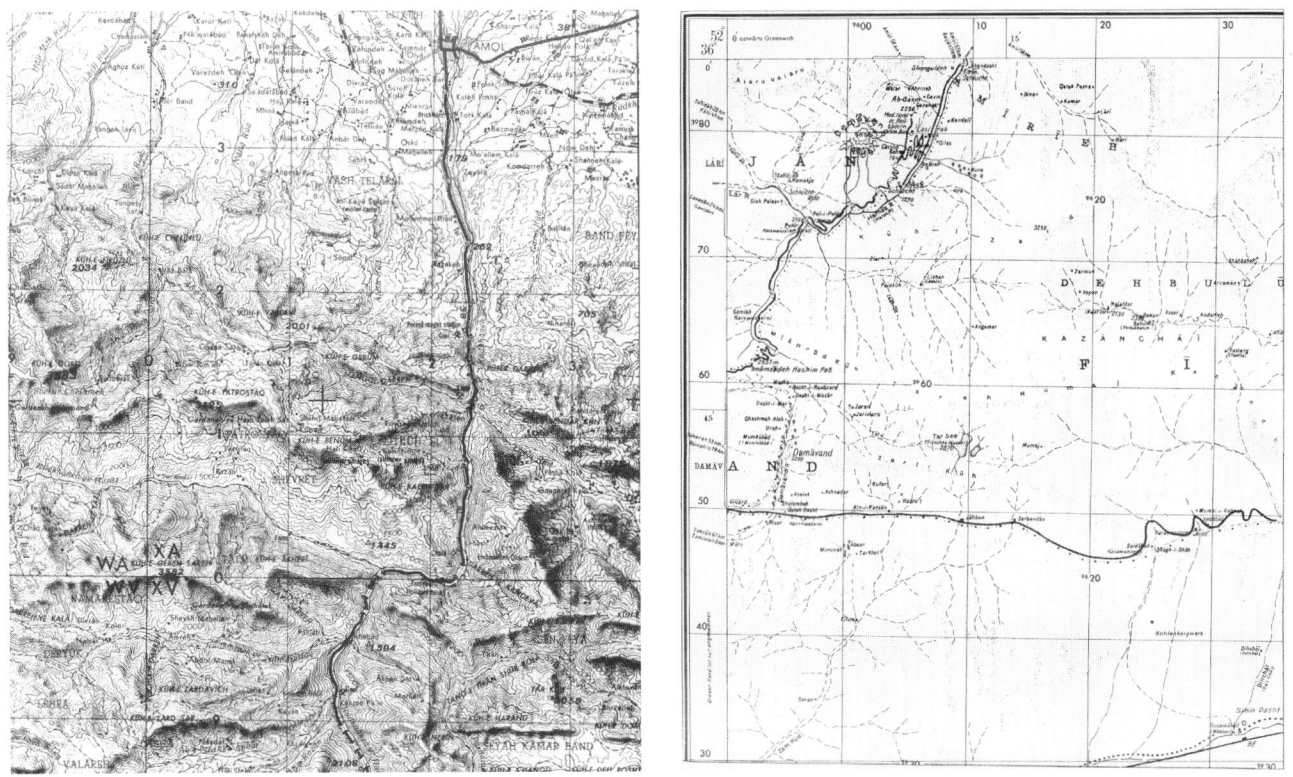

Abb. 4: Ausschnitt des Kartenblattes Tehran mit dem Damavand der Deutschen Weltkarte 1:500.000.

Abb. 5: Die Karte des Bereiches um den Damavand 1:300.000 aus dem Historical Gazetteer of Iran. Ausschnitte der zwei unterschiedlichen Ausführungen.

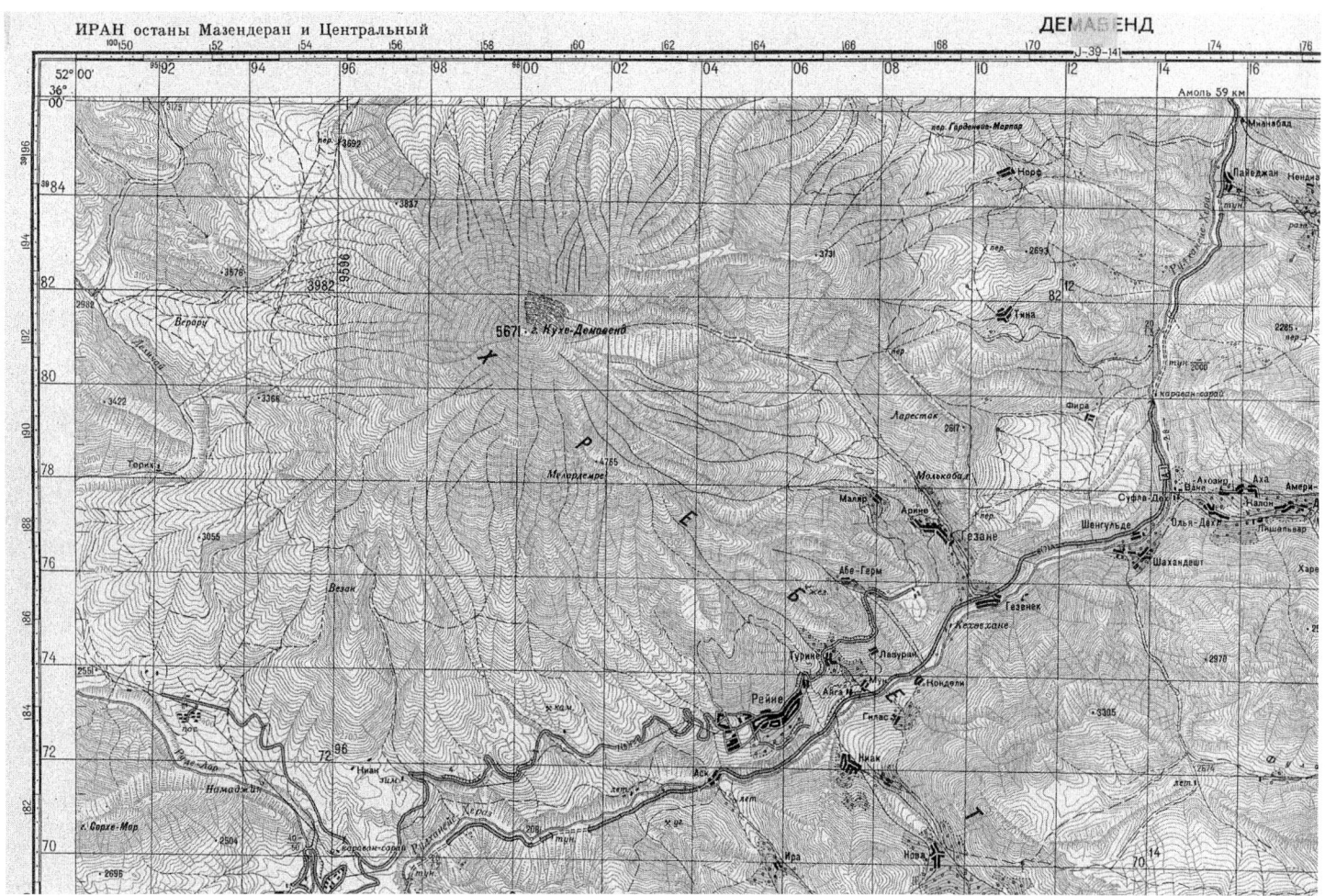

Abb. 6: Ausschnittsverkleinerung des russischen Kartenblattes Damavand 1:100.000.

1:500.000 für den Iran herausgegeben. Der Zentrale Alborz mit dem Damavand liegt auf Blatt I-39 NO Tehran und auf Blatt J-39 SO Babol. Die Angaben von geographischen Koordinaten (Länge, Breite) und von Koordinatenwerten in einem Meldegitter, das dem deutschen Heeresgitter entsprach, bezogen sich auf den Meridian 51° östlich von Greenwich. Als Grundkarten wurden das Blatt Tehran 1:1,000.000, herausgegeben vom Survey of India, 1940 Edition und das Blatt Resht der internationalen Weltkarte, Ausgabe 1942 herangezogen. Zur Situations- und Geländedarstellung (Abb. 4) kann folgendes angemerkt werden. Die Situationsdetails sind in einer Legende angeführt, Verkehrswege, wie Straßen und Bahnen sind besonders hervorgehoben. Im Bereich des Damavandgipfels sind keine Gletscher- oder Schneedarstellungen zu erkennen. Bezüglich der Geländewiedergabe kann festgestellt werden, dass die Höhenangaben in Metern angeführt sind, dass Höhenlinien mit einer Äquidistanz von 300 m eingezeichnet sind und dass zur besseren Reliefwiedergabe Farbhöhenstufen Verwendung fanden. Die Höhe des Demavend Kuh beträgt 5654 m, bei Firuzkuh ist für den Guduk-Pass 2018 m angegeben.

Im Jahre 1976 wurde von der Akademischen Druck- und Verlagsanstalt in Graz der erste Band des Historical Gazetteer of Iran (ADAMEC 1976) herausgebracht. Er beinhaltet auch flächendeckende Kartenserien für den Nordwest-Iran. Einen Überblick über die einzelnen Schwarzweißblätter im Maßstab 1:300.000 vermittelt der Index über die einzelnen Kartenausschnitte. Die hierfür verwendeten Quellen sind nicht einheitlich, sodass Informationsgehalt und Qualität der einzelnen Kartenausschnitte variieren. Als Ausgangsprodukte dienten iranische, deutsche und britische Karten, soweit vorhanden im Maßstab 1:250.000. Teilweise fanden aber auch ältere britische Karten im Maßstab 1:253.440, dem klassischen Maßstab der Quarter-Inch Karte, oder deutsche Karten im Maßstab 1:200.000 Verwendung.

Der Bereich um den Damavand ist in 2 unterschiedlichen Kartentypen wiedergegeben (Abb. 5). Der Damavandgipfel selbst, 5654 m, ist im geometrisch schwachen Blatt I-36-A mit deutscher Beschriftung eingezeichnet. Das Gelände ist nur andeutungsweise durch Formlinien wiedergegeben, die Gewässer sind

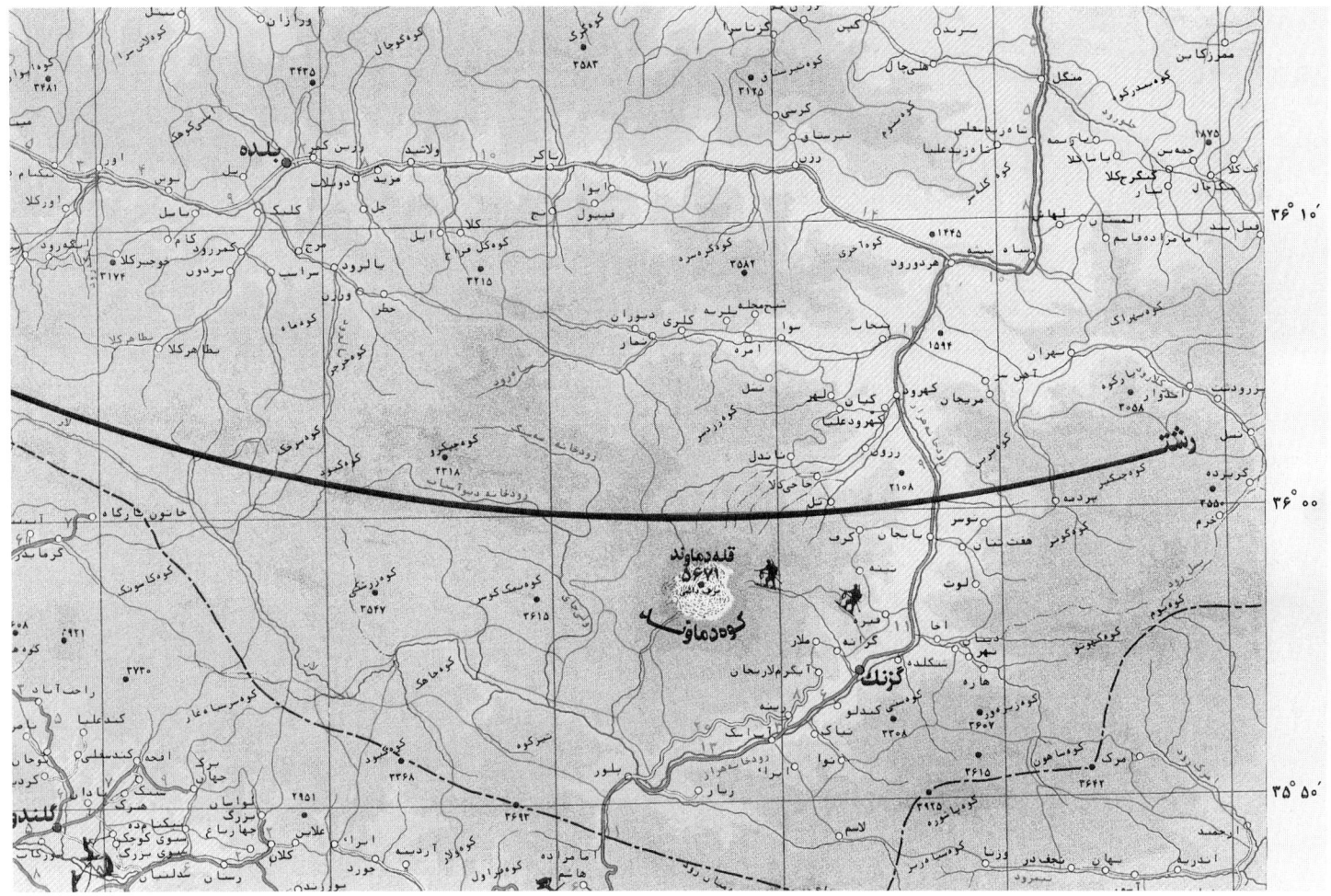

Abb. 7: Ausschnitt der Karte Zentraler Alborz 1:300.000 der Firma Gitashenasi, Tehran.

nur grob übersichtsmäßig eingetragen. Bemerkenswert ist der Straßenverlauf von Polur nach Rhine und in Serpentinen weiter ins Haraz-Tal, der vom Verlauf der heutigen Schnellstraße dieses Bereiches abweicht. Das Blatt I-26-C nördlich davon mit der Ortschaft Nandel ist von höherer Qualität. Das Gelände ist durch Höhenlinien mit einer Äquidistanz von 100 m und einer Schräglichtschummerung wiedergegeben. Alle Höhenangaben sind im metrischen System. Die Situationsdarstellung ist in einer Legende erläutert, ob am Damavandgipfel Schnee, Eis oder Gletscher eingezeichnet sind, kann in der Schwarzweißausführung nicht eindeutig erkannt werden.

Die russische kartographische Organisation Glavnoe Upravlenie Geodezii i Kartografii (GUGK) publizierte das Kartenblatt Demawend I-39–9 im Jahre 1979. Sein Maßstab beträgt 1:100.000, der schriftliche Karteninhalt ist Russisch (Abb. 6). Die Aufnahmearbeiten erfolgten von 1973 bis 1975.

Die Situationsdetails sind in einer Legende erklärt. Der Vulkankegel des Damavand, 5671 m, liegt in der Nordwestecke des Kartenblattes, Felssignaturen sowie Schnee- und Eiseintragungen an der Nordostseite des Gipfels weisen auf den Hochgebirgscharakter hin. Die Geländedarstellung erfolgte durch Höhenlinien mit einer Äquidistanz von 20 m (!), Zählhöhenlinien sind alle 100 m eingetragen.

Das Verlagsprogramm des kartographischen und geographischen Institutes Gitashenasi in Tehran beinhaltet auch Provinz- und Bereichskarten. In dieser Serie wurden und werden Kartenblätter im Maßstab 1:300.000 herausgebracht, Text und Namensgut meist in Farsi, z. T. aber auch in Englisch. Der Vulkankegel des Damavand 5671 m ist im Blatt Zentraler Alborz (Teil der Provinz Tehran) abgebildet. Mit Hilfe eines Netzes geographischer Koordinaten in Länge und Breite von 10 Minuten lassen sich Positionen interessierender Punkte angeben. Die Situationsdetails werden in einer Legende erklärt, so ist z. B. im Bereich des Damavand Gipfels (Abb. 7) Schnee oder Eis eingezeichnet. Das Geländerelief ist lediglich durch eine Farbhöhenstufen-Darstellung wiedergegeben, sodass Details in den Geländeformen nicht erkannt werden können. Die Höhenangaben sind in Metern eingetragen, die Kartenschrift ist Farsi.

Methodische Entwicklungen der Fernerkundung und Positionierung als Hilfsmittel der Kartographie

Keines der angeführten Kartenbeispiele genügte unserer Zielsetzung der Monographie des Berges Damavand. Überlegungen wurden angestellt, um einen eigenständigen Kartenentwurf herzustellen und durch 2 methodische Entwicklungen der letzten Dezennien des 20. Jahrhunderts auch realisierbar. Es sind dies die Fernerkundung aus dem erdnahen Weltraum und die Positionsbestimmung definierter, begehbarer Punkte mit Hilfe spezieller Satelliten.

Die Entwicklung der Fernerkundung aus dem Weltraum seit 1972 ist im überaus reichhaltigen Schrifttum ausführlich beschrieben worden. Der Gebirgsregion widmete sich z. B. bereits in der experimentellen Phase dieses Verfahrens M. F. Buchroithner (1989). Diese Methode der Erkundung wurde für zivile Zwecke zuerst in den USA (NASA) auf eine operationelle, kommerzielle Schiene geleitet und die anfänglich analogen Bilder durch digitale Bildprodukte ersetzt. Bis heute werden von den LANDSAT-Satelliten, die mit unterschiedlichen Zeilenabtastern aufgezeichneten Geodaten zur Erde übertragen und dort digital für den Nutzer aufbereitet.

Die politischen Veränderungen in Europa Anfang der Neunzigerjahre führten dazu, dass auch russische Bildprodukte, vorerst fotografische Aufnahmen, auf den Markt kamen. Ein speziell entwickeltes Fallschirmsystem ermöglichte den Transport der belichteten Filme zur Erde. Die gute Auflösung der Fotos gestattete bereits zu diesem Zeitpunkt ihre Verwendung für großmaßstäbige kartographische Produkte.

Am 1. Mai 1960 wurde das US-amerikanische Spionageflugzeug U2 mit dem Piloten Francis G. Powers über Sverdlovsk in Sibirien abgeschossen. Damit wurde die Forderung, einen eigenen Aufklärungssatelliten herzustellen in der amerikanischen Öffentlichkeit akzeptiert. Präsident Dwight D. Eisenhower gab seine formale Zustimmung, und so wurde in weiterer Folge das CORONA Programm (Mc DONALD 1997) gemeinsam von der Central Intelligence Agency (CIA) und der US-Air Force in Angriff genommen. Am 18. August 1960 gab es die erste Erfolgsmeldung. Somit stand im Kalten Krieg zwischen den USA und der USSR ein Spionageinstrument zur Verfügung, das hochauflösende Aufklärungsbilder lieferte. Der letzte Flug der geheimen CORONA Missionen wurde am 24. Mai 1972 geflogen. Erst am 22. Feber 1995 genehmigte der damalige Präsident B. Clinton die Herausgabe und die öffentliche Weitergabe (Verkauf) des CORONA Bildmaterials. So steht nunmehr hochauflösendes Schwarzweiß-Bildmaterial des ersten US-Aufklärungs-/Spionage-Satelliten der späten Sechziger- und frühen Siebzigerjahre der interessierten Öffentlichkeit zur Verfügung. Auch für unsere Studien am Damavand wurden CORONA Aufnahmen angeschafft.

Schließlich muss noch auf spezielle NASA-Bilder hingewiesen werden. Bei den Space Shuttle Flügen wurden und werden von den Astronauten Fotos mit handgehaltenen Kameras hergestellt (APT e. a. 1996). Ziel dieser Aktivitäten ist es, besonders schöne, besonders interessante und besonders aktuelle Szenen auf der Erde oder in der Atmosphäre festzuhalten. Am häufigsten werden Hasselbladkameras eingesetzt und die Bilder durch eines der 11 Spaceshuttle-Fenster belichtet. Tausende von Aufnahmen wurden im Laufe der Zeit belichtet und lieferten Senkrecht- sowie leicht und stark geneigte Bilder, die über den Horizont hinausreichen. Ihre Qualität ist unterschiedlich. Bevorzugt wurden Gebirgsregionen im schrägen Morgen- oder Abendlicht aufgenommen. Dazu zählt auch das Alborz-Gebirge mit dem Damavand, das mit geneigten Aufnahmen in einer Serie von Tehran bis zum Kaspischen See erfasst wurde.

Als Fazit der in Kürze aufgezeigten Möglichkeiten kann festgestellt werden, dass heute eine ganze Reihe unterschiedlicher Fernerkundungsbilder zur Verfügung steht, deren Informationsgehalt, Qualität und Preis stark variieren. Abhängig vom Zweck ist die richtige Auswahl zu treffen, eine Aufgabe, der auch wir uns mit der Absicht der Erstellung einer Damavandkarte im Maßstab 1:50.000 unterziehen mussten. Wenn auch eine Vielzahl von Fernerkundungsbildern für entlegene, nur schwer zugängliche Gebirgsregionen vorhanden ist, verbleibt doch noch die Aufgabe, den Bezug zu existierenden Karten oder ganz allgemein zu einem Referenzsystem herzustellen. Die Parameter hierzu sind vorerst nicht bekannt und müssen aus Kollateraldaten abgeleitet werden. Diese Transformation kann mit Hilfe identer Punkte zwischen Bildinhalten und der Natur durchgeführt werden.

Die herkömmlichen Verfahren der Positionsbestimmung durch Winkel- und Streckenmessung (Triangulation) werden heute vielfach durch die modernen Möglichkeiten mit Hilfe künstlicher Erdsatelliten ersetzt. Das NAVSTAR GPS (NAVigation System with Time And Ranging Global Positioning System), heute fast ausschließlich GPS genannt, ist ein auf Satellitensignalen aufbauendes System, das nicht nur der Navigation, sondern auch der Ermittlung dreidimensionaler Positionsangaben in Lage und Höhe dient.

Vierundzwanzig Satelliten umkreisen die Erde in etwa 20.000 km Höhe und ermöglichen die Funktion dieses Systems bei jedem Wetter, zu jeder Zeit und an jedem beliebigen Ort auf der Erdoberfläche. Um die von den GPS-Satelliten gesendeten Signale für Messungen benutzen zu können, muss eine entsprechende Empfangsanlage, der GPS-Empfänger, vorhanden sein. Es handelt sich um eine direkte Methode der Vermessung, bei der der Messpunkt selbst begehbar oder erreichbar sein muss. Die Bestimmung von Hochzielen, fernen Berggipfeln ist mit diesem System nicht möglich. Voraussetzung ist also, dass zu den Satelliten Sichtverbindungen bestehen (HOFMANN-WELLENHOF e. a. 1994), um mit dem Empfänger die Satellitensignale empfangen zu können. Bezogen auf den Damavand sind Probleme nur in den Schluchtstrecken des Haraz-Tales und seiner Nebentäler zu erwarten. Ist man z. B. aber an der Position des Gipfelbereiches interessiert, muss sich der Empfänger selbst auf diesem Messpunkt befinden. Auf Grund der Tatsache, dass es sich in erster Linie um ein Navigationssystem für militärische Zwecke handelt, wurde die erzielbare Genauigkeit für den zivilen Anwender eingeschränkt. Dies geschah durch Verfälschung der von den Satelliten ausgesendeten Informationssignale. Die Lagegenauigkeit konnte in diesem Fall in der Größenordnung von 100 m angegeben werden. Diese Situation fanden wir im Frühjahr 1999 am Damavand vor, als wir Positionen für Kontrollpunkte zur Entzerrung der anzuschaffenden Satellitenbildszene ermittelten.

Am 2. Mai 2000 wurde wiederum von B. Clinton, zu diesem Zeitpunkt noch Präsident der Vereinigten Staaten, diese Nutzungsbeschränkung aufgehoben, sodass nunmehr mit Genauigkeiten in der Größenordnung von 10 m gerechnet werden kann. Unsere GPS Messungen im Juni 2000 entlang der Aufstiegsroute von Süden auf den Damavand liegen somit in diesem Genauigkeitsbereich.

Das Kartenblatt Mt. Damavand im Maßstab 1:50.000

Das Ziel der großmaßstäbigen kartographischen Bearbeitung dieser Region lag in einer naturnahen Wiedergabe des imposanten Vulkan-Kegels, der die umliegenden Bereiche um durchschnittlich 3000 m überragt. Der Höhenunterschied von Polur zum Kraterrand beträgt z. B. 3400 m, weitere Höhendifferenzen sowie Angaben zu den folgenden Erläuterungen können dem beiliegenden Kartenblatt entnommen werden. Die Reliefdarstellung in visuell gut auffassbarer Manier sollte also überwiegen, Situationsdetails, insbesondere für touristische Interessen (so werden in neuerer iranischer Literatur über 15 Aufstiegsrouten beschrieben) wurden in den Hintergrund gedrängt, um die Darstellung des Gebirgsmassives in Bild-Strich Manier nicht zu stark zu beeinflussen. Der dargestellte Bereich umfasst im Süden etwa das östlichste Lar-Tal mit seiner Fortsetzung im Haraz-Tal. Dieses setzt sich weiter nach Norden fort und ist bis zur Zufahrtsstraße nach Nandel abgebildet. Im nördlichen Teil des Kartenblattes finden wir den Talkessel um die Ortschaft Nandel (in Mazandarani Noonal) mit dem Passübergang Sardagh zu den weiten Flächen im Westen unter dem Gipfelaufbau des Vulkans. Weiter im Westen wird das Kartenblatt durch das Tal des Dali Chai begrenzt.

Anhand einer Studienkarte, also eines aus vorhandenen kartographischen Produkten unterschiedlicher Qualität und Aktualität abgeleiteten Blattes, erfolgten im Mai 1999 die Positionsbestimmungen, die für die maßstäbliche Darstellung einer Satellitenbildvergrößerung herangezogen werden sollten. Der nächste Schritt bestand in der Beschaffung brauchbarer, wirtschaftlich vertretbarer Satellitenbilddaten. Die Wahl für den gesamten Kartenbereich fiel auf eine russische KFA-1000 Aufnahme, die von der Firma Sovinformsputnik in Moskau angeschafft wurde. Das Bild, als Schwarzweißnegativ und als Farbdiapositiv auf Spektrozonalfilm war im Juni 1990 belichtet worden. Für die dichter besiedelten Bereiche um das Haraz-Tal mit den Zufahrtsstraßen zu den Orten an den Abhängen des Damavand wurden von der erwähnten Firma noch Schwarzweißbilddaten mit einer Auflösung von 2 m („2 meter resolution alternative images") vom August 1994 und September 1995 angeschafft. Für Ergänzungs- und Übersichtsstudien sowie Zeitreihen wurde bei der NASA in den USA noch ein CORONA Stereobildpaar vom Mai 1970 und eine Sequenz von Schrägaufnahmen eines SSEOP-Fluges für das Zentrale Alborz-Gebirge angeschafft.

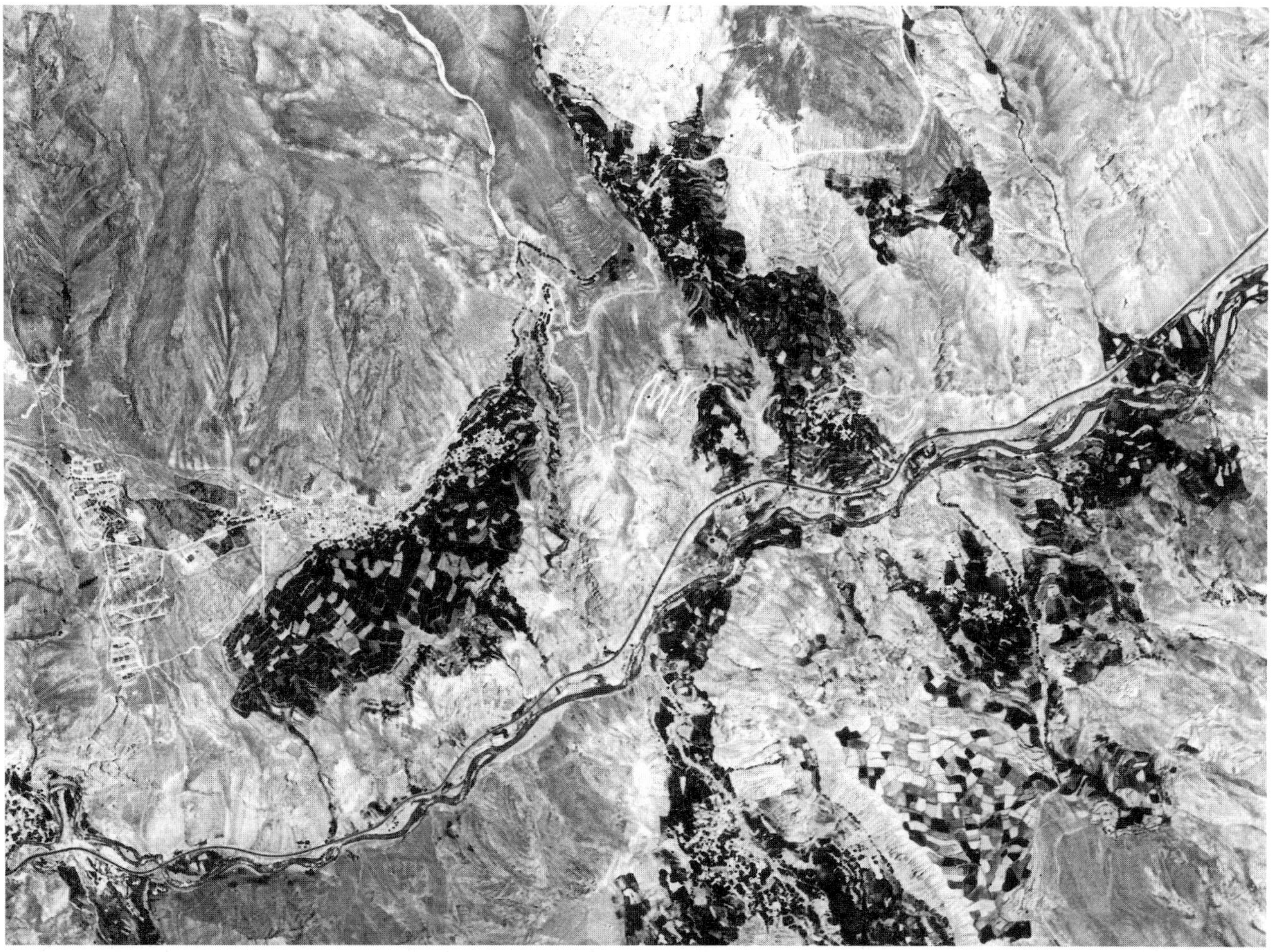

Abb. 8a: Schwarzweiß-Satellitenbildausschnitt im Bereich der Ortschaft Rhine – Haraz-Tal; NASA-CORONA Bild vom Mai 1970.

Abb. 8b: Schwarzweiß-Satellitenbildausschnitt im Bereich der Ortschaft Rhine – Haraz-Tal; Russische KFA-1000-Aufnahme vom Juni 1990.

Abb. 8c: Schwarzweiß-Satellitenbildausschnitt im Bereich der Ortschaft Rhine – Haraz-Tal; Russisches hochauflösendes Satellitenbild vom August 1994.

Die Gegenüberstellung der Satellitenbildausschnitte in der Abbildung 8 lässt einen Qualitätsvergleich der CORONA- mit den KFA-1000 und den hochauflösenden russischen Bilddaten zu.

Als Bezugssystem wurde das weltweit in Verwendung stehende Erdellipsoid des WGS 84 gewählt, das für die kartographische Darstellung in die Kartenebene abgebildet werden musste. Hierfür wurde wiederum die international verbreitete UTM Abbildung herangezogen und in diesem System die Koordinaten der GPS-Punkte berechnet. Auf diese Positionen wurde der Satellitenbildausschnitt der KFA-1000 Aufnahme ohne Relief- und ohne Systemkorrektur eingepasst. Eine Vorgangsweise, die vertretbar ist, da der Einfluss der Geländehöhenunterschiede auf die Lage der Punkte gering ist, weil sich der Vulkankegel ziemlich genau in der Bildmitte befindet. Irgendwelche Korrekturwerte für das Aufnahmesystem wurden von der russischen Firma nicht mitgeteilt, konnten also auch nicht berücksichtigt werden.

Zusätzliche Informationen lieferten existierende Kartenblätter, schriftliche Unterlagen, Informantenbefragungen und eigene Felderhebungen. So wurden z. B. Höhenangaben, die aus vorhandenen Karten entnommen wurden, durch eigene barometrische Höhenmessungen ergänzt und so das Netz der Höhenangaben verdichtet. Alle diese Ausgangsdaten dienten als Grundlage für den Kartenentwurf. Die weitere kartographische Bearbeitung, teils analog, teils digital, lag in den Händen von Heinz Krottendorfer, einem Kartographen, der sich seit über 20 Jahren mit der Problematik des Fernerkundungsbildes (Luftbild und Satellitenaufnahme) in der Gebirgsregion auseinander setzt.

Das Gelände ist durch eine sehr detailreiche Schräglichtschummerung und eine Höhenliniendarstellung mit einer Äquidistanz von 200 m wiedergegeben. Diese Darstellungsform, die auch kleine morphologische Einheiten erkennen lässt, war nur durch die Verwendung der angeführten Satellitenbilddaten als geometrische Basisinformation möglich. Durch die manuelle Bearbeitung konnten auch weitere Zusatzinformationen zur Qualitätssteigerung beitragen. Bezüglich der Situationsdarstellung kann auf die Legende im Kartenblatt verwiesen werden. Einige erläuternde Angaben beschränken sich auf Fels, Vegetation, Siedlung und Verkehrswege. Die Felsdarstellung wurde auf den Informationsgehalt des Satellitenbildes abgestimmt, sehr zart gehalten und individuell durch die manuelle Bearbeitung auf die vorliegenden Felsformationen eingegangen. Die natürliche Vegetation, Weideland ohne geschlossene Grasnarbe, ist kaum abgrenzbar und daher auch nur sehr zart wiedergegeben. Die künstlich bewässerten Bereiche hingegen, Ackerland und Baumbestand wurden nicht getrennt, sind aber klar abgrenzbar und zufolge ihres Charakters auch in kräftigerem Farbton gehalten. Probleme traten bei der Abgrenzung der Vegetation zum Siedlungsbereich auf, die auch in der Natur nicht eindeutig angebbar ist. So wurden lediglich die am stärksten verbauten Bereiche abgegrenzt, ohne auf Einzelgebäude im Siedlungsverband Rücksicht zu nehmen. Eine Vorgangsweise, die im Kartenmaßstab 1:50.000 vertretbar ist, in manchen Fällen aber zu grober Generalisierung führte. Die Verkehrswege wurden in vier Kategorien gegliedert. In die Transitroute, die Amol durch das Haraz-Tal mit Tehran verbindet, in Hauptstraßen, die zu den einzelnen Ortschaften führen und in Straßen, die noch mit Geländefahrzeugen befahrbar sind. Aufgelassene Straßen und solche ohne Bedeutung, etwa zu nicht mehr aktiven Abbaugebieten, wurden nicht kartographisch dargestellt. Saumpfade und Fußwege mit der gleichen Signatur sind nur dort eingezeichnet, wo sie bei unseren Feldbegehungen zu erkennen waren. Das Namensgut wurde in Farsi und Englisch eingetragen. Die analog hergestellten Teilprodukte wurden gescannt, sodass am Ende des Herstellungsprozesses ein digitales Produkt vorlag, aus dem dann die analogen Druckvorlagen für den Mehrfarbendruck abgeleitet werden konnten. Den Abschluss der Kartenherstellung bildete der Auflagendruck.

Der Weg in die Zukunft

Digitale Methoden und Weiterentwicklungen der GPS-Navigation haben auch den Aufgabenbereich kartographischer Darstellungen verändert. Mit relativ geringem Aufwand lässt sich die Bezugsfläche und die Abbildung verändern, der Maßstab kann in bestimmten Grenzen variiert werden und es lässt sich auch nachträglich noch eine Korrektur zufolge von Lageunsicherheiten, durch das Relief oder das Aufnahmesystem verursacht, berücksichtigen. Wenn erforderlich, kann ein genaues digitales Geländemodell hergestellt werden und durch die digitale Karte, oder einige Teile dieses Produktes überlagert werden. In diesem Zusammenhang ergibt die Angabe „nicht relief- und nicht systemkorrigiert" am Kartenblatt einen Sinn. GPS-Empfänger mit der Möglichkeit von Routeneingaben und graphischem Display, also digitale Pfadfinder, ergänzen heute die analoge Karte auf Papier. Diese dient nach wie vor der visuell auffassbaren Umweltinformation, ihre Bedeutung als „graphisches Messergebnis" nimmt aber ab. Im Feld kann sie durch GPS-gesteuerte moderne Produkte wenn nicht ersetzt, so doch zunehmend ergänzt werden. Nummerische Positionswerte, im elektronischen Datenspeicher eingegeben, können zusätzlich zur Karte hilfreich sein, wenn es um einen Rückzug bei Schlechtwetter oder Dunkelheit geht. Beispielhaft wurden im Juni 2000 für 4 Punkte an der Aufstiegsroute von Süden mit einem kleinen GPS-Empfänger, einem Trimble Ensign, Positions- und Höhenmessungen durchgeführt (Tabelle 4).

Position WGS 84	Geogr. Breite N	Geogr. Länge E	Höhe ft/m	Kartenhöhe/m
Straßenabzweigung westl. Rhine	35°52',726	52°07',269	8.000/2438	2440
Moschee Gusfandsara	35°54',114	52°06',574	10.000/3048	3020
Shelter Bargah-e Savvon	35°55',824	52°06',516	13.800/4206	4150
Südl. Kraterrand Damavand	35°57',290	52°06',630	18.500/5638	5671

Tabelle 4: GPS-Messergebnisse auf der Südroute zum Damavandgipfel vom Juni 2000.

Diese Messungen sind während der Besteigung mit jeweils kurzer Messdauer und unter der großen Anstrengung des 65-jährigen Beobachters entstanden. Der Zusammenhang des verwendeten Referenzellipsoides des WGS 84 mit dem Höhensystem der Karte, das aus anderen Datenquellen abgeleitet wurde, ist nicht bekannt. Die Höhenmessung am südlichen Kraterrand ist nicht am höchsten Punkt durchgeführt worden. Berücksichtigt man schließlich noch die Identifizierungsschwierigkeiten bei den Messpunkten, sind die Abweichungen der GPS-Höhen von den Kartenhöhen leicht erklärbar und die Übereinstimmung sehr zufriedenstellend.

Bibliographie

ADAMEC, L. W. (1976): Tehran and Northwestern Iran. Historical Gazetteer of Iran, Vol. 1 Akademische Druck- und Verlagsanstalt, Graz.

APT, J., M. HELFERT and J. WILKINSON (1996): ORBIT, NASA Astronauts Photograph the Earth. National Geographic Society.

BOBEK, H. und J. SUTOR (1957): Die Takht-e Suleiman Gruppe im mittleren Alborz-Gebirge, Nordiran, in: Festschrift zur Hundertjahrfeier der Österreichischen Geographischen Gesellschaft, Wien.

BUCHROITHNER, M. F. (1989): Fernerkundungskartographie mit Satellitenaufnahmen, Digitale Methoden, Reliefkartierung, geowissenschaftliche Applikationsbeispiele. Die Kartographie und ihre Randgebiete, Enzyklopädie Band IV/2, 523 S.

CALL-ROSENBURG, G. (1876): Das Larthal bei Teheran und der Demawend, in: Mitt. der geogr. Gesellschaft in Wien 1876, XIX Band, S. 113–142.

HABERLAND, D. (Hrsg.) (1986): Adam Olearius, Moskowitische und Persische Reise: die holsteinische Gesandtschaft beim Schah; 1633–1639. Thienemann, Edition Erdmann, Stuttgart–Wien, 393 S.

HEDIN, S. (1892): Der Demavend nach eigener Beobachtung, in: Verhandlungen der Gesellschaft für Erdkunde in Berlin, Band XIX, Berlin, S. 304–332.

HENZE, D. (1988): Enzyklopädie der Entdecker und Erforscher der Erde, Band 4, ADEVA Graz.

HOFMANN-WELLENHOF, B., G. KIENAST und H. LICHTENEGGER (1994): GPS in der Praxis. Springer Verlag Wien, New York, 143 S.

JACKSON, P. and L. LOCKHART (Eds.) (1986): The Cambridge History of Iran, Vol. 6: The Timurid and Safavid Periods, Cambridge University Press.

JORDAN-EGGERT (1931): Handbuch der Vermessungskunde, Zweiter Band, erster Halbband. Metzlersche Verlagsbuchhandlung, Stuttgart.

McDONALD, R. A. (Ed.) (1997): CORONA, between the Sun and the Earth. American Society for Photogrammetry and Remote Sensing, Bethesda, Maryland, USA.

MORGAN, J. de (1894): Mission Scientifique en Perse, Études Géographiques, Ernest Leroux, Paris.

MORGAN, J. de (1905): Mission Scientifique en Perse, Études Géologiques, Ernest Leroux, Paris.

PARRY, R. B. and C. R. PERKINS (1987): World Mapping Today, Butterworths, London e. a.

STRUVE, O. (1856): Kapitän Lemm's Astronomische Expedition nach Persien in den Jahren 1838 und 1839, in: Mitteilungen aus Justus Perthe's Geographischer Anstalt (Petermanns Geographische Mitteilungen) Jg. 1856, S. 137–141.

Zur Entdeckungsgeschichte des Damavand

A – VON HOMER BIS PTOLEMAIOS

Hält man sich an Forbiger, einen der wohl größten Kenner der alten Geographie, so lassen sich entwicklungsgeschichtlich vier Perioden erkennen, die über rund 700 Jahre geographisches Wissen über die damals bekannte Welt darbieten:
a) Die „Mythische Geographie" vom Anbeginn griechischer Kultur bis zu Herodot,
b) die „Historische Geographie" von Herodot bis Eratosthenes (444–276 v. Chr.),
c) die „Systematische Geographie" zwischen Eratosthenes und Ptolemaios (276 v. Chr.–161 n. Chr.) und schließlich
d) die „Mathematische Geographie" zwischen Ptolemaios und dem Sturz des Weströmischen Reiches 476 n. Chr.

Zur „Mythischen Geographie" sind bereits die großen Dichter wie Homer oder Hesiod zu rechnen, die in ihren Epen zahlreiche Hinweise auf bestimmte Örtlichkeiten bringen, die den Leser oder Zuhörer neben dem Mythos auch die reale Welt vor Augen führten, bestimmte Städte, Berge, Flüsse etc. erwähnen, wo außergewöhnliche Geschehnisse angesiedelt werden.

Schon Strabo (um 63 v. Chr. bis 20 n. Chr.) nannte Homer deshalb den ältesten Geographen, dessen Kenntnis der damaligen Welt schon sehr weit in den Osten, wahrscheinlich sogar bis zum Kaspischen Meer gereicht hat. Die entsprechende Stelle findet sich zu Beginn des Dritten Gesangs der Odyssee, nach der sich täglich Helios aus dem Sonnenteich erhebt, um seinen Lauf über den Himmel zu beginnen:

„Jetzo erhub sich die Sonn' aus ihrem strahlenden Teiche Auf zum ehernen Himmel, zu leuchten den ewigen Göttern und den sterblichen Menschen auf lebenschenkender Erde."

Rund zweihundert Jahre nach Homer (um 700 v. Chr.) schreibt Hesiod von Askra in Boiotien seine „Theogonie", ein „grundlegendes Buch der griechischen Mythologie", wie es Karl Albert in seiner Einführung zu dem Werk nennt, das jedoch viel zu wenig beachtet wird, obwohl es bei den alten Griechen in ähnlich hohem Ansehen stand wie die Homersche Dichtung. In dem Zeitraum zwischen Homer und Hesiod hat die Geographie große Fortschritte gemacht, besonders in Richtung Westen und Nordosten hat sich der Gesichtskreis erweitert. Dass sich die Kenntnis der griechischen Welt auch nach Osten hin verbessert hatte, zeigt uns der Begründer der attischen Tragödie Aischylos (525–456 v. Chr.), kein Wunder, gehört er doch jener Generation an, die die Perser bei Marathon und Salamis besiegt hat. Städte wie Susa oder Ekbatana (heute Hamadan) sind ihm ebenso geläufig wie die Länder Medien oder Baktrien.

Darstellung der Erde (Ausschnitt) nach Hekataios von Milet, 6./5. Jh. v. Chr. (FORBIGER: I, 50).

Nicht zu vergessen sind auch jene ältesten griechischen Geschichtsschreiber vor Herodot, deren Berichte nicht im Original erhalten, sondern nur aus den Nachrichten späterer Schriftsteller auf uns gekommen sind, man hat sie unter dem Sammelnamen „Logographen" zusammengefasst. Zu ihnen gehört z. B. Dionysios von Milet, der kurz vor Ausbruch der Perserkriege gelebt hat und der besonders über Persien genaue Kenntnisse verbreitet haben soll. (FORBIGER: 48)

Wenn wir in der Folge öfter auf das Kaspische Meer zu sprechen kommen, so hat das seinen Grund darin, dass es einen geographischen Fixpunkt darstellt, indem es die Lage des Alborz-Gebirges in seinem Süden und damit den Damavand, dessen höchste Erhebung, klar definiert.

Noch genauer als seine Vorgänger unterrichtet war Hekataios von Milet (549–486), ein vielgereister Mann, der sich um die Beschreibung der Erde große Verdienste erworben hat. Ihm war die Westküste des Kaspischen Meeres ein Begriff, und auch die Völkerschaften Persiens waren ihm geläufig. Wie man später Herodot den Beinamen „Vater der Geschichte" gab, so hat man den etwa 70 Jahre früher lebenden Hekataios, der das Wissen der Ionier zusammenfasste, „Vater der Geographie" genannt. (GABRIEL: 5)

Wenden wir uns nun der zweiten Periode zu und besonders jenem Mann, den schon Cicero und nach ihm viele andere als den „Vater der Geschichte" bezeichnet hatten. Er wurde um 485 v. Chr. in der Küstenstadt Halikarnaß in Kleinasien geboren und bereiste im Laufe seines Lebens die damals bekannte Welt. Mit Recht kann man ihn den ersten europäischen Forschungsreisenden in Asien nennen, der auch Persien besuchte. Er ist auch der erste, der erkannte, dass das Kaspische Meer ein Binnenmeer ist, eine Erkenntnis, die später wieder verlorenging. Eine Zusammenfassung dieser wichtigen geographischen Frage gibt Henze im 4. Band seiner „Enzyklopädie" unter dem Stichwort RUBRU(C)K, die in ihrer Prägnanz besticht und daher hier wörtlich wiedergegeben werden soll:

„An der bereits von Herodot (I.202) geäußerten Vorstellung, daß das Kaspische Meer ein ‚Meer für sich' sei und ‚mit dem andern' nicht zusammenhängt ... hatte das Altertum nicht geschlossen festgehalten. Noch Aristoteles (Met I.13.29; II.1.10) hatte sich dazu bekannt. Es bildete sich aber doch schon zu seiner Zeit die Meinung heraus, das Kaspische Meer (Hyrcanum Mare) müsse eine Ausstülpung des nördlichen Ozeans sein, mit diesem verbunden durch eine nur vier Stadien breite Meerenge. Namentlich unter dem Einfluß des ERATOSTHENES, dem sich STRABO (XI.507) anschloß, kam der Irrtum wieder zur Geltung. Eine Wende leitete DIODOR (XVIII.5) ein, der das Hyrcanische Meer als ein Binnenmeer beschrieb, und vor allem dann PTOLEMÄUS." (HENZE: IV, 690)

Herodot war es auch, der von den Persern zu berichten wusste, dass sie alle jene verachteten, die ihren

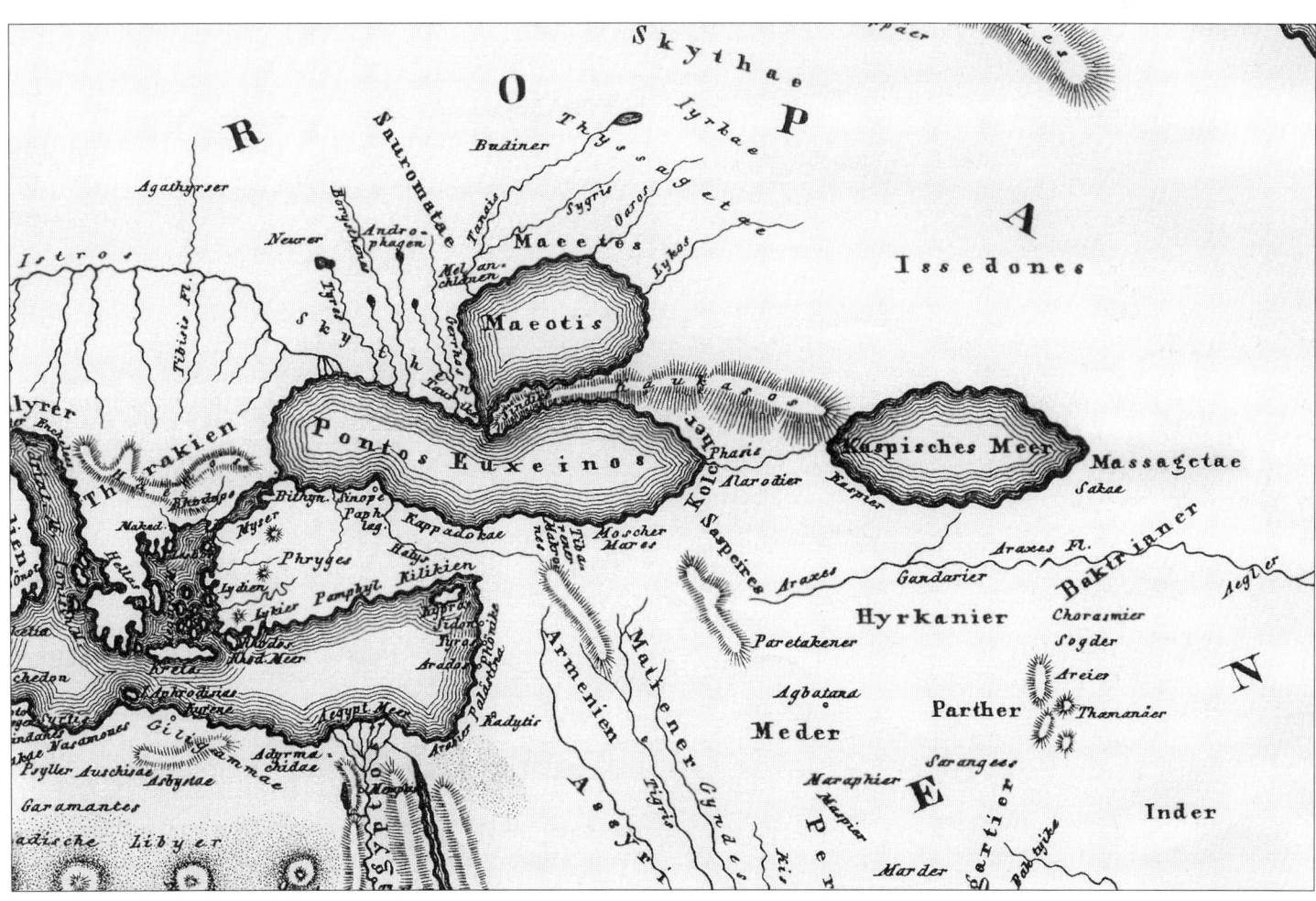

Darstellung der Erde (Ausschnitt) nach Herodot von Halikarnaß, 5./4. Jh. v. Chr. (FORBIGER: I, 68).

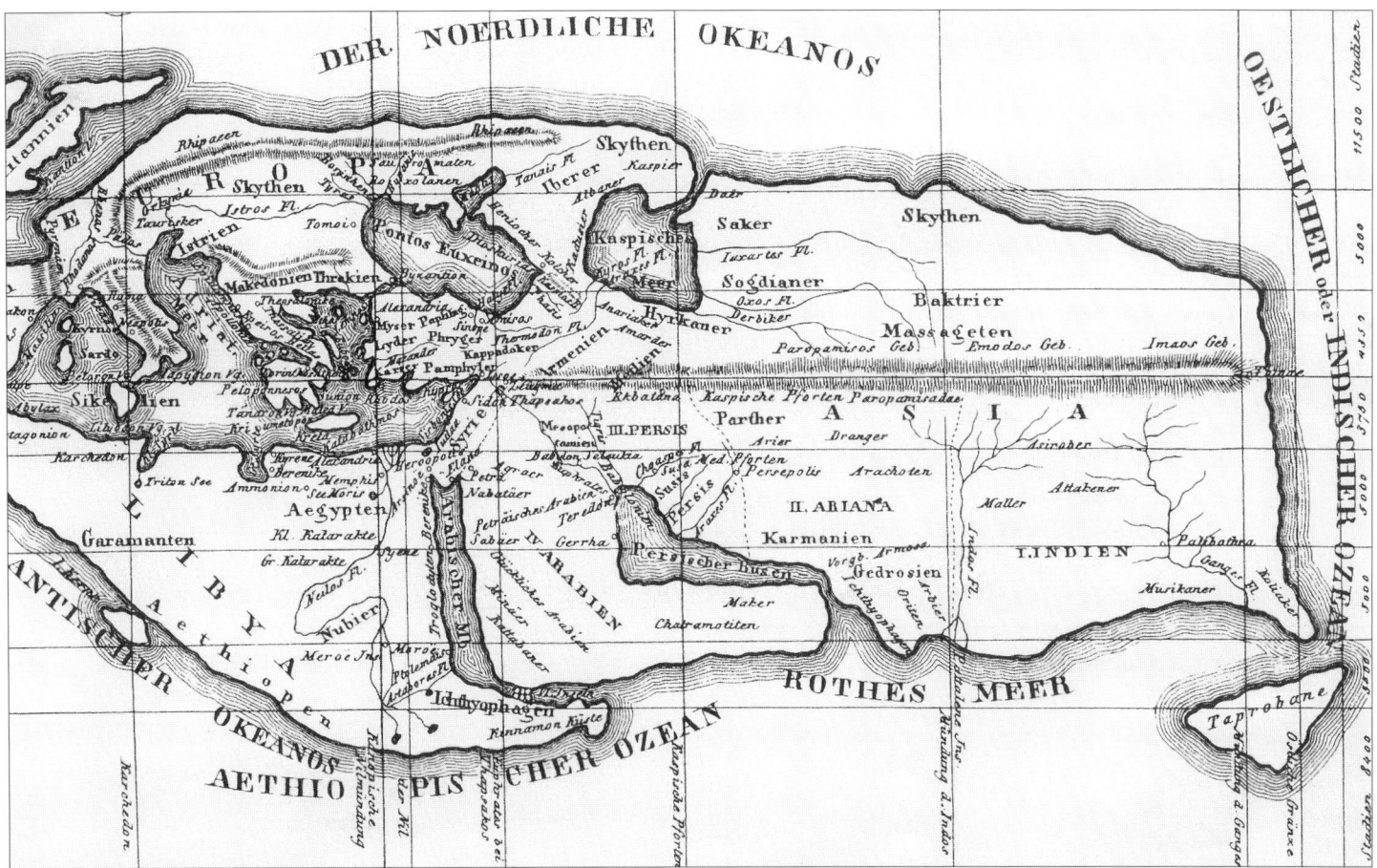

Darstellung der Erde (Ausschnitt) nach Eratosthenes von Kyrene, 3. Jh. v. Chr. (FORBIGER: I, 180).

Gottesdienst in Tempeln abhielten, statt sich auf die Berge in lichte Höhen zu begeben. Es erscheine ihnen als Frevel, die im ganzen Universum vorhandene Gottheit innerhalb eines Gebäudes einzuschließen. (HERODOT: I.131,132) Wohl ein Hinweis auf die Kultstätten der Zoroastrier, die auf weithin sichtbaren Bergen unter freiem Himmel angelegt waren.

Nicht im Original, sondern nur in Auszügen bei anderen Schriftstellern erhalten, sind die Nachrichten des Ktesias aus Knidos (südwestliches Kleinasien), der als Leibarzt des persischen Königs Artaxerxes Mnemon (um 400 v. Chr.) tätig war. Man hat zwar seinen Hang zum Wunderbaren und Fabelhaften schon in der Antike bekrittelt, doch dürfte er wohl – was die persischen Verhältnisse anlangt – glaubwürdig sein, hat er doch längere Zeit am persischen Hof gelebt und hatte dort sicherlich Zugang zu wichtigen geographischen Daten des Reiches.

Auch Xenophon (434–355 v. Chr.), der durch seine „Anabasis", den „Rückzug der Zehntausend", berühmt geworden ist, kannte Teile Persiens aus eigener Anschauung.

Der nach Forbigers Einteilung dritten Periode, der „systematischen", gehört Eratosthenes (um 275–214 v. Chr.) aus Kyrene in Afrika an, der als erster den Erdumfang feststellte und der die Geographie zum Rang einer wirklichen Wissenschaft erhob. Leider sind auch seine Werke im Original verlorengegangen. Wie aus der Illustration ersichtlich und bereits oben erwähnt, hatte nach seiner Vorstellung das Kaspische Meer einen Ausfluss in den „Nördlichen Okeanos".

Einen wesentlichen Beitrag zur systematischen Geographie im Allgemeinen und zur Kenntnis Persiens im Besonderen lieferte Polybios aus Megalopolis in Arkadien. Er lebte etwa zwischen 200 und 120 v. Chr. Er ist der erste, der uns den Bergnamen Labus oder Labutas in Parthien, das Tapurische Gebirge in der Landschaft Tapyria in der Nähe des Kaspischen Meeres, das Gebirge Zagros und den Berg Orontes bei Ekbatana (heute Hamadan) nennt. (FORBIGER: 233 f.)

Einen Quantensprung in der antiken Geographie stellt Strabon (um 63 v. Chr. bis 20 n. Chr.) aus Amaseia in Pontos (nördliche Küstenlandschaft Kleinasiens) dar, dem die Erdkunde „... *das erste große und voll-*

ständige, lange vorbereitete, nach einem wohl durchdachten Plane ausgearbeitete, mit ebenso viel Geist als Fleiss behandelte Werk ..." verdankt. (FORBIGER: 302) Im 11. Buch seines 17 Bücher umfassenden geographischen Handbuches beschreibt er u. a. das Kaspische Meer und seine Anwohner, Parthien, Aria, Margiana, Bactrien und Sogdiana und Hyrkanien. Strabo gab den Stand des Wissens um Persien um ca. 20 n. Chr. wieder. Bei ihm taucht auch zum ersten Mal der Mons Jasonius auf. Der berühmte Geograph Carl Ritter vermerkt dazu, dass sich dieser Name im Gegensatz zu Labutas und Mons Coronus nicht im Bewusstsein der umwohnenden Bevölkerung erhalten habe, die Namen Lawud (nach Labutas) und Karen (nach Mons Coronus) seien den Einheimischen hingegen noch ein Begriff, wobei Karen das Grenzgebirge zu Mazandaran darstelle. (RITTER: 561)

Eine weitere herausragende Persönlichkeit dieser Zeit ist der Mathematiker und Geograph Marinos aus Tyros in Phönizien. Er lebte um ca. 150 n. Chr. Auch seine Schriften sind leider im Original verloren. Seine Erkenntnisse hat uns jedoch Ptolemaios vermittelt. Seine bahnbrechende Leistung besteht darin, dass er jedem Ort einen bestimmten Längen- und Breitengrad zuweisen konnte. Damit war auch ein gewaltiger Schritt in der Verbesserung der Karten getan.

Die letzte Periode wird eingeleitet durch den großen Astronomen, Mathematiker und Geographen Klaudios Ptolemaios, der etwa zwischen 85 n. Chr. und 160 n. Chr. in Alexandria lebte. Er fasste die Erkenntnisse seiner Vorgänger und seine eigenen in einem System zusammen, das nach ihm das „Ptolemäische" genannt wurde und in Europa bis zu Kopernikus maßgebend blieb. Sein Werk wurde 827 ins Arabische übersetzt.

Die „Quinta Asiae tabula" der „Geographie" des Ptolemaios zeigt Persien schon ziemlich genau in seinen Grenzen, auch die Geschlossenheit des Kaspischen Meeres wird wieder vertreten, eine Meinung, die erstmals Herodot geäußert hatte.

Ziemlich gleichzeitig mit Ptolemaios haben sich noch zwei Griechen besondere Verdienste um die Erdbeschreibung erworben: Der Geschichtsschreiber Arrianos, der als römischer Bürger den Namen Flavius führte, und der berühmte Pausanias, der sich selbst als Lydier bezeichnete. Er ist der Verfasser der wertvollsten und heute noch mit großem Genuss zu studierenden Reisebeschreibung aus dem Altertum.

Die letzte Quelle, die wir hier noch anfügen müssen, ist das geographische Wörterbuch des Stephanos von Byzanz, der wahrscheinlich zu Beginn des 6. Jahrhunderts gelebt hat und über den viele klassische Autoren, für die keine Originalschriften mehr vorhanden sind, in ihren Aussagen erhalten geblieben sind. Er nannte sein Wörterbuch „Ethnika".

Es ist nun an der Zeit festzustellen, dass „Alborz" und „Damavand" bei den griechischen Geographen namentlich nicht vorkommen, wir haben jedoch Belege für andere Namen, die offensichtlich für das Alborz-Gebirge und für den Berg Damavand standen. Der oben genannte Polybios erwähnt den Berg „Orontes" (Ptol. 6,2) bei Ekbatana als Teil des Anti-Taurus-Gebirges, das sich im Süden des Kaspischen Meeres zwischen Hyrcanien und Parthien erstreckt, sowie den Mons Coronus (Ptol. 6,2), über den Forbiger meint:

„.... *jetzt gewiß der hohe, kegelförmige Demawend, dessen östlicher Rücken noch immer Karen heißt, weiter östlich aber zwischen Margiana und Aria ‚Sariphi Montes' (Ptol. 6,17), der jetzt Hasarisches Gebirge und südöstlicher, an der nördlichen Grenze von Drangiana Bagous Mons (Ptol. 6,17.19), alles Theile des großen Alburgsgebirges.*" (FORBIGER: 47 f.)

Wir haben es also mit einer Fülle von Bezeichnungen zu tun, die immer ein- und dasselbe Gebirge meinen, wofür aber jeweils andere Namen eingesetzt werden. Wie in meinem Beitrag zu diesem Buch „Über die Namen des Berges Damavand" ausgeführt, kommt noch ein weiterer Name dazu, den man mit dem schnee- und eisbedeckten hohen Fünftausender in Verbindung gebracht hat: „Mons Jasonius", ein Ast des Parachoatras, der laut Ptolemaios (6,2) durch einen in nordwestlicher Richtung Medien durchziehenden Arm namens Jasonius mit den Zweigen des Anti-Taurus zusammenhing. (FORBIGER: 50)

Dass trotz seines die anderen Berge hoch überragenden Erscheinungsbildes für den Damavand nur eine sehr ungenaue Lage von den alten Geographen angegeben werden konnte bzw. ein eigener eindeutiger Name nicht feststellbar ist, wird wohl damit zusammenhängen, dass keine der Heeresstraßen oder überregional wichtigen Handels- und Karawanenwege unmittelbar an dem Koloss vorbeiführten. Von hohen Vorbergen verdeckt, die sich auf seiner Südseite in westöstlicher Richtung hinziehen, bekam man ihn nur aus weiter Entfernung schemenhaft zu Gesicht, und Einheimische werden daher immer nur jene Namen angegeben haben, die lokale Bezeichnungen für die sichtbaren Vorberge im Süden des Alborz waren. Zusammenfassend lässt sich also sagen, dass es eine genaue Beschreibung des Damavand, auf Grund der man den Berg identifizieren könnte, bei den griechischen Schriftstellern der Antike nicht gibt.

B – DAS ARABISCH-ISLAMISCHE WISSEN ÜBER DAS ALBORZ-GEBIRGE UND DEN DAMAVAND

Als um 610 n. Chr. der einstige Hirtenknabe und spätere Kaufmann Muhammad ibn 'Abd-Allah seine Landsleute zum Glauben an einen Gott aufrief, machte er sich zunächst nur wenige Freunde. Er wurde angefeindet und musste 622 sogar seine Heimatstadt Mekka verlassen und vor seinen Gegnern in das ca. 350 km entfernte Yatrib flüchten, die Stadt, die man später „Medina", Stadt des Propheten, nennen sollte. Dieses Ereignis, die Hedschra, wurde zum Beginn einer neuen Ära.

Um diese Zeit gab es Krieg zwischen dem mächtigen Byzanz und den in Persien herrschenden Sassaniden. Doch Chusrau II. Parviz (591–628), der letzte Großkönig der Sassaniden, führte nicht nur Krieg gegen Byzanz, sondern auch gegen Syrien und Palästina – aus Jerusalem soll er sogar das Kreuz Christi nach Ktesiphon verschleppt haben – und gegen die Araber. Während seiner Herrschaft breitete sich die neue Religion des Islam unaufhaltsam über den gesamten Nahen Osten aus. Schließlich musste sich Yazdgerd III., der letzte Sassanidenkönig, mit seinen Armeen bei Qadesi-yeh und Nehavand im Jahr 642 geschlagen geben. Für die iranische Bevölkerung, die vom sassanidischen Adel unterdrückt und ausgebeutet worden war, waren die Araber und ihr neuer Glaube, der die Gleichwertigkeit aller Menschen predigte, Befreier. Infolge der nach dem Tod Muhammads einsetzenden Machtkämpfe um die legitime Nachfolge kam es im Iran zu Aufständen und schließlich zwischen dem 9. und 11. Jahrhundert zur Gründung lokaler Dynastien, die relativ unabhängig vom Kalifat agieren konnten, und anschließend zur türkisch-mongolischen Vorherrschaft. Um 660 erstreckte sich der Machtbereich des Kalifats von Tripolis im Westen über ganz Vorderasien und Iran bis nach Afghanistan im Osten, etwa hundert Jahre später sogar von Spanien bis Indien. Und selbst die strategisch leicht zu verteidigenden Provinzen südlich des Kaspischen Meeres wie Gilan, Mazandaran und Gurgan lagen jetzt unter dem Einflussbereich des Kalifats.

Dieser kurze Abriss iranischer Geschichte nach Einführung des Islam sollte dem Leser die politischen Hintergründe für das Wirken der in der Folge angeführten arabisch-islamischen Persönlichkeiten der Wissenschaft jener Zeit erläutern.

Wissen galt den Muslimen von Anfang an als Hauptpfeiler des Glaubens, und so ist es nicht verwunderlich, dass theologischen Problemen und Rechtsfragen ein großer Stellenwert eingeräumt wurde. Mit der enormen Vergrößerung des Einflussbereichs war es auch erforderlich, Antworten auf verwaltungstechnische und geographische Fragen zu geben. Die Bildung der geistlichen und politischen Führer nahm nicht nur im Kernbereich der Macht einen enormen Aufschwung, sondern auch in den später eroberten Gebieten, zu denen auch Persien gehörte. Neben den Arabern widmeten sich nun auch die Intellektuellen beispielsweise im Iran, die den neuen Glauben und damit auch die arabische Schrift und Sprache übernommen hatten, den verschiedenen Wissenschaftszweigen.

Zahlreiche Schriften wurden nun aus dem Pahlawi (Mittelpersisch) ins Arabische übersetzt, die selbst einst aus dem Sanskrit oder aus dem Griechischen ins Persische übertragen worden waren. Infolge dieser regen Übersetzertätigkeit wurde damit ein Großteil des antiken Wissens später auch für die westliche Welt gerettet. Da die übersetzten Werke auch bearbeitet wurden, kam es zur Anpassung des griechischen Erbes an die neue Zeit. Die Werke des Aristoteles, die Geometrie des Euklid, die medizinischen Schriften des Hippokrates und Galen, die Materia medica des Dioskurides u. v. a. mehr wurden dadurch im großen islamischen Kulturraum bekannt.

Unter den übersetzten und kommentierten Werken waren auch jene der Geographen, wie z. B. die des Ptolemaios. Die Nutzbarmachung griechischer Wissenschaft und griechischen Denkens in dem neuen durch den Islam geschaffenen Großraum ließ das gesamte Wissen der damaligen Zeit zusammenfließen und sicherte damit die Vormachtstellung islamischer Kultur in der damals bekannten Welt.

Das geographische Wissen über den Iran hatte im Mittelalter gewaltig zugenommen, wurde jedoch erst zu Beginn der Neuzeit in Europa bekannt. Was diese Schriften auszeichnet, hat schon einer der besten Kenner der Materie so formuliert:

„Nicht eine trockene Aufzählung geographischer Daten bieten die besten unter ihnen, sondern lebenswarme Schilderungen von Land und Leuten ihrer Zeit, die für die Culturgeschichte reicheren Aufschluss gewähren, als die Chroniken der Historiker." (SCHWARZ: 1)

Wir wollen uns nun im Einzelnen jenen Persönlichkeiten der arabisch-islamischen Geographie zuwenden, die einen Bezug zu Mazandaran (Tabaristan) im Allgemeinen und zum Damavand im Besonderen geschaffen haben. Wie schon in Abschnitt A wollen wir auch nun chronologisch vorgehen, um auf diese Weise die Vermehrung und Intensivierung des Wissens um das sich in vielen Einzelketten hinziehende Berggebiet im Norden Irans kennen zu lernen. Als Hauptquelle verwenden wir dazu die überaus verdienstvolle Darstellung von Paul Schwarz: „Iran im Mittelalter nach den arabischen Geographen".

Ibn Hurradadbih – Der älteste arabisch-islamische Geograph

Bereits aus der Mitte des 9. Jahrhunderts liegt uns ein Buch vor, das die geographischen Verhältnisse in der damaligen islamischen Welt aufzeigt. Es handelt sich um das Werk „al-Masalik wa'l mama-lik", was so viel wie „Buch der Wegstrecken und Königreiche" bedeutet und im Auftrag des Kalifen von Ibn Hurradadbih (genannt Abu'l-Qasim) verfasst wurde. Er stammte aus Khorassan, wuchs jedoch in Bagdad auf und erhielt dort auch seine wissenschaftliche Ausbildung, die ihn dazu befähigte, die bereits vorhandene einschlägige Literatur zu sichten und zusammenzufassen. Als Direktor des abbasidischen Post- und Nachrichtenwesens schuf er ein Kompendium über die Entfernungen der einzelnen Örtlichkeiten, über Flüsse und Wasserstellen entlang der Routen, über das Steueraufkommen der Bevölkerung und andere verwaltungstechnisch wichtige Daten. Er beschrieb darin auch auffallende Bauwerke, lieferte Beschreibungen der Städte, so z. B. von Shush, das die Griechen einst Susa nannten: *„Zu den wunderbaren Bauwerken gehört die Veste von Sus in Ahwaz, es ist eine Veste über einer anderen"* (zit. nach SCHWARZ: IV, 358). Auch der Name Damavand – allerdings in der Form „Dumawend" – findet sich bei Ibn Hurradadbih (Hord. 118,5, zit. nach SCHWARZ: VI, 785).

Wir haben dieses frühe geographische Werk deshalb an den Anfang unserer Betrachtungen gestellt, weil es in seiner Grundstruktur Vorbild für alle seine Nachfolger geworden ist. Nur wenige Exemplare sind in Abschriften auf uns gekommen. Eine dieser Handschriften wird in der Österreichischen Nationalbibliothek (Cod. mixt. 783) aufbewahrt. *„Sie wurde von Graf Landberg in Alexandrien erworben und anlässlich des Orientalistenkongresses in Wien 1886 der Hofbibliothek geschenkt."* (AL SAMAN: 389) Leider ist der Band nicht illustriert und enthält auch kein Kartenmaterial. Das sollte erst rund hundert Jahre später bei Istakhri beigefügt werden.

Al-Istakhri und Ibn Haukal

Rund hundert Jahre nach Ibn Hurradadbih machen zwei weitere arabische Geographen von sich reden: Al-Istakhri und Ibn Haukal. Der volle Name von Istakhri lautet: Abu Ishak Ibrahim B. Muhammad al-Farisi. Leider wissen wir über seine Person so gut wie nichts. Sein Werk, das er unter dem selben Titel wie Hurradadbih „Masalik al-Mamalik" herausbrachte, ist die Neubearbeitung eines älteren, thematisch ähnlichen Buches, das von Abu Zaid al-Balkhi, dem Begründer der sog. Balkhi-Schule und Bearbeiter einer zwanzigteiligen Weltkarte verfasst wurde. (KREISER: 195) Neubearbeitungen bestehender Werke waren durchaus üblich. Istakhris Werk selbst diente später Ibn Haukal als Grundlage. Wir wissen, dass Istakhri Ibn Haukal selbst darum gebeten hat, als sich die beiden im Jahre 951/52 trafen. Daraus konnte man auch schließen, dass Istakhri in der ersten Hälfte des 10. Jahrhunderts gelebt hat.

Einen Schritt nach vorwärts tat Istakhri, indem er seinem Werk Karten beifügte. In den sog. Islam-Atlanten der Österreichischen Nationalbibliothek findet sich eine Persienkarte von ihm: *„... extrem schematisiert als Diagramm."* (LAZAR: 594)

Von seinem Werk „Buch der Wegstrecken und Königreiche" gibt es eine auszugsweise Faksimile-Ausgabe, die von J. H. Moeller 1839 ediert wurde. Eine Übersetzung ins Deutsche erfolgte jedoch erst auf Anregung von C. Ritter durch den Orientalisten A. D. Mordtmann. (HENZE: III, 524 f.)

Meines Wissens ist Istakhri der erste arabisch-islamische Geograph, der den Berg Damavand namentlich erwähnt. Von dem Stadtteil Ruda, wo sich der größte und belebteste Bazar von Raij befindet (das Rages der alten Griechen, das in der Nähe von Tehran liegt), könne man den Damavand sehen. (zit. nach SCHWARZ: VI, 778)

In diesem Zusammenhang soll nicht unerwähnt bleiben, dass es vom Berg Damavand schon vor

Istakhri eine überaus exakte Beschreibung gibt, die Ali Ibn Zain al Kateb in seinem Werk „Paradies der Philosophie" gegeben hat. Daraus lässt sich schließen, dass der Berg längst bestiegen worden war. Es heißt darin, dass es ausgehend vom Dorf Ask zwei Tagesreisen bis zum Gipfel des Berges seien, der aus einem kegelförmigen Turm oder spitzen Dom bestehe, der auf allen Seiten mit ewigem Schnee bedeckt sei. Auf dem höchsten Gipfel sei ein Dom von 30 Jochen, auf dem der Schnee niemals hafte. Dieser Bereich sei sandig und weiche unter dem Fuße. Vom Gipfel schauten die anderen Berge wie kleine Hügel aus. Es gäbe hier auch 30 Spalten und Löcher, aus denen Schwefeldampf mit Getöse emporsteige, woraus sich ergebe, dass in den inneren Höhlen des Berges ein Feuer brenne. So heftig sei dort (am Gipfel) der Wind, dass kein Tier es oben aushalten könne. (RITTER: 565 f.)

Diese lebensnahe Schilderung kann nur von jemandem stammen, der tatsächlich den Gipfel erreicht hatte – das schon spätestens zu Beginn des 10. Jahrhunderts, aber wahrscheinlich schon viel früher. Man kann davon ausgehen, dass es die Bewohner in der Gegend von Ask waren, die den Berg schon seit urdenklichen Zeiten wegen des wertvollen Schwefels erklommen haben, den sie oben sammelten und zu Tal brachten. Dem jungen Sven Hedin, der den Damavand am 11. Juli 1890 selbst bestiegen hatte, ist bereits aufgefallen, dass diese frühe Beschreibung, die er bei Carl Ritter gelesen hatte, „... *der Wahrheit sehr nahe kommt, von Jemand herrührt, der selbst auf dem Gipfel gewesen ist ...*" (HEDIN: 305)

Dem kann der Autor dieses Beitrages nur beipflichten, denn die kurze, aber treffende Beschreibung enthält alle wesentlichen Elemente: Aufstieg in zwei Tagen, Kegelform des Berges, von ewigem Schnee bedeckte Flanken, die Zone der Fumarolen, wo der Schnee wegen der Bodenwärme nicht liegen bleibt, und der heftige Wind am Gipfel.

Von Ibn Haukal, Abu 'l-Qasim (Muhammad) wissen wir auch nicht viel mehr als von Istakhri, außer dem, was in seinen Schriften zu finden ist. So z. B., dass er im Ramadan (Mai) des Jahres 943 von Bagdad aufgebrochen ist, um Länder und Völker, die der Islam zusammengeführt hatte, zu bereisen. Manche behaupten von ihm, dass er im Dienste der Fatimiden stand und für diese Spionage betrieb. Andere sind der Meinung, er sei als Kaufmann unterwegs gewesen, wodurch die Fülle aktueller Wirtschaftsdaten erklärbar wäre. Jedenfalls sammelte er Informationen, die seinen Auftraggebern oder ihm selbst nützlich sein konnten und die er bei der Neubearbeitung des Werkes seines Kollegen Istakhri verwenden konnte.

Indirekt erfahren wir von Ibn Haukal, dass er den Berg Damavand sehr wohl gekannt hat, und zwar durch seine Beschreibung des Götterberges Bisutun. Man könne weder den einen noch den anderen besteigen, meinte er. (SCHWARZ: IV,452)

Bei Ritter lesen wir ein anderes Zitat aus seinem Werk „Sur al beldan", nach dem der Berg Damavand in der Mitte anderer Berge liege, sich durch einen hohen Kegel auszeichne, der vom Fuß bis zur größten Höhe 4 Farsang messe, dass er Erze von Kupfer und Antimon habe und dass aus dem Wohnort Zohaks und der Magier unter dem Berg eine große Menge Rauch aufsteige. (RITTER: 565 f.) Dazu wäre zu sagen, dass die Entfernungsangabe von 4 Farsang ungefähr dem Aufstieg von 8 Stunden entspricht, eine durchaus der Wirklichkeit entsprechende Einschätzung. Und zu Zohak und den Magiern wäre zu bemerken, dass der Damavand nach altpersischer Vorstellung der Ort ist, wo sich die Dämonen (dews) versammeln und die Pforten der Hölle sind. (SCHWARZ: VI, 786)

Hedin weist noch auf eine andere Stelle des „Sur al beldan" hin:

„*Der Demavend ist ein Berg von so bedeutender Höhe, daß einige Personen ihn in einer Entfernung von hundert Farsach und mehr erblickt haben; er soll sogar, wie man sagt, von Schiras in Pars sichtbar sein, und der Verfasser selbst hat ihn aus der Nähe von Isfahan gesehen, aber nie gehört, daß Jemand den Ruhm gehabt hätte, seinen höchsten Punkt erreicht zu haben.*" (HEDIN: 305 f.)

Damit sind wir bei einem weiteren Charakteristikum des Berges angelangt: seine gewaltige Höhe und die damit verbundene Sichtbarkeit aus großer Entfernung. Dass man ihn jedoch von Shiraz aus sehen könnte, ist wegen der großen Entfernung (ca. 700 km) und der damit wirksamen Erdkrümmung unmöglich. Interessant ist auch die Bewertung der Besteigbarkeit und der damit verbundene Ruhm, der erste oben gewesen zu sein.

Ergänzend sei nur noch eines weiteren Zeitgenossen von Istakhri und Ibn Haukal gedacht, des arabischen Historikers und Geographen Al-Masudi, der 956 gestorben ist. Abu 'l Hassan 'Ali b. Husain al-Masudi entstammte einer arabischen Familie, „*... die von einem Genossen des Propheten, Mas'ud, abstammte.*" (BROCKELMANN: 464)

Er unternahm weite Reisen, die ihn nach Indien, Ceylon und bis ins Chinesische Meer führten. Und er bereiste auch die Provinzen südlich des Kaspischen Meeres.

Das Safarname – Das Reisetagbuch des persischen Dichters Nasir-e Khusrau

Mit dem persischen Dichter Nasir-e Khusrau, der zwischen 1045 und 1052 seine Reisen unternahm und darüber ein ausführliches Tagebuch verfasste, haben wir wieder eine Persönlichkeit vor uns, die sich durch ihre gute Beobachtungsgabe von anderen Schriftstellern wohltuend abhebt. Er reiste in der Zeit, als die Fatimiden am Höhepunkt ihrer Macht standen.

„Als Sunnit zog er nach Ägypten, als Ismaelit kehrte er heim nach Hurasan (Khorassan). Die erfolgreiche Verbreitung der ismaelitischen Lehre büßte er mit der Verbannung oder der Flucht aus seinem schönen und geliebten Balh (Balkh) in das armselige Jamkan im rauhen Gebirgslande Badakhschan. Seine Gedichte sind voll Klagen darüber", schreibt Uto von Melzer, der Übersetzer des Safarname („Reisebuch") auf S. 3 seiner Einführung.

Erklärend sei hier angefügt, dass Balkh, die Mutter der Städte, damals ein Zentrum der Gelehrsamkeit war und das rauhe Badakhshan – im Nordosten des heutigen Afghanistan und inmitten des Hohen Hindukusch gelegen – immer schon als Rückzugs- oder bestenfalls als Durchzugsgebiet von Karawanen anzusehen war. Im Winter war es nur schwer zugänglich, und im Sommer war es infolge der Höhenlage, der intensiven Sonneneinstrahlung und der miserablen Verkehrswege nicht gerade zu den angenehmsten Aufenthaltsorten dieser Erde zu rechnen. Siehe dazu den von mir edierten Expeditionsbericht „Hindukusch" aus dem Jahre 1974.

Doch wenden wir uns wieder dem Damavand zu, über den der Dichter sagt:

„Zwischen Ray (Rages) und Amul erhebt sich wie eine Kuppel der Damawand, den man auch Lawasan nennt. Auf seinem Gipfel soll sich eine Grube befinden, aus der man Salmiak gewinnt. Auch Schwefel soll dort vorkommen. Man sagt, die Leute bringen Rinderhäute hinauf, füllen sie mit Salmiak und wälzen sie vom Gipfel des Berges herab, weil man sie nicht anders herunterschaffen könne." (Safarname: 9)

Bemerkenswert ist, dass mit der Einordnung des Berges zwischen Ray (Tehran) und Amol (am Kaspischen Meer), die Position des Damavand ziemlich exakt definiert wird. Daraus könnte man auch schließen, dass es auch schon zu Nasir-e Khusraus Zeiten einen Verbindungsweg gegeben hat, der über den Imamzadeh Hashim-Pass nach Polur und weiter durch das Haraz-Tal nach Amol geführt hat. Bei Benützung dieser Route zeigte sich der Damavand in eindrucksvollster Form. Übrigens verwendeten die Schwefelsucher nach vorliegenden europäischen Berichten noch Ende des 19. Jahrhunderts Ledersäcke, um den Schwefel vom Berg zu schaffen.

Auf der Flucht vor Dschingiz Khan

Etwa hundert Jahre nach Nasir-e Khusrau, um das Jahr 1179, wurde Yakut al-Rumi (oder nach einer Genealogie, die er sich später selbst gab: Shihab al-din Abu 'Abd Allah Ya'kub b. 'Abd Allah al-Hamawi), als Sohn nicht-arabischer Eltern auf byzantinischem Gebiet geboren und schon in Kindesjahren als Sklave nach Bagdad verschleppt, wo ihn der Kaufmann 'Askar b. Ibrahim al-Hamawi kaufte und ihm eine sorgfältige Erziehung angedeihen ließ. Als Zwanzigjähriger wurde Yakut von seinem Herrn freigelassen und auf Reisen geschickt, die ihn nach Ägypten, Syrien und in den Iran führten. Aus politischen Gründen war er nach seiner Rückkehr gezwungen, aus seiner neuen Heimat zu fliehen, worauf er sich nach Merw begab, wo er mit seiner wissenschaftlichen Sammeltätigkeit begann. Nachdem er auch Khwarizm (das heutige Khiwa) besucht hatte, erreichte ihn 1219 die Nachricht vom Einbruch der Mongolen unter der Führung von Dschingiz Khan. Bei seiner überstürzten Flucht musste er all sein Hab und Gut zurücklassen. Er kehrte daraufhin nach Mossul zurück, wo er völlig verarmt ankam. Dennoch gelang es ihm, hier sein geographisches Wörterbuch „Mudjam al-Buldan" 1224 zu beenden, das ihn berühmt machen sollte. Es enthielt nämlich nicht nur geographische Mitteilungen, er fügte auch Zitate von Dichtern ein und gab Lebensbeschreibungen berühmter Männer. Er war kein großer Neuerer, sondern mehr ein Kompilator, der es vortrefflich verstand, das Wesentliche aus Büchern seiner Vorgänger zu exzerpieren und zusammenzufassen. Sein großes Verdienst ist es, dass er die benutzten Schriftsteller wörtlich zitierte und dabei auch nicht vergaß, seine Quelle zu nennen. (BLACHÉRE: 1247–1248) Auf diese Weise sind z. T. Texte älterer Schriftsteller erhalten geblieben, die im Original verloren gegangen sind.

Schwefelablagerung unter dem Kraterrand des Damavand. Foto: Kostka.

Yakuts Geographisches Wörterbuch wurde von Wüstenfeld, dem „Altmeister der deutschen Arabistik auf geographischem Gebiete" (SCHWARZ: I, III) in 6 Bänden zwischen 1866 und 1873 in Leipzig herausgebracht und erschien 1924 in einer zweiten Auflage. Dankenswerterweise hat Prof. Dr. Fuat Sezgin vom Institut für Geschichte der Arabisch-Islamischen Wissenschaften an der Goethe-Universität in Frankfurt erst kürzlich einen Nachdruck davon veranstaltet.

Während Yakut Stadt und Landschaft Dunbawend, daneben ist auch die Kurzform Dunba, sowie Dubawend und Dabawend zu finden, ausführlich behandelt, sind seine Bemerkungen über den Berg spärlich, für uns aber umso wichtiger, denn es geht bei ihm um die Besteigung desselben, um „gelben Schwefel, wie Gold" herabzuholen. (zit. nach SCHWARZ: VI, 788). Hier sei der Bericht des Dimiski angefügt: „.... er spricht von einer Schwefelmine – in der Weise, daß die Leute unter Benutzung einer Zwischenstation am Abhange des Berges von dieser aus den Aufstieg, das Sammeln des Schwefels und den Abstieg bis zu ihr im Laufe eines Tages durchführten." (zit. nach SCHWARZ: VI, 788)

Der Herodot des Mittelalters

Ähnlich wie Yakut hat auch al-Kazwini, Zakariya b. Muhammed b. Mahmud Abu Yahya, den wir zur Unterscheidung von seinem jüngeren Namensbruder den „älteren Kazwini" nennen wollen, ein Kompendium zur Geographie verfasst, in das er ebenfalls historisch-biographisches Material einfügte. Es ist ein geographisches Lexikon, das allerdings infolge der Anordnung der Namen in sieben Abteilungen wesentlich unübersichtlicher als Yakut ist. Er benützte, wie Wüstenfeld feststellte, die Schriften von ca. 50 wichtigen Geographen und Historikern.

Neben seiner „Geographie" hat Kazwini ein weiteres selbständiges Werk, die „Kosmographie", unter dem blumenreichen Titel „Die Wunder der Schöpfung und die Seltenheiten der vorhandenen Dinge" verfasst, das ebenfalls Informationen über Berge, Flüsse und Seen sowie über Pflanzen, Fische, Vögel und Mineralien enthält. „Sie ist die berühmteste aller islamischen Kosmographien, und in einer Fülle illustrierter Handschriften in arabischen, persischen, türkischen und indischen Versionen, mit jeweils Hunderten von Illustrationen überliefert." (DANNHAUER: 155). Die in der Österreichischen Nationalbioblliothek unter der Signatur Cod. mixt. 331 bewahrte Handschrift der „Kosmographie" enthält auch farbige Zeichnungen und Miniaturen, die den Text illustrieren. (AL SAMAN: 392)

Über das Leben des älteren Kazwini wissen wir leider auch nicht sehr viel. Geboren wurde er 1203 in Kazwin, stammte jedoch aus einer arabischen Familie, die schon längere Zeit in Persien ansässig war. 1233 hielt er sich in Damaskus auf, wo er den berühmten Mystiker Ibn al'Arabi traf. Gestorben ist er 1283.

Seine „Geographie" liegt in zwei Ausgaben vor, die auch verschiedene Titel tragen. Die ältere nennt sich Adja 'ib al-Buldan und stammt aus dem Jahr 1263, die zweite, bedeutend vermehrte und revidierte Ausgabe erschien im Jahre 1275. (STRECK: 900–904)

Ritter erwähnt eine Stelle beim älteren Kazwini, in der der Damavand als der höchste Berg der Erde bezeichnet wird, die sonst mit 30 bezifferten Krater des Vulkans vermehrt er auf 70 und ergänzt noch, dass König Salomo den schrecklichen Dämon Zohak auf seinen Gipfel verbannt habe. (RITTER: 566) Leider ist aus diesem Zitat nicht zu entnehmen, aus welchem Werk Kazwinis dieser Hinweis entnommen ist.

Der jüngere Kazwini

Der Historiker und Geograph Hamd Allah B. Abi Bakr b. Ahmad b. Nasr al-Mustawfi al-Kazwini war ein vielseitig gebildeter Mann, der neben seiner schriftstellerischen Tätigkeit den Beruf eines Finanzaufsehers über mehrere Distrikte ausübte. Er dürfte 1283, im Todesjahr des älteren Kazwini oder ein bis zwei Jahre früher, geboren sein. Wann er gestorben ist, wissen wir nicht.

Er ist so wie sein großes Vorbild in der epischen Dichtung, Firdausi, der Autor eines historischen Epos, das auch als Fortsetzung des berühmten „Shahname" gedacht war. Kazwini nannte es „Zafarname" („Das Buch der Siege"). Darin behandelte er in 75.000 Versen das Leben Muhammads, die Geschichte der Kalifen sowie die persischen und mongolischen Dynastien. Erst sein letztes Werk „Nuzhat al-Kulub", das er 1339/40 vollendete, ist primär der Geographie gewidmet. So wie seine Vorgänger streute auch Kazwini naturgeschichtliche Mitteilungen ein und berichtete auch über Wunderdinge.

Über den Berg Damavand weiß er zu berichten, dass er eine Höhe von 5 Farsang (9 Stunden) und einen Umfang von 20 Farsang (35 Stunden) habe. Die Fernsicht erstrecke sich über 100 Farsang, der Gipfel sei nie frei von Schnee, bis auf eine kleine Stelle oben mit schlüpfrigem Sand (man beachte die Ähnlichkeit der Diktion zu der oben erwähnten Schrift des Ali Ibn Zain!), „... zuweilen schurre Eis vom Berg herab, bedecke die Menschen und tödte sie." (zit. nach RITTER: 566). Gemeint sind offensichtlich Eis- oder Schneelawinen. Wie der Autor dieses Beitrages bestätigen kann, sind die Zeitangaben durchaus realistisch, wie die Umrundung des Damavand zu Fuß im Sommer 2000 bzw. die Besteigung des Gipfels bis zum Kraterrand und damit zum höchsten Punkt des Berges ergeben haben.

Es sollten bei den hier aufgeführten Beispielen lediglich jene Persönlichkeiten mit ihren wichtigsten Werken vorgestellt werden, die einen unschätzbaren Beitrag zur Entdeckungsgeschichte unserer Erde und im Besonderen Persiens geliefert haben. Man sollte sich dabei vor Augen halten, dass wir seit Ptolemaios (2. Jahrhundert) bis zu den Reisen Marco Polos im 13. Jahrhundert auf die arabisch-islamischen Autoren angewiesen sind. Erst mit den Berichten der europäischen Gesandtschaftsreisen nach Persien erhält die westliche Welt genauere Kenntnis von Land und Leuten. Diese Reiseberichte mit ausführlichen Routenbeschreibungen trugen in der Folge sehr zur Verbesserung des Kartenmaterials bei.

C – DIE EUROPÄISCHEN ENTDECKUNGSREISEN IN PERSIEN VOM BEGINN DES 15. BIS ZUM ENDE DES 19. JAHRHUNDERTS

Die Gesandtschaftsreise des spanischen Edelmannes Ruy Gonzales de Clavijo an den Hof Timurs

1402 hatte Tamerlan oder Timur-e leng („Der lahme Timur") in der Schlacht bei Angora den Osmanensultan Bayazit, „Den Wetterstrahl", besiegt und gefangen genommen. Damit war vorerst die Türkengefahr für Europa gebannt. Um Kontakte mit dem Herrscher über ganz Mittelasien anzuknüpfen, hatte man zwei spanische Gesandte zu der Schlacht beordert, die offensichtlich als Militärbeobachter fungieren sollten. Die Gesandten des damaligen spanischen Herrschers, Heinrich III. von Kastilien, wurden Augenzeugen von Timurs Triumph. Als sie sich verabschiedeten, um wieder in ihre spanische Heimat zurückzukehren, gab ihnen Timur ebenfalls einen Gesandten mit, der, nachdem er seine Mission erfüllt hatte, wieder in seine asiatische Heimat zurückkehrte. Als Begleitung erhielt er die nachmals berühmte Gesandtschaft unter der Führung des spanischen Edelmannes Ruy Gonzales de Clavijo. Mehr als ein Jahrhundert nach Marco Polo betrat wieder ein Europäer persischen Boden und hinterließ einen Bericht darüber. Die Reisegruppe benützte die Route, die vor ihr schon Marco Polo und Odorico da Pordenone genommen hatten und die über Tabriz und Sultanieh, und weiter in östlicher Richtung, nach Tehran führte. Damit wird der Name dieser Stadt erstmals durch einen Europäer erwähnt. (GABRIEL: 43)

In Tehran traf die Gesandtschaft Timur, doch der hatte es eilig, zurück in seine Residenz nach Samarkand zu gelangen. Man beorderte die Gesandtschaft hinauf ins Lar-Tal am Fuß des Damavand, wo sie Timurs Schwiegersohn empfangen sollte. Das Lar-Tal bot seit urdenklichen Zeiten den Nomaden vorzügliche Weideflächen für ihre Schafherden, Teile davon waren jedoch den königlichen Gestüten vorbehalten, die sich besonders am Siyah Palas (am schwarzen Hügel) tummelten. Dieses königliche Privileg galt noch zumindest am Ende des 19. Jahrhunderts, als Shah Nas-red-Din den jungen Sven Hedin dort in seinem Zeltlager im Lar-Tal gastlich aufnahm, wo mehrere tausend Personen – der gesamte Hofstaat – vor der drückenden Hitze Tehrans geflohen war. (Siehe dazu meinen Beitrag „Wasser, Weiden, Wanderwege").

Im schönen Lar-Tal, am Westfuß des majestätisch aufragenden Damavand, traf also Clavijo auf Timurs Schwiegersohn. Doch er blieb nur kurz und zog innerhalb von zwei Tagen weiter zum „Türkisberg", zu der großen Festung Firuzkuh, wo Clavijo erfuhr, dass Timur zwölf Tage zuvor auf seinem Weg nach Samarkand vorbeigekommen war und den Auftrag gegeben hatte, dem Spanier auszurichten, rasch nachzukommen. Mit großer Wahrscheinlichkeit wird Clavijo vom Lar-Tal aus den Weg über Polur und weiter über die heute Ira und Nava genannten Orte genommen haben, sonst hätte er die Wegstrecke nach Firuzkuh wohl nicht in zwei Tagen bewältigen können. Durch Firuzkuh verlief jahrhundertelang die Hauptstraße nach Mazandaran. Erst mit dem Bau der Straßenverbindung durch das Haraz-Tal verlor die alte Route immer mehr an Bedeutung. (GAZETTEER: I, 172)

Auffallend ist, dass der Bericht der Gesandtschaftsreise des Clavijo erst 1582, also fast zwei Jahrhunderte später, in Sevilla erschienen ist. (COX: 257). Der genaue Titel der spanischen Originalausgabe ist im Literaturverzeichnis angegeben. Eine englische Ausgabe erschien erst 1860 und wurde von dem ehemaligen Präsidenten der Royal Geographical Society, Sir Clements R. Markham, herausgebracht.

Pietro della Valle – Ein römischer Patrizier am Hofe Abbas des Großen

Pietro della Valle (1586–1652), ein römischer Patrizier, der nach Persien reiste, um Shah Abbas seine Reverenz zu erweisen. Porträtdarstellung des Römers aus der holländischen Ausgabe seiner Reisebeschreibung.

Pietro della Valle wurde am 11. April 1586 in Rom als Sohn einer vornehmen Familie geboren und erhielt auch eine gründliche humanistische Ausbildung. Er war noch nicht dreißig Jahre alt, als er sich 1614 auf seine große Orientreise begab. Er besuchte Ägypten und Palästina und kam auch nach Bagdad, wo er die Christin Sitti Maani heiratete und mit auf seine Persienreise nahm. Als sie dann am Persischen Golf in Hormuz starb, war della Valle untröstlich. Er ließ seine geliebte Frau einbalsamieren und nahm die Leiche mit zurück in seine Heimatstadt Rom, wo er ihr nach seiner Rückkehr im Jahre 1626 ein würdiges Grabmal errichten ließ. Della Valle selbst ist am 21. April 1652 gestorben.

Della Valle reiste in Persien auf der großen Heer- und Karawanenstraße über Hamadan nach Isfahan, um dem großen Shah Abbas seine Aufwartung zu machen, doch der hielt sich gerade in seiner Sommerresidenz in Mazandaran auf. Also folgte ihm der Römer dorthin und zog über das bereits erwähnte Firuzkuh und weiter über den östlichen Alborz nach Farahabad und Ashraf ans Kaspische Meer. Dort wollte er dem großen Abbas seine Dienste im Kampf gegen die Türken anbieten.

Die genaue Beobachtungsgabe della Valles wird von allen seinen Kritikern besonders hervorgehoben, umso verwunderlicher ist, dass er den höchsten Berg Persiens und der umliegenden Länder, den Damavand, mit keinem Wort erwähnt. Als Erklärung dafür wird wohl ebenso zu gelten haben, was wir schon in Abschnitt A erläutert haben. Sowohl bei der Hinwie bei der Rückreise benützte der Römer die große Heerstraße, die im Süden des Damavand vorbeiführte und wo die Sicht auf den hoch aufragenden Kegel durch die Vorberge verdeckt war. Sicherlich ist della Valle nicht durch das Haraz-Tal gezogen, wie das in der Kartenskizze in Gabriels Buch über die Erforschung Persiens angegeben wird. (GABRIEL: 72)

Dass die Kritiker voll des Lobes über die exakten Angaben des Römers waren, soll anhand von einigen Zitaten untermauert werden. Sir Henry Yule, der Herausgeber der Hakluyt Society-Ausgabe, sagt von ihm, er sei der vornehmste unter allen Reisenden, die aus bloßer Neugier reisen (COX: 273). Auch Goethe war sehr angetan von ihm. In seinen „Noten und Abhandlungen" entschuldigt er sich förmlich, weil er ihm eine so ausführliche Würdigung widerfahren ließ: „... *weil er derjenige Reisende war, durch den mir die Eigentümlichkeiten des Orients am ersten und klarsten aufgegangen ...*" (zit. nach KEMP: 180)

Der heute wohl beste Kenner der Entdeckungsgeschichte unserer Erde aus europäischer Sicht, Dietmar Henze, urteilt:

„*Für die Kenntnis der besuchten Länderräume stellt das Werk die reichste Quelle jener Zeit dar. Della Valle war ein reger, vielseitiger, eindringender Beobachter, dem seine klassische Bildung und die Beherrschung orientalischer Sprachen bei der Erfassung und Darstellung der historischen und ethnographischen Gegebenheiten sehr zugute kam.*" (HENZE: II, 42 f.)

Der erste Teil der „*Viaggi di Pietro della Valle il Pelegrino ... descritti da lui medesimo in 54 Lettere familiari ...*" kam noch zu Lebzeiten des Autors 1650 in Rom heraus. Die beiden folgenden Teile erschienen 1658 und 1663. Eine geraffte französische Übersetzung erschien 1661–1663 in Paris, und auf deren Grundlage eine holländische. 1664 folgte eine Übersetzung ins Englische, 1674 schloss sich dann die erste Übersetzung ins Deutsche an. Es ist übrigens die bis heute einzige vollständige Übersetzung ins Deutsche.

Wir haben Pietro della Valle hier einen so breiten Raum gewährt, obwohl er praktisch kaum etwas zum Naturräumlichen Mazandarans beigesteuert hat, weil er die bis dahin reichhaltigsten Nachrichten über Persien nach Europa brachte, sieht man von dem Bericht des Adam Olearius ab, der bereits 1647, also 27 Jahre vorher, in deutscher Sprache vorlag.

Zur Abrundung des Bildes von della Valle wollen wir noch das Porträt des Römers vorstellen, das erstmals in der holländischen Ausgabe auftauchte. Es wurde für die deutsche Ausgabe nachgestochen und zeigt della Valle „... *zwar im standesgemäßen Schwarz, aber doch mit einer Perle als Ohrgehänge.*" (KEMP: 188) Dieses Bild gibt damit sehr schön den Charakter dieses großen Reisenden wieder, den eines standesbewussten und gelehrten Mannes, dessen Liebe dem Orientalischen galt.

Sir Thomas Herbert am Fuß des Damavand

Unmittelbar nach Pietro della Valle besuchte die erste britische Gesandtschaft unter der Führung von Sir Dodmore Cotton, der als Botschafter an den Hof von Shah Abbas I. akkreditiert war, Persien. Die Mission hatte den Auftrag, unabhängig von der East India Company, mit dem Herrscher der Safawiden Gespräche über die Intensivierung des Seidenhandels zu führen. In Begleitung von Sir Dodmore Cotton befanden sich die beiden Engländer Robert Sherley und Thomas Herbert. Über den Persischen Golf, wo man in Bandar Abbas an Land ging, zog man über Shiraz und Isfahan nach Ashraf ans Kaspische Meer. Der damals erst zwanzigjährige Thomas Herbert legte nach seiner glücklichen Heimkehr nach London im Jahre 1629 einen Reisebericht vor, der, wie die rasch hintereinander erfolgten Auflagen beweisen, großes Interesse hervorgerufen hat. Seinen beiden Gefährten war die Rückkehr in die Heimat nicht vergönnt, sie starben in Qazwin.

Da uns Ashraf schon bei Pietro della Valle begegnet ist, wollen wir kurz auf die Bedeutung dieses Ortes eingehen. Ashraf lag einige Kilometer entfernt von den Ufern des Kaspischen Meeres am Rand des Alborz. Dort befand sich das Schloss Safiabad mit dem berühmten Garten Chehel Sutun („Vierzig Säulen"), der von Shah Abbas zu Beginn des 17. Jahrhunderts angelegt worden war. 1612 hatte man mit der Errichtung von Terrassen und Gebäuden begonnen, 1627 war die Anlage fertig, also gerade in jenem Jahr, als sich Thomas Herbert dort aufhielt. Schon der Name „Ashraf" signalisierte die Ausnahmestellung dieses Ortes, denn er bedeutet die „Vornehme" (Stadt). Doch die Pracht währte nicht lange, denn die eindringenden Afghanen zerstörten die Anlage 1723. Nadir Shah ließ sie zwar 1741 wieder instand setzen, doch wurde sie zwei Jahre später wieder verwüstet. (GAZETTEER: I, 52). Heute heißt Ashraf Behshahr.

Auf der Rückreise durch den Alborz scheint Thomas Herbert den Weg durch das Haraz-Tal genommen zu haben, denn er beschreibt die warmen Schwefelquellen von Ab-e Garm und den Damavand:

„*Der Kegel des Demawend besteht aus Schwefel, der allnächtlich wie der Ätna funkelt. Es ist ein schö-*

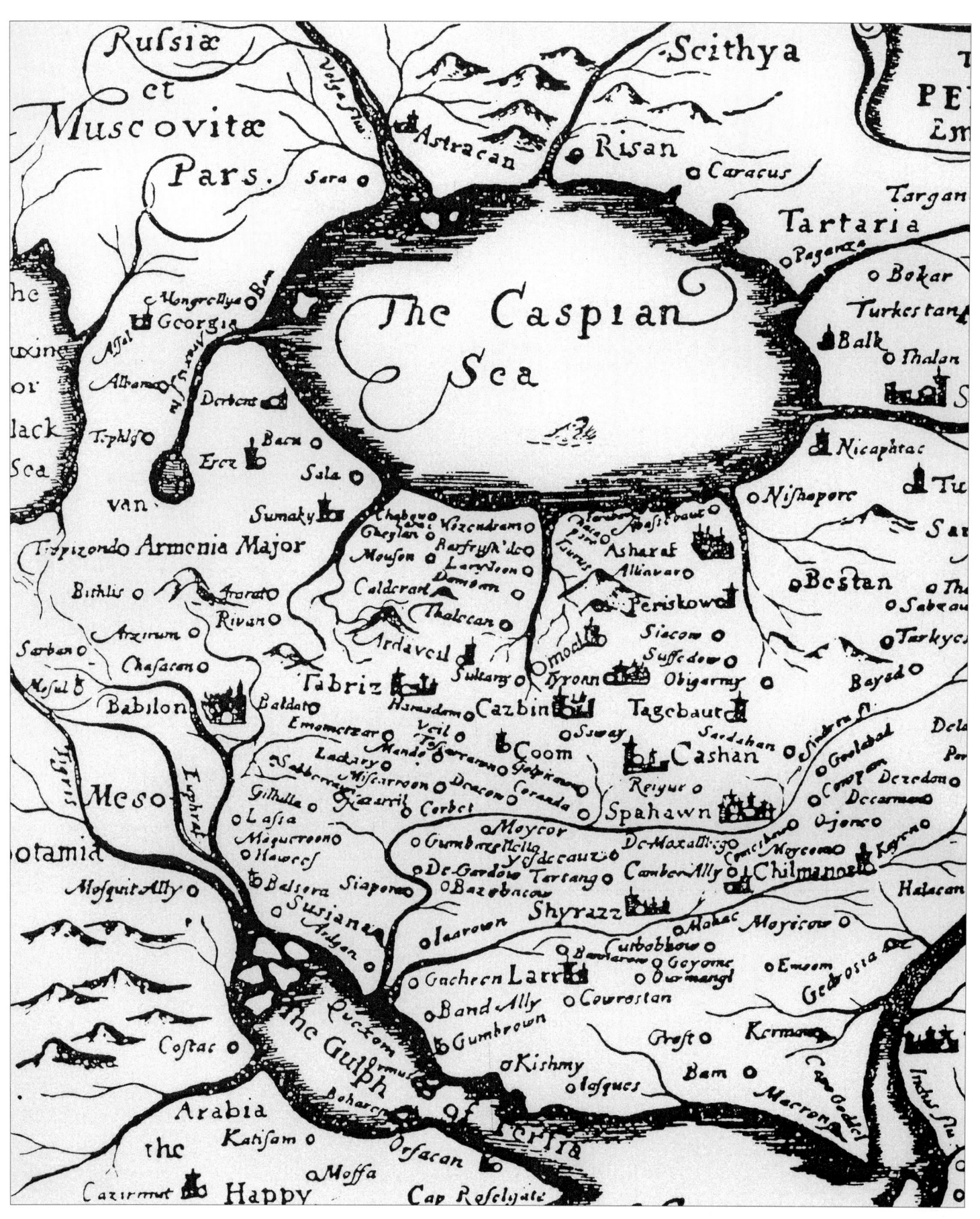

Ausschnitt aus der Karte von Sir Thomas Herbert (1606–1682). Er war Mitglied einer britischen Gesandtschaft an den Hof Shah Abbas. Er beschreibt als erster Europäer die warmen Quellen von Ab-e Garm und den Damavand.

ner Anblick, aber so widrig für die Nase, daß man ein Büschel Knoblauch während des Anstieges mitneh-men muß." (zit. nach GABRIEL: 87)

Herberts Karte des Persischen Reiches enthält zwar eine Fülle von Namen, doch ist die Lage der Orte so-wie z. B. die Ausdehnung des Kaspischen Meeres ziemlich willkürlich. Einige Namensbeispiele sollen dies unter Beweis stellen. Die Herbertsche Schreibung ist jeweils in Klammern angegeben: Qazwin (Cazbin), Shiraz (Shyrazz), Isfahan (Spahawn), Ashraf (Asharaf), Firuzkuh (Periskow).

Vier Ausgaben in englischer Sprache erschienen noch zu Lebzeiten des Autors: die erste 1634, die zweite 1638, die dritte 1665 und die vierte 1677, alle in London. 1658 erschien eine holländische Ausgabe in Dordrecht und 1663 eine französische in Paris. (COX: 248)

Treffend hat der wohl beste Kenner der Entdeckungsgeschichte Persiens, Alfons Gabriel, die Persönlich-keit und das Werk des Briten kurz umrissen, wenn er meint, dass man aus seinem Buch trotz aller Kritik an seiner Nichtkenntnis orientalischer Sprachen seine Liebe zu Land und Leuten heraussprüt, und darüber hinaus habe er nach dem Urteil von Lord Curzon das bei weitem heiterste Buch über Persien geschrieben. (GABRIEL: 87)

Adam Olearius – Der Schöpfer der bis dahin exaktesten Persienkarte (1655)

Der geborene Adam Ölschläger (später nannte er sich Olearius), kam 1599 in Aschersleben als Sohn eines Schneidermeisters zur Welt, der ihm eine wissenschaftliche Ausbildung angedeihen ließ. 1627 wurde ihm der Grad eines Magisters der Philosophie verliehen, und 1633 trat er als Bibliothekar und Hofmathematiker in die Dienste des Herzogs Friedrich III. von Holstein-Gottorp. Um diese Zeit entschloss sich der Herzog, eine Gesandtschaft nach Isfahan an den Hof des Shah zu schicken, um Handelsbeziehungen anzuknüpfen. Der große Abbas, der Schöpfer des goldenen Zeitalters in Persien, war 1628 oder 1629 gestorben, und sein Enkel Safi hatte sein Erbe angetreten. Adam Olearius wurde auserkoren, als Reiseberichterstatter das Unternehmen zu begleiten, eine gute Wahl, wie sich zeigen sollte, denn er wurde neben Engelbert Kaempfer der bedeutendste deut-sche Reisende zur Zeit der Safawiden in Persien.

1637 gelangte die Gesandtschaft nach Isfahan, zehn Jahre später erschien sein Buch in erster Auflage, 1656 folgte eine erweiterte Neuausgabe unter dem Titel „Vermehrte Mosco-witische und Persianische Reisebeschreibung".

Bezüglich des Damavand sind die Ausführungen des ge-lehrten Deutschen allerdings irreführend, was schon Sven Hedin zu Kritik Anlass gab:

„*Daß Olearius, der ein gründlicher und gewissenhafter For-scher war, sehr dunkle Begriffe über die Lage des Berges hatte, geht aus seiner Reisebeschreibung hervor, wo dieselbe ganz verkehrt angegeben wird.*" (HEDIN: 306)

Er siedelt ihn nämlich vier Tagesreisen von Isfahan an, was mit ca. 100 km anzusetzen wäre. Die tatsächliche Entfernung des Damavand von Isfahan beträgt hingegen mehr als 500 km. Auch den Fluss, an dessen Ufern Isfahan liegt, den Zayande Rud, lässt er am Damavand entspringen, was natür-lich völlig absurd ist. Man wird ihm allerdings zugute halten müssen, dass ihn seine Reiseroute nicht einmal in die Nähe unseres Damavand im Alborz geführt hat, die Gesandtschaft reiste ja entlang der Route Sawah – Qom – Kashan und wei-ter nach Bandar Abbas am Persischen Golf.

Wer Du auch bist, richte Deinen Blick hierher, das ist OLEARIUS. Er zeigt Dir hier ein Bildnis seiner Persönlichkeit, die auch der Zar aller Russen für würdig gehalten hat, zur Kenntnis zu neh-men, wie auch Shah Safi, Herr über das reiche Persien. Wenn auch nicht wie ein universales Genie abgebildet, so hat er sich doch dargeboten wie er ist.

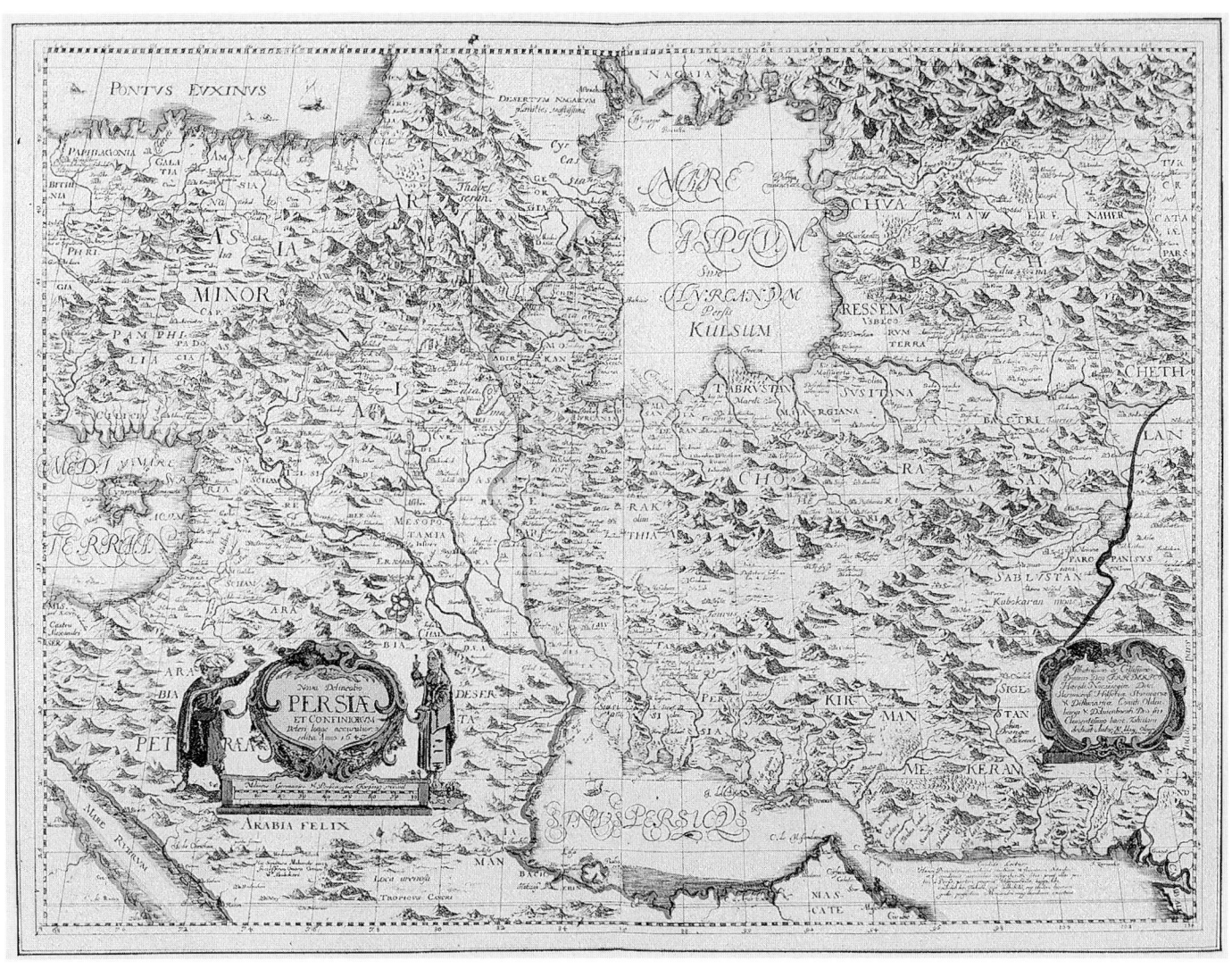

„Persien und Nachbargebiete" von Adam Olearius. Das Blatt wurde 1637 auf Grund von zwei arabischen Teilkarten zusammengefügt und in Lateinschrift übertragen, wie er es in seiner „Vermehrten Moscowitischen Reisebeschreibung" (Schleswig 1656, S. 434) deutlich zum Ausdruck bringt.

Im Zusammenhang mit unserem Thema wesentlich bedeutender als sein Bericht ist seine Leistung als Kartograph. Seine Persienkarte übertrifft alle vorigen bei weitem. Der bereits mehrfach zitierte Dietmar Henze sagt dazu: *„Seine Karte legt Zeugnis ab von selbständigem Forschen und Verarbeiten neu gewonnener Daten. Sie ist die erste, die den Norden und einen Teil der Mitte des Landes, bis Isfahan, auf Grund von Polhöhenmessungen darstellt."* (HENZE: III, 643) Insgesamt lässt sich also zur Leistung des Olearius mit Goethe anmerken: *„... höchst erfreulich und belehrend."* (zit. nach COX: 248 f.)

Um die Entwicklung des Kartenbildes des persischen Gebietes in der europäischen Kartographie ein wenig zu erläutern, seien der von Olearius gezeichneten zwei weitere Karten gegenübergestellt, die den Einfluss der arabisch-islamischen Geographie unter Beweis stellen. Die eine wurde ca. 40 Jahre vor Olearius von dem Holländer Jan Huygen van Linschoten gezeichnet und die andere ca. 70 Jahre nach Olearius durch Adrian Reland. Ihnen gemeinsam ist das Bemühen, orientalische Vorlagen zu nützen, offenbar in der Überzeugung, damit exaktere Informationen als die europäischen Vorlagen bieten zu können. Von besonderer Bedeutung ist dabei die Übertragung der arabisch geschriebenen Ortsnamen in die Lateinschrift. In der Folgezeit sollte sich *„diese Art der Übertragung von Karten aus dem arabisch-islamischen Kulturkreis"* noch intensivieren. (SEZGIN: 31)

Relands Karte „Abbildung des Persischen Reiches aus den Schriften der größten arabischen und persischen Geografen" (Amsterdam 1705) zeigt schon in ihrem Titel ausdrücklich die orientalische Vorlage. Vermutlich war diese eine persische, meint Prof. Sezgin, da der nördliche Teil des Kaspischen Meeres, der ja nicht zum Persischen Reich gehörte, auf dem Kartenblatt fehlt.

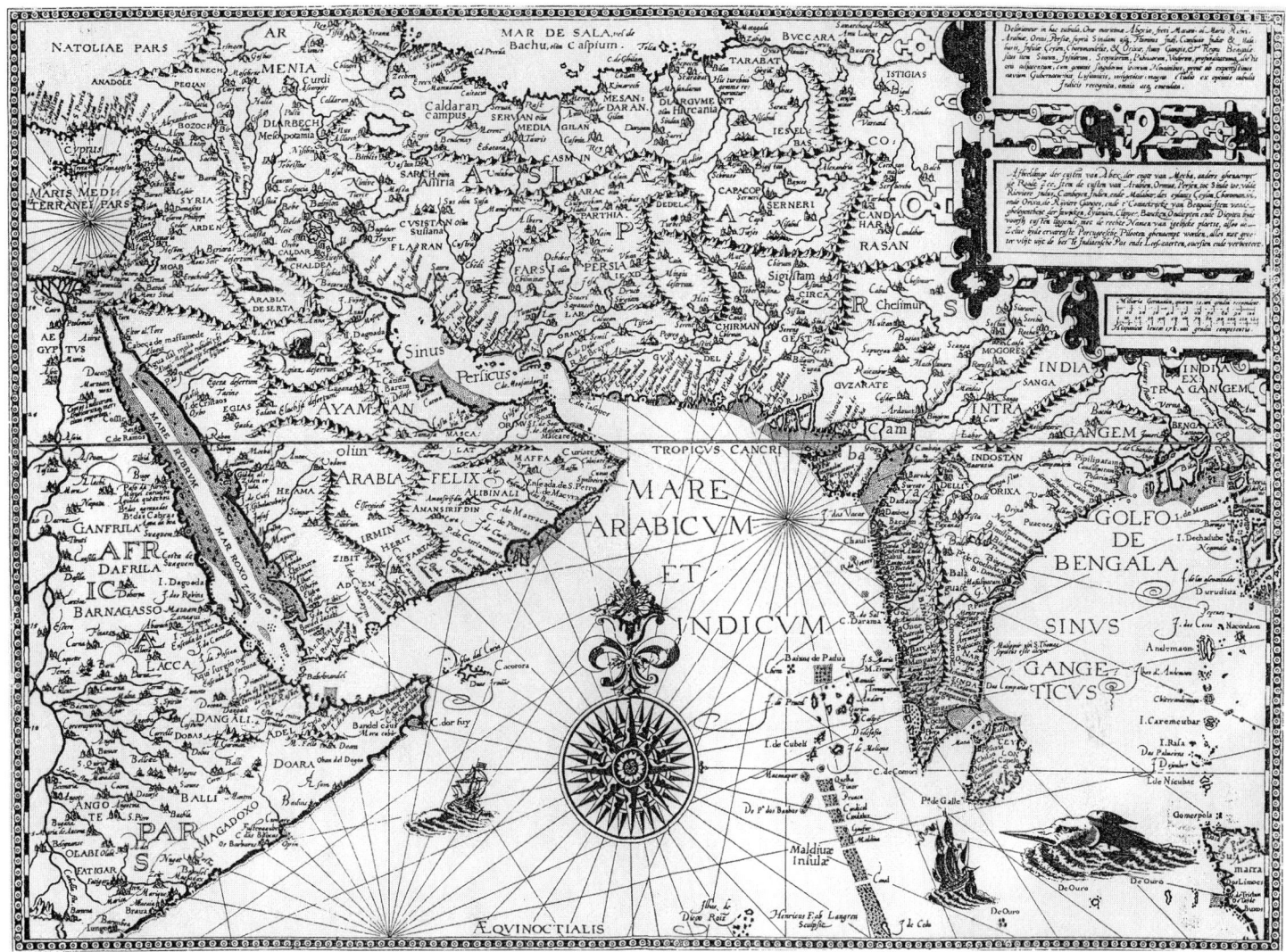

Karte von Indien und seinen Nachbargebieten von Jan Huygen van Linschoten aus dem Jahr 1596. Als Vorlage diente eine orientalische Karte, deren Namen in arabischer Schrift waren, die von dem Holländer in Lateinschrift übertragen wurden.

Wer war der erste Europäer am Gipfel des Damavand?

Rund 160 Jahre mussten vergehen, bis sich der erste Europäer ernsthaft daranmachte, den höchsten Berg Persiens zu besteigen, es war der Franzose Guillaume-Antoine Olivier (1756–1814). Zusammen mit dem Naturforscher Bruguière bereiste er zwischen 1793–1798 den Orient. Olivier war Arzt und Naturforscher, der im Auftrag seiner Regierung Informationen über die Länder des Nahen Ostens sammelte. Er durchzog Nord-Syrien und Mesopotamien und gelangte über das Zagros-Gebirge nach Kermanshah und Hamadan, wo er den schneebedeckten Alvand 11 Jahre nach seinem Landsmann A. Michaux bestieg. Dann ging er weiter nach Tehran und lieferte die erste verlässliche Beschreibung des Weges „.... *aus westländischer Feder.*" (GABRIEL: 122) Tehran hatte damals seiner Einschätzung nach 15.000 Einwohner.

Olivier war der erste Europäer im Iran, den die Besteigung des Damavand interessierte. Auf seinem Weg zum Fuß des Berges fand er viele verstreute Lavastücke, und nach Erreichen eines Drittels der Gesamthöhe des Berges bemerkte er „.... *ungeheure Felsen von Basalt in ziemlich regelmäßigen fünfseitigen Säulen ...*" (RITTER: 567)

Oliviers Besteigungsversuch fiel in das Jahr 1798. Eine größere Höhe scheint er jedoch nicht erreicht zu haben. Bis der Berg wirklich erobert werden konnte, sollten noch einige Jahrzehnte vergehen.

1835 versuchte der französische Botaniker Aucher-Eloy eine Besteigung, die jedoch nicht von Erfolg gekrönt war, erst zwei Jahre später (1837) gelang ihm das Vorhaben, doch war ihm W. T. Thomson, ein Angestellter der britischen Gesandtschaft in Tehran, zuvorgekommen. Nur wenige Tage lagen dazwischen.

Theodor Kotschy berichtet sogar von dem Zusammentreffen der beiden im Dorf Afcha am 11. September 1837. (KOTSCHY: 49)

Dass W. T. Thomson tatsächlich bis zum Kraterrand und nicht nur bis zu einer Höhle unter dem Gipfel vorgedrungen ist, scheint Sven Hedin in Zweifel zu ziehen, wenn er schreibt: *„Sir W. Taylor Thomson ... war der erste Europäer, der den Gipfel oder wenigstens die heiße Schwefelhöhle in der unmittelbaren Nähe des Kraterrands erreichte."* (HEDIN: 307)

Von Bedeutung ist in diesem Zusammenhang auch die Feststellung Kotschys: *„Bei diesem zweiten Ausflug (Juli 1843) nun sollte zugleich der sehnlichste Wunsch, den höchsten Berg Persiens zu besteigen, dessen hohe Spitze bisher noch kein Europäer erreicht, erfüllt werden."* (KOTSCHY: 59) und weiter: *„Viele von den Anwesenden* (er meint die Einheimischen der Ortschaft Rhine) *bezweifelten, daß ich im Stande sein würde, die Spitze zu erreichen, was bisher noch keinem Franken* (pers. ferengi = Europäer) *gelungen wäre, obwohl der Sakkali (Eloy-Aucher), ein Franzose, ohne Führer eine Strecke angestiegen sei und Herr Thomson, Legationssecretär bei der Englischen Gesandtschaft in Teheran, bis zu den Dunstlöchern gekommen war."* (KOTSCHY: 61)

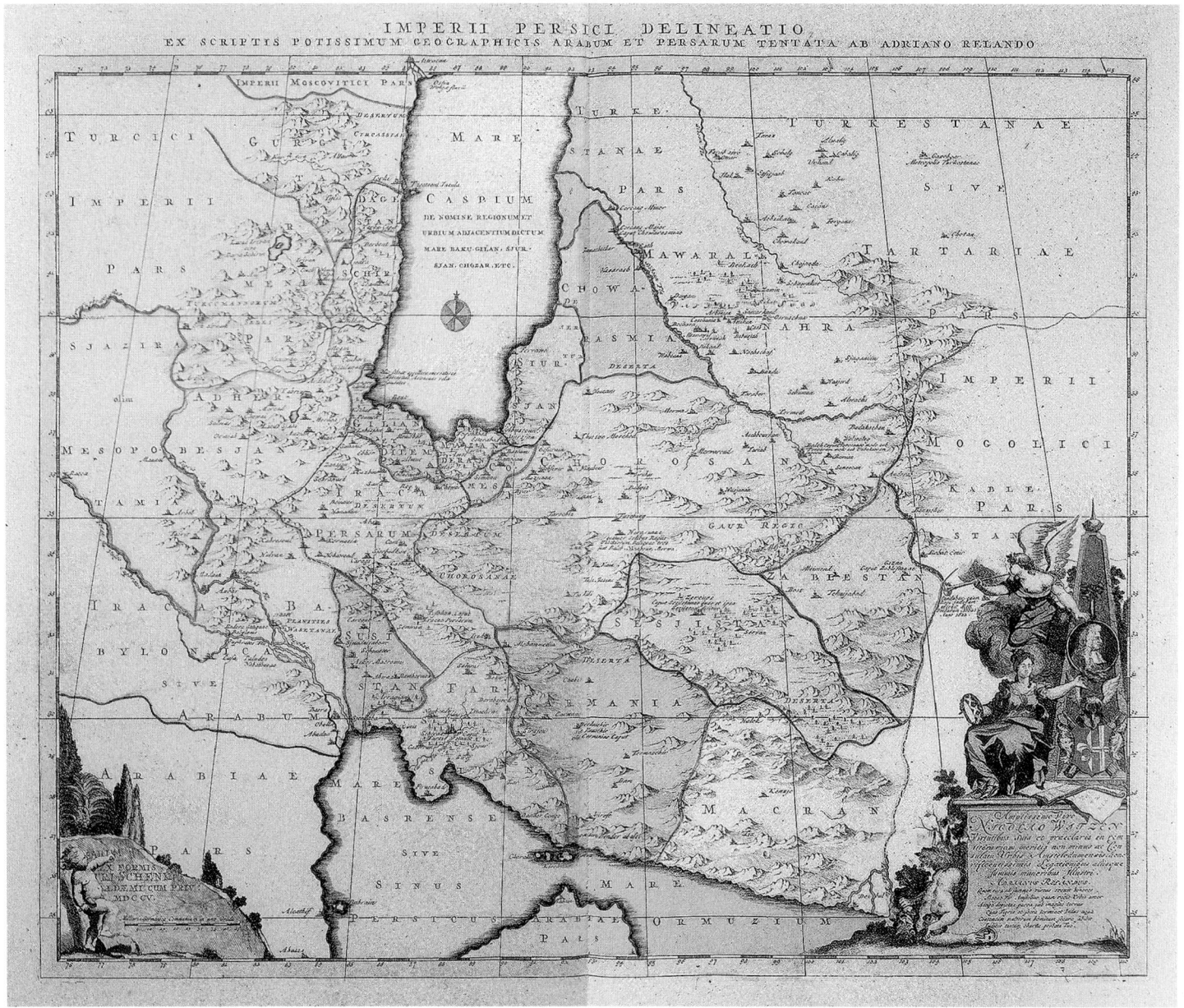

Das Kartenblatt von Adrian Reland aus dem Jahre 1705. Der Titel der Karte *„Abbildung des Persischen Reiches aus den Schriften der größten arabischen und persischen Geographen"* weist schon auf die orientalische Vorlage des europäischen Kartographen hin.

Österreichs Anteil an der Erforschung des Damavand

Zur Zeit der Österreichisch-Ungarischen Monarchie hatte Österreich einen beachtlichen Anteil an der Entdeckung und Erforschung der Erde. Großangelegte Unternehmungen, wie die Weltumseglung der Fregatte „Novara" oder die Entdeckung des Franz-Joseph-Landes, zählen beispielsweise dazu. Weniger in den Blickpunkt der Öffentlichkeit waren Forschungsunternehmen von Österreichern in Persien, und doch konnten einige hervorragende Fachleute auf ihren Gebieten spektakuläre Ergebnisse vorweisen. Dazu gehörten im 19. Jahrhundert der Naturforscher Kotschy, der Artillerieoffizier Krziz, der Bergingenieur Czarnotta und der Geologe Tietze. Ihre Leistungen im Zusammenhang mit dem Damavand sollen in der Folge gewürdigt werden.

Der bereits früher erwähnte Naturforscher Theodor Kotschy wurde 1813 in Ustron in Schlesien geboren, das damals zu Österreich gehörte. Unter der Anleitung seines Vaters begann der kleine Theodor schon mit neun Jahren zu botanisieren, und als Zwanzigjähriger kam er nach Wien, um dort Theologie zu studieren. Offenbar begeisterten den jungen Mann die Naturwissenschaften aber mehr, denn 1836 schloss er sich der Russeggerschen Expedition an, die ihn während der nächsten sieben Jahre in zahlreiche außereuropäische Länder führte. 1843 wieder in Wien, wurde er „Custos-Adjunct am k. k. botanischen Hofcabinet". (WURZBACH: 41 f.)

„Unermüdlich thätig, von kräftigem Körperbau, gewohnt, Entbehrungen aller Art zu ertragen, leistete Kotschy für die Erforschung des Orients Außerordentliches. Er brachte von seinen Reisen nebst Naturalien aller Art eine ungeheure Menge schön getrockneter Pflanzen (sie zählen nach Hunderttausenden) mit, welche die Runde durch alle Museen machten und die Wissenschaft mit einer ungeahnten Fülle neuer Arten bereicherten." (REICHARDT: 763 f.)

Den nunmehr Dreißigjährigen hält es nicht in Wien, denn im Mai 1843 finden wir Kotschy bereits in Persien, wo er in der Nähe von Tehran an der Südabdachung des Alborz-Gebirges sein Standquartier aufschlägt. Von hier aus durchforscht er die umliegenden Gebirgshänge und besteigt den hohen Aussichtsberg Tochal.

Am 18. Juni tritt er seine Reise ins Lar-Tal an, um dann weiter an den Fuß des Damavand zu gelangen. Er durchzieht das

Theodor Kotschy (1813–1866), österreichischer Botaniker, wahrscheinlich der erste Europäer, der den Damavand bis zur obersten Spitze bestiegen hat. (Foto: Bildarchiv, ÖNB Wien Sign. NB 503 833 B).

liebliche Hochtal, passiert die bereits erwähnten „Schwarzen Hügel", trifft auf die Zelte der Nomaden, die zu den Stämmen Gurgur und Arab gehören. Nicht nur Schafe und baktrische Kamele, sondern auch Rinder beobachtet er hier auf der Sommerweide im „schönen Distrikt Laridschan", bevor er weiter nach Ask, Rhine und Ab-e Garm (er schreibt Germe Ave) zieht. Vor allem die Pflanzen interessieren ihn, aber er erkundet auch die Tierwelt und liefert lebensnahe Berichte über die heißen Schwefelquellen und deren Nutzung, sowie von örtlichen Sagen. Auf seinem Rückmarsch macht er bei Barf Chal (Schneebrunnen) halt und beobachtet „den Kegel des Demavend, der stark rauchte ... Der Rauch war nicht schwarz, sondern weißlich, wie ein dichter, schwerer Wasserdampf." (KOTSCHY: 58)

Am 24. Juni ist er wieder in seinem Quartier in Derbent. Um auch die später blühenden Pflanzen sammeln zu können, begibt sich Kotschy rund ein Monat später neuerlich ins Lar-Tal. Am 30. Juli trifft er in Rhine die Vorbereitungen zur Besteigung des Damavand, am 1. August beginnt er mit dem Aufstieg, den er detailliert beschreibt. Nach Überwindung der Felsbarriere (Bomschi Band) betritt er die „Aschenfelder", wo ihn eine „bedeutende Müdigkeit" befällt, und gelangt zu der Höhle Nun Lag, wo er und seine einheimischen Führer „von dem Einathmen vulkanischer Gase und dem Genuß von vielem Knoblauch am ganzen

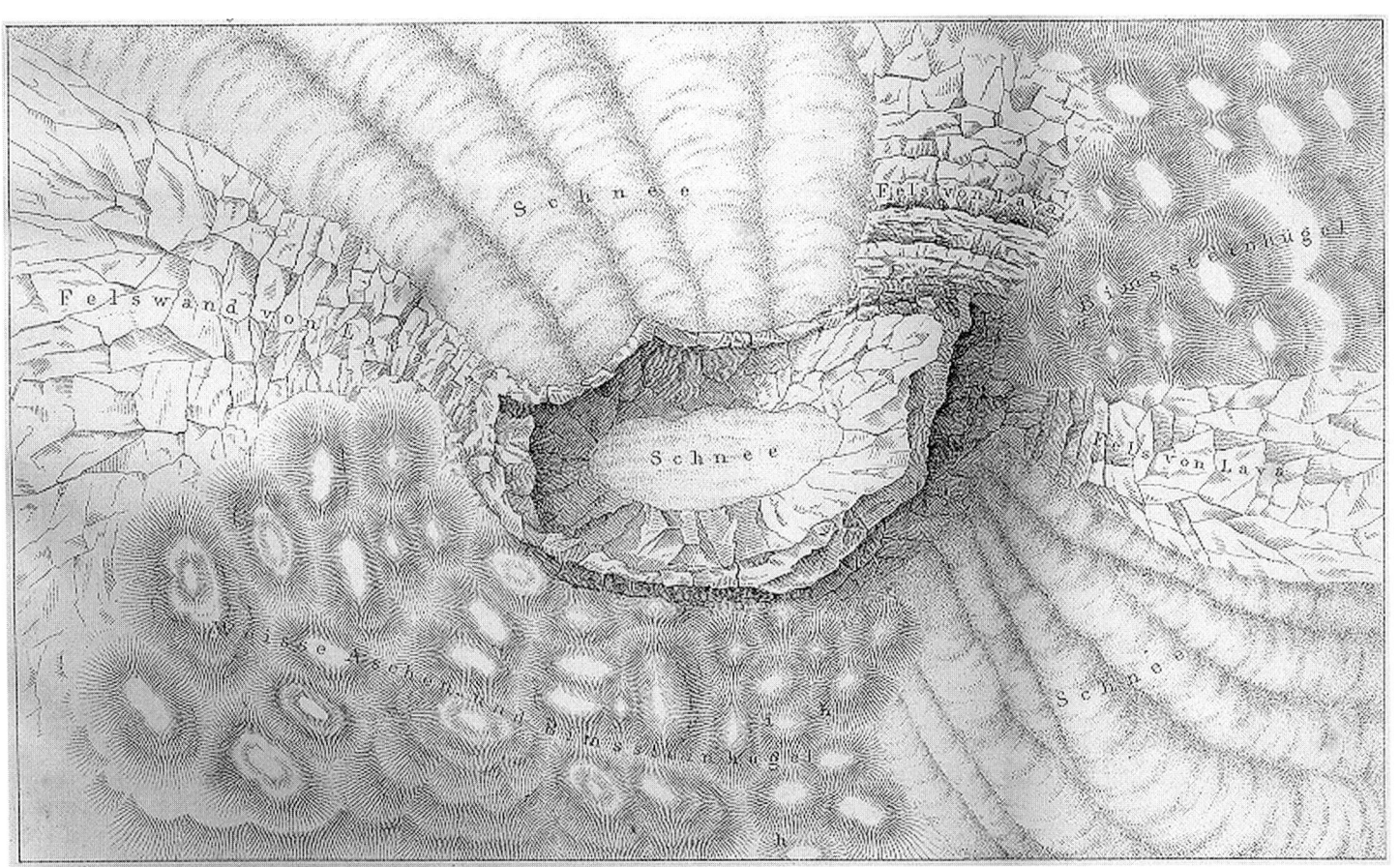

Eine der „Ansichten des Vulkans Demavend: Grundriss des Kraters und seiner Umgebung" von Theodor Kotschy.

Kopfe beschwert" sich am Boden ausstrecken. Endlich erreicht er den Kraterrand: *„Ich war mit Hussein der Erste auf dem Kranz der Schwefelwand, welcher zugleich den sogenannten Ser Chous Brunnen der Spitze, umgiebt, der aber eigentlich ein vollkommener, seit langer Zeit erloschener trichterförmiger Krater ist."* (KOTSCHY: 65)

Am 2. August tritt der Österreicher seinen Rückmarsch nach Derbent an, reich beladen mit Gesteinsproben und einer riesigen Ausbeute an Pflanzen.

Wir haben uns deshalb so lange bei Kotschy aufgehalten, weil er wahrscheinlich nicht nur der erste Europäer war, der den Damavand bis zur obersten Spitze bestiegen hat, sondern auch deshalb, weil er auf Grund seiner guten Beobachtungsgabe die bis dahin exakteste Beschreibung der Tier- und Pflanzenwelt dieses Berggebietes geliefert hat. Am 16. Dezember 1843 war Kotschy wieder zurück in Wien.

Die Berge hatten es ihm offenbar angetan, denn es wird berichtet, dass er 1849 Großglockner und Großvenediger bezwang, 1860 bestieg er sogar den Monte Rosa und den Montblanc. 1866 ist er schließlich in Wien gestorben. (WURZBACH: 41)

Österreicher im Dienste von Nasr-ed-Din Shah

Sie waren zusammen nach Tehran an die „Stätte der Wissenschaften" (Daro l'fonun) berufen worden, der aus Tabor (Böhmen) gebürtige Artillerieoffizier August Karl Krziz, der Berg-Ingenieur Joseph von Czarnotta und der Arzt Jacob Eduard Polak. Es waren tüchtige Männer, die in Tehran den Offiziersnachwuchs mit westlichem Know-how versorgen sollten. Besonders Krziz und Czarnotta hatten in ihrem Heimatland eine solide Ausbildung erfahren, die sie z. B. befähigte, Vermessungen durchzuführen. Krziz organisierte nicht nur die persische Artillerie neu, er baute auch das Telegraphenwesen in der persischen Armee auf und fand noch Zeit, mit Hilfe seiner Schüler den ersten Stadtplan von Tehran zu zeichnen. Auf Grund seiner Verdienste ernannte ihn Nasr-ed-Din Shah zum persischen General (sartip).

Neben seinen verschiedenen Aufgabenbereichen an der „Stätte der Wissenschaften" und beim Militär benützte Krziz seinen neunjährigen Aufenthalt in Persien zu „... eingehenden Studien über Land und Leute". (WURZBACH: 284 f.)

Krzizs kartographische Leistung wurde im Iran nicht vergessen, denn durch die von H. Slaby initiierte Faksimilierung, die 1977 in Graz erfolgte, wurde der erste Stadtplan von Tehran originalgetreu in Farbe wiedergegeben und den an der Geschichte der Stadt Interessierten in einer preiswerten Ausgabe zur Verfügung gestellt.

Krziz zählt auch zu den frühen Besteigern des Damavand, wie Sven Hedin berichtet. Bemerkenswert ist, dass der Österreicher die Vermessung des Berges sowohl auf barometrischem wie trigonometrischem Wege durchgeführt hat und dabei zur Feststellung der Höhe von rund 20.000 Fuß gelangte. Das entspricht 6322 m. (HEDIN: 332) Das ist ein Wert, der doch um etliches die tatsächliche Höhe des Damavand von 5671 m übertrifft.

Dem Berg-Ingenieur Joseph von Czarnotta galt das besondere Interesse Nasr-ed-Dins, denn er hatte das Glück gehabt, kurz nach seiner Ankunft in Persien bei Ray (das alte Rages) – 10 km südlich von Tehran – „... auf silberhältige bleiglanzführende Quarzadern zu stoßen, mit deren Abbau sofort begonnen wurde. Das gewonnene Erz wurde in einem Hochofen geschmolzen, den Czarnotta im Arsenal errichtet hatte. „Der Schah sah bereits märchenhaften Reichtum auf sich zukommen ..." (SLABY, 1982: 75 f.)

Neben seiner Tätigkeit am Daro'l-fonun und bei der Gewinnung von Edelmetall fand Czarnotta auch noch Zeit zu einer Besteigung des Damavand, die allerdings beinahe mit seinem Tod geendet hätte. Einen Bericht darüber verdanken wir dem Mitglied der Kaiserlich Russischen Geographischen Gesellschaft Chanikof, der darüber in Petermann's Geogr. Mitth. 1859, S. 74–76 schrieb. Demnach benützte auch Czarnotta Ask als Ausgangspunkt seiner Besteigung. Er litt dabei sehr unter der Kälte, umwanderte mehrfach auf der Suche nach seinen Führern den Krater. Wie seine Vorgänger übernachtete auch er in einer Höhle unterhalb des Gipfels zusammen mit Einheimischen, die ihn angeblich bedrohten. Czarnotta dürfte allerdings unter Verfolgungswahn gelitten haben, denn es war bekannt, dass er alle seine Minieralienfunde ängstlich versteckte und seine Notizen in einer eigens dafür geschaffenen Geheimschrift abfasste. (SLABY, 1982: 76) Seine Erzählungen von den einheimischen Schwefelsuchern, die ihm nach dem Leben trachteten, passen ganz in dieses Bild. Nachdem er nach Tehran zurückgekehrt war, phantasierte er von Bergdämonen, die ihn angeblich verfolgten. Kurz danach starb er an einer undefinierbaren Krankheit. Auch ein wissenschaftlicher Nachruhm sollte ihm nicht vergönnt sein. Seine umfangreiche Mineraliensammlung schickte man zwar nach Wien, doch kam diese nie dort an. Die Besteigung und Erforschung des Damavand durch Czarnotta erfolgte im Jahre 1852.

Der Damavand – ein Sechstausender?

Im Jahre 1858 macht sich eine Gruppe von Engländern auf den Weg zum Damavand. Offenbar waren die Herren von den bisherigen Messergebnissen ihrer Vorgänger nicht so ganz begeistert und erstürmten ausgerüstet mit einem Casella Hypsometer den Berg. Es waren dies der in Tehran akkreditierte Diplomat Ronald F. Thomson, Lord Schomberg, H. Kerr und de St. Quentin. Sie kamen zu dem Ergebnis von 21.500 engl. Fuß, was 6559 m entspricht. (HEDIN: 368 f.) Sie schossen damit nahezu um 900 m über das Ziel.

1860, zwei Jahre nach den Briten, erklommen Mitglieder der Preußischen Gesandtschaft in Persien, an ihrer Spitze Baron v. Minutoli und der Wissenschafter Heinrich Brugsch, den Gipfel des Berges. Nur unter großen Anstrengungen und Atembeschwerden erreichten sie den Kraterrand und stellten mit Hilfe ihres mitgebrachten Höhenmessers die Höhe des Damavand mit 6214 m fest (Petermann: 402), was allerdings auch keine wesentliche Verbesserung gegenüber den Briten ergab. Heinrich Brugsch war eigentlich Ägyptologe, er hatte sich in Berlin habilitiert, folgte aber dennoch dem Ruf des Freiherrn Julius von Minutoli, sich an der Preußischen Gesandtschaftsreise nach Persien zu beteiligen. Da Minutoli den „klimatischen Einflüssen" in Shiraz erlegen war, verfasste Brugsch den Bericht über das Unternehmen. Ein kleiner Ausschnitt daraus soll den Eindruck wiedergeben, den der Berg auf Brugsch machte:

„... die Sonne brannte zum Versengen, der Staub, den unsere Pferde auf dem bröckeligen Steinboden aufrührten, bedeckte uns in unerwünschter Fülle. Die einzige Freude bereitete mir für den Augenblick der schneebedeckte Kegel des Demawend, welcher majestätisch über der vegetationsleeren vulkanischen Kette des Elburs sein Haupt in den blauen Äther hinausstreckt." (BRUGSCH, zit. nach SCURLA: 376)

Während Brugsch und Minutoli den Aufstieg zwischen dem 27. und 29. Juli machten, glückte dies ein Monat später dem Franzosen Nicolas. Auch er setzte die Höhe des Berges um rund 1000 m zu hoch an.

Er sollte Gold und Diamanten suchen

Ein weiterer österreichischer Wissenschafter hat ebenfalls wichtige Informationen über den Damavand zusammengetragen, es war der 1845 in Breslau geborene Emil Tietze. Er hatte in Tübingen und Breslau Naturwissenschaften studiert und war dann zwischen 1870 und 1918 an der Geologischen Reichsanstalt in Wien tätig. Zwischen 1873 und 1875 unternahm er eine Forschungsreise nach Persien und veröffentlichte darüber im Jahr 1879 seine Schrift: „Die Mineralreichthümer Persiens". Er untersuchte u. a. die östlichen, südöstlichen und südlichen Abhänge des Damavand, deren bester Kenner er wurde. Besonders die Quellen des Berges hatten es ihm angetan, worüber er in einem Brief an Dr. J. E. Polak 1874 berichtete, der ein Jahr später im Jahrbuch der k. k. Geologischen Reichsanstalt in Wien publiziert wurde. 1878 erschien dann seine Monographie über den Damavand.

Emil Tietze (1845–1931). Österreichischer Geologe, Direktor der Geologischen Reichsanstalt und Ehrenpräsident der Geographischen Gesellschaft in Wien. Er untersuchte 1875 die südlichen Teile des Damavand, deren genauester Kenner er wurde. (Foto: Bildarchiv, ÖNB Wien Sign. NB 525 336 B).

Ursprünglich war Tietze von Baron Reuter engagiert worden, um die geologischen Voruntersuchungen für den Eisenbahnbau in Persien durchzuführen. Doch der Börsenkrach von 1873 machte den Finanzierungsplan des Baron Reuter zunichte. Da nun Tietze schon in Tehran war, verpflichtete Nasr-ed-Din Shah den Österreicher und gab ihm den Auftrag, nach Gold und Diamanten zu suchen. Die fand er natürlich nicht, aber seine geologischen Forschungen haben wesentlich zur Landeskunde Persiens im Allgemeinen und zur Kenntnis des Alborz im Besonderen beigetragen. 1875 kehrte Tietze nach Wien zurück. (SLABY: 128 f.)

Tietze selbst spricht von seiner „teilweisen Besteigung" des Damavand, die er zwischen 31. August und 1. September unternommen hat, er gelangte jedoch nur zu der Hochfläche Buzmitshal-e bala, wo er die Nacht im Freien verbrachte. Er stand allerdings damit erst dort, wo der eigentliche Kegel des Damavand beginnt.

Im Gummiboot den Lar hinunter

Neben den im Auftrag der Regierung arbeitenden Österreichern gab es auch Landsleute, die sich ohne klar definierte wissenschaftliche Zielsetzung im Bereich des einstigen Vulkans bewegten und mit ihren Berichten ein lebendiges Bild der naturräumlichen Verhältnisse schufen. Dazu zählt vor allem der Freiherr von Call-Rosenburg, zur damaligen Zeit k. u. k. Vice-Consul in Konstantinopel, und sein Reisegefährte Graf Leo Thun. Call-Rosenburg hat uns einen Reisebericht hinterlassen, in dem Naturräumliches und Kulturgeschichtliches zu einem abgerundeten und z. T. sogar amüsanten Bild zusammengefügt sind. Darin erfahren wir auch Näheres über einen Engländer, der dem damaligen britischen Geheimdienst – „on special duty in Persia" (HENZE: III, 586) wertvolle Daten über den Norden Persiens zukommen ließ und den Call-Rosenburg, wohl wissend um dessen eigentliche Mission, dezent „Capitän N." nennt. Bei dem Gentleman handelt es sich um G. C. Napier, dessen gesammelte Informationen im Historical Gazetteer of Persia (damals streng geheim!) Verwendung fanden. Übrigens wurden diese Daten bis in die Siebzigerjahre des 20.

Jahrhunderts im India Office in London unter Verschluss gehalten. Zu Call-Rosenburg gesellte sich auch Graf Leo Thun, dessen Namen er auch nur in gekürzter Form mit „Graf Th." nennt. Letzteren hatte die Jagdleidenschaft in das schöne Lar-Tal gelockt. Aus dem heute noch mit großem Vergnügen zu lesenden Reisebericht des Freiherrn Call-Rosenburg erfahren wir auch einige biographische Details über seine Reisegefährten, über den Hofstaat des Nasr-ed-Din Shah, über die Nomaden, über Pflanzen und Steine, etc.

Durch das Djadj Rud-Tal führt der Weg der Gesellschaft hinauf zum Bergdorf Afcha und zu dem gleichnamigen Pass, womit die Wasserscheide zwischen dem Iranischen Hochland und dem Kaspischen Meer erreicht ist.

Guido Frh. v. Call zu Rosenburg u. Kulmbach (1849–1927). Er bestieg 1875 den Damavand und gab ein anschauliches Bild vom Lar-Tal im Westen des Berges, wo er mit dem Briten G. C. Napier zusammentraf. Call reiste in Gesellschaft des Grafen Leo Thun v. Hohenstein. (Foto: Bildarchiv, ÖNB Wien Sign. NB 537 760 B).

„In seiner vollen Majestät erhebt sich vor uns der schneebedeckte Kegel des Demawend ... Eine erquickende frische Gebirgsluft weht uns aus dem Hochthale des Lar entgegen. Dasselbe breitet sich mit dem schönsten Grün der Bergwiesen bis an den Fuß der felsigen Grenzgebirge bekleidet, in geringer Tiefe unter uns aus und zieht in der Richtung gegen den Demawend hin." (CALL: 118 f.)

Ende Juli 1875 reist die Gesellschaft durch das Lar-Tal, man fischt gemeinsam und lässt sich in einem kleinen, zusammenlegbaren Gummiboot durch die Stromschnellen des Lar-Flusses treiben, während die „Diener" mit dem Angelzeug zu Pferde folgen. Mit „Graf Th." hatte man sich im Lar-Tal verabredet. Gemeinsam zieht man weiter bis zur Einmündung des *„milchweissen"* Safid Ab und später bis zum *„schnell dahinstürmenden Deli-tschai (Dali Chai), der tolle Fluss ... Derselbe bietet den Abschluß des oberen Larthales."* (CALL: 122)

In Ab-e Garm angekommen, erfährt die Gesellschaft, dass seit Jahren niemand auf dem Gipfel des Damavand gewesen sei. Napier wurde von den Einheimischen mit dem bezeichnenden Namen „Serdar" angesprochen, was so viel wie „Feldmarschall" heißt, während sie Call-Rosenburg „Hakim bashi", Oberarzt, titulierten, obwohl er mit der Medizin nichts zu tun hatte. Um 2 Uhr morgens des 29. Juli wurde der Gang zum Gipfel angetreten. Graf Thun hatte es vorgezogen, auf die Besteigung zu verzichten und wollte lieber sein Glück bei der Jagd versuchen. So gehen Call-Rosenburg und Napier allein auf den Damavand, dessen Kraterrand sie nach 10 Stunden erreichen. Eisiger Sturm empfängt sie, schnell leert man die mitgebrachte Flasche „Schlumberger-Vöslauer" und schreibt die Namen der Gipfelstürmer auf Papierstreifen und steckt sie in die nun leere Flasche, die man sodann unter einer Steinpyramide vergräbt.

Nach einer Stunde am Gipfel machen sie sich wieder an den Abstieg, wobei sie die Schneefelder zum Abfahren benützen. Als sie wieder auf Graf Thun treffen, präsentiert dieser stolz seine Jagdbeute, den seltenen Kebk-i-deri (Perdix royale), ein Vogel, fast so groß wie ein Auerhahn, der 10–12 Pfund wiegen mochte. Mit der Besteigung des einstigen Vulkans hatte die „Expedition" des Freiherrn Call-Rosenburg ihren krönenden Abschluss gefunden, und auch Graf Thun konnte mit seiner außergewöhnlichen Jagdtrophäe zufrieden sein.

Der mehrfach angesprochene Captain Napier bereiste zwischen 1874 und 1877 ausgehend von Tehran den östlichen Teil des Alborz-Gebirges. Er ging zwar auf schon bekannten Routen, doch leistete er Hervorragendes *„.... als topographischer Beobachter ... Napiers barometrische und hypsometrische Messungen zur Höhenbestimmung des Demawend ergaben den guten Wert von 5636 m."* (HENZE: III, 586). Eine genauere Messung der Gipfelhöhe war lediglich F. de Filippi 1862 gelungen, der den heute gültigen Wert von 5670 m ergab, eine erstaunliche Leistung für das Mitglied der italienischen Gesandtschaft in Persien. Darüber

hinaus gab er „*....eine vorzügliche Schilderung des Demawend, der von mehreren Mitgliedern seiner Expedition bestiegen wurde.*" (GABRIEL: 184)

Von Graf Leo Thun weiß Slaby zu berichten, dass er ein prominentes Mitglied der Geographischen Gesellschaft in Wien war und seine Forschungen auch auf andere Gebiete Persiens „*... südlich von Teheran bis zum Siah Kuh ...*" ausdehnte. (SLABY, 1982: 129)

Die erste Karte des Zentralen Alborz

Wenige Jahre nach Captain Napier und Dr. Tietze besuchte der britischer Offizier Beresford Lovett den mittleren und östlichen Alborz. Er hatte durch seine Teilnahme an der Goldsmid-Mission bereits Innerpersien und Balochistan 1871/72 kennen gelernt. Zehn Jahre später bereiste er den Norden Persiens. Bemerkenswert ist dabei die von ihm gewählte Route ausgehend vom Chalus-Tal, die ihn in das Obere Nur-Tal und in das Obere Lar-Tal führte. Diese Tour hatte zwar schon der deutsch-russische Botaniker A. Buhse gemacht, der hatte schon 1848 den Alborz in der Längsrichtung durchwandert. Auch ihm war es nicht vergönnt, den Damavand zu besteigen. Lovetts Bedeutung liegt in seiner topographischen Aufnahme, die es ihm ermöglichte, eine ziemlich genaue Karte des Alborz zu zeichnen, die bis weit hinein ins 20. Jahrhundert als die beste galt. „*Auch J. de Morgans Reisen 1889/90 konnten sie nur wenig vervollständigen.*" (GABRIEL: 217)

Graf Leo Thun v. Hohenstein (1811–1888). Er war ein prominentes Mitglied der Geographischen Gesellschaft in Wien. 1875 reiste er zusammen mit Call zu Rosenburg durch das Lar-Tal und vergnügte sich an den Hängen des Damavand bei der Jagd nach seltenen Vögeln. (Foto: Bildarchiv, ÖNB Wien Sign. NB 533 519).

Nach der Sitzung der Royal Geographical Society am 5. Jänner 1883 in London, bei der Lovett seine Reisenotizen vor einem fachkundigen Publikum erläuterte, kam es zu einigen Wortmeldungen. So bedauerte Colonel Champain, der das Gebiet Lovetts ebenfalls bereist hatte, dass nach wie vor keine exakte Höhe des Damavand angegeben werden könnte. 1862 habe er eine italienische Expedition getroffen, der Wissenschafter der Universität Turin angehörten (die bereits erwähnte Gruppe unter F. de Filippi). Gemeinsam seien sie von Ask aus zum Gipfel aufgebrochen, doch nur 5 der 12 Bergsteiger hätten ihn erreicht. (Report: 169) Champain konnte nicht wissen, dass Filippi die auch heute noch gültige Höhe des Berges gemessen hatte: 5670 m!

Colonel C. E. Stewart berichtete bei derselben Gelegenheit, dass er Lovett auf einem Gutteil der kartierten Strecke begleitet habe. Auch Sir Frederic Goldsmid ergänzte, das Vergnügen gehabt zu haben, mit Lieut. Col. Lovett gereist zu sein. Der Vorsitzende Sir Henry Rawlinson sagte, dass er das behandelte Gebiet aus eigener Anschauung kenne. Aus diesem illustren Kreis von Militärs erkennt man das damals große Interesse Großbritanniens an Persien. Nicht wissenschaftliche, sondern militärische Gründe waren ausschlaggebend für diese Reisen.

Ergänzend sei noch auf eine Besteigung des Damavand durch Major Wells im August 1881 hingewiesen und auf weitere, wie die durch Daniloff, Lt. Baumbach und Hpt. Blumer, die namentlich bekannt geworden waren. (HEDIN: 311)

Ein Meilenstein in der Persien-Forschung

Der Franzose Jacques de Morgan war eigentlich ein gelernter Bergingenieur, der zunächst zwischen 1884 und 1886 in Perak auf der malaysischen Halbinsel arbeitete, später aber seine Liebe zur Archäologie entdeckte. Mit Unterstützung der französischen Regierung unternahm er 1889–91 eine Reise durch West-

und Nordpersien, um dort archäologisch zu arbeiten. Daneben widmete er sich geographischen und geologischen Fragen der von ihm durchwanderten Gebiete. Wie aus seiner Übersichtskarte ersichtlich ist, forschte Morgan auch in der Nähe des Damavand, wobei er versuchte, im Winter 1889 den Gipfel zu bezwingen. Er gelangte jedoch nur auf eine Höhe von ca. 5300 m. Wenn auch sein Hauptverdienst bei den Ausgrabungen in Susa liegt, wo er in die tieferen Schichten der gewaltigen Schutthügel eindrang und wertvolles Material über das elamitische Reich entdeckte, so hat er auch Großes in geographischer Hinsicht geleistet. Die Ergebnisse seiner Tätigkeit publizierte er in 5 Bänden zwischen 1894 und 1905.

Über seine Untersuchungen im Haraz-Tal an der Burg des Malik Baghman berichtet R. Kostka in seinem Beitrag zu diesem Buch. Wir wollen hier nur einen kurzen Ausschnitt aus der Beschreibung seines winterlichen Besteigungsversuchs bringen:

Skizze des Gipfelbereichs aus Jacques de Morgans „Mission scientifique en Perse", Bd. 1. Ihm selbst gelang es nicht, den Damavand im Dezember 1889 zu besteigen.

„Am 2. Dezember (1889) verließ ich Rèhnè (Rhine) mit 4 Maultieren, die ein Zelt und Lebensmittel trugen. Pierre Vaslin, ein junger Mann aus dem Dorf, und ein Maultiertreiber begleiteten mich. Die Luft war wunderbar rein ... der Schnee, der vor 14 Tagen gefallen war, war fast geschmolzen ... Bei 3500 m Höhe trafen wir einen Hirten mit seiner Herde, der wegen der nächtlichen Kälte absteigen wollte. Mein Führer wollte, daß wir in den Unterständen der Tiere übernachten, aber wir waren erst auf 3500 m Höhe und hatten noch 2580 m bis zum Gipfel zu überwinden ... Wir stiegen also weiter an, wobei die Schneedecke zunahm. Auf 4000 m errichteten wir das Lager für die Nacht." (MORGAN: 124)

Ab der vermeintlich erreichten Höhe von 5750 m (wahrscheinlich 5300 m) erschien ein Weitergehen dem Führer nicht mehr opportun, so verfertigte Morgan eine Skizze vom Gipfel und machte sich wieder auf den Heimweg nach Rhine.

Dass die Skizzen, die Morgan anfertigte, eher von künstlerischer denn topographischer Qualität waren, zeigt besonders schön Fig. 31 seines ersten Bandes. Die Abbildung zeigt das Alborz-Gebirge und den Damavand von der Umgebung von Amol aus, also von Norden. Der Berg ist stark überhöht abgebildet, zeigt aber dennoch schön seine Gestalt in Relation zu den umliegenden Gebirgszügen.

Dass die Route von Tehran über den Imamzadeh Hashim-Pass schon verwendet wurde, wollte man die Strecke zum Schwarzen Meer auf dem kürzesten Weg bewältigen, erkennt man aus der Skizze auf S. 119 des ersten Bandes seiner „Mission scientifique". Die Schreibung der Passhöhe ist allerdings „Imam-zada-Hakim".

Aus einer ganz ungewohnten Perspektive bietet sich der Damavand nach einem Foto, das ein Herr Bou-

Skizze des Alborz-Gebirges und des Damavand von der Umgebung von Amol aus Jacques de Morgans „Mission scientifique en Perse", Bd. 1, Fig. 31. Die plastisch wirkende Darstellung zeigt den Damavand stark überhöht.

Skizze der Straße unterhalb des Imamzadeh Hashim-Passes aus Jacques de Morgans „Mission scientifique en Perse", Bd. 1, S. 119.

dier für Masperos Werk „Histoire Ancienne" umgezeichnet hat, und das im 3. Band auf S. 143 abgedruckt wurde. Es trägt die Bildunterschrift: „La Cime principale du Mont Bikni, le Démaven". Siehe dazu meinen Beitrag über die Namen des Berges Damavand.

Der junge Sven Hedin

1887 hatte ein damals völlig unbekannter Schwede ein Buch veröffentlicht, in dem er die Ergebnisse seiner Reise im Nahen und Mittleren Osten vorlegte. Es hatte den Titel: „Genom Persien, Mesopotamien och Kaukasien" und stammte von Sven Hedin. Das Buch war den zuständigen Regierungsbehörden in die Hände gefallen, worauf König Oskar II. beschloss, eine Gesandtschaft nach Tehran zu entsenden, um dem König der Könige, Nasr-ed-Din, die Insignien des Seraphim-Ordens überreichen zu lassen. Man schaute sich daher in Stockholm nach einem Dolmetscher um und fand ihn in dem jungen Hedin.

Am 12. April 1890 machten sich die Schweden auf den Weg, führten ihren Auftrag aus und *„Als alle Audienzen beendet, alle Orden überreicht und alle Diners verzehrt waren, machte die schwedische Gesandtschaft sich wieder auf die Heimreise – nur Sven Hedin blieb in Teheran zurück."* (ESSÉN: 28)
Nasr-ed-Din lud den jungen Schweden zu der Reise in das Sommerlager im schönen Lar-Tal ein. Eine schier unübersehbare Zahl von Ministern, Generälen, Beamten und Soldaten begleiteten den Shah, der alljährlich hinauf in die frische Luft der Berge flüchtete, um der drückenden Hitze in Tehran zu entgehen.

„Als dieser echt orientalische Zug sich dem höchsten Berg Persiens, dem erloschenen 5700 Meter hohen Vulkankegel Demawend näherte, regte sich in Sven Hedin wieder das Abenteuerblut und er beschloß, die Besteigung zu versuchen. Der Schah erfuhr von dem Vorhaben; zwei einheimische Bergsteiger wurden beauftragt, den jungen Schweden zu begleiten, und es gelang der kleinen Expedition am 10. Juli 1890 ... – es war Sven Hedins erste hochalpine Unternehmung – den Gipfel zu erreichen." (ESSÉN: 29)
Hedin hatte selbstverständlich seinen Zeichenblock mit am Gipfel und machte Skizzen, die ihm noch sehr von Nutzen sein sollten. Denn kaum zurück im Lager, wurde nämlich von irgendwelchen Hofschranzen das Gerücht in Umlauf gebracht, er sei gar nicht am Gipfel gewesen. Nasr-ed-Din ließ den Gipfelstürmer rufen und befragte ihn im Kreise seiner Minister und Hofbeamten. Als Hedin die Skizzen, die er am Gipfel gemacht hatte, vorwies, soll der Shah begeistert ausgerufen haben: *„Raft, raft bala bud – er ist hinaufgegangen, er ist oben gewesen!" „Die Höflinge aber verneigten sich bis zur Erde und ihre Zweifel zerrannen wie die Wolken um den Demavend."* (ESSÉN: 29, zit. nach HEDIN – Mein Leben als Entdecker)

Ende 1892 ist Hedin wieder in Berlin. Kurz darauf machte Hedin seinen Doktor in Halle a. d. S. bei Kirchhoff. Das Thema seiner Promotionsschrift lautete: „Der Demavend nach eigener Beobachtung".

Hedins Vorzüge liegen nicht nur in seinen künstlerischen Fähigkeiten als Zeichner, vor allem schätzt man seine präzise Ausdrucksweise. Ein Beispiel im Zusammenhang mit den Ortschaften am Damavand soll das unter Beweis stellen:

„Es (Asg) liegt am Herasfluss (Lar), im Grunde des tiefen, schmalen Thales. Man sieht das Dorf erst in Vogelperspektive, Pappeln und andere Bäume sehen zwischen den niedrigen, grauen, mit flachen Dächern versehenen Lehmhäusern hervor."

Oder über Rhine: *„Ränäh ist viel kleiner als Asg und liegt auf dem südöstlichen Demavend-Abhange, hoch über dem Thale."* (HEDIN: 323)

Um 5 Uhr morgens des 11. Juli setzt Hedin seinen Aufstieg mit den Führern fort: *„Der Himmel war nur hier und da mit leichten Wölkchen bedeckt, aber der Gipfel war in Nebel gehüllt."* Um 1/2 8 Uhr: *„Der Gipfel war jetzt ganz wolkenlos, und wir unterschieden deutlich dessen scharfe Umrisse und leuchtende Schneefelder. Schon hier empfand ich die ersten Spuren von der Gebirgskrankheit mit furchtbaren Kopfschmerzen, Ekel, Schwindel und Herzklopfen ... Die letzte Stunde war die schwerste, und doch hatten wir nur noch etwa 150 m zu steigen ... Der Hagelschauer hatte aufgehört, und wir unterschieden deshalb deutlich den Kraterrand mit seinen grossen Blöcken. Als wir den Rand erreichten, setzten wir uns in der Nähe eines der Kraterblöcke in den*

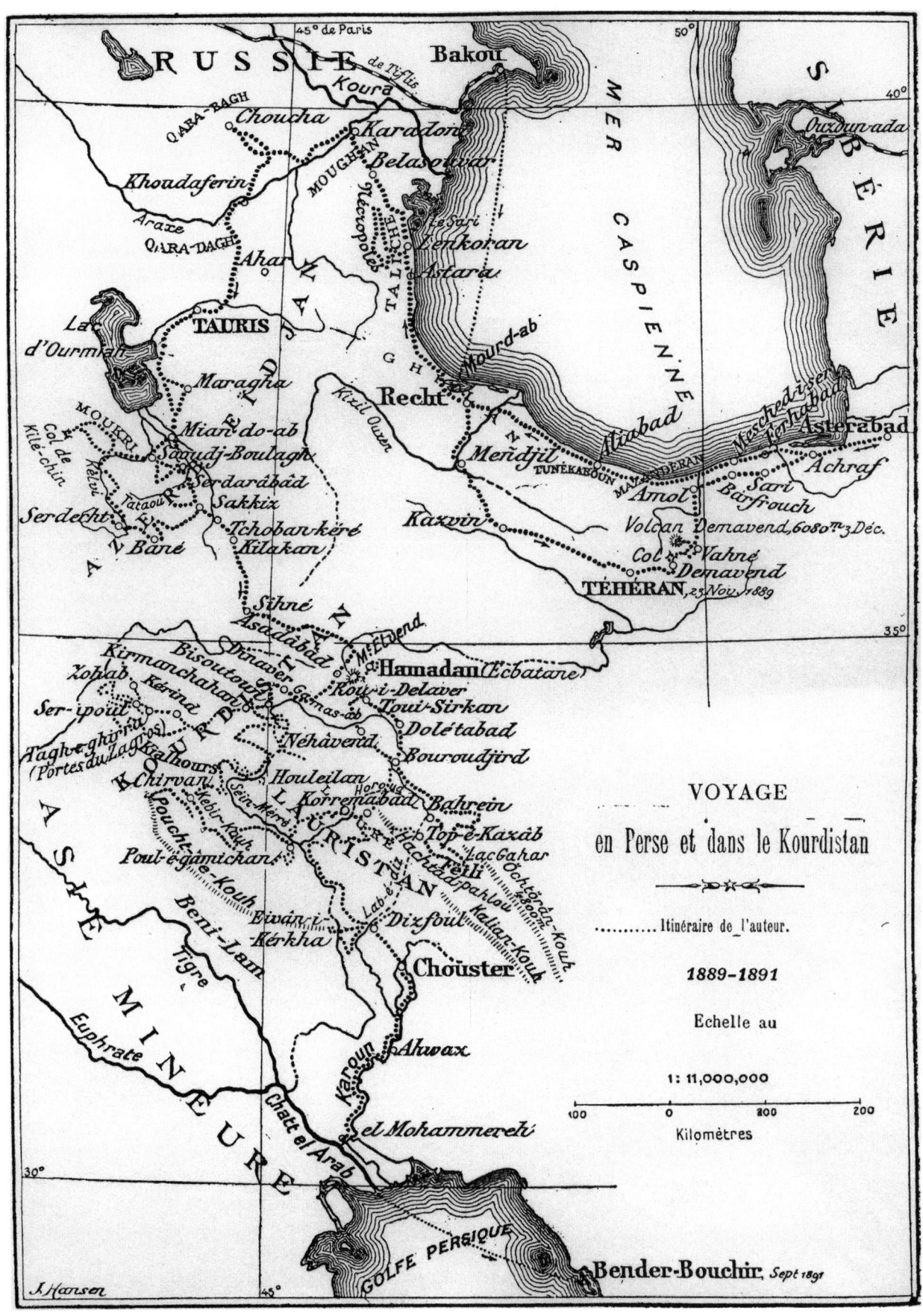

Karte aus dem ersten Band des fünfbändigen Werkes von Jacques de Morgan. Mit Unterstützung der französischen Regierung unternahm Morgan zwischen 1889 und 1891 eine Reise durch Nord- und Westpersien, um dort archäologisch zu arbeiten. Seine Reiseroute ist punktiert eingezeichnet.

Schnee. Es war gerade halb fünf Uhr, und wir hatten also für den Aufstieg auf die Minute zwölf Stunden gebraucht, vom Aufbruch morgens an gerechnet." (HEDIN: 327)

Mit de Morgan und Hedin lassen wir das 19. Jahrhundert am Damavand ausklingen. In der Folge sind die Fachwissenschafter der Geologie, Glaziologie, Anthropologie, Pflanzengeographie etc. am Zuge, die Detailarbeit leisten. Auffallend ist, dass sich auch im 20. Jahrhundert nur wenige Forscher auf die Nordseite des Damavand begaben, die meisten beschränkten sich auf die Süd- und Südostseite.

1902 hören wir von der Besteigung des Damavand durch den Botaniker Josef Bornmüller. Im Ersten Weltkrieg erhielten die Offiziere J. B. Noel und L. S. Fortescue den Auftrag zur Erforschung der Provinzen Mazandaran und Gilan. Dabei zogen sie durch das nördlich des Damavand in West-Ost-Richtung verlaufende Nur-Tal, querten das Chalus-Tal und gelangten bis zur Mündung des Safid Rud. (GABRIEL: 271)

Der österreichische Geograph H. Bobek unternahm 1934 eine Forschungsreise nach Nord- und Nordwest-Persien, um Teile des Alborz-Gebirges näher zu erforschen, 1936 führte er eine Gruppe der „Deutschen Demawendexpedition", wobei er zwei bisher unbekannte Gletscher am Damavand feststellte. Ebenfalls 1936 ging der Geologe A. Ruttner in den Zentralen Alborz, wobei er gemeinsam mit Bobek auch im Damavand-Gebiet arbeitete. 1939 erforschten H. Wenzel und der Mineraloge Koch, der damals an der Universität Tehran lehrte, das Haraz-Tal. 1944 traten auch erstmals iranische Geologen auf den Plan. Ihre Beobachtungen bestätigten 1945 ihre englischen Kollegen E. R. Bailey und R. C. B. Jones, die von der persischen Regierung den Auftrag hatten, das Projekt einer Staumauer im Lar-Tal zu prüfen. (GABRIEL: 298)

Karl Heinz Rechinger (1906–1998). Herausgeber und Mitautor der „Flora Iranica".

Karl Heinz Rechinger und die Flora Iranica

Zum Abschluss dieser Übersicht möchte ich einen Forscher hervorheben, der zwar mit dem Alborz-Gebirge und dem Damavand nur relativ wenig zu tun hatte, der aber auf Grund seines Lebenswerkes, das er der Pflanzenwelt des Iran gewidmet hat, eine besondere Würdigung verdient. Es handelt sich um den Wiener Karl Heinz Rechinger, der mit seiner monumentalen Flora Iranica weltweit Anerkennung und Bewunderung gefunden hat. Ich widme mich dieser Aufgabe umso lieber, weil es mir vergönnt war, das Werden von Rechingers Riesenwerk Jahrzehnte als Mitarbeiter des Grazer Verlagshauses, das Produktion und weltweiten Vertrieb der Flora Iranica übernommen hatte, mitzuverfolgen und – wenn auch als botanischer Laie – ein Herbar beizusteuern, das in einem nur schwer zugänglichen Berggebiet im Nordosten Afghanistans aufgesammelt und Prof. Rechinger zur Verfügung gestellt werden konnte. Die attraktivsten Bilder haben Rechinger und Riedl 1972 in dem von mir herausgegebenen Buch „Hindukusch" vorgestellt und erläutert.

Als Karl Heinz Rechinger 1998 mit 92 Jahren starb, war zwar die Flora Iranica noch nicht vollendet – einige Familien fehlten noch – doch der große österreichische Botaniker wusste, dass er sich auf seine vielen Mitarbeiter im In- und Ausland sowie auf seine Frau Wilhelmina verlassen konnte, die sein Lebenswerk vollenden würden. Kein anderer hat im 20. Jahrhundert so viel zur Erweiterung des Wissens über Flora und Vegetation der Balkanhalbinsel und Südwest-Asiens beigetragen wie er. (LACK: 11)

Als Karl Heinz Rechinger an die Botanische Abteilung des Naturhistorischen Museums in Wien kam, konnte er auf die Sammlungen des rund hundert Jahre vor ihm hier arbeitenden Theodor Kotschy zurückgreifen, doch zu dem ersten Schritt einer Iranreise verhalf ihm Dr. Erwin Gauba, ebenfalls ein Österreicher, der als Lehrer an die Höhere Technische Lehranstalt für Bodenkultur in Karaj (45 km westlich von Tehran) berufen worden war. Auf Einladung von Gauba kamen Rechinger und seine erste Frau Frida 1937 erstmals in den Iran. Wieder zurück in Europa, reiste er nach Weimar, um dort Josef Bornmüller, der damals als die höchste Autorität auf dem Gebiet der Flora Irans galt, zu besuchen. (LACK: 22)

Elf Jahre später, im Jahr 1948, kam es zur zweiten Iranreise und in Tehran zur Zusammenarbeit mit Dr. Esfandiar Esfandiari, ein früherer Schüler von Gauba. Weitere Reisen folgten 1965 nach Iran, Afghanistan und Pakistan und 1971 wieder in den Iran. Schon 1962 hatte Rechinger mit der Publikation der Flora Iranica begonnen. Es war ihm immer darum zu tun, sein großes Florenwerk als privates Unternehmen und unabhängig vom Naturhistorischen Museum in Wien zu führen. Er kümmerte sich um den Fortgang und half, die Finanzierung der aufwendigen Edition zu sichern. Die Flora Iranica wurde sein Lieblingskind, das sein Leben bestimmte und zu vielen weiteren Expeditionen in den Nahen und Mittleren Osten Anlass gab. Auch vergrößerte sich ständig die Zahl der Mitarbeiter in aller Welt, was das Herz Rechingers erfreute, ihn erfüllte und von dem *„bürokratischen Unsinn am Naturhistorischen Museum"*, dessen Erster Direktor er geworden war, ablenkte. (LACK: 37)

1974 und 1975 finden wir Rechinger wieder im Iran, 1977 das letzte Mal. In der Folge widmete er sich der Aufarbeitung seiner Herbare, die im Saal 50 des Wiener Naturhistorischen Museums als eigene Sammlung aufbewahrt wurden. Öfter reiste er nach Genf zum Conservatoire Botanique, wo Boissiers „Flora orientalis" von ihm öfter als von jemand anderem konsultiert wurde. Die letzten Besuche in seinem von ihm geliebten Naturhistorischen Museum fanden 1993 statt, mehr als 80 Jahre, nachdem der kleine Karl Heinz Kaiser Franz Josephs Palast der Wissenschaften zum ersten Mal zu Gesicht bekommen hatte.

Über 400 wissenschaftliche Arbeiten zwischen 1923 und 1992 stammen aus seiner Feder. Entsprechend hoch war das internationale Echo aus dem Kollegenkreis. Er gehörte zahlreichen wissenschaftlichen Gesellschaften an und wurde mehrfach ausgezeichnet. Er zählte zu jenen Persönlichkeiten im wissenschaftlichen Leben, deren Ruhm sich nahezu ausschließlich auf Publikationen gründet.

Die „Deutsche Demawendexpedition" 1936

Schon ein Jahr vor Rechinger war ein anderer Österreicher erstmals im Iran, auf dessen Tagebuchaufzeichnungen ich hier zurückgreifen kann, die dieser Mann vor 75 Jahren verfasst hat. Es war der Geologe Anton Ruttner, der heute 90-jährig in Wien lebt. 1936 baute man die Transiranische Eisenbahnlinie, deren Nordrampe der spätere Professor für Tunnelbau an der TH Wien, Dipl.-Ing. Ladislaus v. Rabcewicz plante und überwachte. Er betraute den jungen Ruttner mit der geologischen Erforschung der Trasse über das Alborz-Gebirge. Schon vor Antritt seiner Reise in den Iran hatte Ruttner mit dem Leiter der „Deutschen Demawendexpedition" Herrn Lusk sowie mit dem österreichischen Geographen Dr. Bobek Kontakt aufgenommen, um sich dem Unternehmen anzuschließen. Am 21. Juli 1936 verließ Ruttner Tehran in Richtung Osten, mietete in der Stadt Damavand einen Esel und zog mit ihm auf der alten Karawanenstraße über den Imamzadeh Hashim-Pass ins Haraz-Tal und hinauf nach Rhine, wo er auf das Standquartier der Deutschen Demawendexpedition traf. Am nächsten Morgen begab sich Ruttner in das vorgeschobene Lager der Expedition an der Damavand-Südflanke, wo er auf einer kleinen Alm die Wiener Gruppe (Wagner, Schwingenschuß, Gilli und Ebner) vorfand. Es handelte sich um Entomologen und Botaniker, die dort schon seit einiger Zeit arbeiteten. Auch der junge Bergführer Gortner aus Bad Tölz war nach einer schwierigen Tour im Lager eingetroffen. Bei Nebel und Schneetreiben gelang es Ruttner in der Folge, zusammen mit den beiden deutschen Bergsteigern Ditmar aus Goslar und Martin aus München – er hatte kurze Lederhosen an

Edmond Boissier (1810–1885), berühmter Schweizer Botaniker und Autor der „Flora orientalis" (1867–1884).

119

– am Damavand ca. 5000 m zu erreichen. Wegen des Schlechtwetters mussten sie jedoch auf die Besteigung des Berges verzichten. Ruttner berichtet darüber in seinem Tagebuch: *„Trotz allen Mißgeschickes ist die ganze Unternehmung doch sehr schön gewesen. Erstens einmal nach so langer Hitzezeit ein richtiger Schneesturm! Und dann auch landschaftlich: die einsamen Almen, die bis fast 4000 Meter weidenden Kamele, die hier sozusagen auf ‚Sommerfrische' sind, die herrlichen Ausblicke auf die Kalkberge im Osten, und überhaupt die Großzügigkeit des Berges, die mir da zum ersten Mal so richtig zum Bewußtsein kam."*

Auch dem Geographen Dr. Bobek war es nicht gelungen, den Gipfel des Damavand zu erreichen. Am 24. Juli brachen Bobek und Ruttner zusammen von Rhine auf, um eine Umrundung des Berges vorzunehmen. Über das Bergdorf Malar zogen sie hinunter ins Talu-Tal und weiter über die Dörfer Tine und Korf nach Hadjidelah und Nandel auf der Nordseite des Damavand. Ruttner ist fasziniert von der Schönheit des Berges: *„Den Demawend hätten wir am liebsten ununterbrochen photographiert, so prachtvoll schön war er."* Auf der Westseite des Berges angelangt, treffen sie auf Hirten, wilde Gesellen, die in Steinhütten hausen. Man bleibt nicht lange, sondern zieht weiter hinunter in das Vararu-Tal. *„Und als wir dann das herrliche Valeru-Tal vor uns hatten, mit seinem frisch grünen Talboden, dem klaren Fluß, den unzähligen Nomadenzelten und Viehherden, umsäumt von freundlichen Kalkbergen, das Ganze beschienen von der Abendsonne ..."* haderte Ruttner nun nicht mehr mit seinem Schicksal: *„Wir konnten ihn fast mehr als ‚unseren' Berg bezeichnen, als die anderen, die wirklich ganz oben waren; denn wir kannten ihn ja jetzt wirklich gut und hatten den Berg von fast allen Seiten gesehen."*

Nachdem sie das ganze obere Lar-Tal durchwandert hatten, *„.... ging es hinunter in das Tal, in den Kern der Antiklinale ..."* und schließlich zum Dorf Zaigun, wo sie während der Nacht von einer Wasser- und Schlammlawine überrascht wurden und dabei nahezu alles verloren: *„.... Schlafsäcke, Schuhe, Kocher und alles Gewand, abgesehen von dem, was wir am Leibe hatten oder zufällig im Rucksack war."*

Was aber am schwersten wog, alle Aufzeichnungen der beiden Wissenschafter waren ebenfalls verloren gegangen, die Ruttner jedoch rekonstruieren konnte. Anfang August treffen sie wieder in Tehran ein.

Die Tagebuchaufzeichnungen Ruttners sind deshalb so wertvoll, weil sie einen Einblick in die chaotische Organisation des Leiters der „Deutschen Demawendexpedition" geben, vor allem aber auch, wie deren Mitglieder ihre Konsequenzen daraus zogen und in kleinen Gruppen dennoch ihre wissenschaftlichen Aufgaben erfüllen und damit das Wissen über Flora und Fauna des Damawand-Gebietes vermehren konnten.

Dank

Für die mir freundlicherweise gewährte Hilfe bei der Beschaffung von wissenschaftlicher Literatur möchte ich mich besonders bei Herrn Univ.-Prof. Dr. Robert Kostka bedanken.

Für die kostenlose Überlassung der Reproduktionsrechte von Diapositiven und SW-Vorlagen der Karten von Olearius, Linschoten und Reland gilt mein Dank Herrn Prof. Dr. Fuat Sezgin vom Institut für Geschichte der arabisch-islamischen Wissenschaften der Goethe-Universität Frankfurt.

Für die auf meine Bitte hin durchgeführten Recherchen hinsichtlich österreichischer Aktivitäten im Iran bin ich dem langjährigen Leiter des österreichischen Kulturinstituts in Tehran, Herrn Dr. Slaby, sehr zu Dank verpflichtet. Er hat auch die Kontakte zu Frau Rechinger und Herrn Dr. Ruttner hergestellt, die liebenswürdigerweise Fotos für meinen Beitrag zur Verfügung gestellt haben.

Mein Dank gilt auch der Porträtsammlung der Österreichischen Nationalbibliothek in Wien, die Fotos österreichischer Iranforscher beigesteuert hat.

Ganz besonders bedanke ich mich bei Herrn Dr. Dietmar Henze für die kritische Durchsicht meines Manuskriptes.

Bibliographie

AL SAMAN, T. (1988): Die Arabische Welt und Europa, Graz.
AUCHER-ELOY, P. M. R. (1843): Relations de Voyages en Orient ... 2 Bde, Paris.
BLACHÉRE, R., in (1934): Enzyklopaedie des Islam, Bd.IV, Leiden–Leipzig.

BRUGSCH, H. (1863): Reise der K. Preußischen Gesandtschaft nach Persien 1860 und 1861, Leipzig.

CLAVIJO, Ruy Gonzales de (1582): Historia del Gran Tamorlan e Itinerario y Enarracion del Viage y relacion de la Embaxada que Ruy Goncalez de Clavijo le hizo, por mandado del muy poderoso Senor Rey Don Henrique el Tercero de Castilla. Y un breve discurso fecho por Goncalo Argato de Molina, ... Fol. Seville.

COX, E. G. (1935): A Reference Guide to the Literature of Travel, vol. I, Washington.

DANNHAUER, P. G. (1982): Literatur und Buch in der islamischen Welt, in: Das Buch im Orient, Wiesbaden.

DELLA VALLE, PETRI (M.DC.LXXIV): Eines vornehmen Römischen Patritii Reiß-Beschreibung in unterschiedliche Theile der Welt / Nemlich in Türckey / Egypten / Palestina / Persien / Ost-Indien / und andere weit entlegene Landschaften / Samt Einer außführlichen Erzehlung aller Denck- und Merkwürdigsten Sachen / so darinnen zu finden und anzutreffen; Nebenst den Sitten / und Gebräuchen dieser Nationen und anderen Dingen / dergleichen zuvor niemals von anderen angemercket und beschrieben worden ... Getruckt zu Genff.

ESSÉN, R. (1959): Sven Hedin. Ein großes Leben, Leoni am Starnberger See.

FILIPPI, F. de (1865): Note di un viaggio in Persia nel 1862, Milano.

FORBIGER, A. (1842): Handbuch der alten Geographie, aus den Quellen bearbeitet, Bd. 1, Leipzig.

GABRIEL, A. (1952): Die Erforschung Persiens. Die Entwicklung der abendländischen Kenntnis der Geographie Persiens, Wien.

GRATZL, K. (Hrsg.) (1974): Hindukusch. Österreichische Forschungsexpedition in den Wakhan 1970, Graz.

HEDIN, S. (1892): Der Demavend nach eigener Beobachtung in: Verhandlungen der Gesellschaft für Erdkunde zu Berlin, Bd. XIX, Berlin.

HENZE, D. (2000): Enzyklopädie der Entdecker und Erforscher der Erde, Bd. II, Graz 1983; Bd. III, Graz 1993; Bd. IV, Graz.

HESIOD (1998): Theogonie. Herausgegeben, übersetzt und erläutert von Karl Albert, 6. Aufl. Sankt Augustin.

Historical Gazetteer of Iran, vol. I, Graz 1976.

HOMER (1990): Ilias, Odyssee. In der Übertragung von Johann Heinrich Voß, insel taschenbuch, Frankfurt .

KOTSCHY, T. (1859): Theodor Kotschy's Erforschung und Besteigung des Vulkans Demavend, in: Petermann's Geographische Mittheilungen, Heft II.

KREISER, K. (1974) in: Lexikon der Islamischen Welt, Bd. 1, Stuttgart etc.

LACK, H. W. (2000): Karl Heinz Rechinger – a life for botany, in: Flora Mediterranea 10.

LAZAR, M. in (1986): Lexikon zur Geschichte der Kartographie, Bd. 2, Wien, Stichwort: „Persien".

LOVETT, B. (1883): Itinerary Notes of Route Surveys in Northern Persia in 1881 and 1882, in: Proceedings of the Royal Geographical Society, Vol. V.

MASPERO, G.: Histoire Ancienne des Peuples de l'Orient Classique, Paris.

MORGAN, J. de (1894): Mission scientifique en Perse, 5 Bde. Paris 1894–1905. Tome premier: Études Géographiques, Paris.

OLEARIUS, ADAM (1971): Vermehrte Newe Beschreibung Der Muscowitischen vnd Persischen Reyse. Schleswig 1656. Hrsg. von Dieter Lohmeier, Tübingen.

OLIVIER, G. A. (1801 und 1807): Voyage dans l'empire Othoman, l'Egypte et la Perse, Paris.

Petermann's Geographische Mittheilungen, Gotha 1860.

RECHINGER, K. H. (1939): Vegetationsbilder aus dem nördlichen Iran, 25. Reihe, Heft 5, Taf. 25–50, Jena.

REICHARDT (1882): in: Allgemeine Deutsche Biographie, Bd. 16, Leipzig.

Report of the Evening Meetings, Session 1882–3, in: Proceedings of the Royal Geographical Society 1883.

RITTER, C. (1838): Die Erdkunde im Verhältniß zur Natur und zur Geschichte des Menschen oder allgemeine vergleichende Geographie, 1. Abt., Bd. 8, Berlin.

Safarname. Das Reisetagebuch des persischen Dichters Nasir-i Husrau. Aus dem Persischen übersetzt von Uto von Melzer (hrsg. von Manfred Mayrhofer), bearbeitet und mit einem Vorwort versehen von Nosratollah Rastegar, Graz 1993.

SCHWARZ, P. (1896): Iran im Mittelalter nach den arabischen Geographen, Bd. I, Leipzig.

SCURLA, H. (1976): Im Reich des Königs der Könige ... ausgewählt und eingeleitet von Herbert Scurla, Berlin.

SLABY, H. (Hrsg.) (1977): Plan von Teheran. Aufgenommen von August Krziz (1857), Faksimile-Ausgabe mit Begleitheft, Graz.

SLABY, H. (1982): Bindenschild und Sonnenlöwe. Die Geschichte der österreichisch-iranischen Beziehungen bis zur Gegenwart, Graz.

STEINAUER, L.: Im Hochgebirge von Iran (Elbursgebirge), in: Zeitschrift des Deutschen und Österr. Alpenvereins 68, S. 38–45.

STEPHAN VON BYZANZ (1849): Ethnika. Stephani Byzantii ethnicorum quae supersunt ex recensione Augusti Meinekii, Berlin .

STRECK, M. (1927): in: Enzyklopaedie des Islam, Bd. II, Leiden–Leipzig.

THOMSON, W. T. (1838): An account of the ascent of Mount Demávend... in: Journal of the Royal Geographical Society, vol. VIII, London.

TIETZE, E. (1875): Ueber Quellen und Quellenbildungen am Demavend und dessen Umgebung, in: Jahrbuch der k.,k. Geologischen Reichsanstalt, Bd. 25, Heft II, Wien.

TIETZE, E. (1878): Der Vulkan Demavend in Persien, in: Jahrbuch der k.k. Geologischen Reichsanstalt, Bd. 28, Wien.

VITEK, E. (1999): Karl Heinz Rechinger (1906–1998), in: Annalen des Naturhistorischen Museums 101 B: 7–12, Dez.

WURZBACH, C. v. (1865): Biographisches Lexikon des Kaiserthums Oesterreich, 13. Theil, Wien.

Der Damavand aus religionshistorischer Sicht

Die Volksseele hat in den verschiedenen Kulturen dieses Globus im Laufe der Jahrhunderte unterschiedliche und sehr vielfältige Formen der Verehrung des Numinosen entwickelt. Formationen und Gegebenheiten der jeweiligen Landschaften spielten hierbei oft eine zentrale Rolle. Neben den Quellen, die auf die Verbindung in die Erde, also in den dunklen Bereich, wo das Leben keimt und webt, verweisen, sind es die Berge, die nach oben, in den Lichtbereich, den ewigen Äther deuten. Durch ihr Empor-Gehoben-Sein werden sie zu Schnittstellen zwischen dem irdischen und dem himmlischen Bereich, ja vermitteln gleichsam zwischen beiden und werden so zu heiligen Orten der Begegnung. *„Der wahrscheinlich älteste und seit Menschengedenken heilige Berg in Persien ist der über 5600 m hohe Demawend, der höchste Berg Eurasiens westlich von Indien. Er stand in Verbindung mit dem Gott der Morgensonne und damit mit dem Sonnengott Mithras, dem ersten im vorzarathustrischen Pantheon. Der Demawend reichte über die Sterne hinweg in die Sphäre ewigen Lichtes, wo es keine Nacht, keine Kälte und keine Krankheit gibt. Wer es je erlebt hat, wie der einsame vereiste Kegel unter den letzten Sonnenstrahlen des Tages noch glüht, wenn alles rundum schon grau und düster ist, der kann verstehen, wie sehr der Demawend verehrt wurde."* (GABRIEL 1971: 77).

Gerade die Gipfel heiliger Berge – ganz in Licht getaucht – waren seit jeher Sitz des Göttlichen, wo sich nach allgemeiner Vorstellung die Epiphanie der Gottheit ereignet. Sich dieser zu nähern, bedeutet sein Leben aufs Spiel zu setzen. Daher die Scheu, sich dem Gipfel zu nähern. Dieses Phänomen kann gerade auch beim Damavand beobachtet werden. Seine Verehrung, schreibt Gabriel, wirkt sich „im Abstandhalten" aus (GABRIEL 1971: 11). Ähnlich der Offenbarung Jahwes auf dem Sinai: *„Hütet euch, auf den Berg zu steigen oder auch nur seinen Fuß zu berühren! Jeder, der den Berg berührt, muß sterben"* (Exodus 19,12).

Die Volksseele hat mannigfaltige Riten und Bräuche aus vorislamischer Zeit bewahrt, oft wurden sie auch „islamisiert", d. h., sie wurden mit einer islamischen Gestalt oder Handlung in Zusammenhang gebracht. Mit dem Damavand verbindet sich so auch die Vorstellung, dass auf ihm die Arche Noahs zum Stillstand kam (GABRIEL 1971: 100).

Viele legendäre Gestalten und Episoden der alten iranischen Geschichte haben sich mit dem Alborz-Gebirge bzw. mit seinem höchsten Gipfel, dem Damavand, verwoben, wurden durch die Jahrhunderte weitertradiert und immer neu gefüllt. Dies ist auch nicht verwunderlich, denn gerade die vulkanische Natur des Damavand, sein aufsteigender Rauch und das weithin sichtbare Feuer, haben im Laufe der Zeit Anlass zu vielerlei Spekulationen gegeben, zu Mythen und Legenden, die solche Naturphänomene zeichenhaft als Einbruch der göttlichen Machtsphäre erfuhren und deuteten. Im indo-iranischen und zoroastrischen Schrifttum, bei arabischen und persischen Historikern und Kosmographen, aber auch in der epischen Literatur Persiens sind diese vielfältigen Erfahrungen mit dem Numinosen überliefert.

Insgesamt hat sich die Erinnerung an die zoroastrischen mythischen Berge, wie etwa an den Arəzūra oder Harā bərəzaiti („high watch/guard"; Mittelpers. Harborz) (BOYCE I 1985: 811), im Alborz-Gebirge mit dem Damavand erhalten. Als mythologischer Berg verkörpert er den Weltberg, der sich in der Mitte der Welt erhebt, um dessen Gipfel *„die Sterne, Mond und Sonne kreisen"* (YAŠT 12.25) und der daher eine kosmologische Funktion bis zum Ende der Welt zu erfüllen hat. Hier, *„auf der hochragenden leuchtenden Harā mit den vielen Ausläufern, wo weder Nacht noch Dunkel, nicht kalter nicht heißer Wind, nicht vielverderbliche Krankheit ... herrscht, hat der Sonnengott Mithra seine Wohnstatt"* (YAŠT 10.49–50). Aber nicht nur das Licht kommt vom Alborz, sondern auch das lebensspendende Wasser. Mit dem Weltberg verbindet sich des weiteren auch die Vorstellung, dass sich auf ihm die Činvat Brücke befindet („Brücke der Entscheidung"), wo die Seelen gerichtet werden (BUNDAHIŠN 9.9). Diese Brücke, über die die Seele in den Himmel gelangt, führt über den gähnenden Schlund der Hölle (VIDEVDAT 19.29–30). Die Spitze des Alborz wird daher auch „the Lawful Summit" (BUNDAHIŠN 9.9) genannt. Insgesamt kann man feststellen, dass der geographische Alborz als mythischer Berg mit einer gewissen mystischen und heiligen Aura umgeben ist (vgl. BOYCE I 1985: 812).

Einen Widerhall davon finden wir auch in verschiedenen Erzählungen von Firdausis Shahname („Königsbuch"). So hat etwa die Mutter von Shah Faridun aus Sicherheitsgründen ihr Kind zum „hochragenden Berg" gebracht, wo es auf wunderbare Weise ernährt wird (WARNER I 1905: 152). Rostams Vater, Sal, da er von weißer Hautfarbe war, musste ausgesetzt werden, um gerettet zu werden. Der große Vogel Simurgh, von dem gesagt wird, dass er sein Nest am Alborz hat, „*nahe der Sonne und weit weg von den Menschen*" (WARNER I 1905: 241 ff.), holte ihn in sein Nest und zog ihn auf. Sal wuchs heran und der Simurgh brachte ihn dann wieder vom Berg hinunter, da kein Mensch eine solche Höhe je besteigen kann.

Daneben sind es nun ganz spezifische altiranische Sagenkreise, die in Firdausis Shahname Eingang gefunden haben und die sich mit dem Berg Damavand (vgl. TAFAŻŻOLI 1993: 630 f.) verbinden. Aber auch die nach ihm benannte Kleinstadt Damavand, gelegen an seinen südöstlichen Ausläufern, fungiert als Örtlichkeit für die Szenerie zahlreicher Sagen und Ereignisse. Kajumar, der erste Shah in Firdausis Shahname, mit dem die Geschichte der Menschen beginnt, d. h. die Geschichte des alten Iran, die Geschichte des Kampfes zwischen Licht und Finsternis, soll in Damavand residiert haben (TABARI I.2: 84).

Verschiedene Versionen des indo-iranischen Drachenkampfmythos (vgl. HUTTER 1996: 225), die in den avestischen Traditionen reflektiert werden, erzählen vom eschatologischen Kampf zwischen Gut und Böse, zwischen Licht und Finsternis, in dem die großen Heroen Kərəsāspa (Garschasp) und Thraetaona (Faridun/Feredun/Firedun) gegen das Drachenunwesen Azi Dahāka (Zahhak oder Sohhak), eine dämonische Schöpfung Ahrimans, des Bösen, kämpfen und es besiegen.

Von Kərəsāspa heißt es: Er ist „*ein überlegen wirkender, lockenhaariger, die Wurfkeule führender junger (Held), der das gehörnte, das Rosse verschlingende, Männer verschlingende, das giftige fahlgelbe Ungeheuer besiegte*" (YASNA 9.10–11). Dieses Ereignis wird auch in die Nähe des Berges Damavand lokalisiert (vgl. MONCHI-ZADEH 1975: 108–110). Von Thraetaona, der „*aus gewaltigem Adelshause*" stammt, wird erzählt, dass er „*das Ungeheuer Dahāka besiegte, den dreimäuligen, dreiköpfigen, sechsäugigen, tausend Fertigkeiten besitzenden*" (YASNA 9.7–8). Andere zoroastrische Legenden erzählen wiederum von Thraetaona, dass er das Ungeheuer Dahāka an einem der mythischen Berge in Ketten legte, wo dieses bis zum Jüngsten Tage ausharren muss. Die zoroastrische Legende reflektiert hier anhand dieser Gestalt anscheinend die Geschichte von den gefallenen Engeln (Genesis 6,4) (vgl. BOYCE 1991: 420 f.). Das Haupt dieser war Azazel, mit dem sich jegliche Sünde verbindet, da er die gesamte Erde verdarb (1 Henoch 6:10–12), dann aber von Raphael in einer Höhle in der Wüste eingesperrt wurde (1 Henoch 10:4–6: *Und zu Raphael sprach der Herr: Bind den Azazel an Händen und Füßen und wirf ihn in die Finsternis! Mach in der Wüste von Dudael ein Loch und wirf ihn hinein! Leg scharfe, spitze Steine unter ihn und bedeck ihn mit Finsternis! Laß ihn dort für immer wohnen und bedeck sein Antlitz, daß er kein Licht schaue! Am Tag des großen Gerichtes soll er in den Feuerpfuhl geworfen werden!*) (RISSLER 1966).

Die Bekämpfung und Überwindung des Drachen durch Thraetaona spielt für das „mythisch-rituelle Schema" des persischen Neujahrsfestes, das Mihradschän-Fest, eine bedeutsame Rolle (vgl. WIDENGREN 1965: 50 f.). Insgesamt kommt dieser Region bei Firdausi, der im Shahname altes Sagengut verarbeitet, eine zentrale Rolle zu im Kampf zwischen Zohak, auch Biwarasp (von „biwar" – tausend; „er besaß zehntausend Araberpferde") (WITZLEBEN 1984: 28) genannt, dem Drachenschah, Verkörperung des Bösen, und Faridun, dem Urenkel des Königs Djamshid, seinem Bezwinger. „*Im Schahnameh stellt Sohhak alle die Eigenschaften und Sitten der andern Rassen und Völker dar, mit denen die Iranier in Berührung kamen und die sie verurteilten. Götzendienst, Zauberei und Schlangenanbetung scheinen bei diesen Völkern immer vom Menschenopfer begleitet gewesen zu sein. Sohhak ist ein Araber, und seine tausendjährige Regierungszeit ist als Symbol für die Beziehung der Araber zu den Iraniern aufzufassen, die seit den ältesten Überlieferungen von assyrischer Gewaltherrschaft bis zu den Tagen der Herrschaft der Kalifen von Bagdad, zur Zeit Firdausis, bestand.*" (WITZLEBEN 1984: 25–26).

Firdausi berichtet von Zohak, dass er noch als Prinz den Einflüsterungen Satans (Ahriman) verfiel, daraufhin seinen Vater ermordete, die Pflanzennahrung aufgab und dem Fleischgenuss frönte. Durch seine Empörung wurde die glückliche Zeit der Menschen beendet und es beginnt eine 1000 Jahre dauernde Zeit der Schreckensherrschaft.

Die Folge seines Paktes mit dem Bösen war, dass ihm zwei Schlangen aus den Schultern wuchsen. Ahriman riet ihm in Gestalt eines Arztes, sie täglich mit zwei menschlichen Hirnen zu füttern, damit sie vielleicht diese Nahrung töte. Jede Nacht wurden so zwei junge Männer getötet, mit dessen Hirnen dann die Schlangen gefüttert wurden. Bis sich zwei „gute und vornehme Iraner" als Köche einschlichen. Diese schlachteten bloß einen Jüngling, dessen Hirn sie mit dem eines Schafes vermischten, den anderen ließen sie fliehen und rieten ihm, sich fernab von den Menschen in einsamen Wüsteneien und auf Höhen zu verstecken. Diese Gruppe von Leuten bildete die Vorfahren der Kurden (WITZLEBEN 1984: 28–35).

Shah Faridun bereitet dann Zohaks Schreckensherrschaft ein Ende, indem er ihn in einem Verließ im

Berg Damavand einsperrt, wo dieser bis ans Ende der Welt angekettet ausharren muss. In einem Traumgesicht wird ihm sein Ende mitgeteilt:

„Als ihm noch vierzig Jahre zu leben übrig blieb", heißt es, habe er einen Traum gehabt, in dem ihm drei Krieger erschienen sind. Der Jüngste *„hielt eine Keule mit einem Stierhaupt in der Hand. Er stürzte sich auf Sohhak und schlug ihn mit der Keule auf den Kopf. Dann zog er ihm die Haut ab und benutzte sie als Strick, um ihm die Hände zu fesseln, legte ihm ein Joch auf die Schultern und häufte Staub und Erde auf sein Haupt. So zerrte er Sohhak, den Schmerz, Scham und Wut erfüllten, vor die Menge und weiter zum Berge Damawand"* (WITZLEBEN 1984: 35). Die Gefangennahme selbst berichtet, wie ihn Faridun *„schnell wie ein Läufer zum Berg Damavand schleppt und ihn dort ankettet"* (WARNER II 1906: 166 ff.):

Rustam und sein Pferd überwältigen einen Drachen (fol. 205a aus Ms or fol 4251) Berlin, Staatsbibliothek Preußischer Kulturbesitz, Orientabteilung.

„Die Erde stellte Firedun an ihren Ort,
zerriß die Lederhülle, die sie arg gewürgt,
er kettete Zahhak an Kopf und Hand und Fuß
und machte alle Welt von ihren Ketten los.
Zahhak sank hin, verging, zerfiel gleichsam zu Staub,
und jedermann ward seiner Übeltaten frei.
Er riß ihn von den Seinen, was ihn noch verband,
das waren nur die Bande seiner Kerkerhaft.
Im Bergesinnern eine bodenlose Schlucht
bestimmte für ihn Firedun zum Aufenthalt.
Mit schweren Eisennägeln, um ihn mehr zu strafen,
schlug er ihn fest, doch so, daß sie sein Mark nicht trafen.
In eine enge Schlucht schloß er ihn sicher ein,
wo sie am tiefsten war, zu langer Qual und Pein.“

(ENDERLEIN 1988: 89)

Faridun führt den Tyrannen Zohak gefangen zum Berg Damavand (fol. 107a aus Ms or fol. 4251) Berlin, Staatsbibliothek Preußischer Kulturbesitz, Orientabteilung.

Zohaks Tod am Berg Damavand. Illustration aus dem Shahname im Besitz des Museums für Zeitgenössische Kunst in Tehran.

Da Zohak am Weltenende noch eine bestimmte Rolle zukommt, darf ihn Faridun nicht töten, sondern nur in einer Höhle im Damavand gefangensetzen. Der Götterbote Sorush macht Faridun aufmerksam, dass er ihn nur fesseln und so überwältigen soll, denn seine Zeit ist noch nicht gekommen. Tabari spricht davon, dass er bis heute dort zur Strafe gefangen ist (TABARI I.2, 99). Ähnliches überliefert auch der arabische Schriftsteller Yaqut, *„daß er noch bis jetzt lebendig sei. Und Faridun stellte für ihn Wächter bereit, die bis jetzt um ihn herum mit Hämmern auf Ambossen schlagen"* (JACUT 1867: 545).

Der Tag, an dem Faridun Zohak fesselte, wurde zu einem Jahresfest erklärt; man nennt es al-Mihradschan (das Fest), Fest der Gefangennahme (TABARI I.2: 99; MASOUDI I 1861: 195 f.). Qazwini (†1283) führt in seiner berühmten Kosmographie auch den persischen Kalender an. Vom 16. Mihrmah (7. Monat) sagt er, dass sein Fest auch unter dem Namen Mihradschan (Mihrg'an) bekannt sei; u. a. erzählt man, dass an diesem Tag Faridun ausgezogen sei, *„nachdem Zohak Biwerasp alle, deren Geschlecht bis auf Djamshid zurückging, vernichtet hatte. Man berichtet auch, an diesem Tage habe Gott die Erde ausgebreitet und die Körper zu Wohnstätten der Seelen eingesetzt, und sagt: wer am Tage des Mihr'gan irgendetwas von Granatäpfeln isst und am Rosenwasser riecht, von dem werden zahlreiche Schäden abgehalten."* Vom 21. Mihrmah (ramruz) sagt er, dass es jener Tag sei, *„an dem Faridun über den Zohak den Sieg davongetragen und ihn gefangengenommen hat."* (KAZWINI 1868: 167 f.). Gerade dieser Szene hat sich auch die Miniaturmalerei im Besonderen angenommen. Einmal wie Faridun den Tyrannen Zohak gefesselt zum Berg Damavand führt (Fol. 107a) (ENDERLEIN 1988). Am Ende des Weges, in der Bergkette des Damavand, ist bereits die Höhle erkennbar, in der Zohak an den Felsen gekettet werden wird. Eine andere Miniaturmalerei (WELCH 1997) wiederum zeigt eine Höhle unter dem Gipfel des Damavand; in der Mitte dieser steht Zohak, an Händen und Füßen, seitlich und nach oben hin angekettet. Letztere stammt aus der Zeit Shah Ismaels (16. Jh.), der in Täbriz die erste Hauptstadt des Safawidenreiches gründete, und die Maler und Künstler seines Hofes beauftragte, Firdausis Shahname auf den Namen seines Sohnes und Thronfolgers Prinz Tahmasp Mirza künstlerisch darzustellen.

Da Zohak angekettet in seinem Verlies das Weltende abwarten muss, verwundert die folgende Überlieferung von Qazwini nicht; denn dieser berichtet vom Kalifen Ma'mun, dass er Interesse gezeigt habe, den „Gefangenen von Damavand" kennen zu lernen. Der Emir Musa b. Hafs machte sich sodann mit einer Truppe auf, um entsprechende Möglichkeiten auszukundschaften. Nachdem sie aber nicht den rechten

Weg zu seinem Berge finden konnten, begegneten sie einem bejahrten Greis, der schon mehr als 90 Jahre gelebt hatte, und sie nach ihrem Begehren fragte. *„Dieser zeigt ihnen sodann den Weg. An einer Stelle des Berges ließ er Halt machen und sagte: ‚Wendet alle eure Mühe auf, hier die Erde aufzugraben'* Wir gruben, bis sich uns daselbst eine aus Stein ausgehauene Wohnung öffnete. In dieser befand sich das Bild eines Menschen von wunderbarer Form, und zwar schlug derselbe mit einem Hammer immerfort ohne Unterbrechung auf seine Halsschellen los.* Der Alte gibt ihnen darüber folgende Auskunft: *„Das ist ein über den hier eingeschlossenen Biwerasp ausgesprochenes Beschwörungszeichen, damit er von seinen Fesseln nicht loskomme; er nagt nämlich immer an seinen Fesseln, damit sie dünn werden sollen; sobald ich aber sie mit meinem Hammer schlage, werden sie wieder ebenso dick und fest, wie sie gewesen sind."* Nachdem sie mehrere Leitern aufgestellt und an einer bestimmten Stelle gebohrt hatten, erschien eine Pforte. *„Wir gelangten zu der Schwelle derselben, und auf ihr waren vergoldete Eisennägel, die noch so schön und glänzend aussahen, als ob der Künstler sie vor kurzem erst verfertigt. Oberhalb der Türschwelle befand sich eine Schrift in Gold, die aussprach: ‚auf diesem Gipfel sind 7 Pforten von Eisen, an jedem Türflügel 4 Schlösser'; und am Türpfosten war geschrieben: ‚dies ist ein Schloß, das ewig dauert ohne Anfang und ohne Ende'. Keiner wird irgend eine dieser Pforten angreifen; denn, wer sie öffnet, den überkommt in diesem Himmelsstrich ein Mißgeschick, das sich nicht vertreiben, und ein Schicksalsschlag, der sich nicht abwehren läßt."* Der Kalif, den man nach der weiteren Vorgangsweise befragte, antwortete, dass alles so belassen werden solle, wie es bisher war (KAZWINI 1868: 326 f.).

Sam kommt zum Alborz. Links oben Simurgh mit Sal. Illustration aus dem Shahname im Besitz des Museums für Zeitgenössische Kunst in Tehran.

Der arabische Schriftsteller Yaqut verbindet mit dieser Episode eine etymologische Erklärung des Namens Dunbawand (Damavand). Faridun wollte auch den Koch Zohaks töten außer unter der Bedingung, dass er ihm eine Speise ohne Gemüse und ohne Fleisch zubereite. Dieser bereitete ihm Schafsschwänze zu und brachte sie ihm, während Faridun beim Damavand war, damit er Zohak gefangensetze. Sodann fand Faridun sein Tun in Ordnung, nämlich die Rettung der Jünglinge, die durch Hirne von Schafen ersetzt wurden, und er sagte zu ihm: *„Dunba wand, d. h. du hast dir (Schafs-) Schwänze ausgedacht. Du hast dich damit von mir befreit."* (JACUT 1867: 607).

Nach Eilers sei diese ätiologische Namenserklärung bei Yaqut *„amüsant und wegen der mittelpersischen Verbalform zugleich lehrreich"* (EILERS 1954: 341). Ursprünglich lautete der Name Dunbavand dunb, dum:

Schwanz bzw. „Hang, Lehne, Ausläufer (eines Berges)". (EILERS 1954: 286 f.). Eilers kommt daher zur Bedeutung von Damavand als „der hängereiche Berg" (EILERS 1954: 308). Der persische Universalgelehrte Biruni († 1050) nennt auch konkret den Ort, wo sich die vom Koch Freigelassenen niederließen, nämlich im westlichen Teil des Berges Dunbavand. *„Als Faridun den Biwarasp überwältigte, befahl er Ismail, den Koch Sohhaks, zu ergreifen und ihn dafür zu bestrafen, daß er Menschen getötet hatte. Ismail benachrichtigte ihn über die Geretteten und bat ihn, daß er einen Boten mit ihm hinausschicke, damit dieser sich überzeugen könnte. Und Ismail befahl den Befreiten, daß sie wieder Sonne und Mond über die Ebenen ihrer Wohnstätten leuchten lassen, damit ihre große Zahl sichtbar werde – auf Grund der Greueltaten des Biwarasp hatten Sonne und Mond zu leuchten aufgehört. Und der Bote sagte zu ihm: ‚Wie viel Leute sind es, die du befreit hast?' Allah lohne dir das Gute. Er wandte sich ab und benachrichtigte darüber Faridun. Dieser freute sich sehr und suchte Dunbavand auf, um dies mit eigenen Augen zu sehen. Hierauf ehrte er Ismail und übertrug ihm Dunbavand als Lehen und setzte ihn auf einen Thron aus Gold."* (ALBERUNI 1923: 227).

Firdausi berichtet in seinem Königsbuch auch über den Kampf, den Rustam, einer der größten iranischen Helden, mit einem Drachen ausfocht. Dieser wollte den schlafenden Helden überfallen, wurde aber von dem treuen Rosse Rustams daran gehindert. Der armenische Schriftsteller Grigor Magistros († 1058) erwähnt im 30. Sendschreiben *„An Daniel; über den Schlaf"* (CHALATHIANTZ 1896: 217 ff.) auch diese Episode von Rustam und seinem Pferd *„nahe vom Berge Dabavand"*. Ein anderes Mal wieder traf der Drache Rustam schlafend an, und drohte den Damavand auf ihn zu werfen. Aber Rustam stieß, nachdem er erwacht war, den Drachen mit der Spitze seines Stiefels fort.

Qazwini bringt in seiner Aufzählung von 92 wunderbaren Bergen in seiner Kosmographie auch Überlieferungen über den Damavand. Das Volk behaupte, dass Sulaiman (Salomon) b. Dawud (David) in ihm einen von den Satanen mit Namen Sachr gefangen hält; man nenne ihn „Fels des Bösen". Insgesamt gilt Salomon in der muslimischen Erzähltradition als mit übermenschlichen Kräften der Magie und der prophetischen Voraussage ausgestattet. Heerscharen von Dämonen standen ihm zur Verfügung, um seine Befehle auszuführen; heißt es doch von ihm im Koran (21,82), dass die Satane für ihn Arbeiten verrichteten.

Andere wieder behaupten, dass Faridun in ihm den Biwarasp, genannt Sohak, gefangen hält. Weiters steige Rauch aus einer Höhle im Berg auf, von dem die Leute annehmen, es sei der Atem des Biwarasp; aber auch Feuer wurde dort gesehen, von dem die Leute behaupten, dass es seine beiden Augen seien. Weiters wurden auch verschiedene Geräusche, die aus jener Höhle kamen, gehört. Dies, so sagen die Leute, sei die Stimme des Biwarasp (KAZWINI 1868: 323; JACUT 1867: 607 f.). Qazwini überliefert weiters den Bericht einer Besteigung des Damavand: *„Endlich gelangte ich bis zu seiner halben Höhe unter gewaltiger Beschwerde und Gefahr für mich; und ich glaube nicht, daß jemand über diese Stelle, bis zu der ich gelangt bin, hinauskommen wird. Ich überlegte mir die Sache, und sah nun eine Schwefelquelle, während rings um dieselbe herum versteinerter Schwefel lag. Wenn nun die Sonne darüber aufgeht, beginnt sie Flammen zu sprühen, und Feuer erscheint in derselben. Zur Seite von derselben befindet sich ein Flußbett, das sich unterhalb des Berges hinzieht; das durchfahren herüber- und hinüberfahrende Winde, und durch diese entstehen ganz entgegengesetzte Laute, aber in sich gegenseitig entsprechenden Modulationen: und einmal klingt es wie Rossegewieher, ein anderesmal wie Eselgeschrei, ein drittesmal wie menschliche Rede, und dem, der zuhorcht, erscheint es wie laute Rede, die zwar unverständlich, aber doch nicht ganz unbekannt ist."* (KAZWINI 1868: 323 f.)

Yaqut, der Ähnliches anführt, fügt kritisch hinzu, dass so beim Zuhörer leicht die Vorstellung (Einbildung) entstehen könne, dass es sich hier um menschliche Sprache handle. Auch vom Rauch, von dem man behauptet, dass es der Dampf jener Schwefelquelle sei, sei es leicht möglich, dass er als eine äußere Erscheinung gedeutet werde. Vom Grund des Berges ströme ein Gewässer hervor, dessen Wasser schwefelgelb sei. Dumme Leute behaupten, dass es der Harn des Biwarasp sei (JACUT 1867: 608). Qazwini berichtet weiter: *„Und dieser (oben erwähnte) Rauch steigt aus der Schwefelquelle auf; und wenn die Bewohner dieses Berges nun die Körnchen beobachten, die sich die Ameisen aufspeichern, und diese mehren sich in Folge des Rauches, so wissen sie, daß es ein hartes Jahr sein wird. Und wenn sie lange von Regengüssen heimgesucht werden, und Schaden durch sie erleiden, so gießen sie Ziegenmilch auf das Feuer, und es hört auf .... Noch niemand hat die Spitze dieses Berges zu irgend einer Zeit von Schnee entblößt gesehen, daß nicht ein Mißgeschick hereingebrochen wäre, und Blutstropfen von der Seite her, die man bloß von Schnee sah, sich ergossen hätten."*

Qazwini (KAZWINI 1868: 325) und Yaqut (JACUT 1867: 608 f.) berichten von einer Gruppe, die *„in fünf Tagen und Nächten bis zu seinem Gipfel emporstieg"*. Der arabische Geograph Masoudi wiederum überliefert im Zusammenhang eines Beweises von der kugelförmigen runden Gestalt des Meeres, dass man *„drei*

Tage und drei Nächte" für die Besteigung des Gipfels benötige. *„Wer den Gipfel erreicht hat, findet sich auf einer ebenen Fläche von etwa tausend Ellen im Quadrat; von unten betrachtet wirkt sie dagegen kegelförmig. Auf dieser Fläche am Gipfel liegt roter Sand, in den man mit den Beinen einsinkt. Wegen der heftigen Winde, der großen Höhe und der grimmigen Kälte begeben sich weder Tiere noch Vögel dort hinauf. Auf dem Gipfel befinden sich etwa dreißig Löcher, aus denen mächtiger Schwefeldampf aufsteigt, begleitet von einem lauten, dem stärksten Donner vergleichbaren Dröhnen, das von dem lodernden Feuer herrührt. Wer sein Leben aufs Spiel setzt und bis zu den Mündern dieser Löcher hinaufsteigt, kann von dort Schwefel mitbringen, der gelb ist wie Gold und in der Alchemie und anderen Gewerben Verwendung findet. Der Demavand ist so hoch, daß sich die höchsten Berge in seiner Umgebung, vom Gipfel aus betrachtet, nur wie kleine Hügel ausnehmen ...*" (MASCUDI 1978: 30 f.)

Letztere Stellen zeigen anschaulich, wie die natürlichen Phänomene, die am Damavand zu beobachten waren, das Rauchen, das Feuer mit den Flammen, das Rauschen und Tosen der Winde und Stürme, mit verschiedenen altiranischen Sagenstoffen verbunden wurden bzw. überhaupt erst Anlass waren, dass vielfältige Sagenstoffe entstehen konnten, die diesen Phänomenen konkrete Gestalt gaben.

Ein weiterer Sagenkreis, der sich mit dem Damavand verbindet, ist jener von Harut und Marut. Grundgelegt sind die vielfältigen Legenden, die sich um diese beiden Gestalten ranken, im Koran, Sure 2,102: *„Und sie folgten dem, was die Satane unter der Herrschaft Salomos vortrugen. Aber nicht Salomo war ungläubig, sondern die Satane waren ungläubig; sie lehrten die Menschen die Zauberei und das, was auf die Engel in Babel, Harut und Marut, herabgesandt worden war. Diese jedoch lehrten niemanden, ohne zu sagen: ‚Wir sind nur eine Versuchung, so werdet nicht ungläubig.' So lernten sie von ihnen das, womit sie zwischen dem Mann und seiner Frau Zwietracht stifteten.*"

Qazwini berichtet über Harut und Marut, dass sie mit anderen Engeln Adam schmähten wegen seiner Verletzung des Vertrages mit seinem Herrn. *„Sie wurden nach Babylon hinweggenommen. Dann wurde ihnen die Wahl gelassen zwischen der Strafe im Diesseits und der Strafe im Jenseits. Sie wählten die Strafe des Diesseits, und nun sind sie zur Strafe angekettet in einem Brunnen im Gebiet Babylons, mit dem Kopf nach unten, bis zum Tag der Auferstehung.*" (QAZWINI 1986: 78 f.)

Über diese gefallenen Engel, die den Dämonen die Zauberkunst beigebracht haben, sind verschiedene Legenden überliefert worden. Im großen Korankommentar von Tabari zu dieser Stelle werden sämtliche Varianten, die zu seiner Zeit bekannt waren, angeführt. (TABARI I 1988; vgl. LITTMANN 1916: 70 ff.)

Nach einer dieser Überlieferungen steigen Harut und Marut in Babil Dunbawand zur Erde hinab, um die Menschen in Gerechtigkeit zu richten. Sie aber geben ihr „Losungswort" preis, durch das sie wieder in den Himmel hätten hinaufsteigen können, und sündigen mit einer Frau; zur Strafe werden sie in Babil aufgehängt. Sodann beginnen sie mit den Menschen in ihrer Sprache zu reden, und die ist das Zauberunwesen.

Am Ende einer ähnlichen Variante dieser Episode heißt es: *„Dann wurde ihnen befohlen, sie sollten in Babil absteigen, und dort war ihre Strafe. Man glaubt, sie seien aufgehängt in eisernen Fesseln, zusammengerollt, und schlügen mit den Flügeln.*" Tabari gibt für Babil einmal Dunbawand, das andere mal wieder den Iraq an. Es dürften hier wohl die vielen volkstümlichen Erzählungen über den Berg Dunbawand, vor allem im Zusammenhang mit der Gestalt Zohaks, Einfluss ausgeübt haben. Außerdem fließt in der Nähe des Damavand der Babul.

Von Shah Djamshid wird sogar überliefert, dass er in der Luft in einem Tag von Damavand nach Babel (Babylonien) reise, fahrend in einem Triumphwagen aus Glas, gemacht und gezogen von Dämonen (TABARI I.2: 88).

Der alles irdische Geschehen überragende Berg Damavand, Nahtstelle zwischen Himmel und Erde, hat vielfältige Erinnerungen an uraltes, mythisches Geschehen bewahrt. Die sich ständig nach dem Licht sehnende Seele hat es, um sich aus den Umklammerungen der Finsternisse und den irdischen Verstrickungen zu befreien und diese zu bannen, in vieldeutige mythische Bilder und Ereignisse verwoben und ihm so konkrete Gestalt und unvergänglichen Ausdruck verliehen.

Bibliographie

ALBERUNI (1923): Chronologie orientalischer Völker, hrsg. v. Dr. C. Eduard Sachau, Leipzig.

BOYCE, M. (1985): Alborz, in: Encyclopaedia Iranica, Vol. I, 811–813.

BOYCE, M. and F. GRENET (1991): A History of Zoroastrianism, Vol. III, Leiden .

CHALATHIANTZ, GREGOR (1896): Fragmente iranischer Sagen bei Grigor Magistros, in: WZKM X, 217 ff.

EILERS, WILHELM (1954): Der Name Demawend, in: Archiv Orientalni XXII, 286 ff.

ENDERLEIN, VOLKMAR und WERNER SUNDERMANN (Hrsg.) (1988): Schahname. Das persische Königsbuch. Miniaturen und Texte der Berliner Handschrift von 1605, Leipzig.

GABRIEL, ALFONS (1971): Religionsgeographie von Persien, Wien.

HUTTER, MANFRED (1996): Religionen in der Umwelt des Alten Testaments I: Babylonier, Syrer, Perser, Stuttgart.

JACUT's Geographisches Wörterbuch, hrsg. v. F. Wüstenfeld, Bd. II, Leipzig 1867.

EL-KAZWINI ZAKARIJA BEN MUHAMMAD (1868.): Kosmographie. Aus dem Arabischen zum ersten Male vollständig übersetzt v. Dr. Hermann Ethe, Erster Halbband: Die Wunder der Schöpfung, Leipzig

LITTMANN, E (1916): Harut und Marut, in: Festschrift Friedrich Carl Andreas, Leipzig, 70–87.

MASOUDI (1861): Les Prairies D'Or. Texte et Traduction par C. Barbier de Meynard et Pavet de Courteille, Bd. I, Paris.

AL-MASCUDI (1978): Bis zu den Grenzen der Erde. Auszüge aus dem „Buch der Goldwäschen". Aus dem Arabischen übertragen und bearbeitet von Gernot Rotter, Tübingen.

MONCHI-ZADEH, D. (1975): Topographisch-historische Studien zum iranischen Nationalepos, Wiesbaden.

AL-QAZWINI (1986): Die Wunder des Himmels und der Erde. Aus dem Arabischen übertragen und bearbeitet von Alma Giese, Darmstadt.

RISSLER, P. (1966): Altjüdisches Schrifttum außerhalb der Bibel, übersetzt und erläutert, Heidelberg.

AI-TABARI (o. J.): Tarich ar-rusul wa-l-muluk, Vol. I.2, Kairo.

AL-TABARI (1988): Tafsir, Bd. I, Beirut.

TAFAŻŻOLI, AHMAD (1905, 1906): Damavand, in: Encyclopaedia Iranica, Vol. VI, 1993, 630–631.

WARNER, ARTHUR GEORGE: The Shahnama of Firdausi, Vols. I, II, London.

WELCH, STUART CARY (1997): A king's book of kings: an album of miniatures from Shah Tahmasp' manuscript of the Shanameh, Tehran.

WIDENGREN, GEO (1965): Die Religionen Irans, Stuttgart.

WITZLEBEN UTA von (1984): Firdausi. Geschichten aus dem Schahnameh, ausgewählt und übertragen, Köln.

WOLFF, FRITZ (1910): Avesta. Die Heiligen Bücher der Parsen, Straßburg.

Siedlung und Bauten an den Abhängen des Damavand

Betrachtet man die dem Buch beiliegende Karte des Damavand im Maßstab 1:50.000, erkennt man mit einem Blick, dass die Ostseite des Vulkankegels von Süd bis Nord wesentlich stärker gegliedert ist als seine Westseite. Tief eingeschnittene Seitentäler des Haraz-Tales, zahlreiche Erosionsrinnen sowie Terrassen und Hochebenen wechseln sich ab und bieten den Menschen die Möglichkeit, Dauersiedlungen anzulegen. Neben diesen topographisch-morphologischen Voraussetzungen ist auch das erforderliche Wasserangebot vorhanden, Schmelzwasser von Schnee und Gletschern sowie einige ausreichend Wasser spendende Quellen, die den ursprünglich Ackerbau betreibenden Dorfbewohnern die erforderliche künstliche Bewässerung der weitgehend terrassierten Feldflur ermöglichte. Die Westseite ist in ihrem topographischen Erscheinungsbild wesentlich sanfter, weite Flächen, gleichmäßig geneigte Hänge bis in große Höhen, die erst in ihren letzten Abschnitten steil zum Dali Chai Tal abfallen. Die Wasserarmut und die damit verbundene Kargheit der Weiden bietet fast ausschließlich nur Ziegen und Schafen dürftige Nahrung. Der Westen des Vulkankegels ist somit den Nomaden vorbehalten, die in den Sommermonaten ihre Herden auf die Bergweiden führen.

Bei einem mehrtägigen Aufenthalt im Mai 1999 in der Ortschaft Nandel und während einer Umrundung des Damavand im Juni 2000 hatten wir Gelegenheit, uns mit dieser Region zu beschäftigen. Wir konnten dörfliche Siedlungsstrukturen beobachten, einige Objekte skizzenhaft festhalten, fotografische Dokumentationen durchführen sowie Informanten über lokale Verhältnisse und erkennbare Veränderungen befragen. Das Ergebnis ist die folgende Darstellung der derzeitigen Situation der Dauersiedlungen und der Bausubstanz an den Abhängen des Damavand.

Abb. 1: Die Straße vom Haraz-Tal in Richtung Nandel. Satellitenbildausschnitt, der die Überwindung des großen Höhenunterschiedes zeigt (nach Süden orientiert).

Die Lage der Dörfer am Damavand

An der Ostseite des Vulkankegels sind 12 Dörfer gelegen, die noch durch einige einzelstehende Objekte und Almwirtschaften ergänzt werden (Tabelle 1).

Name	Höhe	Lage	Siedlungstyp	Anmerkung
Rhine	2080	Hanglage-Terrasse	Straßendorf	Ausgangsort f. Besteigungen v. Süden
Ab-e Garm	2150	Talgraben	Straßendorf	Thermalbad
Amirabad	2150	Hanglage-Terrasse	Straßendorf	–
Malar	2300	Hanglage	Haufendorf	–
Ahrine	1950	Talgraben	Haufendorf	–
Gazaneh	1800	Talgraben	Haufendorf	Ort an der Aufstiegsroute von Osten
Fire	1730	Tal-Schlucht	Haufendorf	Bergbau
Tine	2360	Hochebene-Terrasse	Haufendorf	–
Korf	2320	Flache Kuppe – Terrasse	Straßendorf/ Haufendorf	–
Hadjidelah	2050	Hanglage-Terrasse	Haufendorf	Grabmäler
Miyandeh	2050	Hanglage-Terrasse	Straßendorf	–
Nandel (Nunal)	2380	Hanglage-Rückfallkuppe	Haufendorf	Ausgangsort f. Besteigung v. Norden

Tabelle 1: Die Ortschaften an den Abhängen des Damavand.

Die mittlere Seehöhe der Siedlungen kann mit 2000 bis 2400 m angegeben werden, lediglich die Ortschaften im breiten Talu Tal und das Dorf Fire liegen tiefer. Die Lage ist, wie bereits erwähnt, von den topographischen Verhältnissen in Verbindung mit der Versorgung mit Frischwasser (Quellen) abhängig. Eine Tatsache, die in keiner der älteren Publikationen erwähnt wird, ist das Vorhandensein elektrischer Energie (Stromleitungen) und die Verkehrsanbindung an die Transitstraße durch ein gut ausgebautes Straßennetz. Diese beiden Voraussetzungen haben das Leben in den Dörfern entscheidend beeinflusst. Ist die Anbindung an das übergeordnete Straßennetz für den Südosten des Bereiches kein allzu großes Problem, ist für den Nordosten die Errichtung von Bergstraßen zeit- und kostenaufwendig gewesen, denn es galt den großen Höhenunterschied der Steilabbrüche zum Haraz-Tal zu überwinden. Die Zufahrt nach Nandel und Korf kann in diesem Zusammenhang erwähnt werden (Abb. 1).

Rhine, das als Ausgangspunkt für Damavandbesteigungen seit nahezu 200 Jahren bekannt ist, liegt auf einer Terrasse, die erst weiter im Süden steil ins Haraz-Tal abfällt. Durch die breite asphaltierte Hauptstraße hat sich ein Zentrum gebildet, an dem wesentliche Gebäude, wie das Bergsteigerheim des iranischen Bergsteigerverbandes, liegen. Altbestand ist nicht mehr zu erkennen, vielleicht haben sich die letzten Erdbeben (1957, 1982) in dieser Richtung ausgewirkt. Moschee, Kindergarten, Grund- und Hauptschule sind vorhanden, ein gutes Restaurant hingegen fehlt. Die Diskussion mit unseren Informanten über die Einwohnerzahl ergab für den Sommer 2000, für den Winter aber nur 1000 Bewohner. Eine Erscheinung, die heute für alle Orte am Damavand gilt ist die Tatsache, dass im Sommer wesentlich mehr Einwohner gezählt werden als im Winter.

Der wohl am meisten aufgesuchte Tourismusort ist Ab-e Garm, in einem

Die Hauptstraße in Ab-e Garm, an ihr liegen zahlreiche Läden und Lokale. Foto: Kostka.

Tal mit Thermalquellen gelegen, die als Heilbad benützt werden. Vor allem an Wochenenden herrscht reges Treiben. Damit verbunden ist eine große Bautätigkeit, von der nicht nur Beherbergungsbetriebe, sondern auch Läden für Tagesbedarf und Souveniers, Cafés und Restaurants betroffen sind. Die Größe des Ortes haben wir mit 100 Häusern abgeschätzt. Im Talu-Tal zieht eine ganze Reihe von Dörfern aus dem Haraz-Tal nach oben. Wasser und geschützte Lage lassen üppige Vegetation zu, die Gazaneh, Ahrine und Malar zu begehrten Aufenthaltsorten machen. Die Einflüsse der modernen Technik (Energie – Stromversorgung, Straßen – Motorfahrzeuge) haben z. B. Gazaneh geradezu zu einem „Verkehrsknotenpunkt" werden lassen. Fire, in einem schluchtartigen Tal mit schönen Gärten und altem Baumbestand gelegen, ist jener Ort, der die meisten traditionellen Wohnhäuser aufzuweisen hat, die allerdings in den Neubestand integriert sind. In Tine, einem Ort mit ca. 40 Häusern, sind uns das erste Mal die Ruinen des Altbestandes in großer Anzahl aufgefallen. Die Telefonstation, das Badehaus, halb in das Erdreich eingegraben, wie auch die Moschee mit dem kleinen Friedhof liegen außerhalb des Ortskernes. Die Situation von Zweitwohnsitzen oder Ferienhäusern führt in Korf zu der Angabe unserer Informanten, dass dort im Sommer 40, im Winter hingegen nur 6 Familien ständig wohnen. Eine tägliche Busverbindung nach Amol ist eingerichtet. Hadjidelah ist durch seine beiden Grabmäler Ziel vieler Pilger, darüber hinaus aber auch ein sauberer Ferienort.

Nandel ist die größte Siedlung im Norden des Damavand. Wiederum waren von unseren Gewährsleuten keine exakten Angaben über die Einwohnerzahl zu erhalten. Im Winter sollen lediglich 10 Familien ihren ständigen Wohnsitz im Ort haben; wir haben etwa 200 Häuser gezählt, die in der Hauptsiedlungszeit, im Sommer, bewohnt sind. Eine Grundschule ist vorhanden, die größeren Kinder werden aber mit dem Bus nach Amol gebracht. Zufolge der schönen Lage des Haufendorfes auf einer Rückfallskuppe, ist es im Sommer ein begehrter Aufenthaltsort. Moschee und Gästehaus befinden sich direkt im Ortsgefüge.

Generell kann ausgesagt werden, dass nur wenige Familien das ganze Jahr über in den Orten am Damavand leben. Viel häufiger tritt der Fall ein, dass die klimatisch günstig gelegenen Orte als Zweitwohnsitze oder Ferienaufenthalte dienen. Leute, die die Ruhe suchen, ziehen sich hier zurück, wenn der Trubel im Ballungszentrum von Tehran zu groß wird und die Schwüle in Amol und anderen Städten in der Kaspiregion unerträglich wird. Die heute günstigen Straßenverbindungen haben zu dieser Entwicklung beigetragen und auch einen wesentlichen Einfluss auf die aktuelle Bausubstanz ausgeübt. Wochenendwirbel durch Inlands-Kurzzeittourismus war nur im Thermalbadeort Ab-e Garm festzustellen.

Gebäudetypen und ihre Funktion

Entsprechend der Zielsetzung des Buches, die in einer Monographie des Berges Damavand lag, erfolgten keine exakten Bauaufnahmen der einzelnen Baukörper. Es wurde aber versucht, eine Systematik für die vorhandene Bausubstanz zu erarbeiten und einige wenige Gebäude zu skizzieren. Eine Gliederung erfolgte in Wohnbauten und Beherbergungsobjekte sowie in Sonderbauten, denen alle anderen Objekte zugeordnet sind (Tabelle 2).

Die Ortschaft Fire mit traditionellen Wohnhäusern sowie blechgedeckten Neubauten. Foto: Team Damavand '99.

Objekttypus	Konstruktion/ Material	Dachform	Funktion
Traditionelles Haus (Altbestand)	Lehm und Stein	Flachdach	Bauernhaus
Wohnhaus (Neubestand)	Betonziegel/Blech	Walmdach	Zweitwohnsitz, Ferienhaus
Gästehaus	wie Wohnhaus	Walmdach	Kurzaufenthalte
Moschee	Stein/Lehm Ziegelbau, verputzt	Kuppel, Walm- oder Pultdach	Multifunktionsbau
Grabstättenbau	Rundbau, Stein- konstruktion, verputzt	Pyramidendach	Pilgerstätte
Schule	Betonziegel/Blech	Walmdach	Grundschulunterricht
Badehaus	Beton/Blech	Kuppeldach, Flachdach	Kurbetrieb, Reinigung
Versorgungsgebäude/Tagesbedarf z. T. integriert in Wohnbau	Betonziegel/Blech	Walmdach	Geschäft (Metzger, Bäcker etc.), Café, Restaurant
Almgebäude	Stein/Lehm	Satteldach u. a.	Almwirtschaft, Unterkunft für Mensch und Tier

Tabelle 2: Gebäudetypen und ihre Funktion.

Das aus Stein und Lehm errichtete traditionelle Wohnhaus mit Flachdach, das in älteren Berichten über diese Region immer wieder erwähnt wird, existiert praktisch nicht mehr. Integriert in den Neubestand konnten wir solche Gebäude fallweise, wie etwa in Fire, noch registrieren – viel häufiger aber als Ruinen, vielleicht seit den letzten Erdbeben, Gebäude, die nicht mehr genutzt und dem Verfall preisgegeben wurden. Aus diesem Grunde wurden nicht nur drei Objekte im Ortsverband skizziert, sondern auch drei weitere außerhalb auf Almen, die leichter auf traditionelle Haus- und Bauformen schließen lassen.

Die Moschee von Nandel befindet sich im Zentrum des Ortes. Foto: Kuschel.

Beim modernen Wohngebäude (Neubestand) trafen wir zwei häufig auftretende, typische Objektformen an, die als Zweitwohnsitz in den Sommermonaten, als Ferienhaus, als Bergsteigerunterkunft oder als Gästehaus weitgehend einheitliche Form aufwiesen. Der Typ 1 (Abb. 2) im flacheren Gelände besteht aus Aufenthaltsraum, Lager/Schlafraum ohne integrierte Kochstelle. Speisen werden an anderen Orten zubereitet. Von einer erhöhten, überdachten Terrasse sind die einzelnen Räume zugänglich. Das Gebäude befindet sich in einem Garten mit Umschließungsmauer, in dem Geräteschuppen, Toilette und Wasserstelle situiert sind. Der Typ 2 (Abb. 3) im geneigten Gelände mit ähnlicher Anordnung der Räume weist häufig noch ein Untergeschoss auf. Durch Stiegen zur überdachten Terrasse werden die z. T. großen Höhenunterschiede überwunden. Das Walmdach mit Blechdeckung scheint für fast alle diese Häuser obligatorisch zu sein. Auffallend ist, dass keine erkennbaren Kamine (also auch keine Öfen) vorhanden sind. Beherbergungsgebäude, also Gästehäuser, die dem Typ des modernen Wohnhauses entsprechen, sind nur selten gesondert vorhanden, wie etwa in Rhine, Ab-e Garm oder Nandel.

Moscheen als Form der Sonderbauten sind häufig nicht nur dem Gebet und der Waschung im Vorraum vorbehalten, sondern dienen auch als „Multifunktionsgebäude". Als typisches Beispiel für ein derartiges Objekt kann der moderne Zweckbau mit Pultdach der Moschee in Korf angesehen werden (Abb. 4). Der Hauptraum besteht aus einem Bereich für Männer und unter einer Galerie einem Bereich für Frauen. Diese Räume dienen auch zur Beherbergung. In diesem Fall ist sogar eine Küche angeschlossen, die die Zubereitung von Speisen und Tee ermöglicht. Das Gebäude wird von einer Terrasse, die durch mehrere Stufen vom Vorgarten zu erreichen ist, betreten. Angebaut sind Toiletten mit den erforderlichen Möglichkeiten für Waschungen. Im durch eine Mauer abgeschlossenen und nur durch ein Gittertor betretbaren Vorhof ist ein Kultstein (?) aufgestellt, über den wir allerdings nichts in Erfahrung bringen konnten. Nicht nur hier, sondern allgemein sind die Bereiche für Männer und Frauen getrennt voneinander angeordnet. Schulen und Badehäuser findet man nahezu in jedem Ort. Den Schulen sind Spiel- und Sportplätze zugeordnet, oft umgeben von schattenspendenden Bäumen, zu denen auch Weichsel-, Kirschen-, Nuss- und Marillenbäume zu zählen sind. Badehäuser mit Gemeinschaftsräumen und Einzelzellen dienen meist der Reinigung, im Fall von Ab-e Garm als Thermalbad bzw. Schwefelbad auch zur Linderung von Schmerzen oder zur Heilung. Eine auffallende Form von Sonderbauten stellen die Grabstätten von Sheikh Shahabodin und Sultan Ahmad am Ortsrand von Hadjidelah dar. Als Rundbauten mit spitzen, achteckigen Pyramidendächern sind es Mausoleen, mit ansprechender, in grün gehaltener Inneneinrichtung, die von Pilgern aus Nah und Fern besucht werden. Man trifft solche Bauwerke auch in anderen Orten in der Nähe des Damavand an. So beschreibt de Morgan bereits 1894 ein ähnliches Bauwerk, das an der Straße nach Amol gelegen war: einen runden, turmartigen Baukörper mit spitzem, achteckigem Zylinderdach und nennt das Gebäude „Imam-Zada du village d'Issandro".

Traditionelle Formen von Gebäuden und Wohnfunktionen, bei denen es zu einem Zusammenleben von Mensch und Tier kommt, finden wir auf Almen. Die Alm in der Nähe von Nandel (Abb. 5) weist nicht nur ein Einraum-Gebäude für den Menschen, sondern auch eine überdachte Unterkunft für das Vieh auf, dem auch eine Tränke und ein geschützter Auslauf zur Verfügung steht. Außerhalb der Umschließungsmauer ist in diesem Fall durch künstliche Bewässerung auch noch Ackerbau möglich. Die höher gelegene Alm weiter im Westen (Abb. 7) des Talkessels ist bereits sehr einfach gestaltet. Ein einziges Gebäude ist gleichzeitig Aufenthaltsraum für Mensch und Stall für schutzsuchende Tiere. Ein Herd an einem wasserführenden Kanal befindet sich außerhalb des Gebäudes. Ein geschützter Auslauf mit Tränke ist von einer Umschließungsmauer umgeben. Die Viehaltung auf der Weide ist

Die Grabmäler in Hadjidelah zählen zu den auffallendsten Sonderbauten. Foto: Team Damavand '99.

in diesem Fall die einzige Form der Bewirtschaftung. Einen Übergang von der massiv errichteten Bausubstanz zur Zeltunterkunft der Nomaden stellt eine Alm – ein Nomaden Sommerlager noch weiter im Westen am Fuße des Anstieges zum Sardagh-Pass dar (Abb. 6). In alte Bausubstanz (Hütten) haben sich über den Sommer Hirten einquartiert und den vorhandenen Nutzraum durch Zelte erweitert und den Erfordernissen angepasst. Auffallend ist ein gepflegtes Badehaus, das getrennt vom restlichen Ensemble errichtet worden ist. Das freie, ungebundene Leben in der einsamen Hochgebirgsregion stellt für die Bewohner dieses Sommerlagers offensichtlich einen erstrebenswerten Zustand dar.

Mit den wenigen angeführten Beispielen von modernen Wohnbauten, den verschiedenen Sonderformen an Bausubstanz bis zur Alm und Nomadensiedlung wurde versucht, einen Eindruck von den Unterkünften und Lebensbedingungen an den Abhängen des Damavand zu vermitteln. Auf Konstruktion und Bauausführung wurde nicht näher eingegangen. Die Stabilität von Detailkonstruktionen sowie die häufig erforderlichen Improvisationen ließen in einigen Fällen aber auf die guten Kontakte des Landes zu Allah schließen.

Traditionelle Wohnbauten trifft man heute kaum mehr an. Also das Gebäude, das auf Steinfundament in Stein- oder Lehmziegelbau mit Flachdach errichtet worden ist, um auch diesen Bereich noch einer Nutzung zuführen zu können. Dieses Objekt, das dem Ackerbau betreibenden Ortsbewohner bis heute noch als Wohnstatt dient, wird von den Abhängen des Damavand früher oder später gänzlich verschwinden. Mag sein, dass die häufigen Erdbeben eine Ursache für diese Entwicklung sind, wesentlicher scheinen

Die Alm Chambon für den Sommeraufenthalt, in der Zelte in die bestehende alte Bausubstanz integriert wurden. Foto: Kuschel.

aber die veränderten Lebensgewohnheiten der Dorfbewohner. Energieversorgung und Verkehrsverbindung sind vorhanden. Nur mehr wenige ältere Menschen konnten wir in den einzelnen Dörfern beobachten, die der Tätigkeit eines Ackerbauern nachgehen. Dementsprechend halten sich auch nur wenige Personen während des ganzen Jahres an den Abhängen des Vulkankegels auf. Heute werden die Orte, wie bereits erwähnt, wesentlich häufiger nur mehr während der Sommermonate aufgesucht. Einerseits dienen sie dem Erholung suchenden Großstädter aus Tehran als Sommersitz, andererseits suchen die Bewohner des im Sommer heißschwülen Tieflandstreifens am Kaspischen See kühlere, lebensfreundlichere Regionen auf. Der formale Ansatz des Baukörpers, das verwendete Baumaterial, bedingt durch die Funktion der Gebäude sowie die Ansprüche der Bewohner prägen bereits heute das Ortsbild der Dörfer. Viele der Sommerhäuser sind im Winter kaum erreich- oder benützbar. Dies hängt u. a. damit zusammen, dass einige der Ortschaften zufolge der hohen Schneelage in den Wintermonaten ohne Verkehrsanbindung auskommen müssen. Wie uns Informanten mitgeteilt haben, sind Schneehöhen in höher gelegenen Orten im Nordosten des Damavand von mehr als 1 m nicht selten. Beton, vorgefertigte Ziegelbausteine ohne spezielle Isolierung und das rationelle Blechdach ohne höhere ästhetische Ansprüche genügen den Bedürfnissen der jahreszeitlich migrierenden Bewohner und werden in Zukunft das Siedlungsbild der an den Abhängen des Damavand liegenden Ortschaften in noch wesentlich höherem Maße prägen.

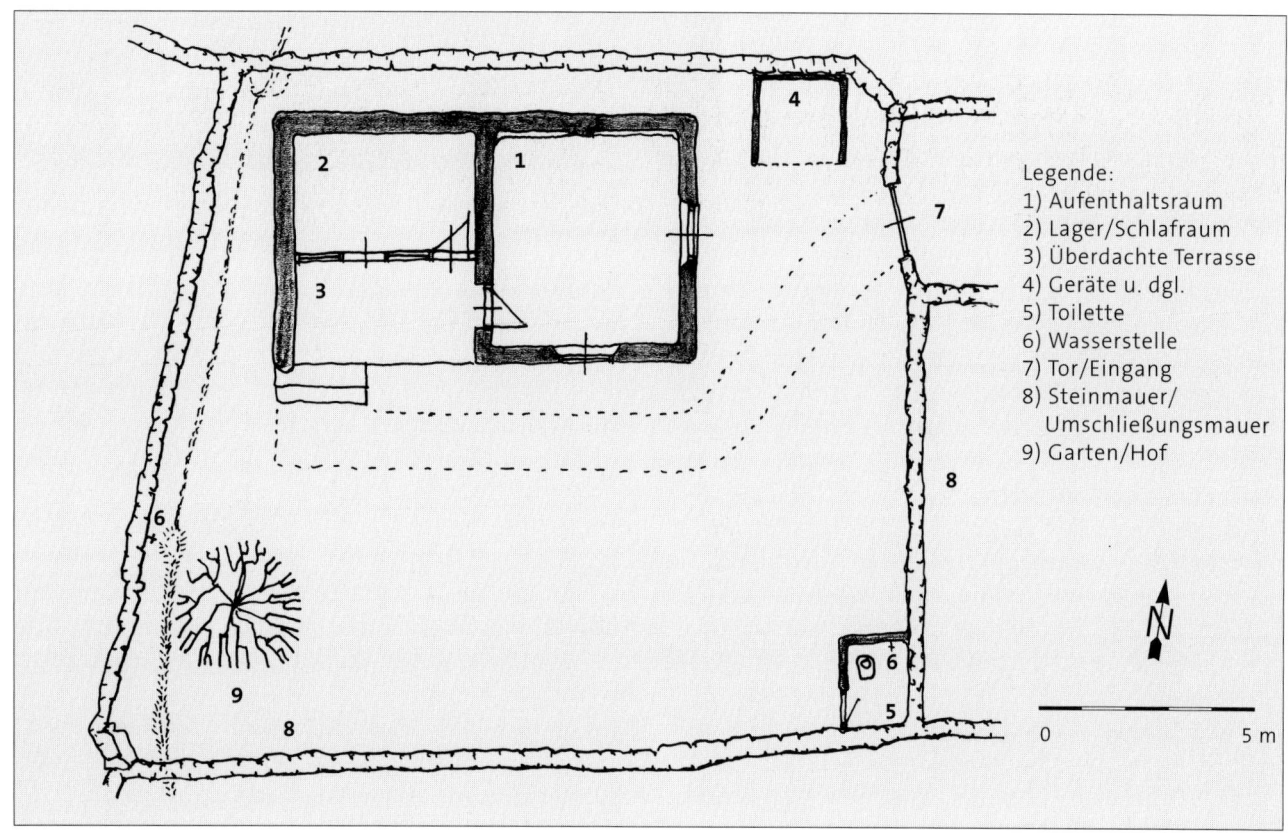

Legende:
1) Aufenthaltsraum
2) Lager/Schlafraum
3) Überdachte Terrasse
4) Geräte u. dgl.
5) Toilette
6) Wasserstelle
7) Tor/Eingang
8) Steinmauer/
   Umschließungsmauer
9) Garten/Hof

Abb. 2: Ferien-Wohnhaus, auch Gästehaus und Bergsteigerunterkunft (Typ 1).

136

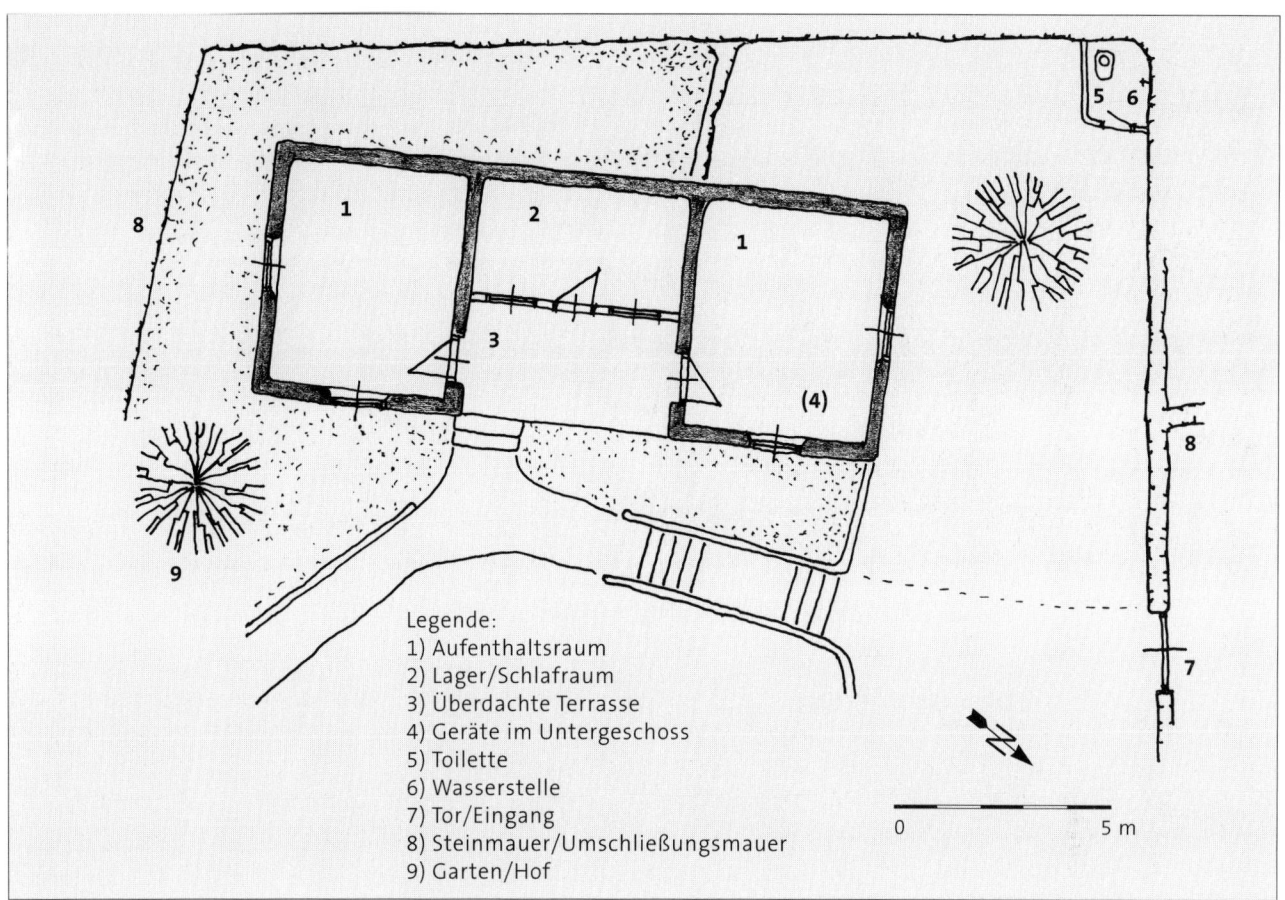

Legende:
1) Aufenthaltsraum
2) Lager/Schlafraum
3) Überdachte Terrasse
4) Geräte im Untergeschoss
5) Toilette
6) Wasserstelle
7) Tor/Eingang
8) Steinmauer/Umschließungsmauer
9) Garten/Hof

0   5 m

Abb. 3: Ferien-Wohnhaus, am geneigten Hang mit Untergeschoss (Typ 2).

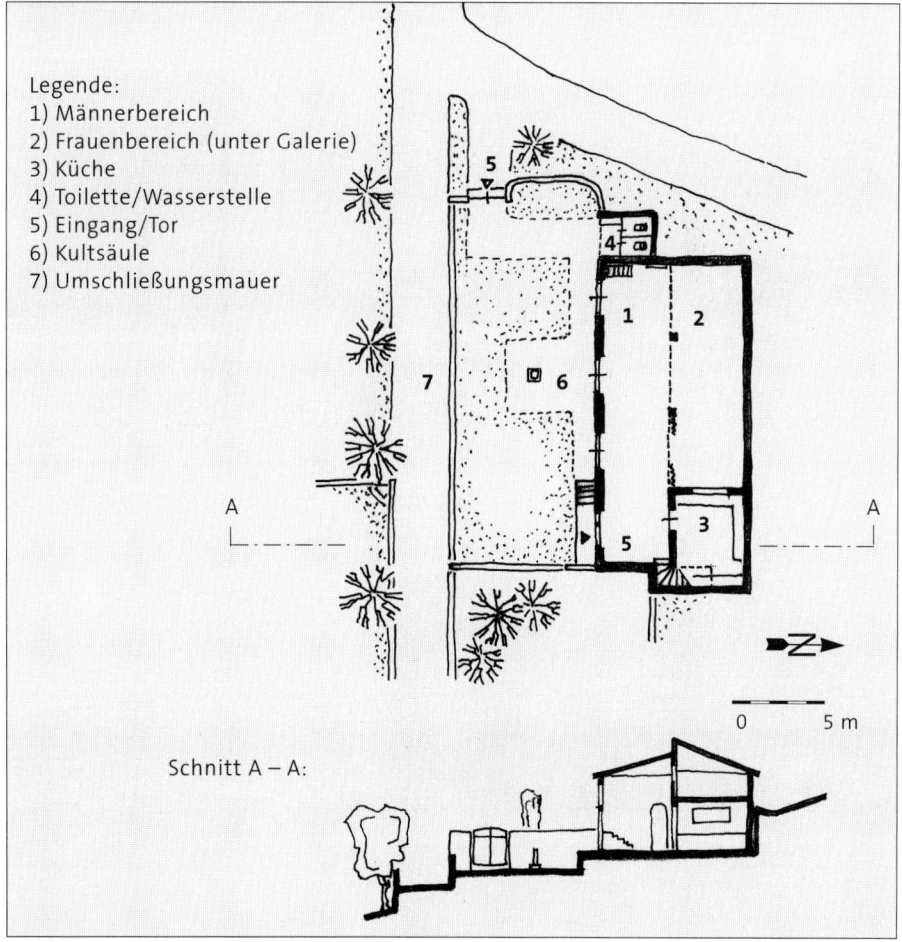

Legende:
1) Männerbereich
2) Frauenbereich (unter Galerie)
3) Küche
4) Toilette/Wasserstelle
5) Eingang/Tor
6) Kultsäule
7) Umschließungsmauer

0   5 m

Schnitt A – A:

Abb. 4: Moschee von Korf, Grundriss und Schnitt A – A.

137

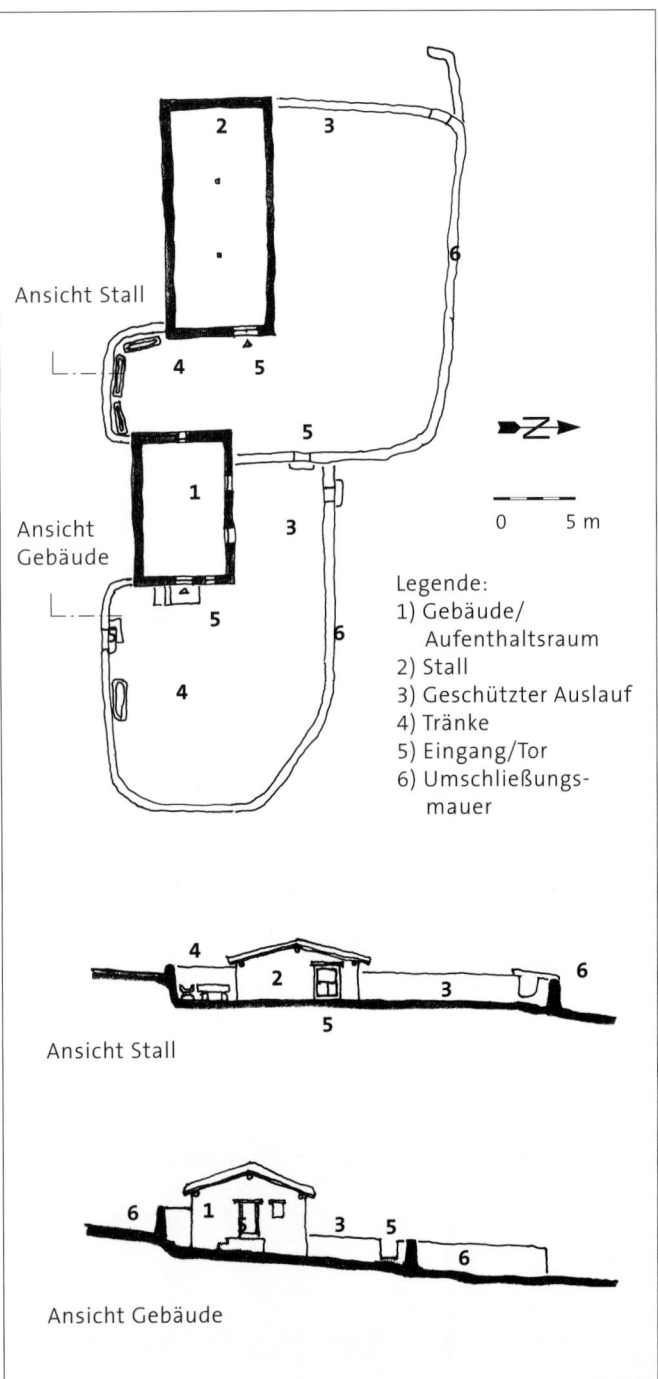

Ansicht Stall

Ansicht
Gebäude

Legende:
1) Gebäude/
   Aufenthaltsraum
2) Stall
3) Geschützter Auslauf
4) Tränke
5) Eingang/Tor
6) Umschließungs-
   mauer

Ansicht Stall

Ansicht Gebäude

Abb. 5: Alm bei Nandel, Grundriss, Ansicht Stall von Osten, Ansicht Gebäude von Osten. Foto: Kuschel.

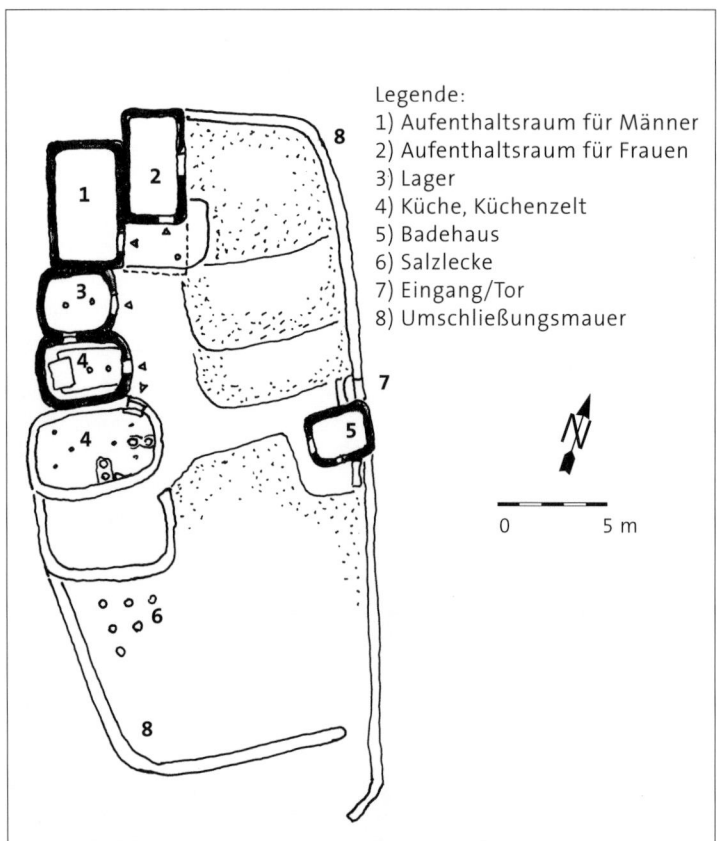

Legende:
1) Aufenthaltsraum für Männer
2) Aufenthaltsraum für Frauen
3) Lager
4) Küche, Küchenzelt
5) Badehaus
6) Salzlecke
7) Eingang/Tor
8) Umschließungsmauer

Abb. 6: Nomaden-Sommerlager Chambon, integriert in einen Gebäudealtbestand.

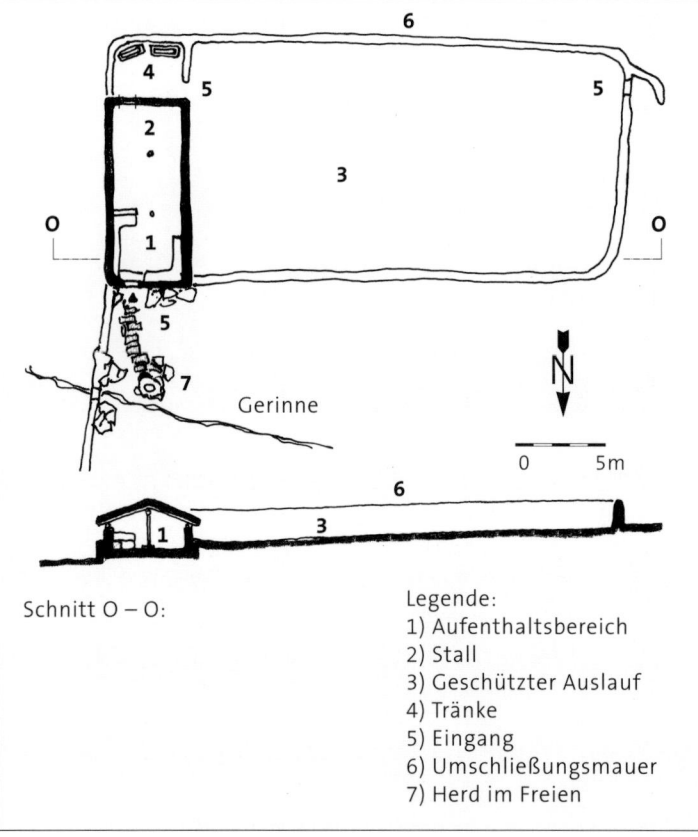

Gerinne

Schnitt O – O:

Legende:
1) Aufenthaltsbereich
2) Stall
3) Geschützter Auslauf
4) Tränke
5) Eingang
6) Umschließungsmauer
7) Herd im Freien

Abb. 7: Alm westlich von Nandel, Chak-e Eskandar, Grundriss und Schnitt O – O.

Wasser, Weiden, Wanderwege

Das Lar-Tal am Fuß des Damavand in Geschichte und Gegenwart

Das Lar-Tal erstreckt sich im Nordosten Tehrans in west-östlicher Richtung und gehört mit seinen Flüssen und Bächen, die im Lar-Stausee münden, zu den großen Trinkwasserspeichern der Zwölfmillionenstadt. Das Lar-Tal liegt im Distrikt Laridjan und ist Teil der iranischen Nordprovinz Mazandaran. Das Hochtal des Lar-Flusses und seine Tributäre erstrecken sich etwa 10 km Luftlinie entfernt von der Hauptstadt Irans in einer Höhe von rund 2500 m. Es ist ein im Sommer von „Nomaden" mit ihren Herden aufgesuchtes Gebiet auf der kaspischen Seite des Alborz-Gebirges. Trotz seiner relativen Trockenheit wird das Weidegebiet im ganzen Zentralen Alborz hoch geschätzt, so dass „Lar" als Synonym für Sommerweide gilt. Bis 1914 wurde Laridjan nicht nur von den europäischen Forschungsreisenden als schwer zugängliches Hochland, das überall von Bergen eingeschlossen ist und infolge der engen Schluchten für jeden Aggressor unerreichbar war, bezeichnet. Die Herrschenden des Landes hatten so ihre Probleme mit den hier lebenden Menschen. Bei jeder Thronbesteigung eines neuen Herrschers oder in politisch unsicheren Zeiten revoltierten die Bergler und verweigerten die Zahlung der vorgeschriebenen Steuern. Auf etwa 5000 Familien schätzte man die Bevölkerung des gesamten Distriktes. Das Lar-Tal selbst und die Seitentäler waren hingegen kaum besiedelt, sondern wurden nur im Sommer zu Weidezwecken aufgesucht oder dienten als Durchzugsgebiet für Karawanen, die aus dem Raum Tehran zum Kaspischen Meer zogen. Reste von Karawansereien entlang der Routen zeugen heute noch von der einst großen Bedeutung dieser Wege.

Das Hochtal umfasst jenes Gebiet, das vom Lar-Fluss, dem Oberlauf des Haraz, entwässert wird. Zwei Quellflüsse vereinigen sich bei Yurt-i Seh Darreh und bilden hier den Lar, der in Richtung Südosten fließt, zuerst in einem engen Tal, das sich erst unterhalb von Yurt-i-Gul Urdak öffnet und nach Bastak zu einem breiten Tal wird. Eine Verengung des Tales findet erst wieder bei Yurt-i Khanlar Khan statt, der Lar fließt nun ostwärts und mündet heute in den riesigen Lar-Stausee. Nach dem Staudamm verengt sich das Tal zu einer Schlucht, die sich bis Polur erstreckt. Den europäischen Forschungsreisenden waren die geographischen und hydrographischen Verhältnisse Laridjans seit Mitte des 19. Jahrhunderts ein Begriff. Französische und österreichische Botaniker und besonders die Engländer, die alle möglichen Routen im ganzen Land aus strategischen Gründen erkundeten, besaßen genaue Informationen, hielten diese aber größtenteils geheim. Die Daten waren 1914 in dem „Gazetteer of Persia" zusammengefasst worden, die nur autorisierten Personen in Großbritannien zur Verfügung standen. Erst im Jahr 1970 gelang es dem aus Wien gebürtigen und in den USA arbeitenden Ludwig W. Adamec, die Erlaubnis zur Veröffentlichung der im India Office aufbewahrten Daten zu erhalten. Kommentiert und mit reichem Kartenmaterial ausgestattet, erschienen dann ab 1976 die einst von den Briten geheim gehaltenen Informationen in Buchform unter dem Titel „Historical Gazetteer of Iran" in 4 Bänden in Graz.

Der Landschaftscharakter

Kommt der Reisende von Tehran und hat aus der im Sommer heißen Stadt die Bergwelt Laridjans auf der Passhöhe von Afcha erreicht, so erfrischt ihn nicht nur die klare Bergluft, sondern auch der Anblick des im Osten des weiten Lar-Tales majestätisch sich erhebenden Vulkans Damavand. Dieser Berg hat aus mehreren Gründen die Aufmerksamkeit europäischer Wissenschafter auf sich gezogen. Vor allem waren es die Botaniker und Geologen aus Frankreich und Österreich, die als erste den Weg zu diesem hohen Fünftausender suchten, der von Tehran aus mit seinen meist schneebedeckten Flanken bei klarer Sicht auszunehmen war. Sie nahmen den bequemen Anstieg, der es möglich machte, den Fuß des Damavand in zwei Tagesritten zu erreichen. Noch dazu führte der Weg durch kühle, von Bäumen beschattete Täler zunächst von Tehran aus in Richtung Nordosten zu der relativ niedrigen Passhöhe von Afcha, wo die Wasserscheide zwischen dem Persischen Hochland und dem Kaspischen Meer verläuft, und dann weiter dem Lar nach Osten folgend. Die frische Gebirgsluft wurde von ihnen ebenso gerühmt wie die Bergwiesen, die sich noch bis in den Sommer hinein im frischen Grün präsentierten. So schwärmte auch Call-Rosenburg, der hier 1875 zum Damavand ritt, in den höchsten Tönen von dem schönen Lar-Tal. Es sei:

„... *wie übersät mit wohlriechenden Blumen und duftigen Kräutern, durchrieselt von zahlreichen krystall-hellen Wässern ...*" (CALL-ROSENBURG: 119) Auch auf ein zweites Charakteristikum des Lar-Tales wies der österreichische Freiherr hin, auf das Fehlen menschlicher Ansiedlungen und Bäume. Ein anderer Österreicher, der Botaniker Theodor Kotschy, der bereits 1843 seinen Weg durch das Lar-Tal genommen hatte, berichtet, dass einst mehrere Dörfer das Tal geschmückt hätten, in einem Winter aber derart viel Schnee gefallen sei, dass die Menschen ihr Leben eingebüßt oder sich nur mit größter Not hätten retten können. Seit damals habe man die Dörfer aufgegeben. (KOTSCHY: 51) Begreiflicherweise beklagte sich der Botaniker Kotschy, dass ihm die Schafe und Ziegen bereits alles abgeweidet und ihm das Allerbeste, zumal alle Blumen, abgefressen hätten. Trotzdem brachte er eine gigantische Ausbeute von bisher der Wissenschaft nicht bekannten Pflanzen nach Europa, die hier erstmals katalogisiert wurden. Das vorzügliche Weidegebiet des Lar-Tales hatte natürlich nicht nur die Nomaden seit urdenklichen Zeiten angelockt, bestimmte Abschnitte waren den königlichen Gestüten vorbehalten, die besonders das Gebiet um den Siyah Palas (Schwarzer Hügel) für sich beanspruchten. Auch der später weltberühmte Asienforscher Sven Hedin lagerte an der östlichen Seite des Lar-Tales bei Siyah Palas (er nennt es Siah Pellas), bevor er zu seiner Damavand-Besteigung aufbrach. Am 22. Mai 1890 war Hedin mit einer schwedischen Gesandtschaft in Tehran eingetroffen. Shah Nasr-ed-Din hatte den jungen Dragoman (Dolmetscher) eingeladen, mit dem ganzen Hofstaat zum Sommer-Aufenthalt ins Gebirge zu ziehen, um der drückenden Hitze Tehrans zu entfliehen. Zur Begleitung gehörten mehrere tausend Personen wie Minister, Soldaten, der Harem, die Höflinge. (ESSÉN: 45) Auch die persischen Könige haben sich – so wie viele Herrschenden dieser Welt – die schönsten Plätze ausgesucht, um sich von den Strapazen des Regierens zu erholen, wo die Bächlein mit kristallklarem Wasser rieselten und das Lachen fröhlicher Haremsdamen zu hören war. Das war das irdische Paradies schlechthin, wenn auch nur für den Sommer und für die Privilegierten.

Das östliche Lar-Tal mit der Einmündung des Dali Chai, wie es die Nomaden vor der Errichtung des Staudammes angetroffen haben. Foto: NASA-CORONA, Mai 1970.

Die „Nomaden"

Wer immer sich mit „Nomaden" auseinander setzt, kommt um eine Definition dieses Begriffes nicht herum. In der Völkerkunde unterscheidet man zwischen den „reinen" Nomaden und meint damit Hirtenvölker oder -stämme und den nomadisierenden Jägern. Ihre Lebensform steht jener der Ackerbauern gegenüber. Der Nomade macht Land nutzbar, das ohne ihn und seine Herden ungenutzt bliebe. Der Hirtennomadismus ist die Lebensform in jenen Gebieten, wo sich Ackerbau auf Grund unzureichender Niederschläge nicht lohnt oder wegen des steinigen Bodens unmöglich ist. Dazu zählen auch klimatisch extreme (hoch liegende und von Frost bedrohte) Lagen sowie steile Berglehnen.

Ein Kriterium des Nomadismus ist auch der periodisch ablaufende Wechsel zwischen Winter- und Sommerweidegbieten. Im Frühsommer ziehen die Nomaden in den Gebirgsregionen Westasiens mit ihren Herden zu höher gelegenen Weidegebieten und wechseln im Herbst wieder zu den tiefer liegenden Ebenen oder Tälern, um dort den Winter zu verbringen. In diesem Fall spricht man von „Bergnomadismus". Die Wanderungen erfolgen also vertikal und nicht horizontal wie im „Flächen-Nomadismus" anderer geographischer Bereiche, z. B. in Arabien oder Nordafrika.

Im Gebiet westlich des Damavand haben wir es also mit periodisch erfolgenden vertikalen Wanderungen der Nomaden zu tun.

Der Begriff des „Nomadismus" beinhaltet auch die ausschließlich auf Herdenviehzucht basierende Ernährung der Wanderhirten, wobei entweder die tierischen Produkte (Milch, Käse, Yoghurt etc.) gleich konsumiert oder gegen Ackerbauprodukte (Getreide, Reis, etc.) eingetauscht werden. Es besteht damit eine gegenseitige Abhängigkeit und Beeinflussung zwischen den Wanderhirten und der sesshaften,

Nomadenlager Djamal Agha an der Westabdachung des Damavand. Foto: Team Damavand '99.

Nomadenlager an der Westabdachung des Damavand. Foto: Team Damavand '99.

Ackerbau betreibenden Bevölkerung. Es kann auch zu Mischformen kommen, wenn Nomaden Grundbesitz erwerben und zeitweise einen festen Wohnsitz beziehen. Es kann auch dazu führen, dass die Nomaden neben der Herdentierhaltung selbst Bodenbau betreiben, womit eine halbnomadische Wirtschaftsform gegeben ist. Wenn in einer geschlossenen Wirtschaftsgemeinschaft ein Teil des Stammes mit den Tierherden im Frühjahr auf die hochgelegenen Weideplätze zieht und der andere Teil im Tal oder in der Ebene bleibt und Bodenbau betreibt, also sesshaft ist und in festen Häusern wohnt, so spricht man von Transhumanz. Das trifft weitgehend für die Nomaden des Lar-Tales und der westlichen Abhänge des Damavand zu. Wir haben es somit mit Halb-Nomaden zu tun, verwenden aber der Einfachheit halber den Terminus „Nomaden" für sie.

Lager der Koti in Chak Eskandar. Foto: Kuschel.

Der zweite Begriff, der nur sehr schwer zu definieren und ähnlich komplex wie jener des Nomadismus ist, ist der des „Stammes". Der Stamm (engl. tribe) ist eine ethnische Einheit, die von Menschen gebildet wird, deren Sprache, Religion und wirtschaftliche Grundlage dieselbe ist. In erster Linie ist es der gemeinsame Stammesname, der nach außen und innen die Zugehörigkeit definiert. Das Stammesbewusstsein kann auch durch die Kleidung oder durch die Struktur und Farbe der Zelte zum Ausdruck gebracht werden. Im Lar-Tal und in den angrenzenden Seitentälern leben im Sommer Angehörige von etwa einem Dutzend verschiedener Stämme. Oft sind es nur Teile von Stämmen oder sogar nur einzelne Familien. In den Siebzigerjahren des 20. Jahrhunderts hat der französische Anthropologe Bernard Hourcade längere Zeit bei den Nomaden des Lar-Tales verbracht, ihre Lebensweise studiert und die bis dato aufschlussreichsten Informationen zusammengetragen und analysiert. Die folgenden Ausführungen basieren im Wesentlichen auf diesen Studien.

Alle westlichen Reisenden, die im 19. Jahrhundert das Lar-Tal besuchten, haben es nicht verabsäumt, die Nomadenlager zu erwähnen. Meist nannten sie diese *iliat*. *Il* bedeutet im Türkischen „Stamm" im Allgemeinen und ist nicht die Bezeichnung für einen bestimmten Stamm. *ilat* ist die arabische Pluralform von *il*. Politisch gesehen werden in Persien jene Stämme mit *ilat* bezeichnet, die auf dem Reichsgebiet nomadisch geblieben sind, also im Gegensatz zu jenen stehen, die sesshaft geworden sind. (Encyclopaedie des Islam II, 494) Der bereits erwähnte Botaniker Kotschy schreibt über die Nomaden ebenso wie der Freiherr Call-Rosenburg. Kotschy sind auch schon die verschiedenen Zeltformen aufgefallen:

„An beiden Seiten des Flusses (Lar) sind Zelte im Thale aufgeschlagen, von schwarzem Wollhaar verfertigt, die Dachform haben; nur hie und da sieht man ein weisses, als Zeichen des Aufenthaltes eines wohlhabenderen, im Militärdienst stehenden Häuptlings." (KOTSCHY: 52)

Gemeinsam ist den Nomaden des Lar-Tales, dass sie alle in der Nähe Tehrans überwintern. Einige von ihnen verbringen den Winter in der Ebene von Varamin. Hourcade nennt sie daher „Nomaden von Varamin" und unterteilt diese auch noch in die so genannten „kleinen" und in die „großen" Nomaden. Unter den „kleinen" ist der Stamm der Hedavand am zahlreichsten (ca. 180 Zelte) vertreten.

Die Hedavand sprechen Lori, und man nimmt an, dass sie im 18. Jahrhundert unter der Herrschaft von Karim Khan Zand aus Loristan (Südwest-Persien) hierher verpflanzt wurden. Ihre schwarzen Zelte sind oft in lockeren Gruppierungen von 12 Einheiten aufgestellt. Das Zeltdach besteht aus gewebtem Ziegenhaar, während die Zeltwände aus einem anderen Gewebe (valan) bestehen. Zum Teil stellen die Hedavand die Zeltbahnen noch selbst her, wie sie überhaupt ihre kulturelle Identität weitgehend bewahrt haben. Manche Familien verwendeten in den Siebzigerjahren sogar noch Dromedare als Transporttiere. Mit dem Ausbau der Verkehrswege bis in die entlegensten Täler und Berghänge – an der Westabdachung des Damavand bis in eine Höhe von ca. 3300 m – setzt sich jedoch immer mehr das Auto als Transportmittel durch.

Fotos: Team
Damavand '99.

145

In dem mit schönen Teppichen ausgelegten schwarzen Ziegenhaarzelt eines LORI-Nomaden wurden wir gastfreundlich aufgenommen. Foto: Team Damavand '99.

1875 traf Call-Rosenburg auf die Hedawand (er schreibt Hedawend) und erfuhr dort durch den Sohn Khanlar Khans, dass der Stamm früher in Lar ansässig gewesen sei. Vor ca. 100 Jahren seien aber „... *mehrmals nacheinander überaus strenge Winter eingetreten, so daß es für Mensch und Vieh unmöglich wurde, die kalte Jahreszeit in Lar zuzubringen. In Folge dessen wurden den Hedawend auf ihr Verlangen Ländereien in einer wärmeren Gegend angewiesen, in welchen sie mit ihren Heerden überwintern und nebenbei auch Ackerbau betreiben.*" (CALL-ROSENBURG: 121)

Ebenfalls schwarze Zelte, die allerdings kleiner und weniger gepflegt sind als jene der Hedavand, verwenden die Koti. Ihre Arbeitszelte sind meist maschinell hergestellte Armeezelte. Der Grund hierfür ist, dass ein Großteil der Stammesangehörigen im Dienst der Armee steht. Selbst besitzen sie nur wenige Tiere. Die kulturelle Eigenständigkeit ist diesem Stamm weitgehend verloren gegangen, nur das Arabische, das sie untereinander sprechen, ist ihnen geblieben. Sie behaupten, ursprünglich aus der Gegend von Schiras zu kommen. Über das Lar-Gebiet verteilt haben sie ca. 130 Zelte. Von dem 3625 m hohen Sardagh-Pass kommend, stießen wir im Juni 2000 bei Chak Eskandar auf ein Lager der Koti, bei denen wir freundlich aufgenommen wurden und in einem löchrigen und zugigen Armeezelt Zuflucht vor dem strömenden Regen fanden. In diesem Lager lebten drei Familien (ca. 20 Personen in 4 Zelten) zusammen. Sie erzählten uns, dass sie den Winter in Varamin verbringen und ihre Wanderung zusammen mit den Tieren machen; nur der Hausrat werde mit dem Auto (Pick-up) transportiert. Sie seien ca. eine Woche auf einer festgelegten Route unterwegs. Bemerkenswert ist, dass sie ihr Sommerlager erst am 10. Juni aufbauten, also erst eine Woche vor unserem Eintreffen.

Mit den Koti verwandt sind die Arabah, die allerdings Persisch sprechen. Sie bezeichnen sich selbst als „Bakhtiaren aus Schiras" und auch als Bagheri. Hourcade vermutet, dass sie die Nachkommen jener Stämme sind, die zur selben Zeit wie die Koti aus dem Zagros-Gebiet im Südwesten des Landes gekommen sind und sich von den letzteren erst sehr spät getrennt haben. Die Arabah haben ca. 45 Zelte verstreut über das gesamte Lar-Tal. Als man seitens der Regierung in den Sechzigerjahren des 20. Jahrhunderts der Überweidung den Kampf ansagte, hat man die Arabah aus den Tälern des Karadj und des Djadj-Rud vertrieben und in Koshk-e Lar in der Nähe der Bergdörfer wieder „angesiedelt". Auch sie verbringen den Winter im Süden der Ebene von Varamin und in der Senke von Karadj in der Nähe des Tehraner Flughafens. Kotschy erwähnt die Arabah (er schreibt Arab), die zu seiner Zeit an den Westhängen des Damavand ihre Zelte aufgeschlagen hatten. Neben Schafen, berichtet der österreichische Botaniker, habe er bei ihnen auch „*Rinder von edlerem Schlage, mit schönen Hörnern und wohlgenährt ...*" gesehen. Auch baktrische Kamele hätten hier geweidet. (KOTSCHY: 53)

Die Kalmur leben im Sommer im oberen Bereich des Lar-Tales am Zusammenfluss von Sefid Ab und Lar in der Nähe der Karawanserei Shahabbasi Shurhak. Sie haben im Gegensatz zu den anderen Nomaden des Lar-Tales weiße und runde Zelte (ca. 25). Sie nennen diese auch nicht Zelte, sondern Yurten (yort). Daraus wurde auch geschlossen, dass sie Abkömmlinge mongolischer Stämme sind, die früher in anderen Gebieten des Zentralen Alborz siedelten.

Nomaden-Sommerlager Chambon. Foto: Kuschel.

Von der Vielfalt der ins Lar-Tal ziehenden Stämme zeugen auch die Pazuki, die von ihren Nachbarn als Tadjik bezeichnet werden. Sie sollen nach einer Quelle des 19. Jahrhunderts aus Khorassan (NO-Iran) stammen, H. Field hingegen behauptet, es seien Kurden, die im 17. Jahrhundert von Erzerum nach Persien gekommen sind. (FIELD: 635)

Sie haben nur etwa 20 Zelte, die sie oberhalb von Imamzadeh Pandj Tan aufstellen. Sie sprechen Persisch. Anzufügen wären noch die Qalai, die im Vararu-Tal mit ca. 10 Zelten vertreten sind. Sie behaupten von sich, türkstämmig und mit den Qashgai verwandt zu sein. Ihre Winterquartiere befinden sich im Süden der Stadt Damavand. Damit wären die wichtigsten Stämme der sog. „kleinen Nomaden" hinsichtlich ihrer Anzahl, Sprache, Zeltform und Verbreitung im Lar-Tal aufgelistet. Zu den von Hourcade als die „großen Nomaden" bezeichneten Stämmen gehören die Garm Sari (Ali Kai und Hosan Lu) sowie die Sang Sari. Die Ali Kai sprechen wie die Kalmur Gilaki. Auch ihre Zelte sind weiß und rund wie die der Kalmur und finden sich hauptsächlich entlang des Dali Chai.

Als bedeutender Stamm gelten die Sang Sari. Sie haben im gesamten Lar-Gebiet und auch darüber hinaus ca. 100 Zelte, die nicht nur größer und besser ausgestattet sind als die der anderen Nomaden im Zentralen Alborz, sondern sie weisen auch eine andere Struktur auf. Sie sind 15–20 m lang und 7–10 m breit und können eine Höhe von bis zu 5 m erreichen. Das Dach wird für gewöhnlich von drei Reihen Stangen getragen. Den Winter verbringen sie in Sang Sar in der Nähe von Samnan. Laut „Gazetteer" befindet sich eine Ortschaft Sang-i-Sar ca. 1 farsakh (ca. 6 km) entfernt von Samnan. Der größte Teil der Sommerweiden der Sang Sari befindet sich allerdings nicht im Lar-Tal, sondern in den Bergen von Firuzkuh.

Schöpfer aus Holz (kaless) in einem Hirtenlager im Norden des Damavand. Foto: Team Damavand '99.

Auf dem Weg von Nandel – eine große Ortschaft im Norden des Damavand – zum Sardagh-Pass trafen wir in einer Höhe von 3060 m auf eine Gruppe von sechs aus Steinen errichteten Häusern. An zweien dockte jeweils ein schwarzes Ziegenhaarzelt an. (Siehe auch Beitrag über Siedlung und Bauten.) Die Leute erzählten uns, dass sie zu dem Stamm der Sang Sari gehören und den Winter in Samnan verbringen. Nur ein Teil der gemauerten Häuser war erst vor zwei Tagen, also am 14. Juni, bezogen worden. Obwohl das Arbeitsgebiet des französischen Anthropologen Bernard Hourcade hauptsächlich im Lar-Tal lag, wusste er von diesem Lager der Sang Sari im Norden des Damavand Bescheid, denn er hat es auf seiner Karte als solches eingetragen. Während unseres Aufenthaltes heizte man gerade eine gemauerte Backgrube mit Holz, um darin Brot zu backen. Daneben befand sich ein kleiner, niedriger Raum, der maximal vier Personen notdürftig Platz bot. Es ist das hamam, das Bad der kleinen Siedlung.

Auffallend ist, dass im relativ kleinen Gebiet des Lar-Tales eine große Vielfalt ethnisch und sprachlich differenzierter Stämme gegeben ist.

In der Folge wollen wir uns noch kurz der ökonomischen Situation der Nomaden dieses Gebietes zuwenden und die Probleme aufzeigen, mit denen sie konfrontiert sind. Drei Faktoren sind es, die in den letzten Jahrzehnten das Leben der Nomaden im Lar-Tal besonders beeinflusst haben:

Die Verkehrserschließung speziell in der Nähe Tehrans, die Entwicklung und Ausdehnung der Metropole und die ökologischen Erfordernisse, die mit dem Bau des Lar-Staudammes in den Siebzigerjahren verbunden waren. So wurde die Fernverbindung zwischen Teheran und dem Kaspischen Meer auf der Route durch das Haraz-Tal nach Amol großzügig ausge-

Backgrube der Sang Sari. Foto: Kuschel.

baut. Davon profitiert haben in den letzten Jahren Imamzadeh Hashim und in noch weit größerem Ausmaß Polur, das am Eingang zur Haraz-Schlucht zu dem Rastort für Fernfahrer und Touristen schlechthin wurde. Die Straße von Polur den Lar aufwärts – bis zum Stausee sind es 14 km – ermöglicht es heute den Nomaden, ihre „Wanderungen" – zumindest den Transport von Frauen und Kindern und den des Hausrats – mit Hilfe von Pick-ups durchzuführen. Das Auto dient auch den Familienchefs dazu, zwischen den Lagern und den Dörfern bzw. Tehran zu pendeln. Streng genommen kann man also gar nicht mehr von Halb-Nomadismus sprechen.

Mit dem Wachsen der Zwölfmillionenstadt Tehran – 1977 schätzte man die Bevölkerung noch auf 4 Millionen – ist natürlich auch der Bedarf an Lebensmitteln und Fleisch enorm gestiegen. Die Herdenbesitzer des Lar-Tales können heute infolge der verbesserten Straßenbedingungen rasch auf den Markt reagieren und die Tiere oder deren Produkte nach Bedarf liefern. Freilich haben die Einschränkungen durch die Regierung wegen der Überweidung und auch die Wasserfläche des Lar-Stausees den Nomaden wertvolles

Nomadenlager mit Armeezelten am Unteren Dali Chai. Foto: Team Damavand '99.

Weidegebiet genommen. Zusätzlich wurden Schutzzonen um den Stausee geschaffen, wo heutzutage keine Beweidung stattfindet und damit die Gefahr einer von den Tieren verursachten Erosion hintangehalten wird. Die Experten der FAO aus Australien und USA, aber auch das iranische Landwirtschaftsministerium waren auf Grund der an den Stauseen von Karadj und Latiyan gemachten Erfahrungen der Meinung, dass etwa 70% des zugeführten Gesteinsmaterials auf die Überweidung durch Schafe und Ziegen zurückzuführen sei. (HOURCADE: 46) Bereits 1976 wurde keine Weideerlaubnis für ca. 20.000 Schafe und Ziegen an den Hängen des künftigen Stausees erteilt. Heute hat sich offenbar bei den Behörden die Meinung durchgesetzt, dass man sowohl die Interessen der Wasserwirtschaft – das Wasser des Lar und seiner Tributäre sind ein wichtiger Faktor für die Versorgung Tehrans mit Trinkwasser – als auch die der Herdenbesitzer berücksichtigen muss. Die ökonomische Position der diversen Stämme ist sehr verschieden. So kann man im Lar-Tal grundsätzlich drei Kategorien unterscheiden:

a) Nomaden, die von Herdenbesitzern (Private und die Armee) bezahlt (Koti, einige Sang Sari) und von Verwaltern kontrolliert werden. Sie selbst dürfen nur Tiere zum Eigenbedarf halten.

b) Städtische oder bäuerliche Nomaden, die den Winter in Tehran oder Umgebung verbringen (Kalmur, Pazuki und einige Hedavand) und im Sommer ihre Herden im Lar-Tal überwachen. Sie betrachten sich als Städter oder als Herden besitzende Bauern, die Hirten zur Betreuung der Herden engagieren.

c) Die „wirklichen" Nomaden, die ihre kulturellen Traditionen mehr als andere Stämme pflegen (Koti, Arabah, Burbur).

Ob sich letztere, die etwa 60% der Zelte im Lar-Tal ausmachen, behaupten können, ist schwer zu beantworten. Es wäre überaus bedauerlich, wenn die traditionelle Lebensweise dieser Menschen durch ökonomische oder sonstige Zwänge verloren ginge. Gott sei Dank gibt es noch stolze Vertreter dieser althergebrachten Form des Wanderhirtentums, wie wir beim Besuch eines Lagers am unteren Dali Chai feststellen konnten. Das Zelt des Clanchefs erwies sich in bestem Zustand. Den dunkelhäutigen hageren

Traditionelles Ziegenhaarzelt der Nomaden am Unteren Dali Chai. Foto: Team Damavand '99.

Nomadenfrauen bei der Milchverarbeitung am Unteren Dali Chai. Foto: Kuschel.

Mann im Alter von etwa 60 Jahren hatten wir bei seinem Mittagsschläfchen gestört, dennoch hieß er uns in seinem Zelt willkommen, bewirtete uns mit *ptuh* und beantwortete bereitwillig alle meine Fragen. Sie gehörten dem Stamm der Lori an, der vor ca. 150 Jahren unter der Herrschaft der Qadjaren aus dem Süden hierher umgesiedelt worden sei. Sein Stamm umfasse etwa 25 Familien, die verstreut in Zelten im Tal des Dali Chai lebten. Jede Familie besitze ca. 100–150 Schafe. Im Jahr müssten sie der Regierung 60 Toman pro Schaf zahlen (ca. 0,1 €). Auch andere Stämme würden in der Nähe ihren Sommeraufenthalt nehmen, so die Arab, Siri, Shirgawan und die Sang Sari. Bezüglich des neben dem Lager vorbeifließenden Wildbaches machte der Clanchef folgende Angaben: Dali Chai heiße „Großer Fluss". Der Gazetteer und auch Call-Rosenburg übersetzen „Mad River" bzw. „Toller Fluss", den man auch Lemedschuk nenne. (CALL-ROSEN-BURG: 122)

Vor dem Bau des Lar-Staudammes sei der Dali Chai ein starker Fluss gewesen, meint der Clanchef, heute sei er dagegen harmlos. Ein ursächlicher Zusammenhang zwischen Wassermenge und Einrichtung des Staudammes besteht allerdings nicht. Vielmehr wird es so sein, dass der Umfang und die Intensität der Niederschläge in den letzten Jahren abgenommen haben. Im Frühjahr, zur Schneeschmelze, wird er sicherlich ein tosender Wildbach sein. Dafür spricht eine Drahtseilverbindung der beiden Ufer, mit deren Hilfe der Fluss bei Nichtbenützbarkeit der Brücke überwunden werden kann.

Nomadenlager an der Westabdachung des Damavand. Foto: Kuschel.

Schafherde bei der Tränke in der Nähe des Nomadenlagers Vazan. Foto: Kuschel.

Der Lar-Stausee

Einer nicht veröffentlichten Studie der Azad-Universität Tehran entnehmen wir die folgenden Daten, die Auskunft über die zugeführte Wassermenge und die technischen Daten der Staumauer geben. Diese Studie wurde uns im Juni 2000 in Tehran zur Verfügung gestellt.

Die Zuflüsse

Der wichtigste Zufluss ist der Lar, der seinen Ursprung in den östlichen Teilen des Palan Gardan in einer Höhe von ca. 4375 m hat. Auf seinem Weg von Nordwesten nach Südosten nimmt er zahlreiche Bäche auf, von denen die bedeutendsten der Safid Ab, der Dali Chai und der Siyah Palas sind. Der Lar hat ein tiefes Bett und eine durchschnittliche Wasserdurchflussmenge von ca. 13 Kubikmetern pro Sekunde.

Das mittlere Jahresvolumen an Wasser, das den Stausee erreicht, lag in den letzten 25 Jahren bei 420 Millionen Kubikmeter. Das Einzugsgebiet beträgt 720 km^2, die von Wasser bedeckte Fläche wird von einer anderen Quelle mit 30 km^2 angegeben.

Der Anlass für die Errichtung des Stausees war die Notwendigkeit, die Zwölfmillionenstadt Tehran ausreichend mit Trinkwasser versorgen zu müssen. Darüber hinaus galt es auch, der Landwirtschaft rund um die Stadt Wasser zur Verfügung zu stellen. 180 Millionen Kubikmeter erhält jährlich Tehran. Das Wasser wird zuerst durch einen rund 20 km langen Stollen zum Kraftwerk „Kalan" geleitet, von wo es in Richtung Tehran weiterfließt, und in den Latyan-Stausee mündet.

Der Staudamm wurde an der engsten Stelle des unteren Lar-Tales unweit davon, wo der Dali Chai in den Lar mündet, errichtet. Der Damm wurde somit etwas weiter westlich jener Stelle erbaut, wo einst durch den Ausbruch eines seitlichen Damavand-Kraters eine gewaltige Masse an Eruptivgestein in südwestlicher Richtung geflossen ist und damit den Lauf des Dali Chai und auch des Lar versperrt hat, sodass sich ein natürlicher Stausee gebildet hat. Die geologischen Untersuchungen haben ergeben, dass der aufgestaute See etwa eine Länge von 30 km gehabt haben muss. Die Lavaströme sind nicht aus dem zentralen Hauptkrater des Damavand geflossen, sondern von einem ca. 3,5 km südwestlich des Hauptkraters liegenden Nebenkrater, der in einer Höhe von ca. 3800 m festzustellen ist. Man erkennt diese Stelle aus der Ferne als ausgeprägte Verflachung der Böschung des Damavand und an einer gegenüber der Umgebung helleren Färbung des Gesteins. (ALLENBACH: 76 f.)

Im Laufe der Jahrtausende wurde der so entstandene natürliche Stausee aufgeschottert. Die Menschen des 20. Jahrhunderts haben somit die Natur imitiert, als sie den Damm aus Beton und Schüttmaterial errichteten. Die Höhe des Dammes beträgt 105 m, die Breite der Dammkrone 13 m. 14 Millionen Kubikmeter Schüttmaterial war angeblich notwendig, bis der Damm fertig gestellt war und das Wasser aufgestaut werden konnte. Die Techniker haben errechnet, dass bei einem Wasserspiegel auf 2531 m Seehöhe ein Wasservolumen von 960 Millionen Kubikmeter gegeben ist. Trotz eines Kerns aus Beton und trotz der gewaltigen Menge an Schüttmaterial ist es nicht gelungen, den Damm dicht zu machen.

Karawanenwege durch das Lar-Tal

Dem ehemaligen Direktor am Deutschen Archäologischen Institut (Abteilung Tehran), Wolfram Kleiss, verdanken wir eine Studie, die nicht nur die Routen beschreibt, die die Karawanen im 19. Jahrhundert und vielleicht schon davor durch das Lar-Tal benützten, sondern die auch eine Reihe von dazugehörigen Bauten dokumentiert, aus denen die Frequenz und das Transportvolumen erschlossen werden können. Die bisher nur einem kleinen Kreis von Fachwissenschaftern zugänglichen Daten, werden hier zusammengefasst wiedergegeben.

Bei den Karawanenwegen durch das Lar-Tal handelt es sich um Nebenstrecken aus der Zeit der Qadjaren-Dynastie. In Süd-Nord-Richtung ist diese Route die kürzeste Verbindung zwischen Tehran und der südlichen Ausbuchtung des Kaspischen Meeres gewesen. Dieser Weg führt westlich am Damavand vorbei und erreicht bei Baladeh das Nur-Tal. Im Bereich des oberen Lar-Tales stößt ein zweiter Weg dazu, der aus Varamin im Süden kommt.

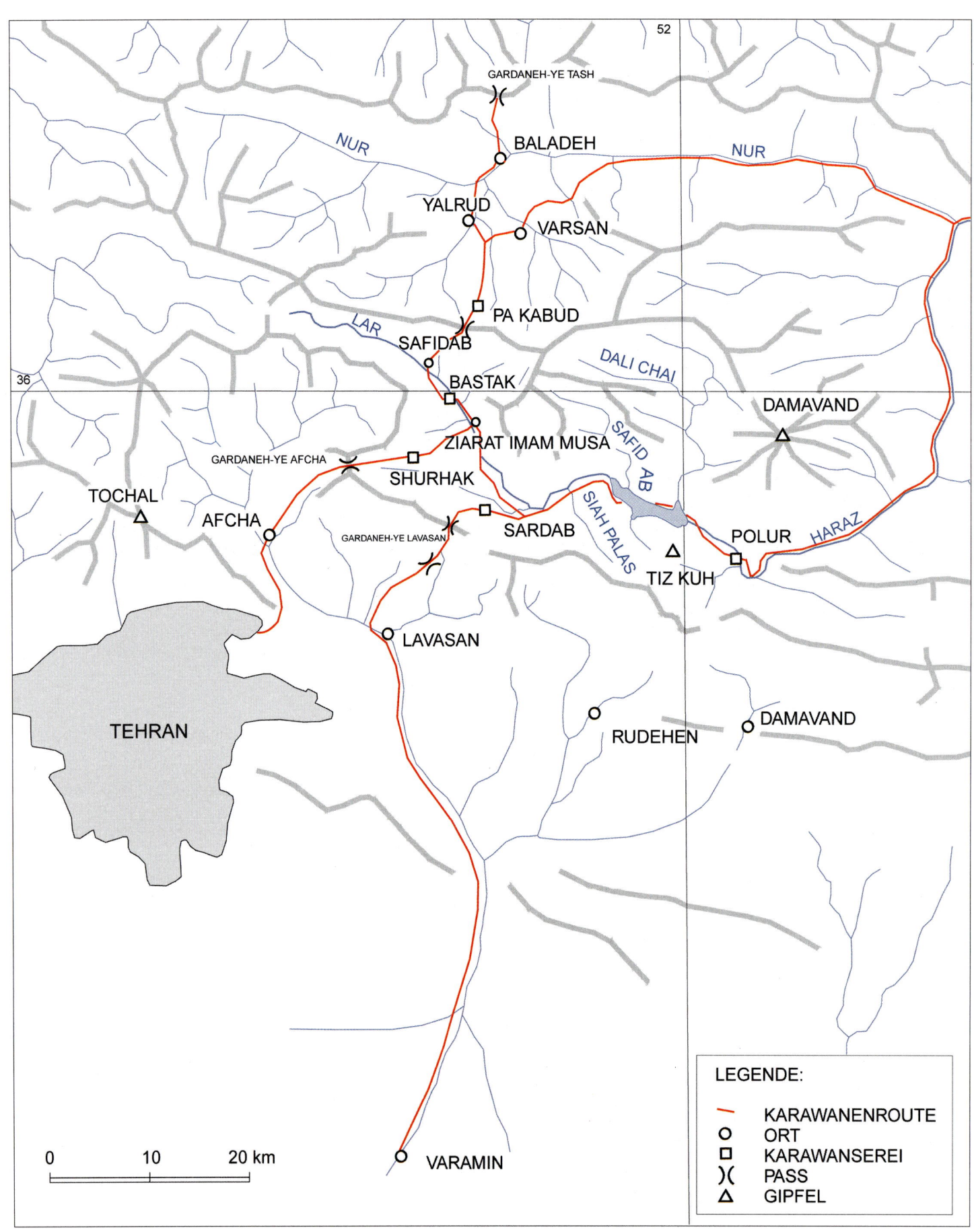

GARDANEH-YE TASH

NUR

BALADEH

NUR

YALRUD

VARSAN

LAR

PA KABUD

SAFIDAB

DALI CHAI

BASTAK

DAMAVAND

ZIARAT IMAM MUSA

GARDANEH-YE AFCHA

SHURHAK

SAFID AB

TOCHAL

AFCHA

GARDANEH-YE LAVASAN

SARDAB

SIAH PALAS

POLUR

HARAZ

TIZ KUH

TEHRAN

LAVASAN

RUDEHEN

DAMAVAND

LEGENDE:

KARAWANENROUTE

ORT

KARAWANSEREI

PASS

GIPFEL

0   10   20 km

VARAMIN

Karte: Karawanenwege.

Tehran wurde im 19. Jahrhundert durch das Shemiran-Tor in Richtung NO verlassen. Über Lashkarak führte der Weg in die Ortschaft Afcha (ca. 30 km), wo die befahrbare Straße aufhörte und ein Maultierpfad begann, der zum Afcha-Pass hinaufführte. Nach Überwindung dieser Passhöhe erreichte man 4 km später die erste Karawanserei mit dem Namen Shahabbasi Shurhak. Shahabbasi bedeutet so viel wie „Karawanserei". An dem Imamzadeh Imam Musa vorbei wurde die nächste Raststation, nämlich Bastak erreicht, das am Lar-Fluss liegt. An der Burganlage von Qaleh Now vorbei führt der Weg zu der Örtlichkeit Safid Ab und weiter hinauf auf den Kabud-Pass, der die Flusssysteme von Lar und Nur trennt. Gleich in der Nähe des Passes liegt die nächste Raststation Pa Kabud. Dem Yal Rud folgend erreicht man nach ca. 25 km Baladeh im Nur-Tal, das einst ein wichtiger Kreuzungspunkt für Karawanen in WO- und NS-Richtung war. Von der stark befestigten Burg wird vermutet, dass sie einst den Assassinen als Stützpunkt gedient hat. Der gesamte Wegverlauf von Tehran bis Alamdeh am Kaspischen Meer betrug ca. 145 km und konnte in einer Woche bewältigt werden. Wie oben erwähnt, stößt im oberen Lar-Tal die Route, die aus Varamin kommt, in der Nähe von Bastak dazu. Die Strecke zwischen Varamin und Lavasan kann heute auf Straßen bewältigt werden, sie beträgt ca. 75 km. Die hier angeführten Kilometerzahlen sollen dazu dienen, ein Bild von den Entfernungen zu gewinnen, die nicht nur die Karawanen, sondern auch die Nomaden auf ihren saisonalen Wanderungen zurückzulegen hatten. Von Lavasan führt ein Maultierpfad zunächst hinauf auf den Lavasan-Pass und dann hinunter ins Lar-Tal zu der Karawanserei Qaleh Sardab. Qaleh bedeutet so viel wie „Befestigungsanlage" oder „Burg". Von hier bis zur Karawanserei Bastak, wo die beiden Nord-Südverbindungen zusammentreffen, sind es 17 km. Kleiss gibt die Strecke zwischen Varamin und Alamdeh am Kaspischen Meer mit rund 195 km an. Diesem Streckenüberblick, der auf der beigefügten Karte verfolgt werden kann, lässt Kleiss nun eine Beschreibung der einzelnen Karawansereien folgen. Der Einfachheit halber nennen wir sie hier Sardab, Shurhak, Bastak und Safid Ab. Sardab wurde mit seiner Westseite in den Hang hineingebaut. Das Gebäude ist vollständig überdacht und entspricht dem Typ der Berglandkarawanserei. Seine Länge beträgt 31 m und die Breite 14,4 m. Wie aus dem Grundriss zu erkennen ist, besteht der Bau

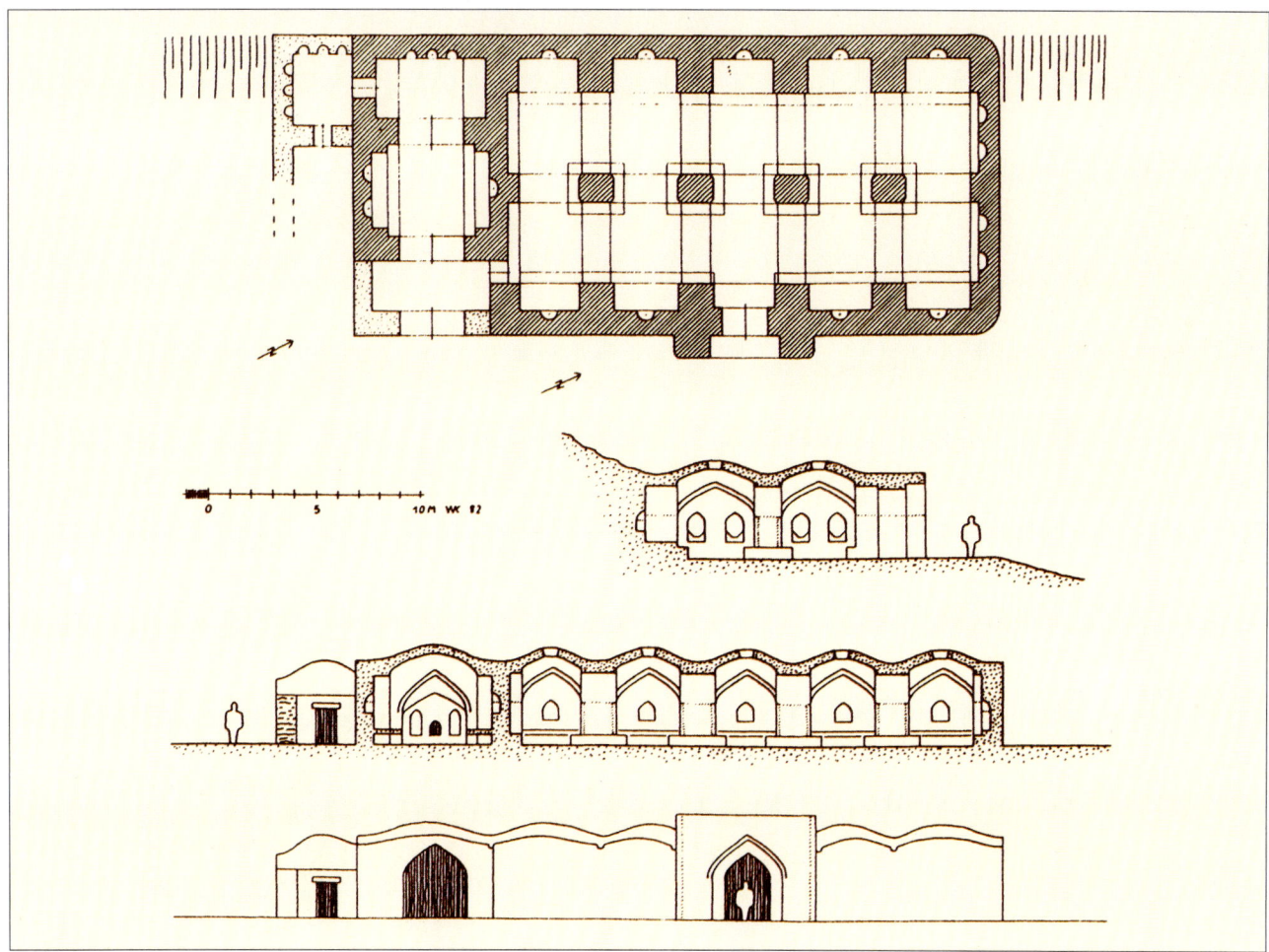

Grundriss von Sardab.

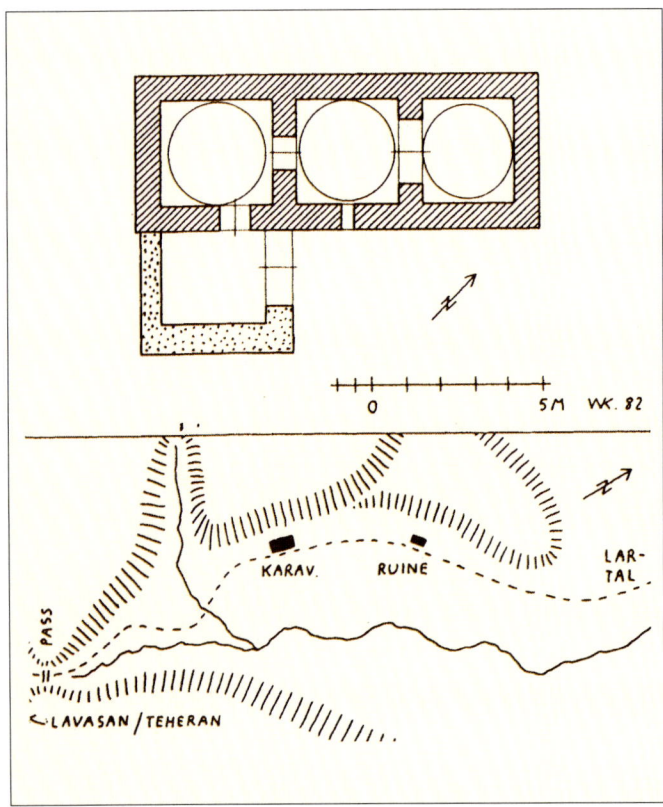

Ruine nördlich der Karawanserei Sardab.

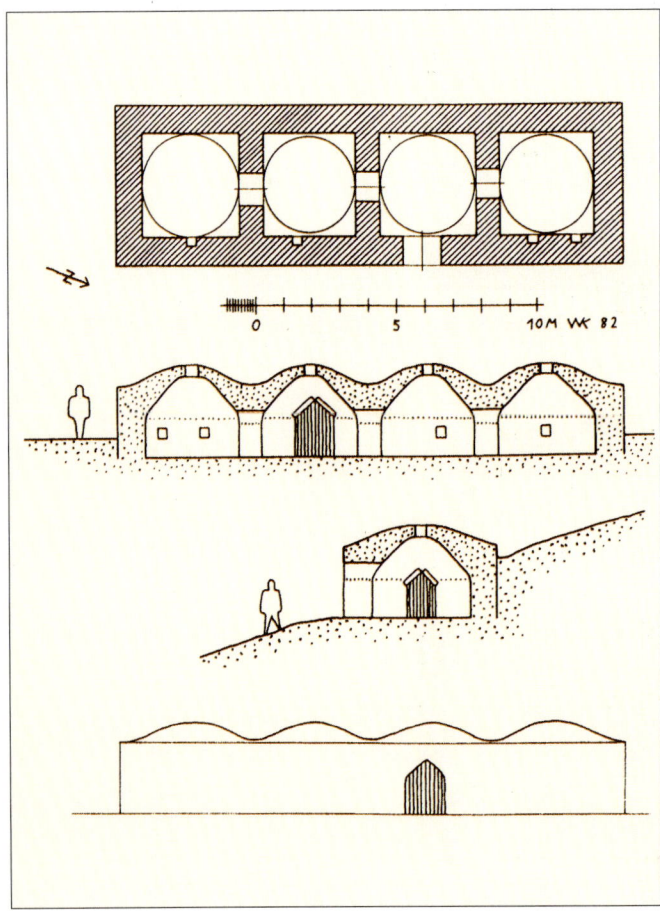

Shurhak im Lar-Tal. Grundriss, Schnitte und Frontansicht.

aus einem großen zweischiffigen Stallraum und einem Wirtschaftsteil mit Kochanlagen und gemauerten Tischen. Man betritt die beiden Räume jeweils durch ein Spitzbogenportal. Die Nischen liegen auf erhöhtem Niveau und dienten als Schlafplätze für die Karawanentreiber. Das Gebäude wurde in Bruchsteinmauerwerk ausgeführt. Die Beleuchtung erfolgte durch Öffnungen in den Kuppeln, die bei Schlechtwetter geschlossen werden konnten.

Rund 300 m weiter nördlich befindet sich eine Ruine mit drei einst überkuppelten Räumen und einem angebauten Eingangsraum. Kleiss vermutet, dass auch dieses Gebäude Unterkunft für kleinere Karawanen bot. Es ist ebenfalls aus Bruchsteinen errichtet worden. Seine Länge beträgt rund 10 m und die Breite ca. 4 m. Shurhak im Lar-Tal ähnelt diesem Bau, besitzt jedoch einen Raum mehr. Dieses Gebäude ist 18 m lang und ca. 5,50 m breit. Die Räume werden durch Öffnungen in den Kuppeln beleuchtet und sind untereinander verbunden. Der Zugang von außen war nur durch ein Tor möglich. Ein schönes Beispiel für den Typus einer geschlossenen Bergkarawanserei bietet Bastak. Es entspricht der Anlage von Sardab, besitzt jedoch einen sowohl von der Stallseite als auch von außen betretbaren Zubau, von dem Kleiss vermutet, dass er dem Verwalter der Karawanserei als Wohnraum gedient hat. Des Weiteren hat diese ebenfalls zweischiffige Anlage keine eckigen, sondern runde Mittelsäulen. Zur Errichtung des Gebäudes wurden Bruchsteine benützt. Auf der Nordseite finden sich vier erhöhte „Wohnnischen" mit Wandvertiefungen und Kaminen. Das Bauwerk ist ca. 20 m lang und mit dem zugebauten Raum auf der nördlichen Eingangsseite ca. 13,50 m breit.

Ein weiteres Gebäude findet sich 2 km nordwestlich von Bastak, nämlich Safid Ab. Es sind zwei Ruinen, von denen eine an eine Felswand angebaut wurde, während die andere frei im Tal steht. Die an den Fels angebaute dürfte nach Meinung von Kleiss keine Raststation, sondern ein Stall für die hier im Sommer weidenden Tiere gewesen sein. Der tonnengewölbte Raum besitzt eine Länge von ca. 21 m und eine Breite von ca. 3 m. Das frei in der Talebene stehende Gebäude dürfte hingegen als Unterkunft für Karawanentreiber gedient haben. Es ist ca. 7 m im Quadrat und 4 m hoch. Es besitzt zwei Räume mit erhöhten „Wohnnischen". Mit der Auffindung und Dokumentation dieser Gebäude bzw. Gebäudereste durch einen kompetenten Archäologen konnte der Nachweis für die einstigen Verkehrswege erbracht werden, die den kürzesten Weg zwischen der Metropole und dem Kaspischen Meer suchten. Auf Grund der klimatischen Verhältnisse in diesem Hochland kann angenommen werden, dass in der kalten Jahreszeit diese Routen infolge Kälte und Schnee nicht benützt werden konnten und die Karawanen auf andere Routen ausweichen mussten, die zwar schneefrei, aber weitaus länger waren. Heutzutage ist der größte Teil des Lar-Tales und seiner angrenzenden Seitentäler für Touristen nur mit Sondererlaubnis zugänglich. Große Teile sind als Umweltschutzgebiet ausgewiesen. Lediglich die Randzonen wie z. B. die Westflanke des Damavand können touristisch genutzt werden

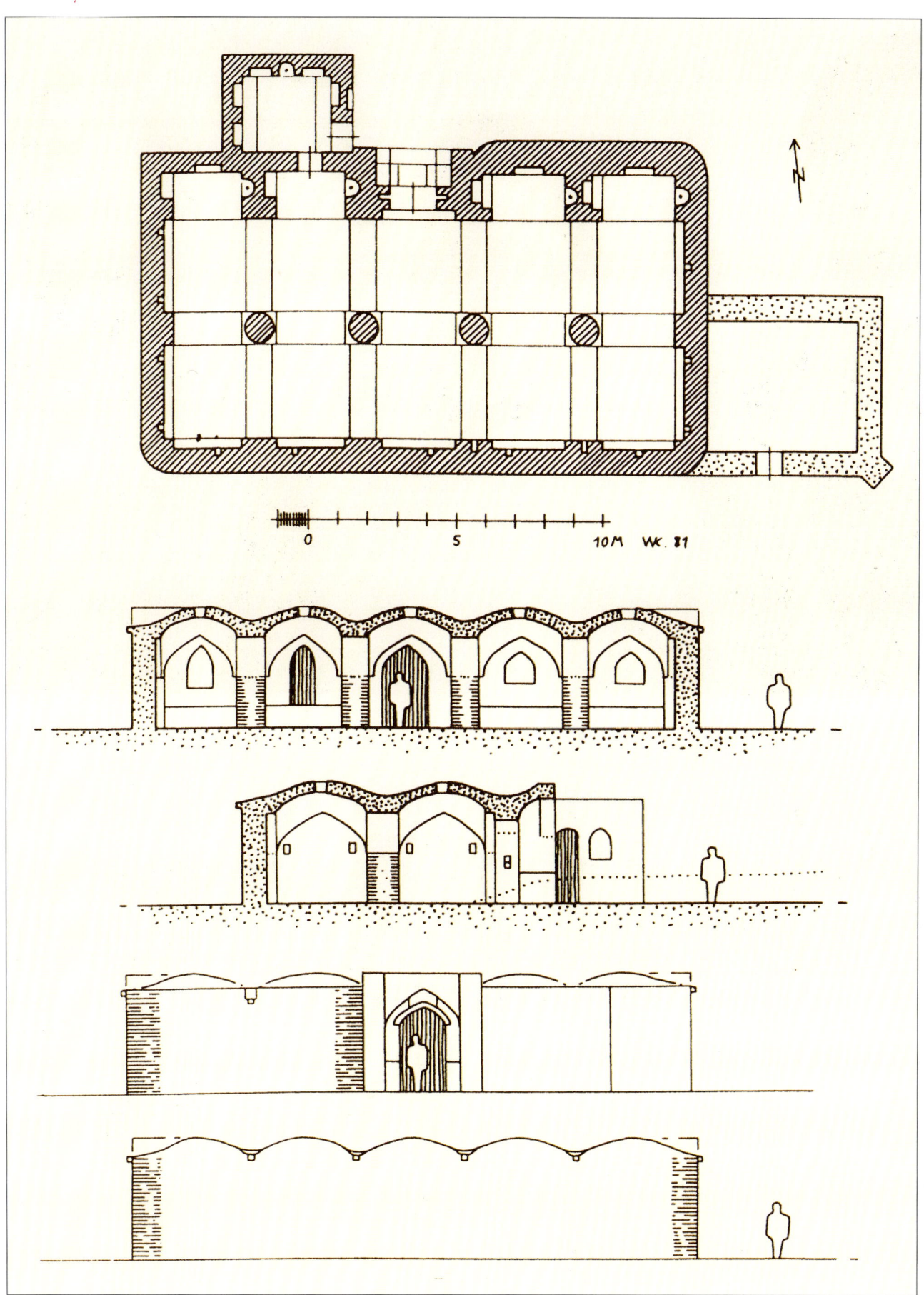

Die Karawanserei von Bastak. Grundriss und Frontansicht.

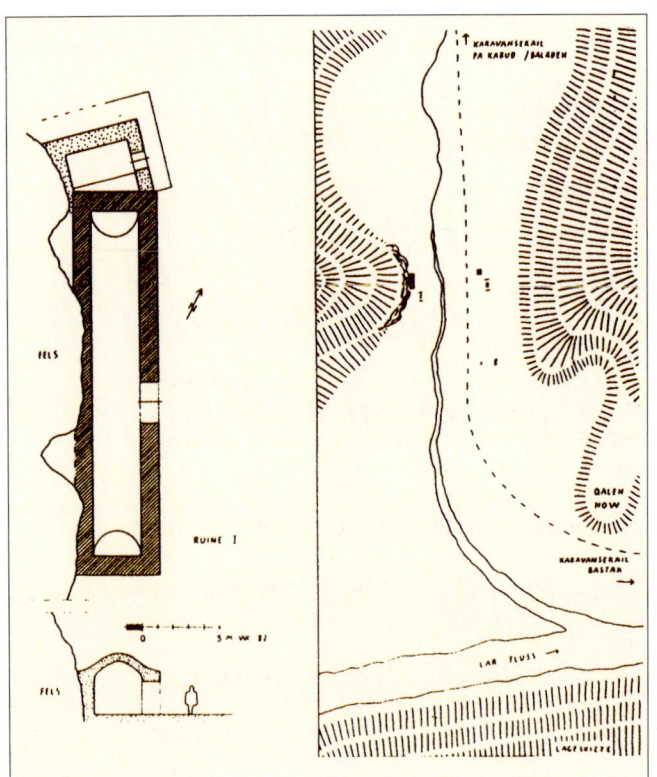

Nomaden im Lar-Tal. Foto: Team Damavand '99.

Safid Ab im Lar-Tal. Lageskizze und Ruine Nr. 1.

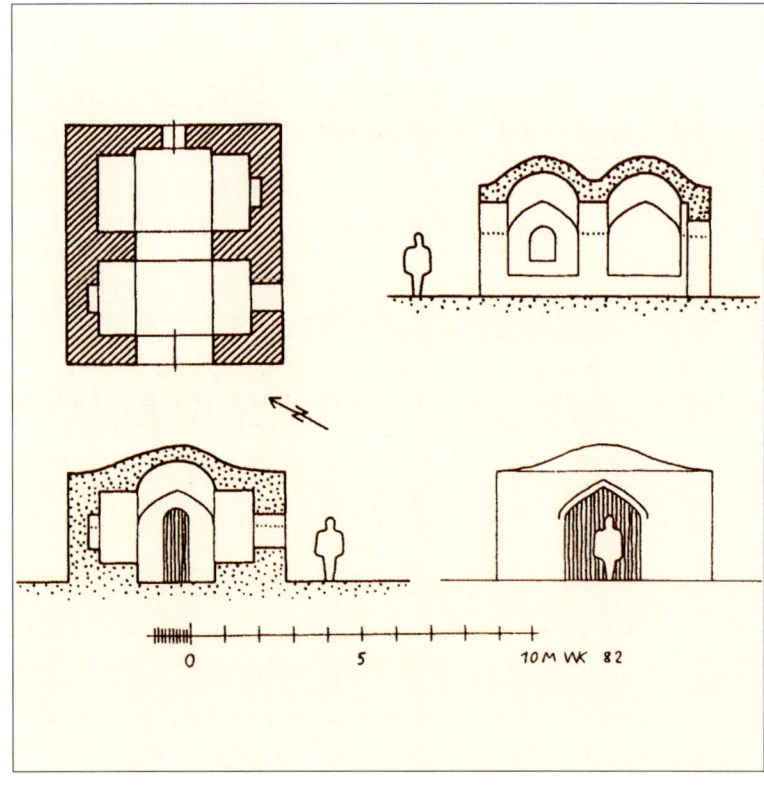

Safid Ab im Lar-Tal. Bau Nr. II in Grundriss, Schnitten und Frontansicht.

Foto: Kuschel.

und stehen den Bergsteigern aus dem In- und Ausland ohne Einschränkung zur Verfügung. Das Lar-Tal besitzt ein hohes touristisches Potential, das aber nur durch Änderung der bestehenden behördlichen Regelungen genützt werden kann.

Bibliographie

ALLENBACH, P. (1966): Geologie und Petrographie des Damavand und seiner Umgebung (Zentral-Elburz), Iran, in: Mitteilungen aus dem Geologischen Institut der Eidgenössischen Technischen Hochschule und der Universität Zürich, N.F. 63.

CALL-ROSENBURG, G. Freiherr von (1876): Das Larthal bei Teheran und der Demawend, in: Mittheilungen der kais. und kön. geographischen Gesellschaft in Wien, XIX. Band (der neuen Folge IX.) Wien, S. 113–142.

ESSÉN, Rütger (1959): Sven Hedin. Ein großes Leben, Leoni am Starnberger See.

FIELD, H. (1939): Contribution to the Anthropology of Iran, in: Anthropological Series, Field Museum of National History, vol. 29, Chicago.

HEDIN, Sven (1892): Der Demavend nach eigener Beobachtung, in: Verhandlungen der Gesellschaft für Erdkunde zu Berlin, Band XIX, Berlin, S. 303–332.

Historical Gazetteer of Iran (Ed. by Ludwig W. Adamec), vol. 1 – Tehran and Northwestern Iran, Graz 1976.

HOURCADE, Bernard (1977): Les Nomads du Lar face aux problèmes de l'expansion de Téhéran, in: Revue Géographique de l'Est, 1–2, p. 37–51.

KLEISS, Wolfram (1984): Karawanenwege in Iran, in: Aus dem Osten des Alexanderreiches (hrsg. von J. Ozols und V. Thewalt) – Festschrift zum 65. Geburtstag von Klaus Fischer, Köln, S. 194–203.

KOTSCHY, T. (1858): Theodor Kotschy's Erforschung und Besteigung des Vulkans Demavend, in: Petermann's Geographische Mittheilungen, Heft II, S. 49–68.

Burg und Höhle

Nutzungsrelikte im Umfeld des Haraz-Tales

Abb. 1: Die Burgruine Malek Bahman auf steil aufragendem Fels über der Ortschaft Shahandasht. Foto: Kostka.

Zwischen der Schlucht von „Bende-Burida", der Engtalstrecke des Harazflusses im Nordosten des Damavand und der Enge westlich von Ab-e Ask erstreckt sich ein geschütztes, fruchtbares Talbecken. Nach de Morgan (1896) von besonderer strategischer Bedeutung, da es an der Straße von Mazandaran über Polur, dem Imamzadeh Hashim-Pass nach Tehran liegt. Um die natürlichen Verteidigungsmöglichkeiten zu unterstützen, hat man in früherer Zeit auf halbem Weg eine bedeutende Festung errichtet.

Die Burgruine von Malek Bahman

Unser Führer, der Lehrer von Rhine, hatte bereits seine Schuhe ausgezogen und begonnen, barfüßig die steile, glatte Felswand emporzuklettern. Dies ist heute der einzige mögliche Zugang zur Burgruine, ein steiler Felsabhang nach Südwesten, der weiter tief in das Haraz-Tal abbricht. Da wir keine Bergsteigerausrüstung, nicht einmal ein Seil, dabei hatten, weigerten wir uns, seiner Fährte zu folgen. Unsere Erkundung der Burgruine beschränkte sich somit auf Beobachtungen von außen und auf Angaben zu ihrer Umgebung.

Die Burgruine, die heute den Namen Malek Bahman trägt, wurde bereits im Jahre 1889 vom Franzosen de Morgan (1896) besucht, erkundet und beschrieben. Die Burg von Mollah (oder besser das Engelsfort) schreibt de Morgan, bewachte durch Jahrhunderte den Zugang zum Damavand und hoch über dem Tal auf steilen Felsen gelegen (Abb. 1) beherrschte sie auch den Zugang zum iranischen Plateau durch das Haraz-Tal. Die Felskuppe, auf der die Burg errichtet wurde, erhebt sich 220 m über dem Dorf Shahandasht. De Morgan schildert nicht nur seinen gefahrvollen Aufstieg im Winter bei Eisglätte, sondern auch seine Studien des Baukörpers und die Vermessung, die improvisiert und 4 Stunden barfuß im Schnee stapfend zum ersten Lageplan dieses Objektes (Abb. 2) führte. Der höchste Teil des Felsens war vollständig von übereinandergelagerten Bauteilen bedeckt und auf der Seite des Dorfes durch hohe, terrassenartige Mauern, teils mit riesigen unbehauenen Bruchsteinen (Abb. 3) errichtet. Der höchste Teil des Zuganges stellte eine in den Fels gehauene Treppe in Zickzack-Manier dar. Reste und Pfeiler eines Tores waren zu dieser Zeit noch erhalten. Mauern und Türme gehen ineinander über. Auf die Verteidigung wurde von allen Seiten großer Wert gelegt, vor allem aber auf der Südseite. Dort sind die Umschließungsmauern 2–3 m dick, während sie auf der Seite der wasserführenden Schlucht nur 1 m Dicke aufweisen, dort wo es Vorrichtungen gab, die es ermöglichten, geschützt bis zum Wasserfall hinunterzusteigen. Die einzelnen Stockwerke waren durch Stiegen und Tunnels verbunden, die heute aber eingestürzt und nur mehr in Spuren vorhanden sind. Die massive Bauweise zur Südseite hin lässt sich schon am Vergleich einer Zeichnung de Morgans 1889 (Abb. 4) mit einem Foto (Abb. 5), das im Jahre 2000, also 110 Jahre später aufgenommen wurde, erkennen. Trotz vielfältiger Umwelteinflüsse, einschließlich starker Erdbeben, hat sich die Ansicht in diesem Zeitraum nicht wesentlich verändert. De

Morgan stellt weiterhin fest, dass alle existierenden Fenster- und Türöffnungen viereckig sind und er keinerlei Spitz- oder Rundbögen erkennen konnte. Ebenso konnte er nicht die geringste Spur einer Inschrift oder einer Malerei entdecken. Es war für ihn leicht festzustellen, dass die einzelnen Bauteile nicht aus ein und derselben Epoche stammten. Das Fort wurde mindestens zweimal in Brand gesteckt und wieder aufgebaut. Er konnte noch verkohlte Balkenstücke in den Mauern sehen, die von der letzten Feuersbrunst zeugten. Bei der Untersuchung und Vermessung der Ruine sammelte er Tonscherben, die Rückschlüsse auf die Zeit zuließen, zu der die Burg bewohnt war. Er fand Stücke von glasierten sassanidischen (224–642 n. Chr.) Gefäßen und andere, die sicher wie die arabische Keramik aus dem 12. oder 13. Jahrhundert stammten. Seiner Meinung nach fand auf Grund der Keramikfunde die letzte Zerstörung von Mollah-Kölo ungefähr im 14. Jahrhundert statt. Schließlich merkt er an: *„Was das Alter der ältesten Bauteile betrifft, erlaube ich mir keine Vermutung."* Die hier angeführten Angaben stammen aus de Morgans Reisenotizen vom 9. Dezember 1889.

110 Jahre später, also 1999, besuchte die junge Absolventin Marianeh Koushakmaneh (2000) der Assad Universität in Tehran die Burg, die nunmehr den Namen Malek Bahman

Abb. 2: Lageplan der Burgruine Mollah-Kölo nach de Morgan vom Dezember 1889.

Abb. 3: Bruchsteinwand beim Aufgang zur Burgruine Malek Bahman. Foto: Kostka

Abb. 4: Die Ruinen von Mollah-Kölo. Ansicht von Süden nach einer Fotografie von de Morgan, Dezember 1889.

oder Malek Ghale trägt. Im Inneren scheint vieles eingestürzt zu sein, bis auf eine 3 m lange unterirdische Treppe waren keine weiteren Bauteile wie Treppen oder Gänge zugänglich. Bezüglich des Aufganges zur Burg vermutet sie eine Seilbrücke über den Wasserfall, da sie Widerlager und einige Stufen erkennen konnte.

Zur Geschichte und zum Alter der Burg stellt sie fest, dass die Burg nach Malek Bahman, dem letzten Herrscher der Estanderfamilie, die in der Region „Laridjan" geherrscht hat, benannt worden ist. Er wurde vor 400 Jahren durch die Armee des großen Safawidenkönigs Shah Abbas zur Übergabe der Burg gezwungen. Die verschiedenen Funde in der Burg belegen aber, dass sie viel älter ist. Genauere Altersangaben als die hier erwähnten sind bis jetzt nicht möglich.

Der wuchtige Baukörper in extremer Lage auf der Felskuppe, die massive Bauweise der Festungsanlage, ihre Lage im geschützten, überblickbaren, abgeschlossenen und fruchtbaren Talkessel, ihre strategische Bedeutung in Bezug auf die Verkehrswege durch das Haraz-Tal geben zu denken. Zur besseren Überwachung des nach Norden führenden Haraz-Tales wurde zusätzlich zur Burg am Hang östlich der Anlage ein Turm errichtet, dessen Ruine noch heute steht. Alles Tatsachen, die auf eine Bedeutung der Festung schließen lassen, die über lokale Interessen hinausgehen. Ob es sich um eine Assassinenburg handelt, die in der Zeit der türkisch-mongolischen Vorherrschaft im Iran (1050–1250) Bedeutung erlangt hat? Für den Ismailiten Hasan-e Sabbah waren die herrschenden Sunniten Ungläubige, weshalb er ihnen den Krieg ansagte. Er rief im Jahr 1090 die radikale Sekte der Assassinen ins Leben und errichtete sein Hauptquartier in der als uneinnehmbar geltenden Bergfestung Alamut im westlichen Teil des Zentralen Alborz-Gebirges. In der Nachbarschaft eroberte er weitere Burgen oder ließ neue erbauen, in die sich seine wachsende Anhängerschaft zurückziehen konnte. Mahmoud Rashad (1998) schreibt darüber:

„Hasan-e Sabbah gründete eine lokale Dynastie, die mehr als 160 Jahre Bestand haben sollte und in ihrer Überheblichkeit sogar Münzen prägen ließ. Er bildete seine Anhänger nicht nur religiös aus, sondern auch als Krieger und Kämpfer, die sich fedaiyyun nannten, die sich selbst Opfernden. Mit Einsätzen, die sie zumeist nicht überlebten, verübten sie im ganzen Land Mordanschläge. Der Legende nach löste Hasan den Todesmut und die durchschlagende Kraft seiner Krieger durch eine Täuschung aus. Angeblich betäubte er sie mit Haschisch, ließ sie in einen paradiesisch hergerichteten Garten hinter der Burg bringen und, nachdem sie aus dem Rausch erwacht waren, von schönen Sklavinnen verwöhnen. Später überzeugte er sie davon, daß sie das Paradies gesehen hätten, in das sie nach ihrem ruhmreichen Kampf gegen die sunnitischen Machthaber eingehen würden. Die Getäuschten waren nun bereit, das irdische Leben zu verachten und schnellstmöglich den Tod zu suchen, um zurück ins Paradies zu gelangen."

Der Wahrheitsgehalt dieser Darstellung sollte noch überprüft werden. Tatsache ist, dass während ihrer Schreckensherrschaft Tausende von Menschen von den Assassinen ermordet wurden. Erst der Mongolenführer Hulagu eroberte 1250 die Festung Alamut, zerstörte die Burg und zerschlug die Gemeinschaft der Assassinen und ihre Schreckensherrschaft endgültig. Vielleicht traf dieses Schicksal auch die ältere Phase unserer Burg.

Höhlensiedlungen

Bereits in der Nachkriegszeit des 2. Weltkrieges wurden Höhlenforschungen im Iran (COON 1951) durchgeführt, um frühe Siedlungen belegen und diese mit Hilfe der C_{14}-Methode auch datieren zu können. Eine dieser Höhlen, die „Ghar-i-Kamarband" oder „Belt Cave" befindet sich am Nordrand des Alborz, nahe der

Abb. 5: Die Ruinen von Malek Bahman im Juni 2000. Foto: Kostka.

Küste zum Kaspischen See. Grabungen erbrachten viele Kulturschichten und als Datierungsergebnis ein maximales Alter von ca. 10.500 Jahren B. C. Natürliche Höhlen interessieren in diesem Zusammenhang nicht, die Angabe der erwähnten Höhle dient aber als Beweis, dass diese Region bereits in der Steinzeit von Menschen besiedelt war. Im Folgenden soll lediglich auf Höhlensysteme im Haraz-Tal und seinen Nebentälern eingegangen werden, die von Menschen in das Konglomeratgestein oder den Fels geschlagen und sicherlich erst wesentlich später errichtet wurden, auch wenn bis heute keine Artefakte als Belege vorliegen.

Wir selbst konnten bei unseren Forschungsaufenthalten im Mai 1999 und Juni 2000 größere Ansiedlungen bei der Ortschaft Ab-e Ask und in der Nähe der Mun Brücke bei „Kafar Kali" im Haraz-Tal feststellen und kleine Höhlenbereiche in der Nähe der Ortschaften Malar und Fire beobachten. Informanten berichteten noch von Höhlenkomplexen bei Golezard und bei Razan. Die knapp zur Verfügung stehende Zeit erlaubte es uns nicht, diesem Thema eingehend nachzugehen, wir mussten uns in erster Linie auf Literaturstudien beschränken.

In nahezu allen Reiseberichten über das Haraz-Tal werden auch Höhlensiedlungen erwähnt. Die heute mit Kafar-Kali (KASRAIAN 1992) bezeichnete ist wohl die eindrucksvollste (Abb. 6). Sie wurde vom Franzosen de Morgan und dem Engländer Crawshay-Williams Ende des 19. und zu Beginn des 20. Jahrhunderts besucht, erforscht und kurz beschrieben. De Morgan (1896) erwähnt seltsame unterirdische Behausungen, die mit Kafour-Köli oder mit „Klausen der Ungläubigen" bezeichnet werden. Dies deutet auf vorislamische Siedlungsreste hin, deren Alter aber unmöglich zu bestimmen ist. Ohne einen Namen zu nennen, liefert Crawshay-Williams einige Jahre später im Journal of the Asiatic Society eine Schilderung seiner abenteuerlichen Erkundung des Höhlensystems. Die nach Süden orientierte Felswand weist mehr als 50 Räume in mehreren Etagen auf, sie sind rechteckig oder quadratisch. Sie sind ohne Seil und Leiter kaum

Abb. 6: Die Höhlensiedlung Kafar-Kali. In mehreren Etagen sind die von Menschen geschaffenen Aushöhlungen angeordnet und heute zum größten Teil nicht mehr begehbar. Foto: Kostka.

Die Höhlensiedlung am Abhang zum Haraz-Tal. Foto: Kuschel.

erreichbar, und nur durch Klettern konnte er einige dieser Räume aufsuchen. Der erste Raum, den er erreichte, lag ca. 3 m über Grund, wies eine Höhe von ca. 2 m und eine Grundfläche von 4,5 m x 2,5 m auf. Die Meißelspuren waren klar ersichtlich, aber keinerlei Spuren irgendeiner Inschrift. Er beschreibt noch einige Räume, ohne besonders interessante Details zu entdecken. Schließlich kroch er in eine kleine Höhle, in der sich seiner Meinung nach ein alter Müllhaufen befand, den er inspizierte. Zahlreiche Knochen und Keramikscherben mit anderem Müll vermischt waren das Ergebnis dieser Untersuchung. Keramikstücke unterschiedlicher Machart und Dicke, offensichtlich Stücke von Bechern mit rohen Zickzack-Mustern, Stücke von Krügen und ein Fragment mit einem vollständigen Henkel. Er hatte nicht die Gelegenheit, diese Fundstücke mitzunehmen, so ließ er sie an Ort und Stelle. Das einzige bemerkenswerte Objekt, seiner Meinung nach, war im innersten Raum ein quadratisches Loch von 0,6 m Seitenlänge und einer Tiefe von 2 m (6,5 ft.) ohne Inhalt, nicht ganz im Zentrum des Fußbodens. Ähnliche Löcher fand er auch in anderen Räumen, gibt aber keine Angaben zu ihrer Erklärung ab. Er vermutet ferner, dass die höher gelegenen und heute nicht mehr erreichbaren Räume möglicherweise mehr Details enthalten könnten, die Aufschluss über das Höhlensystem liefern könnten. Er betont noch, dass er nichts über die Geschichte und das Alter dieser Höhlen in Erfahrung bringen konnte und auch von den Einheimischen nichts bis auf die Aussage „sehr alt" herausbrachte. Etwa 100 Jahre später ging es uns ähnlich. Keiner unserer Informanten wusste irgend etwas bis auf die Beteuerung, dass diese Höhlen sehr alt seien. Die Überlieferung war abgebrochen, wann und warum, weiß man nicht. Auch spätere Quellen liefern keinen Hinweis. So schildert z. B. Babinger (1916) seine Eindrücke aus dem Haraz-Tal bei seinem Ritt durch diese höchst romantische Landschaft über kühn geschwungene Steinbrücken: „Wiederum überschritten wir hinter einem moscheeartigen Bau auf kühner Bogenbrücke den hier eng eingezwängten, rauschenden Heraspaifluß (Haraz) und kamen in die Landschaft Amirieh. Da erschien zur Rechten auf schwindelnd hohen, senkrechten Felszacken die Burgruine von Schendascht (Shahandasht) aus deren titanenhaftem Felsgerüst ein Wasserfall direkt auf das Dorf herabzustürzen schien – ein über alles großartiger Anblick." Er beobachtet auch Höhlen und schildert den Wegverlauf durch die Schlucht des Haraz-Tales: „Ein Basrelief in der Felsenwand verkündete uns, daß unter der Herrschaft des Nassr ed-din Schah dieser Pfad durch die Felswildnis angelegt worden ist." Diese Aussage wird zusätzlich durch Hourcade (1993) bestätigt. Bis zum Bau der Tehran – Amol Straße durch das Haraz-Tal lag der Damavand an einer der ältesten Routen über den Alborz. Zahlreiche Karawansereien, Brücken und Festungen aus der Safawiden-Periode lagen an dieser Strecke. In der Encylopaedia Iranica (1993: 629) wird vermerkt, dass die Straße vom österreichischen Ingenieur A. S. Gasteiger Khan auf Anordnung von Nasr-ed-Din Shah in den Jahren 1877–78 instand gesetzt worden ist. „A standig portrait of the shah was sculpted in low relief in the Band-e Borida pass." Babinger erwähnt Karawansereien, die heute schon lange nicht mehr existieren und beschreibt Höhlenwohnungen hoch über der Talsohle. Im Bereich einer absolut baumlosen Karawanserei Mahmudabad untersucht er 6 bis 7 Höhlenöffnungen („starrten mich groß und schwarz aus der gegenüberliegenden Felswand an"). Sie waren nicht mehr bewohnt, wurden aber gelegentlich als Pferde- oder Kamelunterstände benützt. Sie alle hatten eine Länge von etwa 20 m und eine Höhe von 3 m. Ob es sich bei diesem Höhlenkomplex um die von unseren Informanten genannten Siedlungen von Razan handelt?

Die terrassierten Hänge

An einem schönen Maiabend des Jahres 1999 stand ich mit dem alten Bergführer Abbas vor seinem Haus in Nandel. Wir genossen die Abendsonne und ließen unsere Blicke über den Damavand und seinen nach Osten ziehenden Sporn gleiten. Im Streiflicht fiel mir die Terrassierung des Abhanges über der Ortschaft Hadjidela auf, die bis zum Rücken hinaufreichte. Auf meine Frage erhielt ich von Abbas lediglich die Antwort, dass die Terrassen schon immer da gewesen und von Gott so gewollt wären.

Zu einem späteren Zeitpunkt, nämlich bei der Auswertung des CORONA-Satellitenbildes für das beiliegende Kartenblatt, fielen mir diese Terrassen wieder auf (Abb. 7). Die Aufnahme war bezüglich des Lichteinfalles offensichtlich zu einem günstigen Zeitpunkt erfolgt, sodass in dem Schwarzweißbild mit einer Auflösung von 2 m die Terrassierung der Hänge eindeutig zu erkennen war. Im Bereich der Ortschaften Tine, Korf und Hadjidela im Nordosten des Damavand überdecken die Terrassen ein Areal von etwa 40 km^2 von den Steilabbrüchen zum Haraz-Tal bis hinauf in Grat- und Kammlagen über 4000 m Höhe. Das Gebiet liegt zur Gänze innerhalb des seinerzeitigen Lavaflusses (siehe Beitrag Geologie) des Vulkans Damavand. Eine natürliche horizontale Schichtung der vorliegenden Art kann somit ausgeschlossen werden. Es muss sich also um Überreste menschlicher Aktivitäten handeln. Die Auswertung des Fernerkundungsbildes in Verbindung mit eigenen Feldforschungsergebnissen zeigte, dass die Breite der Terrassen von einigen Metern bis zu wenigen Zehnermetern reichte, dass sie allgemein nach Hangrichtung und Neigung orientiert waren, dass keine scharfen Abbruchkanten, aber die Berücksichtigung der Geländeformen, des Reliefs, zu erkennen waren. Dies sind aber bereits die einzigen Fakten, die mit Sicherheit festgestellt werden konnten. Viele Fragen, die mit dieser Geländestruktur in Zusammenhang stehen, bleiben unbeantwortet, z. B. die Nutzungsart dieser Terrassen. Die Verwendung als Ackerfläche scheint wahrscheinlich, eine künstliche Bewässerung, wie sie heute in diesem Bereich üblich ist, nur zum geringen Teil möglich, zufolge der Höhe und der Kammnähe, weit entfernt von Gerinnen, für große Teile aber ausgeschlossen. Hat es zur Zeit der Errichtung mehr Niederschlag, eine andere Niederschlagsverteilung während des Jahres gegeben, die ihre Errichtung rechtfertigte? Lag die Zielsetzung doch in einem anderen Verwendungszweck? Da ein Maschineneinsatz ausgeschlossen werden kann, stellt sich die Frage, wie die Anlage dieser Terrassen erfolgte. Für ein Gebiet dieser Größenordnung war dies nur mit einer enorm großen Anzahl von Arbeitern durchführbar, über deren Existenz nichts bekannt ist. Ebenso kann über den Zeitraum der Errichtung keinerlei Aussage getroffen werden, da keine Anhaltspunkte zu erkennen waren und keinerlei Informationen vorliegen. Am Beispiel der Ortschaft Korf kann die heutige Terrassierung der Hänge (Abb. 8) anschaulich vor Augen geführt werden. Im oberen Hangbereich über dem heutigen Dorf sind bis zur Kammlage Terrassen zu er-

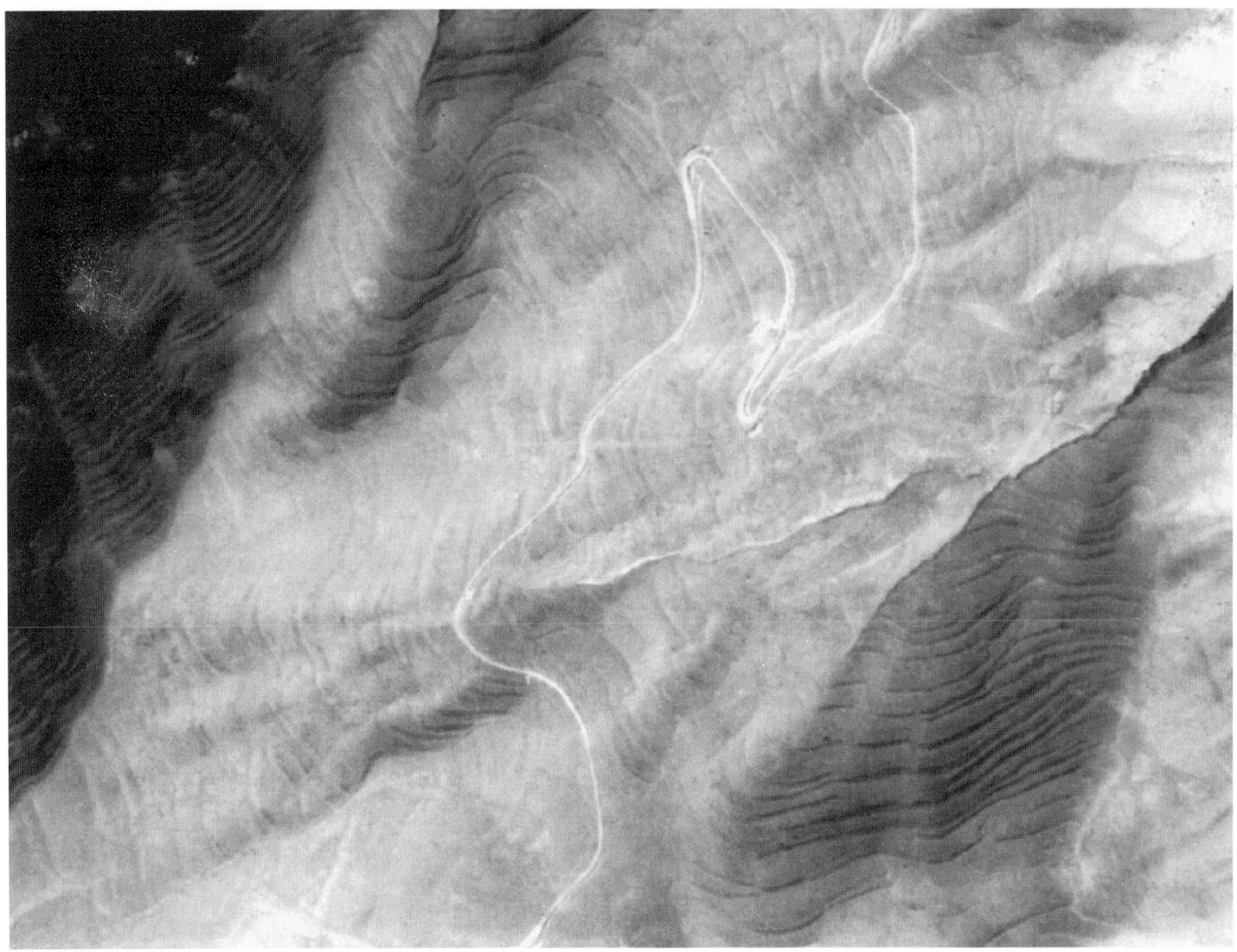

Abb. 7: Ausschnitt des NASA-CORONA-Satellitenbildes vom 31. Mai 1970. Die Terrassen im Bereich der Straße nach Korf sind in der Schwarz-weißaufnahme auf 70 mm Panoramafilm deutlich zu erkennen.

kennen, die heute nicht mehr bewässerbar und bereits stark verwittert sind. Im Bereich des Ortes selbst sind intakte Ackerbauterrassen, die künstlich bewässert werden, vorhanden. Unterhalb des Weilers liegen aufgelassene Felder, die allmählich verfallen. Offensichtlich ist hier der Bedarf an Ackerland nicht mehr gegeben, auch wenn eine künstliche Bewässerung möglich wäre.

Keiner unserer Kontaktleute konnte zum hochgelegenen Terrassenphänomen eine Aussage treffen, auch in diesem Fall war die Überlieferung abgebrochen. Die Fragen nach dem Warum, nach dem Wie, über die Erbauer der Terrassen und dem Wann, bleiben somit der künftigen archäologischen Forschung vorbehalten.

Abb. 8: Hangterrassen im Bereich der Ortschaft Korf. Foto: Kostka.

Wir stellten selbstverständlich noch Fragen zu weiteren Relikten, wie etwa zu Felsbildern und Gravierungen in Stein. Die Aussagen unserer Informanten hierzu waren leider nicht erschöpfend und keineswegs exakt. Einer unserer Kontaktmänner berichtete über einen Felsabbruch in der Nähe von Ab-e Ask, bei dem es Felsgravierungen geben soll, der heute aber durch die neue Straße, die an dieser Stelle im Tunnel verläuft, nur mehr schwer erreichbar ist. Ein zweiter Informant erzählte von einer zwei Tage dauernden Besteigung eines Gipfels südlich des Haraz-Tales mit anstrengendem Aufstieg in der wasserlosen Hochgebirgsregion, die er mit einer spanischen Gruppe durchgeführt hat. Am Gipfel tat sich nicht nur ein prachtvoller Blick auf den Damavand auf, der vor allem im Morgenlicht sehr eindrucksvoll war. Es befand sich am

Gipfel auch eine Steinplatte von mehreren Quadratmetern, die voll von Steinritzungen war. Diese konnte er auch fotografisch festhalten. Er versprach uns Kopien dieser Bilder zu senden, zur Zeit warten wir aber immer noch auf die Fotos.

Viele unserer Beobachtungen konnten nicht umfassend dargestellt oder befriedigend erklärt werden, die Gründe hierfür sind vielfältig. Auch konnte nicht allen Literaturhinweisen, wie etwa bei der Burgruine bei Shahandasht, der sassanidischen Brücke in der Schlucht von „Bende-Burida" (de Morgan 1896) oder den Burgruinen auf den Felsen bei Polur (de Morgan 1894) bis ins Detail nachgegangen werden. Es sollte mit dieser Darstellung aber aufgezeigt werden, dass es sich hier um eine äußerst interessante Region im Zentralen Alborz handelt, die forschungswürdig und einer umfassenden zukünftigen Bearbeitung wert ist.

Bibliographie

BABINGER, G., (1916): Von Teheran über den Demawend, 5670 m, zum Kaspischen Meer, in: Zeitschrift des Deutschen und Österreichischen Alpenvereins, Band 47, Jahrgang 1916, Wien, S. 114–128.

COON, S. C., (1951): Cave Explorations in Iran 1949. The University Museum, Philadelphia.

HOURCADE, B. (1993): Damavand, in: Encylopaedia Iranica, VI/6, New York, pp. 627–630.

KASRAIAN, N., (1992): Damavand (Bildband), Sekepress, Tehran – Iran, 130 pp.

KOUCHEKMANEH, Marianeh (2000): Studienarbeit über das Damavand Gebiet (in Farzi), Institut für Geographie, Assad Universität Teheran.

MORGAN, J. de, (1894): Mission Scientifique en Perse, Etúdes Geographiques, Ernest Leroux Paris.

MORGAN, J. de, (1896): Mission Scientifique en Perse, Recherches Archeologiques, Ernest Leroux Paris.

RASHAD, M., (1998): IRAN, Geschichte, Kultur und lebendige Traditionen – antike Stätten und islamische Kunst in Persien. Dumont Kunstreiseführer, 400 S.

Gebirgsgefahren und Bergsteigerunterkünfte am Damavand

In den letzten Jahren hat das Interesse am Bergtourismus, Höhenbergsteigen und Klettern im Iran in hohem Maße zugenommen. Ziel dieser Aktivitäten sind nicht nur der höchste Gipfel des Landes, der Fünftausender Damavand, und die zahlreichen Viertausender im Iran, sondern auch die höchsten Berge unserer Erde. So fand z. B. im Jahre 1998 die erste nationale Expedition des Iran zum Mt. Everest statt. Der Gruppe der international agierenden Expeditionsbergsteiger gehören auch die beiden Autoren dieses Beitrages an.

Der Bergbauingenieur/1977 und Bergführer Ahmad Shirmohammad war im Sommer 1996 Leiter des iranischen Expeditionsteams zum Kang Tengri (7071 m) und nahm auch an der Besteigung dieses Siebentausenders teil. Von 1994 bis 1998 war er Generalsekretär des Bergsteigerverbandes des Iran. Der Metallurgieingenieur/1977 und Bergführer Nima Yazdipur war Teilnehmer an zwei nationalen Expeditionen des Iran zum Cho Oyu (8201 m) und zur Shisha Pangma (8013 m) im Frühjahr 2000. Er war ebenfalls Mitglied der Besteigungsgruppe dieser beiden Achttausender.

Im Namen Gottes

Der Damavand ist objektiv gesehen kein sehr schwieriger Berg. Zufolge seiner Höhe, er gilt auch als das Dach des Iran, birgt er aber eine Reihe von Gefahren, die man auf anderen Bergen des Landes nicht antrifft oder deren Intensität dort wesentlich geringer ist. Aus diesem Grunde ist es ratsam, diesen Berg nicht allein oder ohne Führer zu besteigen, um sich diesen Risken nicht unvorbereitet auszusetzen. Der atmosphärische Druck am Gipfel des Damavand beträgt 465 mm Hg. Wir vom Bergsteigerverband des Iran gliedern die Gefahrenquellen, mit denen der Bergsteiger am Damavand konfrontiert wird, etwa nach folgender Zusammenstellung.

Risikofaktoren am Damavand

Objektive Gefahren

Die Kälte

Im Winter, bei starkem Schneefall und Blizzard herrscht bereits in mittlerer Höhe strenger Frost, der zeitweise bis zu -40°C reichen kann. Solche tiefen Temperaturen hängen auch von der Orientierung des Abhanges ab. Die Nordseite ist die kälteste, an der die Temperaturwerte fallweise sogar -50°C erreichen können. Daher zählt sie auch zu den schwierigsten Aufstiegsrouten, für die die erforderliche Ausrüstung und entsprechende Erfahrung unumgänglich sind. Die westliche Seite des Vulkankegels ist die zweitkälteste, da sie bis Mittag, also den halben Tag im Schatten liegt, der wiederum strenge Kälte verursacht. Wenn ein Bergsteiger unter diesen Bedingungen den Beschluss fasst, den Damavand ohne entsprechende Ausrüstung zu besteigen, wird er mit Sicherheit Erfrierungen an Füßen oder anderen Körperteilen erleiden. So erlitten z. B. im Winter 1995 drei Bergsteiger an der Nordseite Erfrierungen an den Zehen, die schließlich zur Amputation des Vorderfußes führten.

Sturm, Nebel, Blizzard

Da es sich beim Damavand um einen freistehenden Vulkankegel handelt, ist er dem Sturm, der von allen Seiten auf die Abhänge prallen kann, voll ausgesetzt. Die feuchte Luft aus Nord und West wird durch ihn abgestoppt und umgibt den Gipfel mit einer Wolkenhaube oder einem Nebelring. Niederschläge in Form von Schnee, Hagel oder als Blizzard sind in solchen Fällen zu erwarten. Durch den aufsteigenden Dunst über dem sonnenbeschienenen Lar-Stausee wurde dieser Faktor in den letzten Jahren noch verstärkt. Durch Sturm, Nebel und Blizzard sind schon viele Bergsteiger in Bergnot geraten, ja haben dadurch sogar ihr Leben verloren. Die Westseite des Berges ist im Winter Stürmen und Blizzards besonders ausgesetzt, sodass an dieser Flanke auch die meisten Erfrierungen zu verzeichnen sind. Beispielhaft sei erwähnt, dass durch diese Faktoren ein iranischer Bergsteiger im Winter 1995 drei Zehen verloren hat. Nebel und Wolken können dazu führen, dass man die Orientierung verliert. So haben z. B. im Winter 1998 zwei Bergsteiger am Rückweg ihre Anstiegsroute nicht mehr wieder gefunden. Einer der beiden rutschte auf einem Schnee- oder Eisfeld aus und stürzte zu Tode. Sein Leichnam wurde erst in der Nähe des 3. Bargah, einer Unterkunft an der Südseite des Berges, wieder gefunden.

Lawinengefahr

Durch Windverfrachtung kommt es zu Schneeverwehungen und Anhäufungen in Mulden, insbesondere im Spätwinter und in den ersten Frühlingsmonaten an der Südseite. In weiterer Folge können dadurch Lawinen ausgelöst werden, vornehmlich Staublawinen. Lawinenabgänge am Damavand sind häufig, und die Kenntnis der Lawinengänge ist von großer Bedeutung, um durch solche Ereignisse nicht zu Schaden zu kommen. Schon viele Bergsteiger sind auf diese Art und Weise umgekommen und im Winter 1972 wurde die „Demawand Hütte" (s. S. 174) an der Südseite des Berges durch eine Lawine vollständig zerstört.

Steinschlag und Erdrutsche/Muren

Zu Sommerbeginn, also zur Zeit der Schneeschmelze sind diese Gefahren am größten. Besonders an der Westseite, wo Gesteinsmaterial – instabil und leicht beweglich – bereits bei kleiner Krafteinwirkung in Bewegung gerät. Im letzten Sommer wurde eine Bergsteigergruppe auf einem der Pfade von einem Steinschlag überrascht, ein Ereignis, durch das zwei Bergsteigern die Beine abgetrennt wurden. Aber auch auf Gletschern ist man im Frühjahr steinschlaggefährdet, insbesondere am Dobisel und Siyuleh Gletscher. Die Gefahren lauern nicht nur auf den Schnee- und Eiskletterer, sondern auch auf jene Personen, die sich zu den Gletschern begeben, um Wasser oder Eis zu holen. Als ich (Nima Yazdipur) im Sommer 1996 an einem Gletscherrand Wasser holte, donnerte ein Stein auf meinen Rucksack und zerfetzte ihn, ich selbst bin aber Gott sei Dank dem Tode entronnen.

Subjektive Gefahren

Höhenkrankheit mit Übelkeit und Schwindel

Wegen der großen Höhe hat der Damavand Bergsteigern immer schon Probleme bereitet, wenn sie in keinem guten physischen Zustand oder zu wenig akklimatisiert waren. Sie erlitten die Berg- oder Höhenkrankheit, die sich durch Kopfweh, Übelkeit und Schwindel bemerkbar macht. Oft treten diese Symptome zuerst in der Nacht, in Ruhestellung, auf. Erfahrungsgemäß gelingt es Bergsteigern häufig, bis zur 5000 m Marke vorzudringen, bevor sie von der Höhenkrankheit befallen werden. Sie können in diesem Fall dann nicht weiter nach oben oder gar zum Kraterrand vordringen und sind gezwungen, so schnell wie möglich abzusteigen.

Absturzgefahr auf Schnee und Eis

Am Damavand gibt es drei größere Gletscher, nämlich den Yakhar an der Ostseite und die Gletscher Siyuleh und Dobisel an der Nordflanke. Einige weitere kleine Gletscher stellen eine wesentlich geringere Gefahr dar und sind in diesem Zusammenhang nicht von Bedeutung. Der große und steile Yakhar wurde im Winter noch nicht durchklettert, ein Durchsteigungsversuch ohne entsprechende Ausrüstung kann den Bergsteiger aber in Todesgefahr bringen. Es ist schon vorgekommen, dass man zufolge von Nebel und schlechten Sichtverhältnissen den sicheren Rückweg nicht mehr erkennen konnte, die Orientierung verloren hat, ausrutschte und abstürzte. Die an der Nordflanke befindlichen Siyuleh und Dobisel Gletscher werden selten von Eiskletterern besucht. Es ist aber schon vorgekommen, dass Bergsteiger unter Missachtung der Grundsätze des Verhaltens auf steilem Schnee und Eis abrutschten und sich in Gefahr brachten. Zu Herbstbeginn des Jahres 1991 passierte dies einem Bergsteiger in einer Höhe von 5400 m, er stürzte tief ab und erlitt ernsthafte Verletzungen.

Die Witterungsverhältnisse am Damavand

Über Klima und Wetter im Zentralen Alborz ist bereits berichtet worden (siehe Beitrag Lazar). Ebenso über die Sonderstellung des Damavand, die sich durch seine Lage und Höhe ergibt. In Bezug auf den Bergtourismus kann gesagt werden, dass die beste Zeit für eine Besteigung die Sommermonate von Juli bis September sind. Auch wenn das Wetter in diesem Zeitraum am stabilsten ist, kann es durch die Auswirkung der Wasserfläche des Lar-Stausees auch während der Saison Juli und August zu Niederschlägen in Form von Regen oder Schnee in Höhen von über 4000 m kommen.

Unterkünfte und Schutzhütten haben beim Bergsteigen eine besondere Bedeutung, weil bei diesem Sport ein enges Verhältnis zur Gebirgsnatur besteht und der Bergsteiger oder Kletterer den beschriebenen Risiken unmittelbar ausgesetzt ist. Vom Damavand sind bis zu 22 Aufstiegsrouten bekannt. Für die wichtigsten vier Möglichkeiten von Süden, von Osten – von Gazaneh im Haraz-Tal, von Norden – also der Ortschaft Nandel aus und vom Westen sind Unterkünfte errichtet worden. Das Ziel, das der iranische Bergsteigerverband damit verfolgt hat, war, die Risiken für den Bergsteiger zu minimieren und die Aussichten auf einen Gipfelerfolg zu erhöhen.

Bei der Besteigung des Damavand von Norden. Foto: Kuschel.

Rast vor dem Shelter 4000. Foto: Kuschel.

Die Bergsteigerunterkünfte im Bereich des Damavand

Das Standquartier in Rhine

Als erste Unterkunft (Bargah 1) ist dieses Haus in der Ortschaft Rhine südlich der asphaltierten Hauptstraße in einer Höhe von 2080 m zu nennen. Es ist der Ausgangspunkt für Besteigungen des Vulkankegels von Süden oder Südosten. Das Gebäude aus Ziegelmauerwerk wurde 1938 errichtet, später renoviert und umgebaut und bietet mehr als 30 Bergsteigern Unterkunft. Es kann mit dem Auto von Tehran aus in drei Stunden erreicht werden.

Die Moschee oder Gusfandsara

Als 2. Station (Bargah 2) für die Besteigung von Süden kann diese Unterkunftsmöglichkeit angeführt werden. Es handelt sich um einen massiv errichteten Baukörper, der als Imam Zamam Moschee bekannt ist, in einer Höhe von 3000 m und in der Nähe einer Hirtenunterkunft und von Pferchen und Unterständen für Schafe und Ziegen situiert ist. Im Frühsommer kann man hier noch Wasser finden, ab Saisonmitte besteht allerdings Wasserknappheit. Die Moschee wurde im Jahre 1992 errichtet und kann 50 Personen beherbergen. Der atmosphärische Druck beträgt an dieser Stelle 610 mm Hg.

Bargah-e Savvon, die Schutzhütte an der Südseite

Die 3. Station (Bargah 3) befindet sich auf der südlichen Rippe des Damavand, die zum Gipfel führt, in einer Höhe von 4150 m. Sie wurde 1966 aus Stein errichtet, erhielt den Namen „Demawand Hütte", wurde aber im Winter 1972 durch eine Lawine total zerstört. Im Jahre 1973 wurde sie, nunmehr wesentlich größer, wieder errichtet. In der Selbstversorgerhütte gibt es zwei übereinander liegende Holzpritschen, sie kann maximal 30 Personen aufnehmen. Einige Lagerplätze für das Aufstellen von Zelten befinden sich in unmittelbarer Nähe der Schutzhütte. Es ist erwähnenswert, dass der Bergsteigerverband die Absicht verfolgt, daneben eine weitere Hütte zu errichten, die zudem mit Elektroinstallationen und Trinkwasserversorgung mehr Komfort anbieten kann. Auch heute gibt es bereits Trinkwasser aus einer Leitung in der Nähe der Hütte, wenn dies Temperaturen über dem Gefrierpunkt gestatten.

Die „Demawand Hütte", wie wir sie 1970 angetroffen haben. Foto: Kuschel.

Die Südseite stellt die einfachste und älteste Möglichkeit zur Besteigung des Damavand dar. Sie ist auch die angenehmste und daher auch die bekannteste Anstiegsroute. Von der Asphaltstraße, die Polur mit Rhine verbindet, zweigt eine kurvenreiche Schotterstraße ab, die bis zur Moschee (2. Bargah) führt und von geländegängigen Fahrzeugen befahren werden kann. Es gibt einen Winter- und einen Sommerweg von dieser Station zur 3. Bargah. Der Sommerweg beginnt im Talboden, der Winterweg hingegen am Grat. Im Sommer benötigt man maximal vier Stunden, um die Schutzhütte an der Südseite vom 2. Bargah aus zu erreichen. Der atmosphärische Druck beim 3. Bargah beträgt 540 mm Hg.

Das Haus des Bergsteigerverbandes

Diese Unterkunft an der Straße von Polur nach Rhine gegenüber dem Lar-Staudamm befindet sich in Bau und wird voraussichtlich im Jahr 2004 fertig gestellt und benutzbar sein. Sie befindet sich in einer Höhe von 3000 m und soll über Strom, Wasserinstallationen wie Bad und WC als auch über ein Restaurant verfügen.

Bargah-e Simorgh, die Hütte an der Damavand Westseite

Diese Hütte befindet sich an einer westlichen Rippe des Damavand in 4200 m Höhe. Ihre Konstruktion aus Stein und Metall ist zweigeschossig und bietet 40 Personen Schutz. Sie wurde im Jahre 1994 fertig gestellt und weist auch heute noch einen sehr guten Bauzustand auf. Wasser kann durch Schmelzen von Eis, das es rund um die Hütte gibt, gewonnen werden. Die Hütte kann von der Polur – Rhine Straße, von der Lar-Damm Straße oder von der Schotterstraße nach Vararu aus erreicht werden. Die letztgenannte Straße endet beim Parkplatz Chack Eskandar am Westgrat, von wo man ungefähr 2 Stunden auf angenehm ansteigendem Weg benötigt, um die Unterkunft zu erreichen. Das Bargah-e Simorgh zählt zu den am besten ausgestatteten Hütten am Damavand, die durch den Einsatz von Bergsteigern unseres Landes errichtet worden ist. Der atmosphärische Druck bei dieser Unterkunft beträgt 540 mm Hg.

Die erste Biwakschachtel an der Damavand Nordseite

Der Grund, warum es an der Nordseite des Damavand zwei Unterkünfte gibt, liegt darin, dass die steile Flanke im Winter sehr kalt und sehr schwer zu bezwingen ist und durch die beiden Biwakschachteln die Möglichkeit einer erfolgreichen Gipfelbesteigung erhöht werden kann, ohne das Risiko zu groß werden zu lassen. Die erste Hütte, als 4000 m Unterkunft bekannt, liegt auf einer nach Norden auslaufenden Rippe in einer exakten Höhe von 3850 m im Südwesten der Ortschaft Nandel. Sie wurde im Jahr 1984 aus Metall errichtet, ist mit 2 Holzpritschen übereinander, also mit „Halbstock" ausgetattet und bietet maximal 15 Personen Platz. Die ständige Wasserversorgung ist im Sommer nicht möglich, es kann aber das Eis des naheliegenden Siyuleh Gletschers geschmolzen werden. Nachdem man das Dorf Nandel hinter sich gelassen hat, kommt man westlich davon in einen flachen, breiten Talkessel, der als Chaman Bon bekannt ist. Nach der Querung der Siyuleh Quelle geht man weiter in Richtung Damavand Nordabdachung, wo die Biwakschachtel auf der erwähnten Rippe liegt. Man benötigt 6 bis 7 Stunden, um von der Ortschaft Nandel zur Unterkunft zu gelangen. Heute kann man mit Geländefahrzeugen bis zu einer Höhe von ca. 3000 m in die Chaman Bon Ebene fahren und so die Anstiegszeit wesentlich verkürzen. Der atmosphärische Druck bei der Biwakschachtel beträgt 550 mm Hg.

Das Innere von Shelter 5000 nach der Winterpause. Foto: Team Damavand '99.

Sturmumtostes Nachtlager im Shelter 5000. Foto: Team Damavand '99.

Die zweite Biwakschachtel an der Damavand Nordseite

Sie ist bekannt als die 5000 Meter Schutzhütte, liegt aber an einer nach Nordosten orientierten Rippe des Damavand in 4800 m Höhe. Diese Unterkunft wurde vor einigen Jahren ebenfalls aus Metall errichtet, weist gegenüber der ersten aber den Unterschied auf, dass sie keinen „Halbstock" besitzt. Sie bietet maximal 15 Personen Platz. Wasser kann im Sommer nur durch Schmelzen von Gletschereis oder Schnee gewonnen werden. Bergsteiger benötigen für den steilen Anstieg in Richtung Südosten über Schutt, Fels und Schneefelder von der ersten Biwakschachtel aus im Durchschnitt 3,5 Stunden. Zufolge ihrer großen Höhe sind nächtliche Kopfschmerzen nicht selten. Der atmosphärische Druck beträgt hier 490 mm Hg.

Abstig zum Shelter 4000. Foto: Kostka.

Der „gemütliche" Innenraum von Shelter 4000. Foto: Kostka.

Takht-e Faridun, die Hütte im Nordosten des Damavand

Diese Hütte befindet sich am nach Nordosten strebenden Sporn des Damavand unter dem Gipfel des Takht-e Faridun in einer Höhe von 4320 m. Die Selbstversorgerhütte wurde 1976 aus Stein errichtet, weist wiederum einen „Halbstock" auf und befindet sich heute noch in einem recht guten Zustand. Sie hat Platz für 25 Personen und einige Zeltstellplätze rund um die Hütte. Wasser kann durch das Schmelzen von um die Hütte befindlichem permanentem Eis gewonnen werden.

Eine ganze Reihe von Wegen führt zu dieser Unterkunft, darunter der bekannte Anstieg vom Dorf Gazaneh (Gazuneh) im Haraz-Tal. Weitere Möglichkeiten sind die Fußwege von Esteleh Sar oder den Menar Gipfeln. Auch von der Ortschaft Nandel führt ein Weg zu ihr. Man benötigt 8 bis 10 Stunden, um die Hütte von der Ortschaft Gazaneh aus zu erreichen. Dieser Ort liegt im Haraz-Tal, an der Fernstraße von Tehran nach Amol, von dem einer der längsten und schönsten Anstiege über die Takht-e Faridun Hütte zum Damavand führt. Er beginnt bei den Gärten des Talkheh Flusses, die als Bagh-e Malek bekannt sind, und nachdem man einen Viehtrieb und die Aspeh Quelle gequert hat, gelangt man zum Esteleh Sar Quellenweg. Dieser Anstieg zum Damavand ist als längste kombinierte Fels, Schutt und Schnee/Eis Strecke bekannt, der mehr Wasserstellen aufzuweisen hat, als andere Anstiegsrouten. Der atmosphärische Druck bei der Takht-e Faridun Hütte beträgt 530 mm Hg.

Die Umrundung des Damavand

A. Ruttner, einer der beiden Österreicher, die im Juli/August 1936 eine ereignisreiche Umrundung des Damavand durchführten, vermerkt in seinem Tagebuch: „... *und als mir Dr. Bobek unseren Weiterweg zeigte, überwand ich meinen ,Demawendrappel' ganz – ich hatte ja schon mit dem Gedanken gespielt, vom Vatern-Tal aus aufzusteigen, wenn es schon von oben nicht ging – und ich beschloß, weiterhin bei Dr. Bobek zu bleiben. Ich hatte das später nie bereut! Abgesehen von allem anderen, hatte ich ja von einer solchen Fahrt durch Gebiete, in die man normalerweise nicht so leicht kommt, doch viel, viel mehr als von dem Bravourstück einer Demavendbesteigung – nur um oben gewesen zu sein. Wir konnten ihn fast mehr als ,unseren' Berg bezeichnen, als die anderen, die wirklich ganz oben waren; denn wir kannten ihn ja jetzt wirklich gut und hatten den Berg von fast allen Seiten gesehen.*"

Vieles hat sich seither verändert. Am gravierendsten sind die Einflüsse der Straßen und Kraftfahrzeuge – auch Nomaden benutzen heute das Auto – und der Energieversorgung. Alle Orte besitzen eine Stromversorgung, entsprechende Leitungen queren die Täler, und auch das Telefon ermöglicht den Kontakt nach außen, allerdings als Zentralanlage in den einzelnen Orten. Der gewünschte Gesprächspartner wird per Lautsprecheranlage aufgefordert, möglichst schnell zum Telefon zu eilen, um gesprächsbereit zu sein. Geheimnisse können der Ortsgemeinschaft so also nicht verborgen bleiben. Selbstverständlich beeinflussen diese Gegebenheiten die mehrtägige Wanderung, lassen die abwechslungsreiche Tour aber immer noch zu einem eindrucksvollen Erlebnis werden.

Ausgangspunkt unserer Umrundung war Ab-e Garm, der bereits von Kotschy (1859) beschriebene „Badeort" mit den bunten Zelten der „Kurgäste". Gegen den Uhrzeigersinn ging es, wie in der beiliegenden Karte eingezeichnet, um den Vulkankegel. Die zurückgelegten Entfernungen und die überwundenen Höhenunterschiede sind dem graphischen Itinerar (Längsprofil) zu entnehmen.

Sieht man von einigen Zwangspunkten, Schluchten und Passübergängen ab, sind selbstverständlich auch andere Varianten möglich. Während unserer Umrundung des Damavand gegen den Uhrzeigersinn vom 12. bis 17. Juni 2000 waren wir nicht gerade vom Wetterglück begünstigt. Dazu einige kurze Passagen aus unseren Tagebüchern.

Wir erreichten Ab-e Garm (2150 m) mit dem klapprigen Bus an der Südabdachung des Damavand in den frühen Nachmittagsstunden, es ist bedeckt. Gegen Abend fallen Nebel ein. Um ca. 10 Uhr abends vermerken wir im Tagebuch Nebel, Regen, Gewitter. Am Morgen des 13. Juni regnet es bis gegen 10 Uhr, Nebel, später bessert sich das Wetter aber es bleibt bedeckt. Wir nächtigen in Fire, von wo wir am 14. bei strahlend schönem Wetter aufbrechen. Erst gegen Abend in Korf kommen Wolken auf. Am 15. Juni morgens in Korf (2320 m) herrscht Nebel, der sich den ganzen Tag bei der Wanderung über den Maziar-Pass (2590 m) nach Nandel (2380 m) hält. Die Nebeluntergrenze liegt bei ca. 2400 m. In der Nacht treffen bei dichtem Nebel noch 2 iranische Bergsteiger ein, die vom Gipfel des Damavand kommen und von sehr schönem Wetter berichten. Die Nebelobergrenze liegt bei ca. 3000 m. Der Morgen des 16. Juni bringt Wolken, Regenschauer und starken Wind, von den höher gelegenen Bereichen des Damavand ist nichts zu sehen. Beim Weg zum Sardagh-Pass (3670 m) immer wieder Regenschauer, am Pass heftiges Schneetreiben um die Mittagszeit, ab etwa 3500 m bleibt der Schnee liegen. Am Nachmittag Regen, Nebel, Graupeln, Schneefall, Gewitter. Feucht und kalt. 17. Juni morgens. Es ist fast wolkenlos und das erste Mal der Gipfel frei. Erst am Nachmittag kommen Wolken auf, man sieht über den südlichen Ketten des Alborz abendliche Regenschauer. Die Einheimischen der Region teilen uns mit, dass sie über diesen späten Schlechtwettereinbruch sehr glücklich wären, da das Frühjahr extrem niederschlagsarm und trocken gewesen sei und somit kaum Wasserreserven für den Sommer vorhanden wären.

Die Kurzbeschreibung der Wettersituation zählt als Beweis, dass ein derartiges Unternehmen wie die Umrundung auch bei schlechten Witterungsbedingungen durchführbar ist. In Ab-e Garm brachen wir also zur Umrundung auf. Wir sind zu viert, dazu kommt noch unser Führer vom Bergsteigerverband in Tehran. In Rhine ist noch ein junger Bergführeraspirant zu uns gestoßen. Mit einem Mulitreiber, der die beiden Tragtiere zu betreuen hat, sind wir vollzählig. Einige Eindrücke während dieser mehrtägigen Wanderung werden im Folgenden wiedergegeben.

Die Querung des Talu-Tales führte uns zum nahezu tiefsten Punkt (1710 m) unserer beschaulichen – im wahrsten Sinne des Wortes – Wanderung. Denn es gibt viel zu sehen, sodass eine Vielfalt von Eindrücken verarbeitet werden muss. Das Studium geologischer Formationen und morphologischer Details der semi-

Die Mannschaft für die Umrundung des Damavand.

ariden Region, die Freude an der üppigen, dann wieder kargen Vegetation, die Beobachtung menschlichen Tuns und die Versuche etwas Kontakt mit den Leuten zu knüpfen, lassen die Zeit schnell vergehen.

Bei der Annäherung an die Ortschaft Fire fielen uns entlang der abwärts führenden Schotterstraße merkwürdige Löcher auf. Kleine, etwa 2 m hohe und mehrere Meter tiefe horizontale Stollen waren in den Abhang gegraben. In ihnen wurde Bimsstein abgebaut, das schaumige vulkanische Gestein, das durch rasche Entgasung und Abkühlung des Mag-

Bimsstein-Abbau bei der Ortschaft Fire. Fotos: Team Damavand '99.

mas entstanden war. In Säcken abgefüllt, wartete das Material auf den Abtransport. In einem dieser Stollen sahen wir einen älteren Mann arbeiten, konnten ihn über den Zweck dieses Tuns befragen und erhielten eine für uns unerwartete Antwort. Diese porösen Steine werden in die Vereinigten Staaten von Amerika exportiert, wo sie für das Waschen von speziellen Stoffen Verwendung finden, aus denen dann die „stonewashed" Lee Jeans hergestellt werden.

Die Nacht verbrachten wir, wie erwähnt, in Fire. In einem Einraumhäuschen fanden wir Platz, konnten unsere Matten und Schlafsäcke ausbreiten und uns wie Ölsardinen zur Nachtruhe begeben. Am Abend, bei Einbruch der Dunkelheit, erhielten wir noch Besuch. Für die Dorfjugend war unser Erscheinen eine willkommene Abwechslung. Einige Burschen, darunter auch einige Raucher, ließen es sich nicht nehmen, in unserem kleinen Raum Platz zu nehmen und uns die üblichen Fragen zu stellen. Woher wir kämen, warum wir ihr Dorf besuchten, welche Unterschiede zwischen ihrer Siedlung und unseren Wohnorten bestünden usw. Ein Hirte mit Flöte gehörte auch zu unseren Gästen und seine getragenen, stimmungsvollen Weisen ließen uns die Stimmung, irgendwo am Abhang des Damavand, voll genießen.

Die Schlucht, durch die wir zwischen den Orten Fire und Tine mussten, zählte zu den eindrucksvollsten und schönsten Wegstrecken. Ein klares Bächlein, üppiges Gras und schattenspendende Bäume zwischen nahezu senkrechten Felswänden weiß man erst zu schätzen, wenn sie von trockenem, staubigem Land umgeben sind. Es ist nur zu verständlich, dass wir uns und unseren Tragtieren eine erholsame Rast gönnten.

In Korf fallen die vielen Ruinen der traditionellen Lehmbauten auf. Zerstörungen der letzten Erdbeben, die nicht beseitigt worden sind. Man hat in der Nachbarschaft Neubauten errichtet, und den Altbestand stehen gelassen. Auch die Ackerflächen sind nur zum Teil bestellt. Die große, neue Moschee (siehe Beitrag über Siedlung und Bauten) passt so gar nicht in diesen Rahmen. Die großzügigen Räume, einschließlich Küche, stellen einen riesigen Kontrast zur Unterkunft der letzten Nacht dar.

In Nandel nützten wir die Gelegenheit, unsere Freunde aus dem letzten Jahr zu besuchen. War die Stimmung im Mai 1999 eher getragen, es fanden Begräbnisfeierlichkeiten wegen eines verstorbenen Ortsbewohners statt, hatte sich diese bis zum Juni 2000 gänzlich verändert, sodass man die Freude über unser Erscheinen erkennen konnte. Besonders die Erinnerungsfotos aus dem letzten Jahr fanden Gefallen. Am Abend gab es ein Festessen mit lokalen Spezialitäten. Von Jahr zu Jahr wird uns das Sitzen am Boden in entsprechender Bein- und geziemender Fußhaltung immer beschwerlicher und dämpft den Genuss der köstlichen Speisen. Die absichtsfreie Gastfreundschaft ist trotzdem wohltuend.

Über Almen geht es zum Sardagh-Pass (3670 m) weiter, dem höchsten Punkt unserer Umrundung, das geschilderte

Foto: Team Damavand '99.

Der Weg zwischen Fire und Tine führt durch eine wildromantische Schlucht. Foto: Kostka.

Rast am Fuße des Vulkankegels zwischen Nandel und Sardagh-Pass. Fotos: Kuschel.

Wetter lässt uns frieren und gegen Regen und Schnee ankämpfen. In Djamal Agha werden wir von Nomaden aufgenommen. In einem großen Zelt, Bettzeug ist am Rand zusammengerollt, können wir uns trocknen und bei heißem Tee erwärmen. Müde schlafen wir bald ein, werden in der Nacht aber nochmals geweckt, als die Zeltbewohner ihre Decken holen. Sie haben uns ihr Schlafzelt überlassen und nächtigen bei Freunden. Das ist Gastfreundschaft.

An der Westseite des Damavand wird die Landschaft monotoner. Auf der staubigen Straße geht es nach Süden. Abwechslung bieten die querenden Herden und der dunkelrot blühende Mohn, der uns sehr erfreut. Die Blicke über das Dali Chai-Tal nach Westen lassen uns die Größe der einsamen Hochgebirgslandschaft erahnen. Bevor wir über einen kleinen Pass zurück auf die Südseite des Berges kommen, halten wir in Vazan in der Nähe eines Nomadenlagers noch Mittagsrast. Ein Tümpel mit braunem Wasser dient den Tieren zur Tränke. Man merkt, wie kostbar das Nass in dieser Region ist. Bei der Almwirtschaft Varg-e Geli können wir unseren Durst mit heißem Tee stillen. Wir haben wieder eine befahrbare Straße erreicht und werden von einem Jeep aus Rhine abgeholt. Weit unten sieht man ein großes Areal, das uns mit „Barf Chal" bezeichnet wird. Bereits Kotschy (1859) hat diesen Ort und das Ereignis als „Barf Chal" beschrieben. Eine Zeremonie, die sich für die ansässige Bevölkerung bis heute erhalten hat: die „Barf Chal"-Feier, ein heiliges Ritual der Dorfbewohner von Ab-e Ask, das für die Herden ein lebensnotwendiges Zeremoniell darstellt. Jedes Jahr im Frühling werden die Reste des Winterschnees an den Hängen des Damavand eingesammelt und in ein vorbereitetes Loch (Chal) geworfen. Es ist eine Vorsorgemaßnahme, um für die Herden im Sommer Wasser zur Verfügung zu haben. Nach dieser Zeremonie gibt es ein großes Festmahl, an dem nur Männer teilnehmen. Einer unserer Begleiter hatte Gelegenheit, im Frühjahr an diesem Fest teilzunehmen und schwärmte noch einige Wochen nach diesem Ereignis vom reichlichen und guten Essen. Die Frauen, die im Dorf verbleiben, haben in der Zwischenzeit ihr eigenes Fest.

Auf der Asphaltstraße ging es weiter nach Rhine. Gut, dass wir in diesem Fall ein Auto zur Verfügung hatten, denn es ist sehr heiß und eine Straßenwanderung wäre nicht sehr angenehm. Beim Bergsteigerheim dieses Ortes legten wir nur eine kurze Rast ein, denn der Ort weist noch die Ruhe und viele Parallelen auf, wie sie schon Kotschy (1859) erlebt hat. *„In Rhaaena"* (Rhine), schreibt er, *„war um keinen Preis weder Futter für die Tiere noch sonst etwas für uns zu haben."* Er beschloss, so wie wir, zum Badeort Ab-e Garm weiterzugehen. Heute hat man allerdings von Rhine aus eine gut ausgebaute Asphaltstraße ins Haraz-Tal. In der Nähe der Mun Brücke an der Fernstraße von Amol nach Tehran kann man die erlesensten Spezialitäten der iranischen Küche genießen.

Wir erreichten nach der mehrtägigen Wanderung wieder Ab-e Garm, den Badeort, den Kotschy von sehr hohen alten Nussbäumen beschattet an den „Abhang des Tales angelehnt" vorfand und den er uns folgendermaßen als Badeort vorstellt (1859:56): *„Nach dem Frühstück, welches aus Tee ohne Milch bestand, wie es bei der wohlhabenderen Klasse in ganz Persien Brauch ist, begab ich mich zum Bade hinab, denn meine Wohnung lag, wie erwähnt, etwas höher über demselben. Es gibt da mehrere Quellen, die alle mehr oder weniger warm sind. In der Nähe der Quellen befanden sich eine Menge verschleierter Weiber, bis an die Knie im Wasser stehend, welche Kleider, Leinwand und Zwirn wuschen. Aus einer minder starken Quelle kommt ein Zufluss zu einer, die als heisseste und stärkste bekannt ist; und diese ergiessen sich in einen Teich, der einige 30 Schritte im Umfang und 3–5 Fuß Tiefe zeigt. An der niedern Seite ist ein kleines Budengebäude, wo man sich auszieht und in das schon abgekühlte Wasser hineinsteigt. Die Temperatur ist angenehm warm, doch an der Stelle des Zuflusses für mein Gefühl zu heiss. Der Boden hat feinen schwarzen und kothigen Schlamm. Der ganze Wasserspiegel dampfte, der Geruch des Wassers war recht angenehm zum Einathmen und ohne allen Schwefelgeruch. Nachdem ich über eine Stunde in dem Wasser zugebracht, fühlte ich beim Aussteigen die Lufttemperatur empfindlich, doch angezogen dunstete ich bald stark aus.*

An der Ostseite von diesem Teiche ist ein Bad nach Orientalischer Sitte erbaut, welches schon vor 200 Jahren Schah Abbas angelegt haben soll; das Wasser ist hier aber so warm, dass ich nicht begreife, wie die Leute es ertragen können. Im Bade ist sonst keine Bequemlichkeit für die Gäste zu finden, sie kampiren unter mitgebrachten Zelten, und selbst Lebensmittel, wie Brod und Fleisch, mangeln. An den heissesten Quellen ist der Geruch schwach schweflig, doch sehr angenehm, er athmet sich sehr lieblich ein (dem Geruch des Dampfes auf der Spitze des Berges identisch, wie ich später bei dem zweiten Besteigen selbst erfahren habe). Am Ausflusse der Quelle sind alle Steine mit einem gelbweisslichen krustigen Schlamm (vielleicht selbst mit gelben Algen) überzogen, den das Wasser bis weit unter den Bädern auf dem damit benetzten Boden zurücklässt. Die Quantität des aus der Quelle hervorbrechenden Wassers ist sehr stark, krystallhell, und ein Ei kocht in zwei Stunden; in 10 Minuten hatten die von mir hineingelegten Eier halb geronnenes Weiss, die ich so wie leicht gekochte, weiche Eier genossen habe."

Der Franzose de Morgan (1905:27) beschreibt die Quellen von Ab-e Garm in ähnlicher Art und Weise, gibt einige Werte über die Zusammensetzung des Wassers und auch mögliche Heilwirkungen an. Der zu dieser Zeit noch frei zugängliche Badeteich ist selbstver-

Thermalquelle in Ab-e Garm, wie sie uns de Morgan (1905) überliefert hat. Foto: de Morgan.

181

ständlich schon lange verschwunden. Heute ist alles verrohrt und das Wasser kommt aus Leitungen zu den Badestellen in den einzelnen Unterkünften. Hydrologische Untersuchungen des Thermalwassers zu Anfang der Neunzigerjahre haben ergeben, dass bei der chemischen Zusammensetzung des Wassers eine Reihe von Gasen eine Rolle spielen. Es wurden festgestellt (KOUCHEKMANEH 2000): CO_2, SH_2, SiO_2, AlO_3, MgO, CaO. Therapeutische Wirkung ist gegeben, SH_2 für die über den eigentlichen Badebereich hinausgehende „Duftwolke" verantwortlich, von der Kotschy, wie erwähnt, mit den Worten schwärmt, *„der Geruch ist leicht schwefelig, doch sehr angenehm, er atmet sich sehr lieblich ein".*

Nach der langen Wanderung genießen wir das touristische Leben in der Hauptstraße des Ortes. Ab-e Garm ist die einzige Siedlung am Damavand, die einen regen Inlandstourismus aufzuweisen hat und dies seit langer Zeit, denn es existiert noch heute ein öffentliches Badehaus aus der Safawidenzeit.

Wir haben in den letzten Tagen eine Gesamtstrecke von mindestens 85 Kilometern und einen Höhenunterschied von über 3700 Metern zurückgelegt. Die Luftlinien zwischen den einzelnen Orten lassen die tatsächlichen Entfernungen nicht abschätzen, denn manchmal legt man die Wegstrecke auf staubiger Straße, dann auf Saumpfaden, oft aber auch auf gewundenen Steigen zurück. Dazu kommen noch die Höhenunterschiede. Obwohl der tiefste Punkt (1690 m) nur knapp 2000 Meter unter dem höchsten (3670 m) liegt, hat man zufolge des ständigen Auf und Ab nahezu den doppelten Höhenunterschied zu überwinden. Die meiste Zeit befindet man sich in Höhenlagen zwischen 2000 und 3000 Metern (siehe Graphik), an der Ostseite mit stärker gegliedertem Relief, im Nordwesten hingegen zwar höher, aber weniger gegliedert. In tabellarischer Form sind die Angaben zur Umrundung wesentlich detaillierter angegeben. Mit dem SUUNTO VECTOR F-02920 Barometer der Fa. ESPOO, Finnland, wurden Höhen und Luftdruck gemessen und mit Datum/Zeitangabe und Temperatur (Aufzeichnungen Peter R. Klug) ergänzt. Die Entfernungsangaben wurden der beiliegenden Karte und den Tagebuchaufzeichnungen entnommen und so nicht nur alle Serpentinen, sondern auch Umwege und zusätzliche Wegstrecken erfasst. Berücksichtigt man all diese zusätzlichen Entfernungen, ergibt sich für die Gesamtumrundung ein Betrag von ca. 150 Kilometern.

Ein wesentlicher Unterschied zur Besteigung des Damavand besteht bei der Umrundung im Kontakt mit den Menschen, ein Eindruck, der erhalten bleibt und an die Aussage A. Ruttners erinnert. Der Kontakt mit dem einfachen Bauern, der Joghurt, Tee und Brot anbietet, der Kontakt mit dem Nomaden, dem es eine Ehre ist, den Fremden in sein Zelt einzuladen oder der Kontakt mit dem Inlandstouristen und Feriengast, der gerne ein Gespräch anknüpft. Der Damavand bietet also nicht nur dem Höhenbergsteiger ein Erlebnis, sondern vermittelt bei seiner Umrundung auch einen Eindruck von den Lebensbedingungen im Alborz-Gebirge.

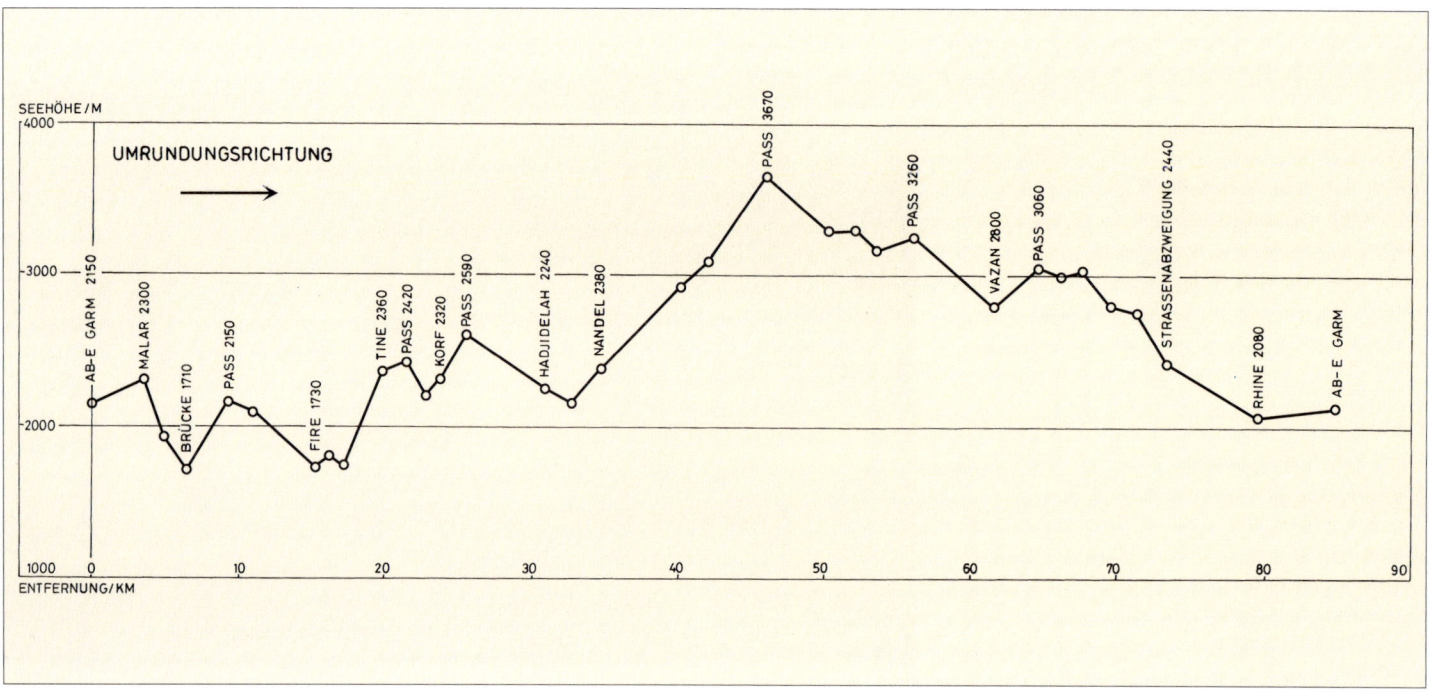

Längsprofil (graphisches Itinerar) unserer Umrundung des Damavand vom 12. bis 17. Juni 2000.

Der alte Bergführer Abbas aus Nandel. Foto: Team Damavand '99.

Bibliographie

DE MORGAN, J. (1905): Études Géologiques, première partie. Mission Scientifique en Perse. Ernest Leroux, Paris.

KOTSCHY, Th. (1859): Dr. Theodor Kotschy's Erforschung und Besteigung des Vulkans Demavend, in: Petermanns Geographische Mitteilungen 1959, Gotha, S. 49–68.

KOUCHEKMANEH, Marjaneh (2000): Damavand, Studienarbeit über das Damavand Gebiet (in Farsi), Institut für Geographie, Assad Universität Teheran.

Foto: Kostka.

Foto: Kostka.

Foto: Team Damavand '99.

Bergtourismus und die Tagebuchaufzeichnungen von Rhine

Vor der Errichtung der Bergsteigerunterkünfte am Damavand war es ratsam, eigene Zeltausrüstung mitzuführen, da die Witterungsverhältnisse am exponierten Vulkankegel unberechenbar sind und zu gefahrvollen, heroischen Leistungen führen können, die nicht immer so glimpflich ausgehen müssen, wie sie uns Ludwig Steinauer (1937) schildert. Im Rahmen der „Deutschen Demawend-Expedition" gelang ihm im Jahre 1936 die zweimalige Besteigung des Gipfels, die er wie folgt schildert: *„Um die fünfte Nachmittagsstunde hatten wir 5000 m Höhe erreicht, als uns plötzlich ein von Südwesten kommendes Unwetter überraschte. Es gelang uns gerade noch, das Zelt an einer etwas geschützten Stelle zu errichten, als Hagel und Sturm mit elementarer Gewalt hereinbrachen. Die ganze Nacht und auch den folgenden Tag hielt der Sturm an und zwang uns, im Zelt zu bleiben. Der dritte Tag war nicht viel besser, trotzdem machten wir uns auf zum Gipfel. 20 cm Neuschnee waren gefallen; und es schneite weiter. Mühsam war das Höherkommen; wir wühlten uns hinan. Wir sahen nichts, aber wir fühlten, daß wir uns dem Gipfel näherten, daß wir hoch über der Welt einen herrlichen Weg gingen, trotz Kälte und Sturm. Da – auf einmal ging's nicht mehr höher; wir mußten am Gipfel sein; zwei wunderliche Gestalten, vollkommen vereist und verschneit.*

Im Zeltsack warteten wir eine Stunde auf einen Lichtblick. Umsonst. Der Sturm wurde ärger, die Kälte beißender, wir mußten hinunter. Unsere Spuren waren längst zugeweht, und die Schwefelgase, die der Berg ausströmte, zwangen uns, die Abstiegsrichtung in der Gipfelzone zu ändern. Am Gipfel war davon fast nichts zu merken, wenig unterhalb aber litten wir stark darunter. Der alte Vulkan hetzte uns in die Tiefe und hinein in Nebel, Schnee und Sturm. Irgendwo in der ungeheuren Weite dieses gewaltigen Berges, im Nebel und Schnee, suchten wir unser winziges Zelt. Ein steiler Schneehang fiel jäh ab, verlor sich unten in brauenden Nebelwolken. Nichts unterbrach die erdrückende Monotonie dieser Schneelandschaft. Endlich traten aus dem Nebel zwei riesige Felstürme hervor. Eine steile Eisrinne führte dazwischen hinunter, die wir nun verfolgten. Schier endlos wurde die Stufenreihe abwärts, wir hatten kein Seil und keine Steigeisen mit, der Demawend bietet ja sonst keine großen technischen Schwierigkeiten. Immer steiler wurde die Rinne, und immer tiefer ging es hinunter. Meine Befürchtung, daß plötzlich ein Abbruch käme, traf nicht zu. Nach 600 m verläuft die Schlucht in einen Gletscher, von dessen Existenz noch nichts bekannt war. Ein fürchterliches Hochgewitter überfiel uns noch im unteren Teil der Rinne. Unaufhörlich zuckten die Blitze, der Donner krachte von beiden Seiten der Wände wider, ein ohrenbetäubender Lärm erfüllte die Hochwelt. Sturzbäche von Hagelkörnern brüllten die Eisrinne herunter, schwefelgelb rauchte dunstiger Qualm in der Eisschlucht empor, ins Grenzenlose. Wir standen an die Felsmauer gedrängt, und schweigend, klopfenden Herzens, beobachteten wir dieses grandiose Schauspiel. Lange, bis spät in die Nacht hinein, verfolgten wir dann den Gletscher und seinen Moränenschutt. Langsam verebbte das Toben der Natur, feiner Regen rieselte in die dunkle Nacht. Bei dem ersten Grasfleck sanken wir einfach vor Müdigkeit und Hunger nieder."

Seither ist der Damavand immer öfter das Ziel des Höhenbergsteigers geworden. Als erster nach dem 2. Weltkrieg berichtet der Schweizer Arnold Heim (1952) über seine Besteigung der drei höchsten Vulkane des Iran. Anfang September 1950 erreichte er den Damavand Gipfel, schildert den gefrorenen Kratersee und erwähnt, für diese Jahreszeit ungewöhnlich, Büßereis und Büßerschnee. In weiterer Folge geht der Überblick über Besteigungen immer mehr verloren. Angaben über Anreise, örtliche Verhältnisse und erfolgreiche Besteigungen scheinen in Zeitschriften aber immer wieder auf. So macht z. B. Herwig Leipold (1968) im Rahmen seiner Schilderung „Demawend 5610 m – 21. und 22. August 1966" auch einige Angaben über Anfahrt, Rhine und Bauarbeiten an der Südroute. Er empfiehlt bei der Anfahrt der Hauptstraße bis zur Ortschaft Ab-e Ask zu folgen und dann auf eine abenteuerliche, jedoch kurze und steile Strecke links abzubiegen. Von dort trifft man auf die Straße von Polur nach Ab-e Garm und wieder nach links erreicht man nach 2 km Rhine, den wohl bekanntesten Bergsteigerort am Fuße des Damavand. Zu dieser Zeit war das Haus des iranischen Bergsteigerverbandes im Bau. In weiterer Folge schildert er die Anstiegsroute und vermerkt, dass am Fuße eines Doppelrückens eine Biwakschachtel für 30 Personen im Entstehen sei. Im Jahre 1966 sind somit 2 Bergsteigerunterkünfte in Angriff genommen worden.

Im Sommer dieses Jahres begannen auch die Eintragungen im Gästebuch des Bergsteigerheimes. Im Juni 2000 hatten wir Gelegenheit, während eines kurzen Aufenthaltes in Rhine in den Tagebüchern zu blättern und einige Angaben über Namen, Absichten, durchgeführte Bergfahrten und ergänzende Anmerkungen zu notieren. Es zeigte sich, dass dieser Stützpunkt als Ausgangslager für Aktivitäten gerne angenommen und den Betreuern immer wieder Worte des Dankes gewidmet wurden.

10.–11. August 1966: Wohl eine der ersten Eintragungen ins Gästebuch stammt vom international sehr aktiven Expeditionsbergsteiger Helmut Linzbichler aus der kleinen Stadt Kapfenberg in Südost-Österreich. Er führte 1964, 1965, 1966, 1975 und 1978 im Iran Kundfahrten durch. Im Jahre 1966 setzte sich die Mannschaft aus 5 Personen zusammen, von denen 2 den Gipfel bezwangen.

In einer Eintragung vom 1. Juli 1967 treffen wir wieder auf den Namen Steinauer. Diesmal auf die Familie Steinauer mit Vater Ludwig, Mutter Gertraud und Sohn Walter. Ludwig Steinauer war nun bereits zum 3. Mal am Gipfel, denn vor dem 2. Weltkrieg konnte er im Jahre 1936 den Berg schon zweimal besteigen.

7.–8. September 1969: Patrice Guillard aus Lyon, Frankreich, berichtet im Gästebuch über die erste Überschreitung des Damavand. Der Aufstieg erfolgte über die Südroute, der Abstieg mit Biwak (damals gab es die Unterkunft Takht-e Faridun noch nicht) über die Ostrippe nach Gazaneh.

Die nächste Überschreitung vom 28. Juni bis zum 1. Juli 1970 wird von B. und H. Biller vom Deutschen Alpenverein, Sektion Nürnberg ausgeführt. Diesmal ging es mit Maultiertransport von Rhine nach Miyandeh, von dort zum Takht-e Faridun mit Biwak. Am 3. Tag erfolgte die Gipfelbesteigung und der Abstieg über die Südroute bis zur Biwakschachtel. Am Tag darauf erreichte man Rhine.

16. August 1970: Eintragung ohne nähere Angabe von Grete und Erich Vanis vom Österr. Alpenklub in Wien mit Dr. Gertrude und Dr. Klaus Kubriena. Erich Vanis wurde durch seine extremen Eistouren bekannt. Eines der raren Bücher über Steileistouren stammt von ihm, das Buch „Im steilen Eis", in dem er 80 Eiswände in den Alpen vorstellt.

Am 21. November, also sehr spät im Jahr 1970, hat sich Hans Leitner aus Wien, Österreich mit R. und P. Humblut eingetragen und berichtet von seinen Erkundungen im Gipfelbereich und seiner Umrundung des ganzen Kraters.

Eine Eintragung vom 15. April 1971 stammt vom zur Zeit wohl bekanntesten Bergsteiger der Welt, dem Südtiroler Reinhold Messner, vielfacher Achttausenderbezwinger mit und ohne Sauerstoff, Schriftsteller, Vortragsreisender, Politiker und Schlossbesitzer.

Kein Wetterglück hatte das Paar Uschi und Gerwald Pichler von der Alpenvereinssektion Graz des ÖAV vom 7. bis zum 9. Mai 1972. Wegen des starken Sturmes konnten sie ihren Aufstieg von Süden vom Biwak aus in der Höhe von 4150 m zum Gipfel nicht mehr fortsetzen.

Probleme mit dem Wetter hatte auch die 1. Gruppenfahrt der Berg- und Schischule München des DAV mit 16 Teilnehmern vom 13. bis zum 23. April 1973. Von der ganzen Gruppe, davon 6 Ehepaare, konnten zufolge des Schlechtwetters nur 4 Teilnehmer den Gipfel erreichen.

30. September 1973, Leo Schlömmer, Schi- und Bergführer aus Schladming, Österreich. Der bekannte Extrembergsteiger war mit Dr. Dattinger aus Graz und in Begleitung von Hossein Adili aus Tehran am Gipfel.

Für die Zeit vom 13. bis zum 15. April 1976 scheint die Eintragung „Weltweit Bergsteigen – Damavandfahrt 1976" aus Innsbruck – Tirol, Austria auf. Eine größere Gruppe unter der Leitung von Wolfgang Nairz hat sich im Gästebuch verewigt. Der Berg- und Schiführer Nairz ist durch seine Expeditionen zu den Achttausendern des Himalaya bekannt und stand 1978 am Gipfel des Mt. Everest. Schriftsteller und Ballonfahrer. 1999 war er für die Organisation der Heißluftballonweltmeisterschaft in Waltersdorf, Österreich verantwortlich. Werden wir ihn in Zukunft auch über dem Damavand sehen?

Diese Aufzeichnungen könnten noch fortgesetzt werden, sie beschränken sich aber auf die für uns lesbaren Eintragungen, in erster Linie aus deutschsprachigen Ländern. Im Jänner 1978 begannen die ersten Unruhen gegen den regierenden Shah von Persien. Am 16. Jänner 1979 verlässt dieser, von Krankheit gezeichnet den Iran. Bereits am 1. Feber kommt Imam Khomeini aus seinem Exil nach Tehran zurück. Nach der Volksabstimmung im März wird am 1. April 1979 die „Islamische Republik" ausgerufen. In dieser bewegten Zeit hatten ausländische Bergsteiger keine Gelegenheit, an eine Besteigung des Damavand zu denken und ihre Namen im Gästebuch der Unterkunft von Rhine zu verewigen. Bis heute sind in erster Linie Eintragungen in Farsi verzeichnet. Erst allmählich nehmen Angaben von ausländischen Touristen wieder zu.

Um den Bergtourismus von Rhine hat sich seit den Sechzigerjahren die Familie Faramazpour, oder genauer der Vater Faramaz Faramazpour und seine 4 Söhne, große Verdienste erworben. Der älteste Sohn ist bedauerlicherweise vor einigen Jahren durch eine Lawine am Damavand umgekommen. Die Söhne Reza,

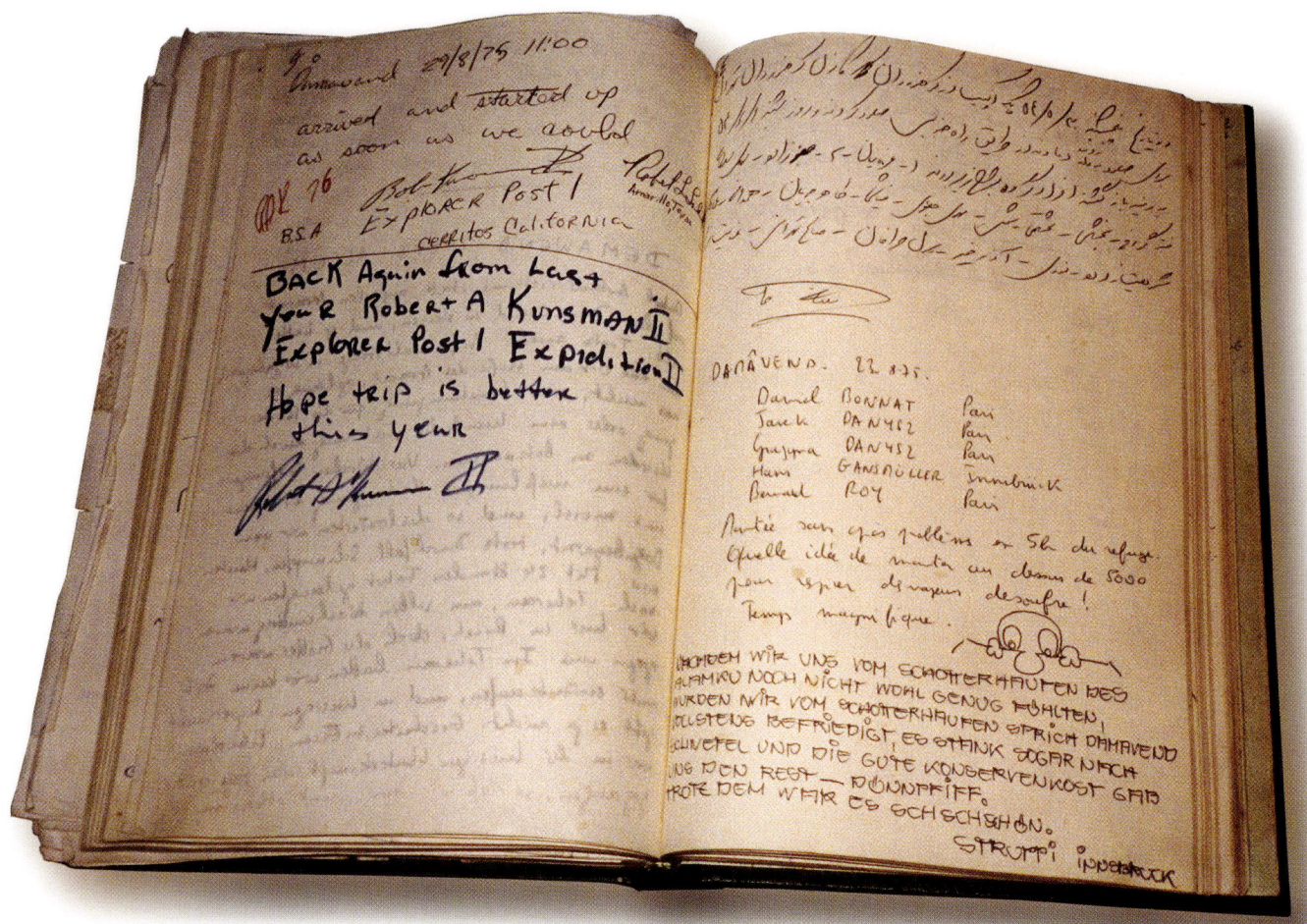

Foto: Team Damavand '99.

Ahmed und Hassan setzen aber, sehr engagiert, die Aufbauarbeit ihres Vaters fort. Nach Aussage unseres Informanten Reza hat sich sein Vater 50 Jahre mit dem Damavand beschäftigt und in dieser Zeit Bergsteiger vorbildlich betreut. Die seit 1966 aufliegenden Tagebücher beinhalten zahlreiche Dankesworte über seine erfolgreiche Tätigkeit. Das Haus des Iranischen Bergsteigerverbandes wird heute von Reza betreut, dem Jüngsten der noch lebenden Faramazpour-Brüder. Hassan organisiert Material-, Gepäck- und Personentransporte für Damavandbesteigungen mit Jeeps und Maulesel. Ahmed, der Älteste, betätigt sich als Bergführer und organisiert Damavand-Unternehmungen, nebenbei betreibt er noch eine kleine Privatpension. Ihm wurden auch von seinem Vater die ersten Tagebücher übergeben, die er fürsorglich verwahrt und uns mit Stolz zur Ansicht übergab, Unterlagen, mit denen wir die Entwicklung des Bergtourismus in Rhine verfolgen konnten.

In zunehmendem Maß wurden ab den frühen Siebzigerjahren auch Unternehmungen von Gruppen unter kommerziellen Gesichtspunkten durchgeführt. Waren es anfangs noch Expeditionen wie die „Japan Women's West Asian Expedition 1968", die vom 25. bis zum 29. Mai 1968 am Damavand weilte oder Unternehmungen verschiedener Sektionen des Deutschen und Österreichischen Alpenvereins, scheinen in späteren Jahren auch Auslandsbergfahrten z. B. des Sporthauses Schuster in München in den Tagebuchaufzeichnungen auf. Selten hingegen sind Eintragungen wie die von Isabella und Walter Schweizer, die sich im Rahmen ihrer Hochzeitsreise am 24. und 25. Juli 1970 in Rhine aufhielten. Immer wieder werden Überschreitungen angeführt, mit und ohne Biwak, aber auch Misserfolge zufolge Schlechtwetters gab es. Interessant ist auch die große Zahl der Durchreisenden nach Afghanistan, Pakistan und Indien. Der alles überragende Vulkankegel ist für jeden Bergsteiger auch zu verlockend. Er strahlt einen Reiz aus, dem auch wir im Herbst 1970 bei der Rückfahrt aus Afghanistan nicht widerstehen konnten.

Besteigungen des Damavand sind heute Routinesache, sofern es keine Probleme mit der Höhe und mit überraschenden Wetterstürzen gibt. Nach wie vor ist die Route von Süden mit dem Ausgangsort Rhine am häufigsten begangen. Auch wenn in neuerer iranischer Literatur 16, 19 oder sogar 22 unterschiedliche Aufstiegsmöglichkeiten angeführt werden, ist Rhine nach wie vor das Zentrum des Damavand Tourismus.

Von allen Unternehmungen soll lediglich die Disziplin herausgegriffen werden, die auch heute noch medienwirksam ist und in unterschiedlichster Art und Weise, als Zeitschriftenartikel, als CD, in Buchform oder als Internetbeitrag der Öffentlichkeit zur Kenntnis gebracht wird; es ist die Schibesteigung und die Abfahrt vom Damavand. Winterschilauf am Damavand ist nirgends aufgezeichnet. In den Tagebüchern von Rhine sind Schibergfahrten von März bis Juni, also Frühjahrsunternehmungen, registriert. Die erste Eintragung über eine Schibesteigung stammt aus dem Jahre 1969, die von der Hochgebirgsgruppe Rottenmann und Liezen des Österreichischen Alpenvereins mit Hans Gassner, Fritz Igler, Walter Oberbichler, Otmar Harlander und Sepp Peer im Zeitraum vom 6. bis zum 13. Mai 1969 erfolgreich durchgeführt wurde. Im Jahr 1975 fanden 3 Schiexpeditionen statt, die im Tagebuch verzeichnet sind. Eintragung vom 10. Mai 1975: SKI-ORIENTAL 1975, Skiexpedition aus Graz, Österreich unter der Leitung von Horst Schindelbacher vom Österr. Alpenverein, mit weiteren 7 in Alpinistenkreisen bekannten Teilnehmern. Und weiters vom 12. bis zum 14. Mai 1975: Südtiroler Schiexpedition 1975 mit 5 Teilnehmern des Südtiroler Alpenvereins in Bozen. Schließlich wird durch die Eintragung vom 16. Juni 1975 noch auf die „Sommerschitour" von Luise und Günter Auferbauer von der Sektion Graz des Österr. Alpenvereins aufmerksam gemacht. Das Ehepaar hat sich in den letzten Jahren als Bergschriftsteller-Team einen guten Namen gemacht. Mitglieder der Sektion Vierseeland des Deutschen Alpenvereins beklagten in der Zeit vom 8. bis 10. März 1976 die schlechten Schneeverhältnisse. Bei der Eintragung 18.–20. 5. 1976 der 1. Sport-Eiselin Expeditionsfahrt zum Damavand mit Teilnehmern aus der Schweiz, Österreich und Deutschland wird lediglich die Anmerkung „unterwegs mit Schiern" eingetragen. Für längere Zeit die letzte Eintragung einer Schibesteigung des Damavand stammt vom 24. April 1977, es war Herman Gratzer von der Sektion Graz des Österreichischen Alpenvereins.

Erst nach vielen Jahren und eingreifenden Veränderungen lebt auch der Schitourismus am Damavand wieder auf. So wird z. B. die Schibesteigung vom April 1999 durch Dusan Golubic und Matjaz Roter aus Marburg in Slowenien auf zweieinhalb Seiten beschrieben. Details werden im Internet-Ausdruck http://www.sportestan.com/ish/html/news vom 1. März 2000 angeführt. Im Mai 1999 folgte eine Tiroler Gruppe (Höbenreich 1999, 2001). Es wird nicht nur auf Aufstiegsroute, Schneeverhältnisse, Abfahrt und Erfolgserlebnis eingegangen, sondern auch die Entwicklung im Iran während der letzten 20 Jahre skizziert. Das Schibergsteigen, zum Großteil ein sportlicher Genuss, ist zur Zeit wieder ein exklusives, sportliches Ereignis geworden. Schließlich konnten im Mai 2001 junge, konditionsstarke, mutige, iranische Bergsteiger beobachtet werden, wie sie die steilen Abhänge im Sulzschnee in der Falllinie hinunterrasten. Schibergsteigen am Damavand ist also keineswegs mehr ein Privileg der Europäer, sondern gewinnt auch im Iran eine immer größere Anhängerschaft.

Die Eintragungen in den Tagebüchern beinhalten nicht nur Namen und Daten, sondern es sind auch positive und negative Erlebnisse, persönliche Wahrnehmungen, Dank und Kritik an Personen, Feststellungen von Ereignissen usw. vermerkt. Dadurch ist es dem iranischen Bergsteigerverband gelungen, eine Dokumentation der Zeitgeschichte von Entwicklungen des Gebirgstourismus am Damavand aus multinationaler Sicht aufzubauen.

Bibliographie

HEIM, A. (1952): Auf den drei höchsten Vulkanen von Iran, in: Berge der Welt, 7. Band, 1952, Schweizerische Stiftung für Alpine Forschungen, Nymphenburger Verlagsbuchhandlung, München, S. 109–128.

HÖBENREICH, Ch. (1999): Ein Hauch von Frühling, in: Innsbruck Alpin, Mitt. der Innsbrucker OeAV-Sektion 4/99, S. 12–19.

HÖBENREICH, Ch. (2001): Ein Hauch von Frühling in Tausendundeiner Nacht. Berg- und Schitouren im Iran – 20 Jahre nach der Revolution, in: Berg 2001, Alpenvereinsjahrbuch „Zeitschriften" Band 125, 2001, München, Innsbruck, Bozen, S. 210–220.

LEIPOLD, H. (1968): Drei Bergtouren in Vorderasien: Ararat – Alam Kuh – Demawend, in: Mitt. d. Akad. Sektion Graz des ÖAV, 17. Jg., Graz 1968, S. 41–44.

STEINAUER, L. (1937): Im Hochgebirge von Iran (Elbursgebirge), in: Zeitschrift des Deutschen Alpenvereins – Jahrbuch, Bd. 68, 1937, Verlag d. Deutschen Alpenvereins, S. 38–45.

Robert Kostka.

Anoush Yaminifar.

Theo Haziris.

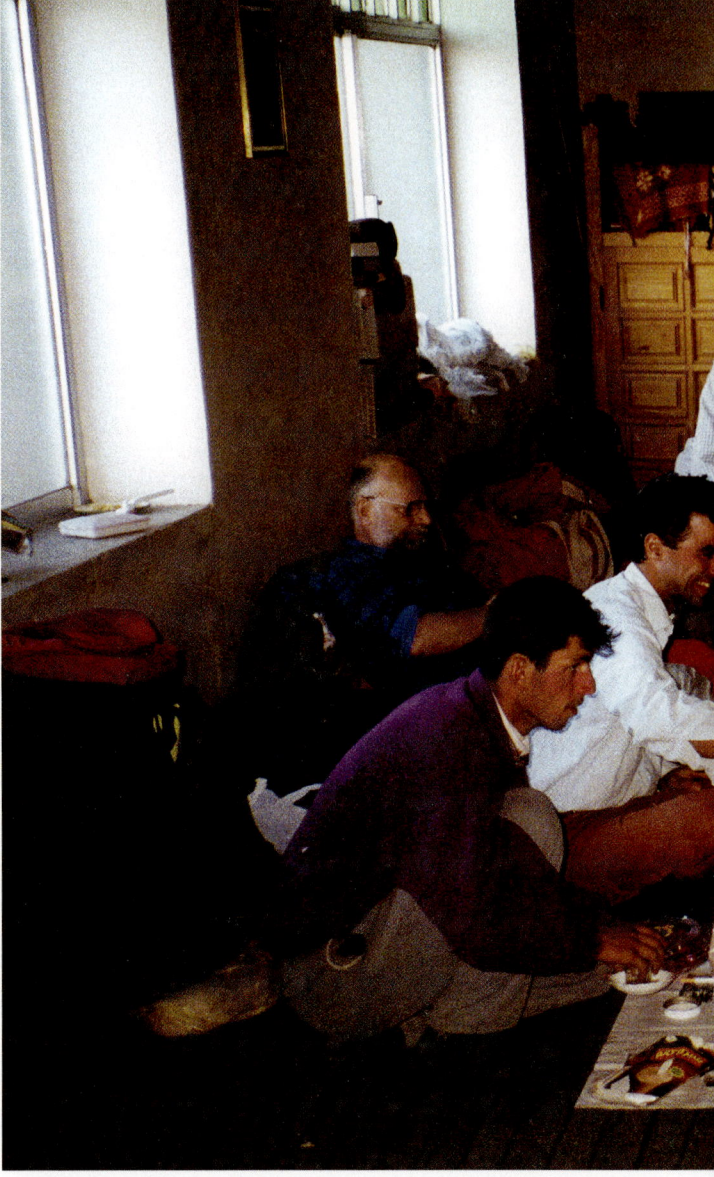

Frühstück in der Moschee von Korf. Foto: Team Damavand '99.

Abbas Khalili.

Walter Kuschel.

Karl Gratzl.

Farid Rezaeian.

Franz Brünner.

Dank

Die umfassende Bearbeitung einer Region wie der vorliegenden im Alborz-Gebirge mit seiner höchsten Erhebung dem Damavand ist für einen Einzelforscher nicht möglich. Die Ursachen hierfür liegen am jahrhundertelangen Interesse, das dem Vulkankegel entgegengebracht wird und an der überaus breiten Fächerung, die angestrebt wurde und von naturwissenschaftlichen Fragestellungen über geisteswissenschaftliche Hintergründe bis zur touristischen Nutzung reicht. Berücksichtigt man die vielfältigen unterschiedlichen Aspekte, ist nur multidisziplinäre Zusammenarbeit zielführend. Ein tieferes Eindringen in die einzelnen Themenstellungen ist den jeweiligen Fachleuten vorbehalten und so hat sich eine entsprechende Autorengruppe zusammengefunden. Darüber hinaus war aber weitere Unterstützung durch eine große Zahl von Fachleuten, von Mitarbeitern und von Freunden nötig, um nunmehr das vorliegende Ergebnis präsentieren zu können.

Ihnen allen sei unser Dank ausgesprochen.

Neben der Bereitstellung von Eigenmitteln wurde die finanzielle Realisierung des Forschungsprojektes in erster Linie durch Subventionsgelder des Fonds zur Förderung der wissenschaftlichen Forschung in Österreich, in weiterer Folge durch Mittel des Amtes der Steiermärkischen Landesregierung ermöglicht. Die Aufbringung der Geldmittel für die Publikation der Ergebnisse in Buchform bereitete größeren Organisationsaufwand. Eine Reihe von Institutionen erklärte sich aber auch in diesem Fall bereit, hilfreich einzugreifen und das Buchprojekt zu unterstützen.

Die Publikation dieses Buches haben folgende Institutionen finanziell unterstützt:

BM für Bildung, Wissenschaft und Kultur, Wien,
Arbeitsgemeinschaft für Vergleichende Hochgebirgsforschung, München,
Sektion Graz des Österreichischen Alpenvereins,
Akademische Sektion Graz des Österreichischen Alpenvereins,
Steiermärkische Landesregierung, Graz.

Auch ihnen gilt unser Dank.